松下道信著

宋金元道教内丹思想研究

汲古書院

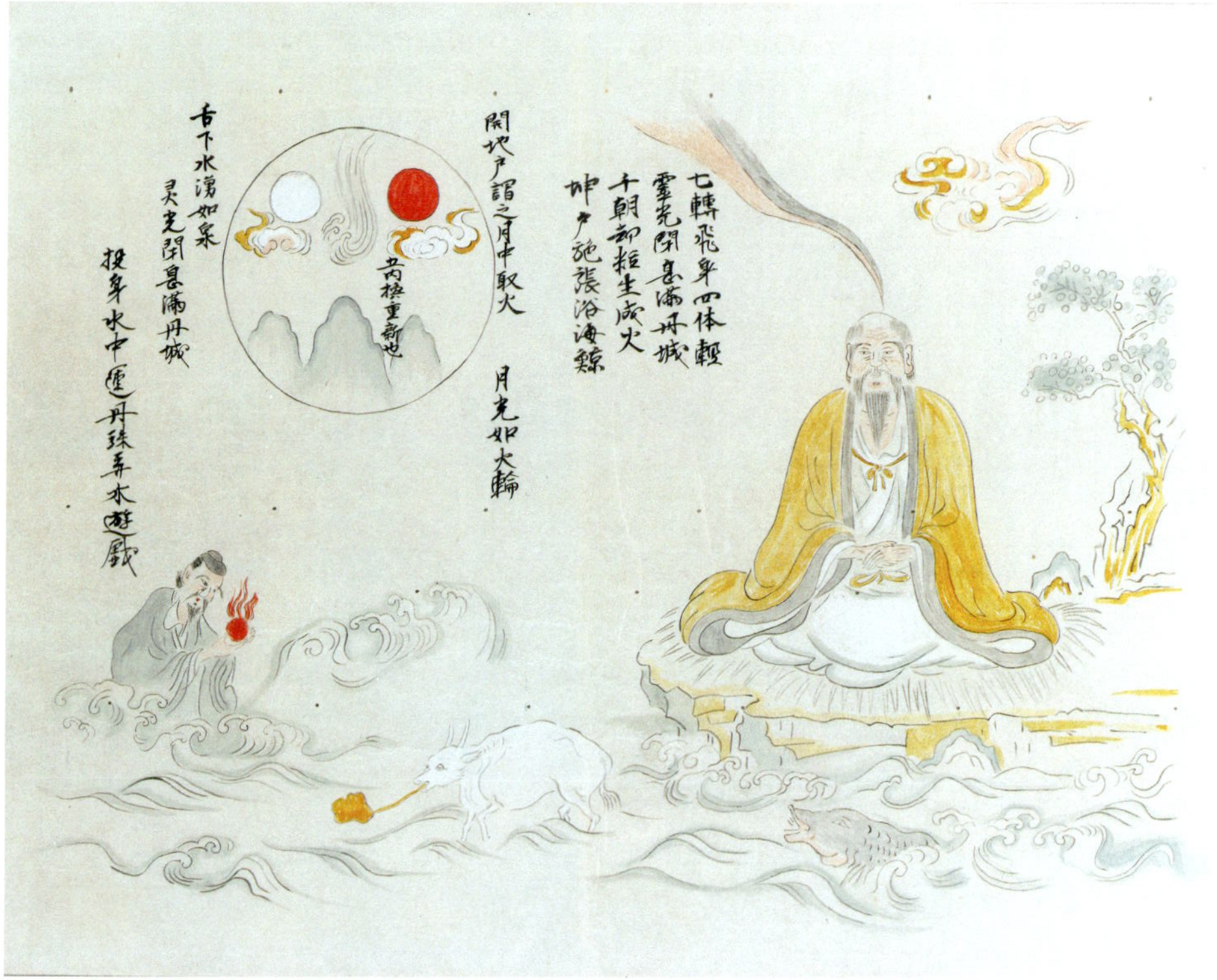

口絵 一　天理大学附属天理図書館吉田文庫所蔵『清静経』巻下『修真九転丹道図』第七転（**図下⑦ａ・ｂ**）
修行者の頭頂より赤と黒の胎気が出現している。またここでは修行者と修行者の内景が渾然一体となって描かれている。

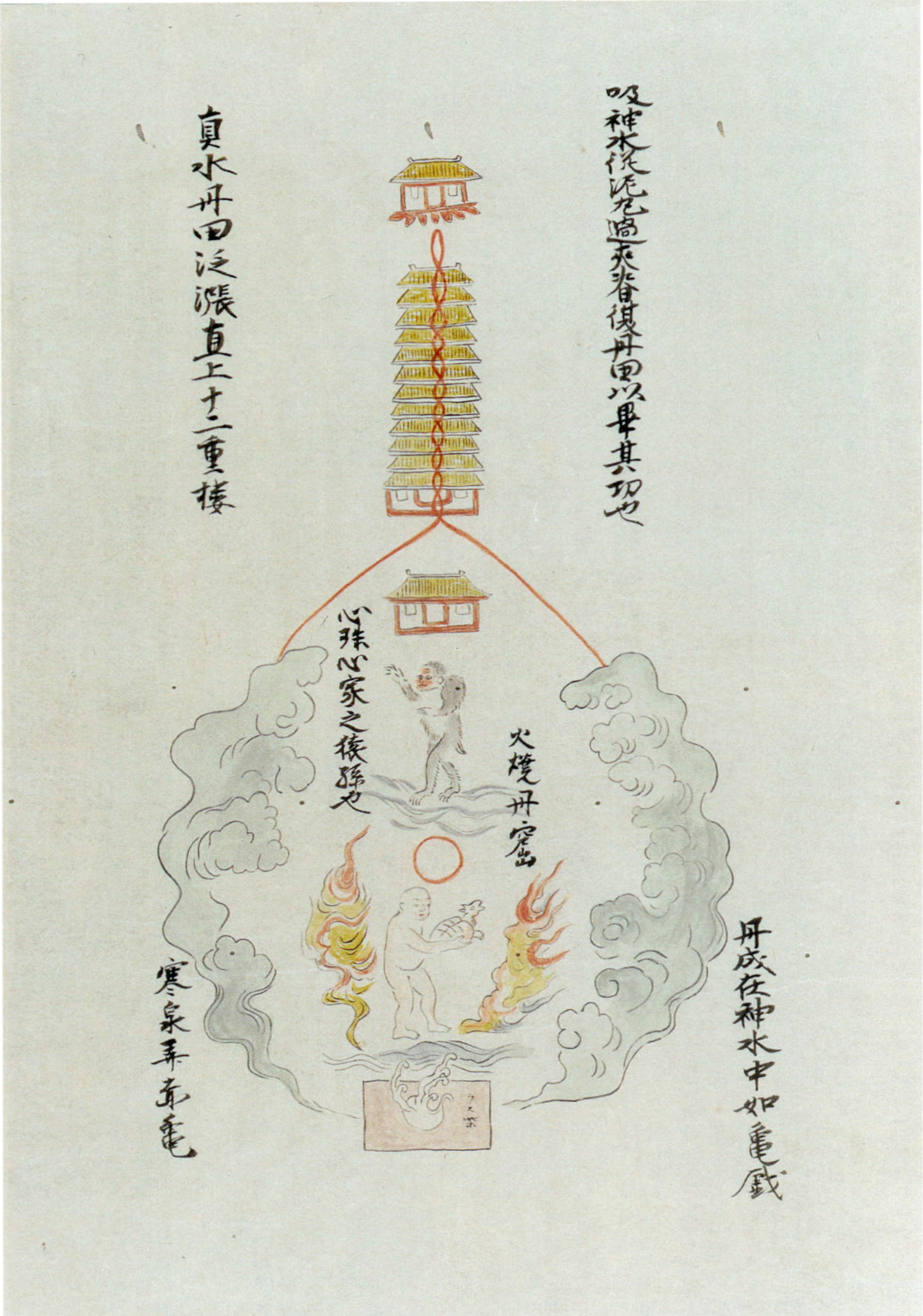

口絵 二　吉田文庫所蔵『清静経』巻下『修真九転丹道図』第八転（図下⑧b）
修行者の内景が象徴的に描かれる。なお下の矩形中に「ウス紫」という色指定が見える。

はじめに

本書は、中国近世期における道教の内丹思想を取り扱ったものである。

本書は二部に分かれる。第Ⅰ部「宋・金・元代の内丹道および全真教における性命説」は宋から元における内丹思想、特にその中心となる性命説を全真教との関係の中で考察したもの、第Ⅱ部「神道と内丹思想」は日本の神道と中国の内丹思想の関係を考察したものである。

道教では、永遠性の獲得を目的とした錬丹術が早くから行われたが、やがて唐代後期、それらの技法を全て修行者の身心の内面へと読み替えた内丹術と呼ばれる修行法が登場した。宋代以降、内丹術は隆盛していくが、北宋・金交替期の混乱の中、全真教・真大道教・太一教といういわゆる「新道教」が登場する。中でも後に消滅する真大道教・太一教と異なり、金・王重陽により開かれた全真教は、現在でも正一教と道教を二分する勢力を持ち、また教義面では、内丹術という「迷信」を廃し、革新的な教説を説いたとして重視されてきた。

この「新道教」という呼称は、日本では戦前の研究者である常盤大定の『支那に於ける仏教と儒教道教』（一九三〇）、そして中国では日中戦争中の陳垣の『南宋初河北新道教考』（一九四一）にそれぞれ遡る。問題は、全真教を「新道教」とするこれらの言説の背後には、それぞれが著述された当時の日中双方の近代的視点が色濃く投影されていると考えられることである。ならば全真教を正確に理解するためには、我々を密かに縛る、こうした近代的な言説を解体する必要があるのではないか。これが本書第Ⅰ部を貫く問題意識である。そこで第Ⅰ部では、こうした問題意識の下、全真教が登場する直前の北宋から、全真教が変容・退行したとされる元までを範囲として、全真教を、それが登場してきた内丹道との関係の中に置き直すことで、実証的に検証する。

まず序章「「新道教」再考」では、日本・中国、そして欧米における全真教研究を振り返り、特に日本と中国で全真教がどのように「新道教」として位置付けられてきたのかを検証する。全真教を「新道教」とする見方は長らく道教研究において支配的であったが、これが近代的な言説の中で築かれてきたものであることを示し、その問題点を提起する。結論から言えば、それは全真教の「新道教」としての特質を過度に強調し、またいわゆる「旧道教」との断絶を指摘する余り、その連続性や両者の関係に目を閉ざしかねず、全真教の正確な位置付けができなくなるのではないかということである。全真教研究はそうした近代的言説の呪縛から脱却せねばならないのではないか。

以下、こうした問題意識の下、第一篇「宋代の内丹道における性命説とその周辺」では、全真教の勃興に先立ち、従来、否定的に取り上げられてきた北宋の張伯端以下の内丹道を取り扱う。

第一章「全真教南宗における性命説の展開」では、まず後世、全真教南宗とされる張伯端以下の内丹道の性命説を検討する。性命説とは、禅宗の影響を大きく受けた、頓悟を主とする精神的な修養を指す性功と、内丹術による身体的な修養を指す命功についての議論で、内丹道において議論の中心的な位置を占めている。ここでは、張伯端以下の内丹道では、全真教に先立ち、既に頓悟の必要性を力説し、内丹術により得られる道との合一体験と、禅宗の悟りとの関係が議論されていたことを示す。

ところで常盤大定は、「新儒教」と「新道教」の登場を禅宗の隆盛への反応として捉え、「新儒教」の登場を、朱熹に先行する北宋五子に、そして「新道教」をそれより遅れる王重陽の全真教に求めていた。本書でも基本的に、禅宗の隆盛が道学および朱子学、そして全真教の登場をもたらしたとするこの見方に従っている。だが、禅宗から影響を受け、道教が新たな展開を見せる時期は、張伯端まで引き上げることができるかもしれない。張伯端の活動時期は、周敦頤や張載、二程、邵雍といったいわゆる道学の胎動期に当たるからである。

第二章「白玉蟾とその出版活動」では、後世、南宗五祖とされる白玉蟾を中心に、内丹道における出版の問題を取り上げる。白玉蟾による出版の積極的な利用の背後には、口訣を公開してはならないという、内丹道における禁忌への挑戦があった。問題は、内丹術・命功が語り得、書き記し得るがゆえに軽々しく公開してはならないとされたのに対し、性功は語り得ないものであり、その理解は読者の機根・資質に委ねられるがために、逆にそれを出版しても問題がないと考えられたことである。第二章では、宋代という出版文化が花開いた時代にあって、性命説に伴う、内丹道における出版への禁忌とその超克、またその背後の意識に迫る。

第二篇「金代の全真教における性命説とその諸相」では、金・王重陽により開かれた全真教の性命説を中心に取り上げる。ここでいう金代の全真教とは、純粋に金代のみを指すというよりは、王重陽と馬丹陽ら七真と呼ばれる弟子たちから始まり、尹志平といった再伝の弟子たちやその周辺に至るまで、すなわち張伯端以下の内丹道と接触し、変化したとされるまでの初期の全真教を指している。

まず第一章「牧牛図頌の全真教と道学への影響」では、全真教および儒教の道学における禅宗の牧牛図頌の影響を一つの手掛かりとして、全真教と道学が共に禅宗の性説に影響を受けていることを検証し、あわせて三教が当時、大きな思潮の中で互いに関係しつつ展開していたことを提示する。

続けて、第二章「全真教の性命説に見える機根の問題について」では、南宗が中下根的あり方を取るのに対し、全真教が上根的なあり方を取ることを提示する。またこれにより張伯端以下の内丹道と全真教が、それぞれ頓漸、あるいは上乗・三乗の枠組みにのっとっていることを示す。言い換えれば、それは両者の教説が根底では共通しており、即座に全真教のみが「新道教」として仏教の影響を受けて改革されたわけでも、「旧道教」と断絶した存在でもなかったということでもある。

ところで全真教は、南宋滅亡期から、張伯端以下の内丹道と本格的に融合していくことが指摘されている。常盤大定は、従来、全真教は張伯端以下の内丹道、いわゆる南宗と接触することにより「堕落」したとした。だがそのように結論付ける前に、果たして全真教内部には張伯端以下の内丹道へと思想的に接近する必然的な理由はなかったのか。第三章「全真教における志・宿根・聖賢の提挈」では、聖賢による提挈、すなわち聖賢による修行者への手助けという考え方が、丘処機や尹志平らの周辺で浮上してくる事実を指摘し、その背後には上根的立場をとる全真教の内的な宗教的要因があったことを示す。これは全真教がとる上根的立場の限界が意識されていたといえるものであり、同時に張以下の内丹道への接近を予感させるものである。

第三篇「元代の全真教における性命説とその諸相」では、元朝に入り本格化した、全真教と張伯端以下の内丹道の融合の様相を検討し、また融合後の全真教における性命説について検証する。

まず第一章「『還丹秘訣養赤子神方』と『抱一函三秘訣』について」では、従来のように系譜の整理によるのではなく、文献の相互の影響関係を明らかにすることによって全真教と張伯端以下の内丹道が融合していく複雑な様相を示す。具体的には、宋代、独立して活動していた張天罡から始まる内丹道を取り上げ、同派がまず南宗の影響を受け、さらにその後、元にかけて全真教と融合していった複雑な様相を文献的にたどる。なお第Ⅱ部第一章「『陳先生内丹訣』の内丹説とその伝授について」では陳朴の内丹説を取り上げるが、そこで検証しているように、もともと南宗とは無関係な内丹説を説く陳朴がやがて南宗の系譜に取り込まれていくことも参考になろう。

その上で第二章「趙友欽・陳致虚の性命説について」では、常盤大定から「堕落」と評された趙友欽およびその弟子の陳致虚の性命説を全面的に検証する。彼らは修行者の機根の問題を受けつつも、むしろそれを撥無するような形で、「吾が術は小伎にあらず」と説き、積極的な内丹術・命功の位置付けを図った。彼らがなぜこうした説を説いたのか、彼らの登場の必然性、また全真教の宗教的な戦略についてその可能性を提示することで、常盤大定以来、説かれてきた全真教の変容の理由に対するひとまずの答えとしたい。

なお補論一「内丹とカニバリズム」では、当時盛行していた、傍門外道とされる房中術について瞥見し、補論二「日本における全真教南宗研究の動向について」では、日本における南宗研究を概述することで、それぞれ本論を補足する。

以上、第Ⅰ部では、宋・金・元を通して内丹道と全真教との関係を精密に分析することにより、最終的に「新道教」とされてきた全真教の近代的言説からの脱却、および全真教の位置付けを改めて正確に行うことを目指す。

ところで荒木見悟の『仏教と儒教』〔新版〕（研文出版、一九九三。もと平楽寺書店、一九六三）では、本来性と現実性という概念を用い、儒教・仏教という枠組みを離れ、華厳教学・禅から朱子学、そして陽明学に至る大きな思想的力動を描いている。そこでは常に修行者の目線に立って、いかに現実世界から道、すなわち本来性に至るかという問題が、頓悟と漸悟、修と証、不立文字と聖教量、唯心と格物といった二項対立を通じて描き出される。その背後には修行者の機根の問題が大きくあずかっているが、この頓漸や機根の問題は、本書第Ⅰ部を貫く大きな主題でもある。荒木見悟は、同書の中で儒教と仏教しか取り上げていないが、その一角に道教を位置付けることはできないだろうか。

現在、中国思想研究において儒道仏三教交渉論的視点は不可欠であるとされ、一教内にとどまる研究だけでは立ちゆかないことはもはや常識となっている。事実、全真教や内丹道は、同時期、隆盛していた禅宗や朱子学と密接に関係し、相互に影響を及ぼし合っている。そもそも常盤が全真教を「新道教」と呼んだのは、禅宗の隆盛に対し、朱子学と全真教を位置付けるためであり、彼はそこでそれぞれ「新儒教」「新道教」と呼んだのであった。となれば、前近代、陽明学という一つの高みに至りつつも、その後、また様々に挫折・屈折しつつも展開していく中国の思想的営為の中に、道教はやはりふさわしいその位置が与えられてしかるべきではなかろうか。本書ではそこまで明示することはできなかったが、それでもいささかなりともその可能性を示したいというのが、第Ⅰ部の目指す最終的な到達点である。

第Ⅰ部が中国近世期を中心とするのに対して、第Ⅱ部では少し視点を変えて、日本の神道、特に吉田神道と内丹思想の関係について取り上げる。

吉田神道は、唯一神道・元本宗源神道とも称し、神道の純粋性を目指して吉田兼倶により創唱されたものである。ところが奇妙なことに、吉田神道には仏教など様々な影響に加えて、道教的な影響も見られることが、従来、指摘されてきた。特に吉田神道には『修真九転丹道図』が伝わり、内丹思想の影響を見て取ることができる。この『修真九転丹道図』は、宋代の陳朴『陳先生内丹訣』という内丹文献との関係が指摘されるものである。第一章「『陳先生内丹訣』の伝授について」では、陳朴『陳先生内丹訣』および『修真九転丹道図』の内容を詳細に分析し、『陳先生内丹訣』の成立の背景とその吉田神道への伝播の状況を考察する。

ではなぜこうした文献が吉田神道で伝承されてきたのだろうか。第二章「吉田神道における道教の影響について」では、内丹文献が吉田神道で伝えられてきた理由について考察する。吉田神道では北斗儀礼が行われていたが、その理論的根拠となっていたのは道教の『北斗経』であり、吉田神道における内丹術の受容の背景には、この『北斗経』と内丹思想の間に深い関係があったことを指摘する。

なお最後に、資料として『修真九転丹道図』を収める天理大学附属天理図書館吉田文庫所蔵『太上老君説常清静経』

の全文翻刻を付す。『修真九転丹道図』は、修行者の内景を描いたと思われる美麗な図版を多数収めるもので、既に中国では失われたと思われる貴重な文献である。

神道という日本的なものの構築に当たり、仏教、また儒教との思想的な受容と競合の中で、道教という正に中国的なものに注意が向けられ、それが利用されたというのは極めて興味深いことである。吉田神道は、その後、勃興する国学から異国の思想を雑揉するものとして厳しく批判されていくが、それでも後に平田篤胤に改めて道教的な影響が見られることはよく知られている。このように考えれば、単に神道に道教がどのような影響を与えたかという検討を超えて、ここに「日本的なもの」を求めようとする人々やその営為を捉え直すための「方法としての道教」が考えられてもよいかもしれない。以上、第Ⅱ部では、内丹思想を含む道教の東アジアへの広がりの一端について解明することを目的とする。

もちろん論じられなかった問題も少なくない。第Ⅰ部では、鍾呂派や至元年間の仏道論争、またいわゆる陰陽派の問題といった重要な問題については触れておらず、また第Ⅱ部は神道と道教の関係という大きな問題のごく一部を論じたにすぎない。それでも本書が、中国近世という思想的に重要な変革期において、全真教が果たした役割、また儒教・仏教とも異なる別の視点から永遠性を求めた道教内丹思想、そしてその東アジアへの広がりについての議論にいささかなりとも寄与することができるとすれば幸いである。

なお最後に本書で用いられる全真教および張伯端以下の内丹道の呼称について簡単に説明しておきたい。

宋代、張伯端の影響を受けた一派は、自ら「金丹之道」等と称することが見られるものの、この名称により当時の内丹道内の諸流派が区別されるまでには至らなかったようである。また同様の「金丹道」という名称は、内丹・外丹を問わず用いられる用語でもある。こうしたことから本書では、まず張伯端以下の系譜に属する人々だけでなく、当時の内丹術を修養した人々（例えば『霊宝畢法』などに従った者たち）をも含めた呼称として、「内丹道」という名称を用いた。後世になると、王重陽以下の全真教と張伯端以下の内丹道に対して、それぞれ北宗と南宗とする呼称が登場する。現在、こうした南北宗の名称の用例は、明初に至るまで確認されていない。だが、「張伯端の影響下にある内丹道」と一々記すのは煩瑣でもあることから、本書では必要に応じて、後世の名称であることに留意しつつ、張伯端に連なる道統を掲げ、その影響下にある者に対して南宗の名称を用いた。なお、中国では金丹派南宗の名称を使用することが多い。その他、本書では、南宗との違いを明確にするため、王重陽以下の全真教に対して北宗の名称を用いた場合もある。

目次

凡例

一、本書では、第Ⅱ篇資料「天理大学附属天理図書館吉田文庫所蔵『太上老君説常清静経』」の翻刻部分を除き、全て新字体を用い、必要に応じて旧字体を用いた。

一、道教・仏教関係の資料の所在については以下のとおり表記する。

・道教関係

『道蔵』　涵芬楼線装本により冊数および葉数を表記する。

『蔵外道書』　巴蜀書社刊（一九九四）を用い、冊数および頁数・段（上下）を表記する。

『道蔵輯要』　新文豊出版公司刊（一九八六再版）により、通し頁数と段（上下）を表記する。（略号：輯要）

『道蔵精華』　自由出版社（平装本）を用い、出典が第a集之bのc頁にある場合、精華a‐b：cと表記する。（略号：精華）

『中華続道蔵』　新文豊出版公司刊（一九九九）により、冊数を表記する。（略号：続道蔵）

・仏教関係

『大正新脩大蔵経』（大正一切経刊行会）　冊数、頁数および段（上中下）を表記する。（略号：大正蔵）

『新纂大日本続蔵経』（国書刊行会）　冊数、頁数および段（上中下）を表記する。（略号：卍続蔵）

一、なお、本書中で頻繁に使用するテキストについては以下のものを用いた。

『悟真篇』：『紫陽真人悟真篇註疏』（道蔵第六十一－六十二冊）。
「禅宗歌頌」：『修真十書』（道蔵第一二一－一三一冊）所収『悟真篇』。
『上陽子金丹大要』：『蔵外道書』第九冊所収『金丹正理大全』本。

宋金元道教内丹思想研究

Ⅰ　宋・金・元代の内丹道および全真教における性命説

序章　「新道教」再考
——全真教研究の枠組みについての再検討——

はじめに

全真教は、金の王重陽（一一一三～一一七〇。初名中孚・字允卿、後に名世雄・字威徳、入道後、名喆・字知明、後に名嚞・字智明）により開かれた[1]。彼の下には七真と呼ばれる、馬丹陽（一一二三～一一八三。名従義・字宜甫、後に名鈺・字玄宝）・譚処端（一一二三～一一八五。名玉・字伯玉、後に名処端・字通正、号長真子）・劉処玄（一一四七～一二〇三。字通妙、号長生子）・丘処機（一一四八～一二二七。字通密、号長春子）・王処一（一一四二～一二一七。号玉陽子）・郝大通（一一四〇～一二一二。名昇、後に璘、また大通、字太古、号恬然子・広寧子）・孫不二（一一一九～一一八二。名富春、後に名不二、号清静）の七人の高弟が集う[2]。中でも丘処機は元の太祖チンギス・カンの信任を得たことから、全真教は教勢を大いに伸ばすことになった。

やがて南宋が滅ぶと、王重陽に先行する北宋・張伯端（九八七～一〇八二。一名用成、字平叔、号紫陽）に始まる内丹道の一派が全真教に融合していく[3]。これは北宋から南宋にかけて展開し、張伯端の下からは石泰（一〇二二～一一五八。字得之、号杏林・翠玄子）・薛道光（一〇七八～一一九一。名式・道源、字太源、号紫賢・毘陵禅師）・陳楠（?～一二一三?

字南木、号翠虚・泥丸）・白玉蟾（一一三四又は一一九四〜一二二九？　一名葛長庚、字紫清・如晦・白叟、号海瓊子・武夷散人・瓊山道人等）・彭耜（一一八四〜一二五一以降に没。字季益）、また劉永年・翁葆光（字淵明、号無名子）・若一子・竜眉子といった系譜が現れる。後世、王重陽以下の全真教は北宗、張伯端以下の一派は南宗という名称で呼ばれた。全真教はその後も様々な流派を生み出しつつ展開し、現在、全真教は、張陵（張道陵とも。？〜一七七）の天師道に始まる正一道と共に道教を大きく二分する勢力を持つ。

ところで全真教は、ほぼ同時期に河北で誕生した劉徳仁（一一二二〜一一八〇）の真大道教および蕭抱珍（？〜一一六六）の太一教を合わせ、「新道教」と呼ばれる。だがこの「新道教」という概念は自明なものであろうか。実はこの「新道教」という概念は全真教研究をはじめ、関係する時代の道教研究を大きく規定しているように思われる。例えば後世、全真教で重視される性命双修という概念がある。ここで道教の内丹道で説かれる性と命の概念をごく簡単に説明すれば、性が禅宗の頓悟をはじめとする精神的修養、命が内丹のような気に基盤を置く身体的な修養のことで、性命双修とはその両者を共に修養する円満な修養のあり方を指す。だがこの性命双修を提唱したのは、全真教ではなく、一般に北宋の張伯端であるとされる[4]。一方でこの張伯端以下の内丹道と、王重陽以下の全真教は基本的に互いに独立して成立したと考えられている。ならば張伯端以下の内丹道に見える性命説と、王重陽以下の全真教における性命説はどのような関係にあるのだろうか。この一例を取ってみても、ここで全真教を「新道教」とするこれまでの全真教研究の枠組みが問題となってこよう。「新道教」としての全真教は、それまでの道教諸派、つまり「旧道教」との断絶が強調され、その中には張伯端以下の内丹道も含まれるからである。そこで本章では全真教研究の枠組み、すなわち全真教を論じる際に問題となる「新道教」の再検討を行いたい。

この「新道教」という概念を点検するに当たっては、主要な論著を取り上げ、大まかな流れを略述することでその問題点を指摘することにしたい。具体的には、日中戦争前後、日本人研究者の常盤大定、中国の陳垣、そして戦後、また日本の窪徳忠へという流れの中で日中双方の道教研究において全真教が「新道教」としてどのように位置付けられていくのか、その問題点を含めて点検する。また日本と中国双方において、その後この「新道教」という概念が現在までどのように受け継がれてきたかを簡略ながら追跡・補足し、欧米での状況も踏まえ、最終的に全真教研究の枠組みについて再検討することにしたい。

一　全真教研究の枠組みの確立

一・一　常盤大定『支那に於ける仏教と儒教道教』

まず日本の道教研究から点検することにしたい。

日本と中国の国交が回復した一九七二年、酒井忠夫は、日本における明治以降の道教研究を次の三つの時期に整理した[5]。明治初年（一八六八）から一九三〇年までの黎明期、満州事変の勃発した一九三一年から終戦までの第二期、一九四五年から一九七二年までの第三期である。

酒井によると、黎明期の道教研究は、日本人にとってなじみの薄い道教に対し、儒仏二教との関係を思想史の立場から考究することから始まった。それは儒仏二教に対して、道教を一種異端的なもの、好奇の対象として取り扱うという側面をも合わせ持つものであった。ところが一九三一年の満州事変後、日本が中国との戦争に突き進んでいく中で、政治的・軍事的な観点から中国や中国人に対してより深い理解が要請されるようになる。こうしてそれまで思想的な研究が中心であった道教研究は、満鉄調査部や東亜研究所を中心とした現地調査などに代表される研究が大きな幅を占めるようになる。一九四五年の終戦以降の第三期は、道教経典の文献的研究をはじめとする歴史的研究が強化され、道教研究は更に促進されることとなったという。なお、これを踏まえて砂山稔は、日中の国交が正常化した一九七二年以降を第四期と位置付けている。(6)

「新道教」という概念を点検するに当たって、まず取り上げるのは日本の道教研究の黎明期から第二期にかけてである。

明治以降の日本では、小柳司気太『道教概論』（世界文庫刊行会、一九二三）で若干、全真教が触れられているのを除けば、(7)初めてまとまって全真教を取り上げたのは幸田露伴（一八六七～一九四七）である。明治から大正・昭和にかけて活躍した作家・学者である露伴には、全真教に関する「活死人王害風」（大正十五年［一九二五］四月）という一文が存在する。(8)これは金元代に全真教・真大道教・太一教の三教が興ったことを記した後、全真教創教について王重陽から七真までを紹介したものである。自身も冒頭で記すとおり、呂洞賓や王重陽についてほとんど取り上げられることがなかった当時の日本の状況を考えれば、正に先駆的な役目を果たしたというべきだろう。

幸田露伴について本格的に全真教を取り上げたのは、常盤大定『支那に於ける仏教と儒教道教』（東洋文庫、一九三〇）である。常盤大定（一八七〇～一九四五）は、宮城県の真宗大谷派の順忍寺に生まれる。(9)東京帝国大学で教鞭を執り、中国大陸の仏教史跡を精力的に踏破し、中国仏教に関する研究書を多く著した。

『支那に於ける仏教と儒教道教』の問題関心は仏教研究にあり、その一分野として仏教が、儒教や道教とどう関わるかという三教交渉史を取り扱ったものである。本書は前編が「儒仏二教交渉史」、後編が「道仏二教交渉史」に分かれ、後編の「道教史大観」第四章「教権確立時代（宋元明前半）」で全真教が大きく取り上げられている。本書は最終的には仏教に関心があるものの、三教交渉論的立場から論述されているため、儒道仏三教が相対的に捉えられている。特に宋代の禅宗の隆盛に対して、儒教では朱子学が、道教では全真教が、また仏教内部でも禅宗に対して白雲菜などの諸派が台頭したという非常に明快な図式を打ち出している。しばらく常盤の議論を見てみることにしよう。

禅家の斯くの如き離教背本が、その窮極に達せる結果として、こゝに反動起れり。反動に、内外の二面あり。内の反動とは、禅家中に起れるものにして、白雲菜・白蓮菜の如き運動、これなり。外の反動とは、禅を引入せる新道教の勃興、及び禅を通して仏教と接触せるが為に大に教理的に発展せる新儒教の建設、これなり。

（六六八頁）

またいう。

道教は、周濂渓に後るゝ事百年の王重陽に至つて、また仏教によつてあたらしくせられたるなり。同時の朱子は、新組織によつて、仏教に対抗し、仏教をして遜色あらしむる程の旗幟をかゝげしが、道教は僅に融合調和によつて、新道教を成立せしめたるのみ。……二三代に亘つて之を継紹すべき学者なかりしが為に、遠からずしてまた迷信に後がへりせり。遠からずして後がへりせる所より見るも、不死昇仙の迷信が、如何に強き力を有するかを知り得べし。従つて長年月ならざりしにせよ、この迷信より離脱せる王重陽の全真教に、道教歴史中、先づ指を屈すべき価値を認めざるべからず。

（七三四頁）

若干補足しつつ整理しておこう。常盤は禅宗に対する反応として仏教内部では白雲菜・白蓮菜といった運動が起こり、また外部では朱子学と全真教が誕生したという。ただし朱子学の始まりを周敦頤（一〇一七～一〇七三。号濂渓）ら北宋五子に求めるのに対し、道教側はそれに後れること百年、全真教に始まるという。これを常盤はそれぞれ「新儒教」「新道教」と呼ぶ。全真教に対して「新道教」という呼称が登場するのは、管見の及ぶ限り、これが最初であろう。少なくとも近代の全真教研究における「新道教」という概念の始まりの一つはここに求めてよいと思われる。

では全真教が「新道教」たる所以は何か。常盤は『重陽立教十五論』（道蔵第九八九冊）を取り上げ、王重陽の教説が従来の「不死昇仙」という「迷信より離脱」した点にあるとする。つまり王重陽は旧来の金丹術の術語を使いながらも、金丹を仏教の法身とみなすなど、仏教哲理に沿って解釈した点を評価しているのである。だが元朝期、陳致虚（一二九〇～？　字観吾、号上陽子）は、王重陽から始まる全真教の系譜を張伯端以下の内丹道の系譜と統合した。こうして陳致虚および彼の師である趙友欽の段階で、全真教は再び「不死昇仙」の「迷信に後がへり」し（七三四頁）、従来の「金丹宗」、すなわち張伯端以下の内丹道の伝統へと復帰したという（七三八頁）。常盤は別の箇所でそれを「全真教の堕落」とも表現している（七〇〇頁）。なお陳致虚以降の全真教について触れられていないのは、その「不死昇仙」の「迷信に後がへり」した状態が今に続くと考えられているためであろう。

なお常盤大定は、北宋に活動した、いわゆる南宗初祖の張伯端については「仙仏一源の旨を説く」というのみで、その取り扱いは大きくない。張伯端は、王重陽に先立つこと百年、系統についてもまた異にするため、「之を全真教に属せしむるに当たり、いづこに其位置を定むべきかにつきて、異説あり」（六九二頁）といい、その位置付けは今一つはっきりしない。

この全真教の勃興について、常盤大定は、当時の不安な社会情勢が重要な原因ではあるとしながらも、これとは別個に宗教上、内外の二つの要因があったという（七二六頁）。すなわち道教の腐敗という内因、そして仏教の形式化という外因である。内因については北宋、徽宗期の徐知常・林霊素（一〇七五～一一一九。名霊噩、字通叟）らによる道教の隆盛とその弊害にあるとし、「教義によらず、道徳によらず、全く儀礼と迷信とに基礎を置けるもの」（七二六頁）と評している。外因とは、白雲菜等を生み出すまでに至った、教法から離反した禅宗の蔓延である。

まとめれば、常盤は儒道仏三教の力動を押さえつつ、思想的な方面から、全真教をその立教から再び金丹宗への「堕落」まで描いているといえよう。ここでは仏教を価値判断の基準としている点、またそれに基づいて金丹宗を「迷信」と位置付けている点について注意しておきたい。またこの背景にはキリスト教を基準として、仏教をはじめとする日本の「宗教」が自らを改革し、それに合わないものを「迷信」として排除した、いわば近代化の過程があったこと、さらにそれが海外の道教に向けられているという屈折が見られることも併せて注意しておきたい[10]。

なお一言補足しておくと、常盤大定は決して思想的な方面からしか全真教に接していたわけではない。上で酒井忠夫は日本の道教研究の黎明期を一九三〇年までとし、思想研究が中心だとしていた。だが黎明期最後の年に当たる一九三〇年に出版された本書には、宋徳方（一一八三～一二四七。字広道、号披雲）により開かれた、山西省太原の竜山にある全真教石窟が取り上げられている（後編第四章九）。これは関野貞（一八六七～一九三五）と共に中国各地の仏教史跡を踏破した経験を踏まえたもので、道教美術研究の観点からも注意されるべきものである[11]。また、後編第四章十に収める「全真教と道院」は、当時の全真教のあり方の一事例として山東省済南の道院と紅卍字会等との関係を取り上げ、もと大正十四年（一九二五）一月、『宗教研究』新第二巻第一号（宗教研究会）に掲載された。上記の酒井忠夫の分類でいえば、これらはいわゆる第二期の現地調査研究への移行を窺わせるものである。

以上で常盤大定の検討は終わるが、ここで少し終戦までの日本の全真教研究について補足しておく。この時期の全真教研究としては、久保田量遠『支那儒道仏交渉史』（大東出版社、一九四三）と、吉岡義豊「初期の全真教」が注意される。なお久保田量遠および吉岡義豊は共に僧籍を持つ。幸田露伴を除き、日本の初期の主要な道教研究が仏教徒・仏教研究者からなされているということはやはり指摘しておかねばならないだろう。

久保田量遠『支那儒道仏交渉史』（大東出版社、一九四三）は、基本的に常盤大定の説を襲い、禅の隆盛に対する儒道の反応として朱子学および全真教が登場してきたという。全真教に対する記述は余り多くないが、仏教に倣って全真教が南北宗に分けられ、南宗の祖とされる張伯端が道仏二教の融合を図った背景には天台智顗（五三八～五九七）の影響があったとする。また、常盤に従い、王重陽は仏教を基礎として不死昇仙に法身の思想を取り入れ、従来の道教とは全く性質を変化させたという。ただし、全真教の後に、林霊素の登場による徽宗期の道教の隆盛について取り上げており、常盤大定が示した道教の腐敗が全真教の登場につながったという構図が不明瞭になってしまっている。

一方、吉岡義豊（一九一六～一九七九）は、外務省留学生・真言宗在外研究生として昭和十四年から七年間にわたり中国に留学した。その間、中国河北各地の民俗調査に従事し、『道教小志』（多田部隊本部、一九四〇）・『道教の実態』（興亜宗教協会、一九四一）・『白雲観の道教』（東方民俗叢書第二冊、新民印書館、一九四五［『吉岡義豊著作集』第一巻に「道教の研究」として所収］）を著している。ただし実際には前記二書には吉岡義豊の自署はなく、調査報告の形をとる。吉岡義豊の名前で公刊された『白雲観の道教』は、昭和二十七年（一九五二）に『道教の研究』として法蔵館から再版された。吉岡自身も真言宗の僧籍を持ち、また留学中には常盤大定に指導を受けているものの、常盤・久保田の仏教を中心とする交渉史から離れ、ここでは道教が単独で扱われている。なお上述したとおり、日本の道教研究は第二期、現地調査に傾く特徴を持つが、本書もやはりその傾向を共有している。

『道教の実態』の「歴史編」でも全真教について触れられているが、ここでは『白雲観の道教』所収の「初期の全筆者による）。

真教」を取り上げよう。なお『白雲観の道教』は、０・序説（道教の理解）・１・「白雲観の概観」・２・「白雲観の起源」・３・「初期の全真教」・４・「白雲観晾経会と祭神調査記」・５・「あとがき」という構成になっている（章番号は筆者による）。

３・「初期の全真教」では、(1)「新宗教成立の要因」として、全真教を中心にその誕生の原因を次の三点にまとめている。まず根本的な理由として、漢族による金への反抗を挙げ（一五三頁。なお以下の頁数は一九四五年の初版による）、その上で北宋の過度な崇道政策による林霊素らの「官僚道教」は結局のところ、帝室と運命を共にするものであったが、民衆の欲するものは「生活に即した信仰」であったとする。そして、乱世において疲弊と不安が高まる中で、「官僚道士」と異なり、民衆の側に立って活躍したのが全真道士だったという（一五五頁）。また会昌の廃仏後、新たに中国の仏教として禅が登場した。それは中国に根ざしているがゆえに儒道二教に対しても親和的であり、三教調和の方向が開かれ、後に宋儒の排仏や至元年間（一二六四～一二九四）の仏道論争なども起きたとはいえ、この新思潮の下に宋儒の性理論が登場し、また全真教・真大道教・太一教という「新宗教」が登場したとしている。[12] なお昭和二十七年（一九五二）に出版された『道教の研究』では、吉岡は「民衆道教」から「出家道教」へという二層構造を考え、「民衆道教から出家道教への一径路」として全真教を取り扱う。[13]

また常盤大定と同じく、張伯端の内丹道との融合以降、その教説が変化しているとして、いわゆる南宗が融合する以前を「初期の全真教」と呼び、王重陽の創教から馬丹陽の教化まで、その事跡を丹念に追い掛け、教説を分析している。その他、斎醮については、黄籙斎をたびたび執り行ったことは当時の戦乱により混乱した北中国において民衆に精神的慰安を与え、彼らの心をつかむことに最大の効用を発揮したであろうとして特筆し、全真教により頻繁に行われた斎醮を表にまとめている。吉岡義豊はその社会的な功能に焦点を当てているのだが、これは窪徳忠において

「新道教」の呪術宗教的色彩の払拭の問題となって再び登場してくることになる。なおここでは「初期の全真教」という章題から見て取れるように、太一教や真大道教が点検されていない。

実は吉岡義豊は次で取り上げる陳垣の『南宋初河北新道教考』に接しており、そこでは既に全真教が戦火に苦しむ民衆の中から誕生したという視点が非常に強く打ち出されている。以下に中国における全真教研究を見てみることにしよう。

一・二　陳垣『南宋初河北新道教考』

吉岡義豊が中国で調査活動に従事していたこの時期、中国側からも全真教研究において重要な役目を果たした人物が登場している。陳垣である。だが彼を取り上げる前に、清末に著された陳銘珪の『長春道教源流』について簡単に説明しておきたい。これは常盤大定などでも参照されているものである。

陳銘珪、字友珊、東莞（今、広東省）の人。もともと咸豊壬子年（一八五七）の副貢生で、経学に通じていたが、晩年になって入道し、羅浮山の酥醪観を修復して住持となり、酥醪洞主と称した。

光緒己卯年（一八七九）の序を持つ『長春道教源流』（光緒五年［一八七九］自序［厳一萍編『道教研究資料』第二輯、芸文印書館、一九七四所収］）は、その名のとおり、長春真人丘処機を中心に、師の王重陽や七真、とりわけ丘処機とその門人たちを実証的に考証した先駆的著作である。李道謙（一二一九～一二九六。字和甫、号天楽道人）『甘水仙源録』（道蔵第六一一-六一三冊）や多くの碑文に基づく、考証学的な趣を持つこの著作は、それゆえに現在でも史料価値は高い。その点で本書は、次に見る陳垣の著した『南宋初河北新道教考』の正に先蹤ということができる。しかしここで丘処機が大きく取り上げられた理由は、彼が全真教の中で最大の派を誇る竜門派の祖であることによるのであり、やはり教学的な関心が中心に据えられているといえよう。陳銘珪は法名を教友といい、「教」は竜門派第十七代の輩行である。

民国政府の成立後、一九二六年には小柳司気太『道教概論』が早くも翻訳されており（陳彬龢訳『道教概説』〔国学小叢書〕、商務印書館、一九二六）、一九三四年には許地山『道教史』上冊（商務印書館、一九三四）および傅勤家『道教史概論』（商務印書館、一九三四）が出版された。また吉岡義豊の著作も日本語とはいえ、中国で出版されている。しかしこうした著作の中にあって、何といっても中国の全真教研究において決定的に重要な役目を果たした人物としては、やはり陳垣を挙げねばならないだろう。

陳垣（一八八〇～一九七一）、字援庵、広東新会の人。[14]もと西洋医学を学ぶが、後に輔仁大学・燕京大学・北京大学などで教鞭を執る。その研究はいわゆる伝統的な考証学的方法論により、歴史家・教育家として名高い。だが元朝期におけるキリスト教を論じた『元也里可温考』（一九一七年五月）をはじめ、中国に伝来した仏教やイスラム教のほか、ユダヤ教・ゾロアスター教・マニ教など様々な宗教についての論著を残していることから、宗教研究者という側面も合わせ持つといえよう。道教に関する代表的著作としては、一九四一年の『南宋初河北新道教考』、そして死後出版された『道家金石略』（陳垣編、陳智超・曽慶瑛校補、文物出版社、一九八八）が挙げられる。

『南宋初河北新道教考』は、金朝期に勃興した太一教・真大道・全真教の三派の活動について論じたもので、当時まだ出版されていなかった道教の石刻史料集『道家金石略』の成果に基づく実証的な論著といえるものである。しかし一九四一年七月脱稿という脱稿の時期からも分かるとおり、本著には実は日本との戦争が大きな影を落としていることに我々は注意を払う必要がある。[15]この著作が著された経緯については、一九六二年に中華書局から単行本として『南宋初河北新道教考』が出版された際、記された後記に詳しい。これは一九五七年七月に書かれたものである。

此書継『明季滇黔仏教考』而作、但材料則早已蓄之三十年前、一九二三・二四年間、作者曽輯有関道教碑文千余通、自漢迄明、按朝代編纂『道家金石略』百巻、以為道教史料之一部分、蔵之篋衍久矣。盧溝橋変起、河北各地相継淪陥、作者亦備受迫害、有感於宋金及宋元時事、覚此所謂道家者類皆抗節不仕之遺民、豈可以其為道教而忽之也。因発憤為著此書、闡明其隠、而前此所捜金元二代道教碑文、正可供此文利用、一展巻而材料略備矣。

諸人之所以値得表揚者、不僅消極方面有不甘事敵之操、其積極方面復有済人利物之行、固与明季遺民之逃禅者異曲同工也。此書刊行後、不久即告罄、今因研究宋金元史者之需要、特重印以請教国人。(一五四頁)[16]

本書は、『明季滇黔仏教考』に引き続いて著されたが、その材料は既に三十年前から収集していた。一九二三、二四年にかけ、筆者は道教に関する碑文千通以上を集め、漢から明まで王朝ごとに分けて『道家金石略』百巻を編集し、道教の史料の一部として長らくしまい込んでいたのである。

盧溝橋事変が勃発すると、河北各地は次々と陥落した。筆者もやはりすっかり迫害を受けてしまい、宋金時代および宋元時代の物事について感じるところがあった。すなわち、このいわゆる道教に属する者たちは皆操節を守って他の王朝に仕えることのなかった遺民なのであり、どうして道教だということだけでおろそかにしてよいことがあろうか、と。そこで気力を奮い起こして本書を著し、不明な点を明らかにすることにした。執筆に当たっては、以前に渉猟した金・元二代の道教碑文は正に打って付けで、一たびそれらを開くや材料はあらかたそろうこととなった。

彼らが称賛するに値する理由とは、消極的な面としては敵に進んで仕えようとしなかったという操節を貫いた点、そして積極的な面としては人々への救済活動をも行った点にある。これは、まことに明末の遺民が禅宗へと逃げ込んだのと同工異曲である。本書は刊行後まもなく売り切れとなってしまったため、今、宋・金・元史を研究する者たちの求めに応えるため、再版して各位の叱正を賜ることとした。

ここでいわれる『明季滇黔仏教考』は一九四〇年三月に完成し、その年の八月に『輔仁大学叢書』第六種として刊行された。これは明末清初、雲南省・貴州省で隆盛した仏教について論じたもので、清朝に従うことを潔しとしなかった明朝の「遺民」たちが禅宗の中へと身を投じたことを記す。

ところで、上で陳垣は『明季滇黔仏教考』に続いて『南宋初河北新道教考』を著したとしているが、実はこの間に彼はもう一冊著作を書き上げている。『清初僧諍記』である。『清初僧諍記』は一九四一年一月に脱稿、同年『輔仁学志』第九巻第二期に掲載された。内容は『明季滇黔仏教考』に続き、明末清初期における臨済宗や曹洞宗や天童派など禅宗の宗派の新旧両勢力の確執を取り扱ったものである。この書は日本でも荒木見悟らによって注目され、一九八九年、野口善敬により翻訳・刊行された(17)。

ここで我々が注意しなくてはならないのは、この『明季滇黔仏教考』がやはり抗日戦争のさなかに著されたということである(18)。また一九六二年に再版された『清初僧諍記』後記にも、北平（北京）・天津が陥落した一九四一年、「漢奸」たちが「渡海朝拝」し、帰国後、それを郷里で鼻にかけて喧伝している状況を踏まえて書かれたと述べる。これは汪精衛政権が前年に成立し、日本と連絡を取っていたことを指すと思われる(19)。

つまり『明季滇黔仏教考』では操節を曲げなかった明の「遺民」について、またそれとは対照的に『清初僧諍記』では満州族による清朝におもねる仏教界について、それぞれ取り扱っているのである。この背景には戦局が緊迫する当時の政治状況が色濃く影を落としている。『南宋初河北新道教考』は、これら二書に引き続いて一九四一年七月に完成し、同年十二月に『輔仁大学叢書』第八種として出版された。本書と上記の計三冊は「宗教三書」と呼ばれる。

上で引用したように、一九三七年七月七日に蘆溝橋事件が起き、日中戦争が始まって以来、河北は戦火にまみれた。自身も被害に遭ったという陳垣が、金から元にかけてやはり戦火の絶えなかった河北にその情景を重ね合わせたとしても無理はない。仏教と道教、また時代の違いはあれ、こうしてここで「このいわゆる道教に属する者たちは皆操節を守って他の王朝に仕えることのなかった遺民なの」だとして、新たに勃興してきた全真教をはじめとする人々が清廉な姿で描かれることとなる。

もっとも陳垣のこれらの書の背後に日本との戦争体験があるからといって、それはすぐさま事実が歪曲されているということを意味するわけではないことは注意を要する。例えば、野口善敬が『清初僧諍記』の訳注で指摘するように、[20]明清期の中国仏教の研究は従来十分に進められてきたとはいえず、同時代の禅宗研究についてもいわゆる「禅道変衰の代」といわれ、[21]研究者の興味を余り引いてこなかった。こうした中、『清初僧諍記』は教学を離れた歴史研究の観点から、広範な資料を駆使して客観的に当時の仏教界の状況を整理した優れた研究とされる。同様に『南宋初河北新道教考』の基となった『道家金石略』を超える道教関連の石刻資料は現在に至るまで現れていない。[22]本書は広範な資料を駆使した研究として現在でも遜色がないどころか、むしろ資料の豊富さという点からいえば、現在でもこれをしのぐものはほとんど出ていないといってもよいだろう。

しかし、それでもやはり本書が濃厚ないわゆる列強への強い抵抗意識に彩られていることは否めない。例えば陳垣は『新道教考』の序文で次のように述べている。

右三篇四巻廿三章、全七万余言、述全真・大道・太一三教金・元時事。繫之南宋初、何也。曰三教祖皆生於北宋、而創教於宋南渡後、義不仕金、繫之以宋、従其志也。（「目録」、三頁）

右の三篇四巻二十三章、全七万余言は、金・元時代における全真教・真大道教・太一教の三教について述べたものである。これを「南宋初」と関連させるのはなぜか。すなわち、三人の教祖は全員、北宋に生まれ、宋の南遷後に教えを打ち立て、忠義心から金に仕えることがなかった。宋に関連させたのは彼らの思いに従ったからである。

陳垣は続けていう。靖康の乱により河北の学舎は荒廃し、士人は流散し、残った者たちも結局のところ新王朝に利用されるに至った。そこで全真教・真大道教・太一教の教祖たちは新たな教えを開いた。これは明末の禅者たちと同様であり、それまでの道教とは異なる。儒門にとどまることができず、道教に流れ込むほかなかったのである。彼らはもともと北宋の遺民であるが、記録の上では無視されていることが多い。元朝期には南宋の遺民がいるのに、どうして金朝期に北宋の遺民がいないことなどあろうか（「目録」、三～四頁）。

陳銘珪は王重陽を北宋の「遺民」とするが[23]、陳垣は、陳銘珪『長春道教源流』を継いで「新道教」三教団全てが「遺民」たちにより成立したとする。確かに全真教の王重陽は北宋政和二年（一一一二）に生まれ、真大道教の劉徳仁は宣和四年（一一二二）に生まれている。太一教の蕭抱珍の生年は不明だが、陳垣は北宋末と推測する。こうして本書は『南宋初河北新道教考』と名付けられた。あくまで正統なのは宋王朝であるということである。

その中で冒頭に置かれ、最も紙幅が割かれているのが全真教である。そこでは全真教徒たちの権勢にこびず、宋への忠義を貫き、苦労をいとわぬその高潔な行いが記される。また丘処機は西遊してチンギス・カンに会い、その時いわゆる「止殺の一言」が嘉納されたため全真教は大いに教勢を伸ばす。これに対して元好問（一一九〇～一二五七）は丘処機を五代の政治家、馮道（八八二～九五四）に比し、風刺しているが、陳垣は馮道が自身の保身に走ったのに対し、丘処機の行いは富貴や保身のためではなかったとし、全真教は「遺民たちの淵藪」（十四頁）であったのだと位置付けている。

しかし、やがて全真教団は変化する。陳垣は全真教団による『道蔵』の編集や、仏教教団との論争など幾つかの問題について触れた後、「末流之貴盛」（巻二第十二）において全真教の変化について触れている。ここでは教団が政治権力と結び付くことにより奢侈になっていく様子が、第十三代掌教の孫徳彧が祈雨により権門に取り入る様を例に描かれる。それまでこうした「巫祝之術」により権門に出入りすることのなかった全真教はここに至って「已失其本色（もはやその本来の特色を失った）」（七十一頁）として、陳垣は基本的にそれ以上全真教について述べない。陳垣が注目するのはあくまで全真教の権力との距離や清新さなのであって、こうした全真教の変化の原因について、常盤大定とは違い、張伯端以下の内丹道との融合に伴う思想的変化などは取り上げられることはないのである。

ところで本書が全真教・真大道教・太一教を併置するのは、基本的に『元史』釈老伝に依拠しているためである。しかしそこには思想的なばらつきが見られる。例えば陳垣自身も認めているように、太一教の教説は巫祝を中心とするものであり、全真教とはかなり趣を異にする。ここで比較のために常盤大定を見てみるならば、真大道教・太一教について取り上げてはいるものの、その取り扱いは極めて小さい（「三、道教諸派」、七〇三頁）。また陳垣のように単に『元史』によるのではなく、元・陳采『清微仙譜』（道蔵第七十五冊）や明・張宇初『道門十規』（道蔵第九八八冊）などにより、当時の道教諸派の実態を解明しようとしている姿勢についても注目しておきたい。結局、陳垣の力点は社会的な側面にあるのであり、常盤大定のような思想的な検討はほとんどなされていないといってよい。

冒頭でも述べたとおり、戦前における日本の道教研究は、日本に基本的に伝来しなかった道教に対し、異文化理解の一端として接近し、やがてそこに日本の大陸への進攻という社会情勢が影を落としていく。日本と中国の全真教研究の始まりにおいて、かたや列強による現地調査という色彩を帯び、かたや列強への抵抗という背景を背負っていることは記憶しておいてもよいであろう。

一・三　窪徳忠『中国の宗教改革——全真教の成立——』

こうした経緯を受けて、戦後、窪徳忠『中国の宗教改革——全真教の成立——』（法蔵館、一九六七）が登場する。

窪徳忠（一九一三～二〇一〇）の全真教に対する関心は早い。戦中に書かれた「金・元時代に於ける道教の概説」（『北亜細亜学報』第二輯、亜細亜文化研究所、一九四四）は、吉岡義豊の「初期の全真教」（一九四五）に先立つもので、北宋期の道教の腐敗した様子を概観し、そうした中から登場してくる金・元代の真大道教・太一教・正一道・茅山派の諸派を扱う。ここでは全真教は取り上げられていないが、自ら序に記しているように全真教研究の一つの序説となっている。この後、断続的に発表された幾つかの全真教に関する論文を踏まえ、『中国の宗教改革——全真教の成立——』が上梓される。

本書は、まず旧来の道教史について、天師道教団の成立から北宋期の崇道政策とその弊害に至るまでを簡略に述べた後、金との戦争や北宋の滅亡による河北平原の社会的な混乱の中から全真教・真大道教・太一教の三つの教団が登場してくる様を描く。窪徳忠はこれら三教団を「革新派」と呼び、また「新道教」とも呼んでいる。

書名の「中国の宗教改革」は、もちろんヨーロッパの宗教改革およびM・ウェーバーの宗教社会学理論を念頭に置いている。ヨーロッパの近世は、中世封建社会に対し、ルネッサンスおよび宗教改革によって開かれた。マルティン・

ルターによる免罪符事件に端を発する宗教改革はプロテスタントを生みだし、やがてヨーロッパをカトリックと二分するようになる。ウェーバーは、このプロテスタンティズムの精神が近代的資本主義の発展に寄与したと見る。

一方、窪徳忠は、中国史における時代区分論で宋代以降を近世とする説があることから、「新道教」をヨーロッパの宗教改革に比する。例えば免罪符を販売していたキリスト教会と同様、天師道などの「旧道教」は、符呪による不老長生や現世利益を中心とする呪術宗教的な色彩が濃厚であり、世俗化していた。これに対して、「新道教」はそうした不老長生や現世利益を説くことなく、人々の精神的な苦悩の救済を目的としていたという。例えば、その内、三教同源を説く全真教は「自己を仏性のものと見る大乗仏教の考えと軌を一にしていた」（一九九頁）という。また同じ用語を用いつつも、神仙説や金丹道を排除したことは「旧道教」の内面化であり、それからの脱皮であり、宗教の世俗化への反撥であり、また呪術宗教的色彩の払拭という傾向にもつながるものであるとして高く評価する。だが窪徳忠は自ら反問する。「これらの教団の成立をもって、ただちにルターなどの宗教改革運動と対置してよいだろうか」（一九九頁）。

宋以降を近世と見る時代区分論は、内藤湖南（一八六六～一九三四）により提唱され、戦後、宮崎市定（一九〇一～一九九五）らにより発展させられたものである。こうしたいわゆる京大学派に対し、一九四八年、東京大学の前田直典（一九一五～一九四九）はこれを批判し、宋代以降を中世とした[24]。この説を踏まえ、もし宋代以降を近世ではなく中世とするならば、しかし全真教をはじめとする「新道教」三教団には、やはりそれを裏書する要素が幾つも見られると窪徳忠はいう。

例えば吉岡義豊は、全真教でたびたび行われた斎醮が戦災に苦しむ民衆の慰安となったとして、その社会的な功能を重視していた。これに対して窪徳忠は呪術宗教的色彩の払拭という点から見て、この斎醮が「旧道教」と同様、引き続いて行われていた点を問題視する。また「新道教」がウェーバーのいうような職業倫理などを形成することがなかった点、そしてヨーロッパの宗教改革運動は現在でもプロテスタントとして存続するが、中国では「新道教」の内、太一教・真大道教は中絶、全真教団も当初のあり方から後退し、形骸をとどめているにすぎない点など、その相違は甚だしいとする。結局、窪徳忠は、書名で用いた「中国の宗教改革」というのは、「道教史上の大きな改革といういみであって、宗教改革運動と対置するつもりは毛頭な」（二〇二頁）いと断っている。そして「新道教」は「旧中国の人々の宗教意識を如実に反映して」おり、「呪術性の払拭が不徹底に終ったことは、あるいは道教の宿命というべきかもしれない」と述べ（二〇三頁）、本書は閉じられている。しかし、となれば「新道教」の革新性はどこにあるのだろうか。

窪徳忠は金朝やその傀儡政権であった斉への王重陽の応試の実態を検証し、王重陽を北宋の「遺民」であったという陳銘珪や陳垣の見方を否定する（八十五〜八十六頁）。窪は王重陽による全真教の創建を彼の宗教的あり方そのものに求めているのである。一方で窪は全真教・真大道教・太一教の三教団を併置し、それら「新道教」が北宋・金交代期の社会的背景の中から登場したと捉えていることから見て、広い意味でやはり陳垣の枠組みを襲っているといわざるを得ないだろう。とはいえ窪徳忠の特色は単に社会面から三教団の活動を叙述するだけではなく、陳垣と異なり、その思想面をも同時に積極的に解明しようとしている点にある。具体的には、全真教が禅宗の影響を受け、金丹道から脱却することで成立したことや、また呪術宗教的色彩の払拭という傾向を持っていたが、それがやがて元・陳致虚の段階で金丹道と合流して以降、再び呪術宗教的な傾向を強めるとしている。これは基本的に常盤大定の図式を忠実に襲っているといえよう。しかしこの二つは矛盾を引き起こす。これがはっきりするのが、以下の太一教に関する部分である。

まず窪徳忠は、「天師道などの旧道教では、符や呪いを重視していた。これに対して、金代の河北地方におこった真大道・全真の両教団は、後に説くように、符や呪いを排斥して、全く使用しなかった」（五十五頁）とする。しかしその一方で窪は、陳垣が太一教は「『老子』の学をもって身をおさめ、巫祝の術をもって世をわたるものだと述べているが、あるいみでは正しい観察だといえる」（五十五頁）という。この矛盾に対して、窪徳忠は資料が少ないとしつつも、太一教は戒律が存在し、金丹や尸解について触れず、導引・房中などについて勧めた形跡がないとして次のように述べている。

太一教は、他の二教団と同じく、当時の社会と人々とを救うことを目的としてはいたものの、その実践の手段として、従来の道教が重視していた符の持つ呪力を使うのを選んだのではないかと思われる。従って、呪術性の排除という点では、他の二教団に劣るけれども、だからといって、陳垣氏のいわゆる「巫祝の術」、いいかえれば、従来の道教と全く同じ内容と性格だったということはできないのではなかろうか。要するに、この派はもっとも旧道教に近い性格ではあったけれども、旧道教にくらべれば、かなりのちがいがあったというわけである。（五十六～五十七頁）

しかし、やはりこれはなかなか厳しい論理だというべきではないだろうか。ここで陳垣の議論と比べて注意しておくべきことは、「呪術性の排除」が新たにその革新性、つまり「新道教」の要素として考えられている点であろう。つまり陳垣の場合は民衆の救済を行ったという観点から河北の「新道教」について取り上げるだけであったが、窪は「旧道教」との思想的な非連続性にまで説明を施そうとしているため、無理が生じざるを得なかったのである。最終的には、それはその思想性から他の二教団とは別に全真教のみを「新道教」と評価していた常盤大定と、その社会性に焦点を当てて三教団を「新道教」とみなす陳垣との差異に帰着するといえよう(25)。

問題は「新道教」は本当に「旧道教」に比べて「かなりのちがいがあった」のか、あったとすればそれはどういうものであったかということである。窪徳忠は全真教の登場はウェーバーのいうような心性の変化を伴わなかったという。では「新道教」の登場の理由はどこに認められるべきなのだろうか。

窪徳忠は全真教では「呪術性の払拭が不徹底に終」っており、現在の全真教は当時の有様から変化し形骸をとどめるのみと結論付けている。また上で常盤がはっきりしないとされていた張伯端についても、全真教変容の原因となった金丹道の祖師であるとしてその断絶面が強調されている。だが張伯端以下の内丹道は本当に不老長生を目指す呪術的なものにすぎなかったのかという点については慎重な検討が必要だろう。また窪徳忠は形骸化しているとはいうものの、それでも現在まで存続している全真教と、やがて消滅してしまう真大道教や太一教を「新道教」として同一視することはどのように説明されるべきなのだろうか。こうした問題は、我々に「新道教」という枠組み自体を改めて問い直す必要を迫るように思われる。

なお、自ら取り下げたとはいえ、窪徳忠が、ウェーバーを念頭に置いてヨーロッパの宗教改革と「新道教」を比較していることに絡んで、次の二点についてもう一度問題を指摘しておきたい。すなわち呪術宗教的色彩の払拭という点から見て、全真教団で引き続き斎醮がなされていた問題をどう考えるか、そして仏教の影響により「新道教」、特に全真教が精神的な苦悩の救済を目的としたとされる点をどう考えるかという二点である。

まず最初の問題だが、確かに王重陽以下、七真（孫不二を除く）はたびたび斎醮を行っている。上述した吉岡義豊による表（二〇五～二〇七頁）によれば、七真による斎醮は合計五十六回行われている。これはまた世俗権力とも関係している。例えば三籙斎の一つである金籙斎は天災を除き、国家の安泰を祈る儀式で、帝王により執り行われるとされるからである。

全真教団が政治との結び付きを強めるのは、王処一が大定二十七年（一一八七）に、また翌年、丘処機が金の世宗に召された頃に始まる。蜂屋邦夫『金元時代の道教——七真研究——』（汲古書院、一九九八）により簡単にまとめておくと、大定二十八年（一一八八）三月の万春節に王と丘は共に醮を執り行っている。その後、章宗が即位するとしばらくは「禁罷全真及五行毘盧（全真教および五行毘盧教を禁止し）」（『金史』章宗本紀）、道仏への統制が強化される。しかし承安二年（一一九七）になると王処一と劉処玄は章宗から再び詔を受けており、泰和元年（一二〇一）および三年（一二〇三）に詔により王処一は普天大醮を行っている。普天大醮とは金籙斎を指す。

上述のとおり、窪徳忠は呪術宗教的色彩の払拭という点から見て、斎醮が「旧道教」と同様、引き続いて行われていた点を問題視する。しかし我々が注意しなくてはならないのは、これは何も全真教に限らないということである。例えば阿部肇一によれば(26)、仏教側でも万松行秀が明昌四年（一一九三）に章宗に招請され普度会を行って以来、毎年これを行っていたという。普度斎は盂蘭盆会・施餓鬼会などを指す。万松行秀（一一六六～一二四六）は河北の地にあって曹洞宗の興隆に大きく寄与した人物である。彼の門下には元初の重臣耶律楚材（一一九〇～一二四三）がおり、やがて全真教と対論することになる雪庭裕福（一二〇三～一二七五）や林泉従倫らがいる。いずれにせよ、もしも全真教が国家の庇護の下、斎醮を行ったことが呪術宗教的であるとするならば、その批判は同時に禅宗に対してもなされなくてはならないだろう。なお章帝期の道仏政策を考慮する必要もあろうが、丘処機らの全真教団と、万松行秀以下の禅宗はそれぞれ非常に早い時期から金元の権力へと接近しており、それとあわせて両者が早くから互いを意識しあっていた可能性があるように思われる(27)。斎醮や普度斎をどう位置付けるにせよ、全真教と禅宗が金朝で共に重視され、競合し合うことができたのは、彼らが互いに極めてよく似た心性を持っていたためではなかっただろうか。

また全真教では斎醮を積極的に行うが、むしろ窪徳忠が批判的な張伯端以下の内丹道に属する牧常晁に斎醮を否定する言説があることは注目してもよいだろう。牧常晁は南宋滅亡頃から十三世紀末にかけて福建で活動し、全真教への言説が見られるものの、基本的には張伯端以下の内丹道の流れを汲むとされる人物である。[28] 彼は、ある人から斎醮により聖位に達することは可能かと問われたのに対し、そもそも古代には斎醮は行われておらず、世の中の人々に敬いの気持ちや布施の気持ちを起こし、出家者に利益をもたらすことはあるものの、「若顧此以証聖成真者、夢幻泡影耳（もしこれで聖位に達した者とみなすなら、それは夢まぼろしにすぎない）」と答えている。[29] もちろんこの一例をもって張伯端以下の内丹道の全傾向を論断することはできないかもしれない。だが全真教に融合していく張伯端以下の内丹道側にこのような斎醮に否定的な言説があるということ、また禅宗が同時に国家権力の下、普度を行っていることは、張伯端以下の内丹道が全真教に比べて「迷信」的であったということや、全真教が禅宗と比してどちらが呪術的であったというような単純な論断を下せないことを示しているのではなかろうか。むしろ普度や斎醮が頻繁に行われていたことは、まずは彼らが衆生の救済を願っていたと捉えることも可能であると考えるならば、即座にそれを呪術的思考と見るかどうかはもう少し慎重な判断が必要だろう。

次に「新道教」、特に全真教が仏教の影響により精神的な苦悩の救済を目的としたとされる点について考えておきたい。まずウェーバーの儒道仏三教に対する考え方は、おおよそ以下のとおりまとめられよう。

ウェーバーによれば、正統たる儒教と異端である道教は手を取りあって五行思想という理論基盤を作り上げ、「『宇宙一体観的な』哲学、兼、宇宙創成論は、世界を一つの呪術の園に変じたのであった」（M・ウェーバー著・木全徳雄訳『儒教と道教』、三二九頁）[30]。これはキリスト教を成り立たせている「奇蹟の倫理的な合理性などは問題にならな」（三二九頁）かったということでもある。他方、中国に伝来した仏教に対しては、キリスト教のような「救拯共同体的役割」（二九五頁）が期待されており、また中国において「輪廻転生の『車輪』から逃れる」（四五六頁）ための救済へのひたむきな努力を惜しまなかった存在として捉えられている。ただしウェーバーは、結局のところ、これら儒道仏三教は近代資本主義精神を生み出すことができなかったと結論付ける。それはプロテスタンティズムにおいてのみ可能だったというのである。

近代資本主義精神への参与の当否はおいて、彼のいう呪術と救済の問題については若干考えておきたい。それは常盤大定から窪徳忠へ受け継がれた次の論点と関わってくると思われるからである。常盤大定は従来の金丹宗が「不死昇仙」という「迷信」であるのに対し、王重陽は仏教によりそこから離脱し、全真教を開創したとする。また窪徳忠は常盤大定を踏まえ、全真教に呪術宗教の払拭を見て取ったのは上述のとおりである。

これはウェーバーの上述の構図の中に置き換えるならば、次のようにいうことができるかもしれない。すなわち仏教が救済を目標としているのに対して、道教はあくまで呪術的であり、救済をもたらさないものだったのか。これは言い換えるならば、内丹の錬成により最終的に道へと冥合する境地は禅宗の頓悟に対し、どのように位置付けられるのかということである。特に内丹の錬成は、基本的に陰陽五行思想を基盤とし、造化のあり方を遡及し、道へと至るという思考がその背後に存在する。こうした二つの最終的な境地はどう接合するのか。だが実はこれこそ張伯端以下の内丹道、そして全真教における性命説において意識され、議論されていたことにほかならない。禅宗の説く頓悟や性説を取り入れた張伯端以下の内丹道では、全真教に先立ち、既に性と命、すなわち頓悟と内丹の修養の関係について、それらを相補的、または対等なものとするといった突っ込んだ議論が行われていたからである。[31]このように考えてくるともはや全真教と張伯端以下の内丹道、あるいは道教と仏教に対して、それらを単純な「迷信」か救済かといった二分法で議論することはできないことになろう。

窪徳忠は『中国の宗教改革――全真教の成立――』の後、『道教史』（山川出版社、一九七七）を著す。これは、儒教史や仏教史、キリスト教史などと並ぶ世界宗教史叢書の一つとして山川出版社より刊行された。こうして窪徳忠の全真教に対する見解は、上記のような問題をはらみながらも日本の道教研究において決定的な影響力を与えていく。常盤大定から始まり、中国の陳垣、そして窪徳忠へと至るこの「新道教」の議論の中で、全真教研究の枠組みは一つの方向性を定めたといえるように思われる。

二　その後の「新道教」

二・一　中国での展開――唯物史観による「新道教」の否定と復活――

一九四九年、新中国が誕生すると、マルクス主義的史観によりやがて「新道教」は否定的な評価が下されるに至る。窪徳忠の『中国の宗教改革』に先行するが、ここではその代表的なものとして侯外廬主編『中国思想通史』（人民出版社、一九五七～一九六〇。以下『通史』と略記）を取り上げよう。

侯外廬（一九〇三～一九八七）は李大釗（一八八九～一九二七）に学び、中国で初めて『資本論』を翻訳した人物である。本書は侯外廬を中心に執筆され、儒道仏三教を共に取り上げ、古代から十九世紀四十年代までを取り扱っている。ここで関係するのは、第四巻下冊の第十七章「封建社会後期道教的伝統及其僧侶主義」の第二節「宋元時代的道教及其与道学的関係」である。そこでは全真教に対し、陳垣とは全く逆の評価が下されている。

まず全真教に対しては、「全真教仍然是一種統治階級的高貴宗教、它既不是民間的宗教、也不具有抗金的性質（やはり一種の統治階級の高貴な宗教なのであり、民間の宗教でもなければ、また金に抵抗する性質も持ち合わせていなかった）」と述べる（第四巻下、八〇二頁）。全真教が「勢如風火（野火のごとく）」（同）広まったのは、宋の統治者たちに見捨てられた北方の人民たちが兵火による苦難や貧困から逃れるため、統治階級の思想的武器を使わざるを得なかった、つまり全真教という宗教に頼らざるを得なかったからなのである。

ではなぜ全真教は「統治階級の高貴な宗教」であり、「金に抵抗する性質も持ち合わせていなかった」といえるのだろうか。『通史』によれば、それは全真教の開祖・王重陽以下、七真たちの出自がそれぞれその地の有力な一族であったことによる。加えて、王重陽は金朝の傀儡政権とされる斉の阜昌年間（一一三一～一一三七）に、受かりこそしなかったが応試しており、また金の天眷年間（一一三八～一一四〇）には武挙に通っていることが挙げられる。こうしたことから『通史』では、王重陽は「抗節不仕的志士（操節を守り、他の王朝に仕えなかった志士）」では断じてないと厳しい評価を下している。

上述したが、この背景には王重陽の応試は全真教が「遺民」により創られたかどうかについての重要な指標とされているという経緯がある。もともと陳銘珪『長春道教源流』では王重陽を「宋への忠義あり」として、武挙に応じたことを否定したのに対し（二十九頁）、吉岡義豊『白雲観の道教』や、また後には窪徳忠『中国の宗教改革――全真教の成立――』も王重陽に応試の事実があったことを指摘している。一方、王重陽を宋の「遺民」と見る陳垣『南宋初河北新道教考』はこれについて黙して語らない。『通史』の批判はこの点を突いたのである。

もう一つ注意しておきたいのは、『通史』にいう「民間宗教」という用語である。この「民間宗教」は、吉岡義豊が述べていた「出家道教」に対する「民衆道教」や、戦後、日本の学術界で問題となった「教団道教」に対する「通俗道教」、また「民間信仰」などの術語を連想させる。しかしここでの用法は、抗金のための民間軍事組織として結成された「忠義巡社」のような、金・元朝への「起義（武装蜂起）」に直接的につながる集団を指している。また『通史』では、全真教文献に見える「会首」はもともとこうした集団の長であったとする。この点を巡り、侯外廬の『通史』と陳垣の『新道教考』が共に同じ資料を引用しているので、見てみることにしよう。この資料は王惲『秋澗先生大全文集』巻五十三に見える「衛州胙城県霊虚観碑」からのもので、金の南京（汴京［今、河南省］）がモンゴル軍により陥落した際の惨状をつぶさに目にした李志遠が霊虚観を建立した経緯を記している。李志遠（一一六九～一二五四）は馬丹陽再伝の弟子で、七真の次の世代に当たる人物である。

壬辰の歳（一二三二年）、金人の撤退後、元軍が京城（汴京）を取り囲んだ。明くる年、京城は大いに飢え、人は互いに食むといった有様であった。「時全真教大行、所在翕然従風、雖虎苛狼戾、性於嗜殺之徒、率授法号、名会首者皆是也（この時、全真教が大いに流行し、どこであれ皆一斉にその教説に従い、いかなる残忍凶悪で、殺戮を好む者どもであってもことごとく法号を授かった。会首と名乗る者は皆こうした者たちである）。」この時、師（李志遠）は陥落した汴京の惨状を目にし、霊虚観を建立した。こうして仁なる風が一たび起るや、家々は改心し、貪婪で残忍な者たちは温和で善良な人々になったという。

問題となるのは、この同じ文章に対して、陳垣が全真道士たちによる会首へのこうした教化の様子を積極的に評価していたのに対し（巻一「全真篇上」殺盗之消除第三）、『通史』では全真教の影響により会首たちが懐柔され、その組織が解消されたと否定的に結論付けていることである（八〇四～八〇五頁）。つまり『通史』はここに階級闘争が先鋭化する機縁を全真教が奪ってしまったことを批判しているのである。また『通史』のいう「民間宗教」は日本での議論とは全く別であり、むしろ政治結社的な色彩が強く、階級闘争論に引き寄せられた議論となっていることが見て取れよう。『通史』は真大道教や太一教を基本的に取り上げていないが、「新道教」の語は使われておらず[32]、マルクス主義的イデオロギーの立場からそれを実質上、否定したということができるだろう。

なおここで新中国成立後の陳垣について少し触れておきたい[33]。熱心な愛国主義者であった彼もまた新中国成立後になるとマルクス主義の学習を始めるが、常々「我是聞道太晩了（私は真理に触れるのが余りに遅かった）」と漏らしていたという。死の直前、文化大革命の嵐が中国中を吹き荒れる。日中戦争の時には史学考証に寄せて思いの丈をつづることのできた陳垣も、中国人自身の手による文化大革命のこの時ばかりは沈黙を守ることしかできなかった。彼は一九七一年六月二十一日九十一歳で北京にて没している。

やがて中国の改革開放運動、および一九九一年のソビエト連邦の崩壊により、唯物史観は影を潜める。

任継愈編『中国道教史』（上海人民出版社、一九九〇）は、中国社会科学院の研究者たちにより著されたこともあって、現在の中国における道教研究の代表的な一つの見解であると見てよい。もともと一九九〇年に上海人民出版社より出版された旧版では、宋代の内丹道、金元の全真教、また明清期の全真教についても、陳兵が一手に担当している[34]。陳兵は一九八〇年代以降、いわゆる張伯端以下のいわゆる全真教南宗や江南道教研究を牽引してきた研究者である[35]。

二〇〇一年に出版された中国社会科学院出版社版の増訂本では唐代剣により金元の全真教について大きく加筆されている[36]。だが、いずれにせよ民族間の衝突といった全真教の創立時期の社会背景を取り上げ、こうした中から全真教・真大道教・太一教が登場したという説明をしていることに違いはない。特に増訂本では、これら三教団に対して「河北新道教」という呼称が用いられている（六七〇頁）。こうしたことから見ても、基本的にここに陳垣の見解が復活していることは明白であろう。

ただし論述の中心は、ほぼ全真教が占めている。『通史』では全真教を「統治階級の身分の高い者たちの宗教」と見た。これに対し、『中国道教史』でも王重陽が応試した事実は認めているが、北宋滅亡を経験した士大夫たちと共通する心情があったと見ている。また全真教の変化を、日本では元朝期に活動した陳致虚ら南北宗の融合による変化に求めるのに対して、同書では教団の肥大に求める点についても同じである。陳垣の説く「新道教」を復活させたため、改めて同じ構図が浮かび上がってきているといえよう。ただし全真教の思想内容の検討に大きく踏みこんでいる点で、従来と大きく違っている。また例えば張伯端以下の内丹道との関係についても、簡略ながら、心性論の観点から多くの類似点が見られるとして両者の関係に言及している点についても注意される。

二・二　日本での展開――林霊素・『悟真篇』・浄明道をめぐって――

戦後、日本では中国ほど大きな体制変化がなかったこともあり、「新道教」をめぐって大きな議論は起こらなかった。ここでは窪徳忠以降の日本における研究の内、注目すべきものとして、宮川尚志（一九一三～二〇〇六）と秋月観暎（一九二一～二〇一一）の二人を取り上げておきたい。

宮川尚志は、一九五四年、「劉一明の悟真直指について」（『岡山大学法文学部学術紀要』第三号、一九五四）において、清代の道士劉一明による『悟真篇』の注釈書を取り上げた。これは日本で初めて北宋・張伯端『悟真篇』を本格的に取り上げた先駆的研究である。また一九七五年には、「宋の徽宗と道教」（『東海大学紀要』文学部第二十三輯、東海大学文学部、一九七五）および「林霊素と宋の道教」（『東海大学紀要』文学部第二十四輯、東海大学文学部、一九七五）を発表し、徽宗期における林霊素をはじめとする道士たちの行状を追い掛け、一九七八年には「南宋の道士白玉蟾の事蹟」（内田吟風博士頌寿記念会編『東洋史論集――内田吟風博士頌寿記念』、同朋舎、一九七八）において白玉蟾の生涯についてまとめている。この一連の研究を貫く背後の意識は、林霊素と徽宗を扱った論文の冒頭で次のように明言されている。

宋代の道教は日本では研究の遅れた分野に属する。金代、いいかえると南宋代河北の革新道教諸派は一応対象とされたが道家南宗やさらに朱子学・禅宗や新興の宗派、白雲菜や明教などにわたる綜観は試みられていない。

（宮川尚志「林霊素と宋の道教」、一頁）

ここから宮川が一連の論文を発表した背後には、「新道教」を含めた、当時の道教についての総合的な研究の必要性を考えていたことが理解できよう。宮川の言葉を補足すると、それは革新道教諸派、すなわち「新道教」を点検するには、「新道教」を生み出した、あるいはそれにより批判されたとされる、そのネガともいうべき先行諸派についても同時に検討が不可避であるということである。

また、ここで林霊素だけでなく、朱子学・禅宗、また白雲菜などに言及していることから、宮川が常盤大定と同じ問題意識を共有していることを明瞭に見て取ることができるだろう。こうして見てくると、宮川がどうして南宗初祖とされる張伯端の『悟真篇』や五祖白玉蟾だけでなく、同時に林霊素を取り上げたのか理解できよう。常盤大定や窪徳忠の項で確認したように、全真教をはじめとする「新道教」登場の一つの原因が北宋末徽宗期の過度な崇道にあるとされ、またこれら「金丹宗」により全真教は「堕落」したとされるからである。

なお宮川尚志「林霊素と宋の道教」では基礎的作業として林霊素の事跡について点検しているだけで、林霊素が後世、どのように評価されたかについては触れられていない。少し付言しておくならば、金では七真の一人にして全真教の地位を不動のものにした丘処機が、また南宋ではいわゆる南宗の大成者とされる白玉蟾がそれぞれ林霊素について肯定的に取り上げていることは注目される。[37]『宋史』方伎伝に置かれた林霊素の伝記は徽宗におもねる姿として書かれるが、この伝が書かれた状況を含め、いわゆる北宋期の道教に対する「新道教」側の反応については今後検討に値する問題であろう。

宮川のこうした活動と併せ、秋月観暎による浄明道の研究についても取り上げておきたい。秋月観暎は、当時余り注目されていなかった浄明道を積極的に取り上げ、『中国近世道教の形成』（創文社、一九七八）を著した。中でも特に第十章「近世中国宗教史上における浄明道の役割について」という一文において、秋月は浄明道を「新道教」に含めることを提言している（二五〇頁）。

浄明道は、もともと六朝期に始まる許遜（二三九〜三〇一）信仰に淵源を発する。だが事実上、南北両宋交替期における危機的状況に対応して活動した何真公の教法に始まり、十三世紀末、劉玉（一二五八〜一三〇八）が許遜教団の教法を清整、脱皮を遂げることで新教団を形成し、独自の倫理観・実践的教説をもって社会的強化活動を続けてきたという。秋月観暎は、浄明道が全真教同様、三教合一的要素が認められること、宋と遼・金の紛争といった当時の社会情勢の影響下に成立したこと、教法の清整を行っていることなどの理由から、浄明道を「新道教」に含めることを提唱する。

しかし同時に幾つか考えねばならないこともあるように思われる。浄明道開創の直接的きっかけとなる何真公が属していた玉隆万寿宮は、宋代、歴代皇帝の尊崇を集め、次第に国家的な信仰へと深まったという（二四九頁）。特に徽宗は、政和二年（一一一二）、「神功妙済」の尊号を奉り、玉隆万寿宮において七昼夜にわたる斎醮を行わせているなど熱心な信仰を見せている。この背後には、内憂外患に苦しむ当時の政治状況に加え、林霊素に先立ち、徽宗朝で活躍した道士王仔昔の活動が見られるという（三十〜三十一頁）。

もっとも秋月観暎は単に権力と癒着していたのではなく、女真族の南下に伴う民族的な危機こそが南宋初の何真公の登場を促し、その後、劉玉がその呪術性を払拭したこと、すなわち劉玉による教法の「清整」により浄明道が完成したと見る。だが浄明道が六朝期以来の長い伝統を持つことや、当時の政治権力との近親性は、むしろ徽宗朝に出入りしていた三十代天師張虚靖（一〇九二～一一二七）の正一道や、徐知常の属する茅山派が元朝期にまた復権してくる事実と相通じるところがあるようにも思われる。また劉玉による教理の「清整」についても、当時の雷法や清微派と同様の、道法の簡素化を求める流れの中にあったことが指摘されている[38]。このように見てくると浄明道の位置付けの問題は元代に改めて勢力を伸ばしてくる正一道などの問題と併せ、「新道教」とは何かという大きな問題につながってこよう。

ここで浄明道の教理についても一言しておきたい。

秋月観暎によれば、浄明道の教説とは、心を浄明にすることを求め、行動の規範として忠孝を尊ぶものである。ここでいう浄明とは正心誠意のことであり、忠孝とは綱常を扶植することである（一八二～一八三頁）。これは、何真公によるそれまでの「煩にして簡ならざる」教説に対して、劉玉が「伝統的な忠孝の所説によって倫理的、宗教的な内面化をはかり、これを宋学的な道理の理法によって理論化、体系化せんとするもの」（一九一頁）であった。なお秋月は強調していないが、南宋の浄明道の段階で、符法は「正性」から発することが強調されている点については改めて注意しておきたい[39]。また宋学、すなわち朱熹（一一三〇～一二〇〇）により大成される朱子学は、批判的に禅宗の性説を摂取した上で完成したことが指摘されていることも併せて思い出しておこう。

ならば、浄明道は当時の性説への注視という大きな思想的流れの上に教説を打ち立てている点で全真教や張伯端以下の内丹道と共通するが、それが忠孝といった儒教的倫理綱領として発露する点で、また同時に大いに異なっているといえよう。もちろん表面的には全真教も儒教倫理を否定するわけではない。しかし、王重陽の教説を点検してみると、仏教に比べて儒教への比重が非常に低いことが指摘されている。(40)また時代は下るが、陳致虚『上陽子金丹大要』（蔵外道書第九冊）巻一「道徳経序」でも、(41)儒教的綱常は内丹を行う前に修められるべきもので、それにより「和光同塵」的なあり方が得られるとされるにとどまっており、(42)いわば、内丹とは別個に社会的行動を付け足しただけであるということができる。実際、陳致虚の教説の中では三綱五常、すなわち「綱常之道」といった社会行為に対する位置付けは高くない。(43)結局、全真教は浄明道と異なり、現実の様態を超えた本来性の獲得により初めて真に現実世界への対応が可能になるという思考があるのである。これは往々にして一つの陥穽に陥る。実際に現実世界を生きていくに当たっての様々な困難や状況に対応する際の具体的な指針が欠如しているからである。つまり、道であれ、天理であれ、それが現実社会に応用されるにはどう行動すればいいのか、全真教は社会における指針となるような具象性に乏しいのである。荒木見悟は大慧宗杲（一〇八九～一一三五）に代表される禅宗と、朱熹以下の朱子学の分岐点をこうした現実の取り扱いの点に見るが、(44)これは全真教と浄明道との差異ということもできるように思われる。これに関連して、『浄明忠孝全書』（道蔵第七五七冊）を見ておこう。(45)本書は、虞集（一二七二～一三四八）をはじめとする名だたる儒者が序文を寄せていることが指摘されるものだが、その中でも国史院編修の滕賓が、次のように述べているのは象徴的である。

噫、方外之士守其師之言、而不畔伝之、世世如金玉而蔵諸。正心修身之学、躬行履践之間、凜然如在左右。吾党之士泚顙而深愧之矣。

（『浄明忠孝全書』序、四右）

ああ、方外の士（浄明道の門徒たち）は師の教えを守り、それに背くことなく伝えてきており、代々あたかも黄金や宝玉のように守っている。正心修身の学が身をもって実践される際、それは厳然として目の前にあるかのように現れている。我ら儒教の士大夫たちは額に汗して深く恥じ入るばかりである。

浄明道において、正心修身の学は忠孝や礼として実践され、それは儒者たちの目にも明らかなものであったのであろう。ただし、浄明道が朱子学、そして全真教と異なり、一般に清朝に入ると消滅したとされる事実をどう捉えるか、またこれと併せて、秋月がウェーバーを受けて指摘するように、読書官僚層と民衆という受容階層の違いについても十分検討するに値する興味深い問題である（一九一〜一九二頁）。このように見てくると、浄明道の存在は、全真教と合わせ、中国近世における宗教的な類型や棲み分け・共存という点で非常に大きな意味を持つように思われる。

なお浄明道研究において、南宗第五祖白玉蟾の「旌陽許真君伝」（『修真十書』〔道蔵第一二二―一三一冊〕巻三十三所収『玉隆集』）は欠かせない資料となっているほか、『悟真篇』の序文の中にも許遜について触れる文章が見えることを付け加えておこう。(46) このように浄明道がいわゆる南宗形成期のごく最初期から密接な関係を持っていたことは、おそらく宋代の新たな宗教的・思想的運動において様々な可能性の模索がなされたこと、またその複雑さや多様性を表しているように思われる。(47)

ところで、日本の道教研究界ではその時々において総合的な企画がなされている。一九八三年の、福井康順・山崎宏・木村英一・酒井忠夫監修『道教』全三巻（平河書店）の出版もその内の一つである。これは、第一巻が「道教とは何か」、第二巻が「道教の展開」、第三巻が「道教の伝播」となっており、総合的に道教とその周辺について概説したものとなっている。上で挙げた窪徳忠の『道教史』と並んで、現在、日本における道教研究の入門書的役割を果たしているといってもよい。特に第一巻の「道教史」は秋月観暎により担当されていることもあり、「五、宋代の道教と新道教の出現」では従来の全真教・真大道教・太一教に加えて、浄明道が非常に大きく取り扱われているのが目に付く。ここでは秋月は浄明道を「新道教」とは明言していないものの、日本における代表的な道教事典、平河出版社刊『道教事典』の「新道教」の項目は秋月観暎が担当しており、そこでは明確に浄明道を「新道教」の一つとしている。

浄明道の重要性については改めて強調するまでもない。しかしそれが「新道教」という枠組みでくくられるべきであるかについてはおのずから別の問題であろう。むしろ忠孝といった独自の倫理観を持つ浄明道の興隆は、道教の枠内にとどまらず、同時代の儒教の展開などと合わせ、三教全体を含めた近世期の大きな思潮の中でこそ理解されるべきであるように思われる。

三　欧米における全真教研究

最後に欧米における「新道教」について簡単に確認しておきたい。

現在欧米の研究では、管見の及ぶ限り、基本的に全真教や太一教、真大道教を「新道教」とする枠組みは全面的には採用されていないようである。Thomas Cleary や Livia Kohn が全真教を取り上げる際[48]、従来に比べて革新的、あるいは新しい派であるという表現は見られても、それを太一教・真大道教と合わせて「新道教」として一まとめに論ずるといったことはなされていない。一方、Tao-chung Yao は、Livia Kohn 編 *Daoism Handbook* の第十七章 "Quanzhen――Complete Perfection" の中で、全真教が宋・金・元の間の紛争による社会秩序の崩壊から登場したとし、太一教・真大道教と合わせ、三つの "new Daoist movent" と呼んでいる[49]。Yao は陳垣をはじめとする中国の文献を参照しており[50]、ここに中国の「新道教」の概念が敷延されていることは疑いない。ただし "new Daoist movent"

という見方は現在のところ余り定着していないようである。

なお「新道教」をそのまま英語に翻訳すれば“Neo-Taoism”となる。しかしこの“Neo-Taoism”という語は一般に王弼（二二六～二四九）・何晏（?～二四九）・郭象（?～三一二）らに代表される玄学の訳語として使われたものであった。[51] ただし欧米における当代の道教研究者たちにより編集された道教事典である Fabrizio Pregadio 編 *The Encyclopedia of Taoism* (London and New York: Routledge, 2008) の“Xuanxue（玄学）”の項目によれば、“Neo-Taoism”という訳語は用いられておらず、現在では玄学本来の意味により近い“Arcane Learning”・“Mysterious Learning”・“Profound Learning”といった訳語を使う方向にあるようである。[52]

欧米の議論で注目したいのは「新道教」ではなく、「新儒教」をめぐる議論である。[53] 上で確認したとおり、「新道教」という用語を最も早く用いたのは常盤大定であった。彼はこれを禅宗の隆盛に対する道教側の反応として全真教に配当し、同じくこの頃現れてくる朱子学を「新儒教」と呼んでいた。「新儒教」という言葉は日本では余り学術用語として定着していないようだが、欧米では馮友蘭の『中国哲学史』二巻本の Derk Bodde による英訳 *A History of Chinese Philosophy* により、これが道学の訳語として一般に学術用語として使われるようになった。「新儒教」という言葉は、英語では“Neo-Confucianism”という。これはもともとヨーロッパで朱子学や陽明学を意味する言葉として伝統的に用いられていたもので、一九〇四年、岡倉天心がニューヨークで出版した *The Awakening of Japan* にも見えるという。

この“Neo-Confucianism”という用語の使用法をめぐる議論が近年アメリカでなされていることは興味深い。Tillman と De Bary による「新儒教“Neo-Confucianism”」をめぐる一連の議論である。[54] そこで問題にされたのは、従来 De Bary らにより用いられてきた“Neo-Confucianism”という用語の持つ曖昧さであった。つまりそれは朱子学などが近世中国や東アジアに果たしたその革新性や重要性については表現されても、それが朱子学や心学に限定されてしまい、欧陽脩（一〇〇七～一〇七二）や王安石（一〇二一～一〇八六）といった当時の複雑な思想状況を捨象してしまう。こうしてTillmanは「道学」というより厳密な術語で議論をすることを提唱している。

吾妻重二はこれを「対岸の火事ではない」と述べているが[55]、問題は、正に「新道教」という用語が“Neo-Confucianism”と同じ問題を抱えているということであろう。確かにそれは当時中国において幾つかの宗派が勃興したという革新性や重要性を示す一つの指標たり得る言葉ではある。しかし同時にそれは「新道教」にくくられた教団以外の、例えば浄明道や、そしていわゆる「旧道教」とされる諸派を含めた当時の様々な宗教的な動向に対して目を閉ざすことにつながりかねず、我々はこうした限界について自覚的でなくてはならないと思われる。

まとめ

以上、本章では日本と中国を中心とした「新道教」をめぐる研究の展開をたどってきた。すなわち戦前から戦後にかけての全真教研究における、いわば多くの巨人たちの背中を追い掛けてきたわけだが、以上を踏まえていえることは、我々は「新道教」というこれまでの研究の枠組みを見直すべき時期に差し掛かっているのではないだろうかということである。それは全真教をはじめとする運動の重要性を否定することではなく、日中双方にわたって築かれ、そして堆積してきた研究の枠組み自体への再点検が必要とされる時期に来ているということにほかならない。

全真教研究は大きな時代の流れやイデオロギーの制限の中で展開してきた。特に「新道教」を日中双方で最初に提唱した二人である常盤大定と陳垣に見られる二つの要素、「迷信」と「抵抗」——つまるところここに根深く刻み込まれているのは「近代」という烙印ではなかっただろうか。この「新道教」という用語は、全真教やほかの諸宗派の重要性を示す一つの指標にはなり得たとしても、同時に「新道教」「旧道教」の双方に対して先天的な評価を下したり、必要以上に両者の断絶を強調したりすることにつながる危険性をはらんでいる。我々は以上を踏まえてもう一度全真教研究の枠組みを見直さなくてはならないと思われる。我々に必要とされるのは、我々が生きる現在を含め、様々に投影された各時代の意識に敏感でありつつ、資料に基づく実証主義的な研究を進めていくことであろう。

以上を受けて、次章からは上で明らかになった幾つかの論点について具体的に論証していくことにしたい。これは大きくは次の三点に集約される。まず「旧道教」とされた張伯端以下の内丹道とはどのようなものであり、何を問題としていたのか、次にそれに対して全真教はどのように連続し、また異なるのか、すなわち全真教のいわゆる革新性の検証、そしてその後の、全真教からの「退行」とは一体どのようなものであったのか、そしてその意味は何かという点である。以下、それぞれ三つの篇に分けて検討していくことにしよう。

注

（1）多くの事典等では王重陽を一一一二年生と記述しているが、正確には、彼の生まれた政和二年十二月二十二日は、西暦では一一一三年一月十一日に当たる。

（2）ただし蜂屋邦夫『金代道教の研究――王重陽と馬丹陽――』（汲古書院、一九九二）、十六頁に指摘されるように、全真教成立当時、七真の呼称には揺らぎがある。特に孫不二には、後世、彼女の名前が冠されたものを除けば、著作は残らず、直接その思想について分析することはできない。こうしたことから本書で七真という場合、実質的には孫不二以外の六人（馬丹陽・譚処端・劉処玄・丘処機・王処一・郝大通）を指していることを明記しておく。

（3）張伯端以下の内丹道の研究史については本書第Ⅰ部補論二を参照。また張伯端の生卒年については異説もある。これについては第Ⅰ部第一篇第一章注（7）を参照。

（4）本書第Ⅰ部第一章を参照。

（5）酒井忠夫「日本における道教研究」（酒井忠夫編『道教の総合的研究』、国書刊行会、一九七七）。

（6）砂山稔「道教と隋唐の歴史・社会」（秋月観暎編『道教研究のすすめ』、平河出版社、一九八六）。特に「一、明治以降の日本の道教研究の道教」を参照。

（7）小柳司気太については江上波夫編『東洋学の系譜』第二集（大修館書店、一九九四）に評伝がある。

（8）これは、後に「仙人呂洞賓」（大正十一年一月、一九二二）、「扶鸞之術」（大正十二年四月、一九二三）と合わせて「論仙」という一つの総題の下にまとめられた（『露伴全集』第十六巻、岩波書店、一九七八）。その後、露伴は「道教に就いて」（『哲学』［岩波講座］、岩波書店、一九三二）・「道教思想」（『東洋思潮』［岩波講座］、岩波書店、一九三六）・「仙書参同契」（『哲学』［岩波講座］、岩波書店、一九四一）をまとめるが、ここに全真教に関する記述は見られない（共に『露伴全集』第十八巻、一九七九に収録）。また露伴と道教については、山田利明「露伴と道教」（『季刊日本思想史』第五十七号、ぺりかん社、二〇〇〇）を参照。

（9）常盤大定については、江上波夫前掲書・渡辺健哉「常盤大定と関野貞――『支那仏教史蹟』の出版をめぐって――」（平勢隆郎・塩沢裕仁編『関野貞大陸調査と現在』Ⅱ、東京大学東洋文化研究所、二〇一四）などに評伝がある。

（10）仏教がキリスト教を意識し、自らの中に「宗教」を見いだす過程については宮川敬之「近代佛学の起源」（『中国哲学研究』第十二号、東京大学中国哲学研究会、一九九八）・Jason Ānanda Josephson, “When Buddhism Became a “Religion”: Religion and Superstition in the Writings of Inoue Enryō,” *Japanese Journal of Religions Studies* 33, 2006などを参照。また神道が欧米の研究者から「迷信」とみなされた事例については安津素彦「外国人の見た神道」（神道文化会編『明治維新　神道百年史』第二巻、神道文化会、一九六六）を参照。

（11）常盤大定・関野貞『支那文化史蹟』第一輯（法蔵館、一九三七）「山西竜山」によると、これは一九一九年の調査によるという。

（12）なお全集では、一箇所のみ「新道教」となっているが（『吉岡義豊著作集』第一巻、五月書房、一九八九、一一二頁）、初出の『白雲観の道教』（一九四五）では全て「新宗教」に作られ、また禅宗だけでなく、浄土思想についても併記されている。なお『道教の実態』では「新興道教」と呼ばれている（一二〇頁）。

(13) 『道教の研究』は三章から成り、Ⅰ・「民衆道教のこと」として近世期に展開した宝巻について取り上げ、Ⅱ・「民衆道教から出家道教への一径路」として『白雲観の道教』の3・「初期の全真教」を、Ⅲ・「出家道教のこと」として1・「白雲観の概観」・2・「白雲観の起源」が再録されている。

(14) 陳垣の評伝としては牛潤珍『陳垣学術思想評伝』（北京図書館出版社、一九九九）・劉乃知『陳垣年譜　附陳垣評伝』（北京師範大学出版社、二〇〇二）などがある。

(15) 陳垣が熱心な愛国主義者であったことについては、牛潤珍前掲書などの多くの評伝で既に明らかにされている。

(16) 改行は筆者による。また訳出に当たり、適宜、断句した。以下、同じ。

(17) 陳垣・野口善敬訳『訳注　清初僧諍記――中国仏教の苦悩と士大夫たち――』（中国書店、一九八九）。

(18) 『明季滇黔仏教考』（中華書局、一九六二）の重印後記（一九五七年）には次のように見える。「此書作於抗日戦争時、所言雖係明季滇黔仏教之盛、遺民逃禅之衆、及僧徒拓殖本領、其実所欲表彰者乃明末遺民之愛国精神、民族気節、不徒仏教史蹟而已」（三二〇頁）。

(19) 『清初僧諍記』（中華書局、一九六二）の後記は以下のとおり。「一九四一年、日軍既佔拠平津、漢奸們得意揚揚、有結隊渡海朝拝、帰以為栄、誇燿於郷党隣郷者。時余方閲諸家語録、有感而為是編、非専為木陳諸僧発也。今因重印、特説明此点、識者諒焉。陳垣識　一九六二年三月」（九十四頁）。なお陳垣の教え子でもある劉乃和は『清初僧諍記』の解説で、後記の内容は一九四一年六月に汪精衛の一派が日本で昭和天皇に「朝拝」し、日本政府と「共同声明」を出し、「援助」「貸款」を要請した事実を指すとする（劉乃和前掲書、三四七頁。また陳垣『明季滇黔仏教考（外宗教史論著八種）』〔河北教育出版社、二〇〇〇〕の劉乃和の解説、九頁）。しかし『清初僧諍記』序は一九四一年一月に記されており、若干時間的な齟齬がある。一九六二年に後記を書いた陳垣の記憶違いの可能性もないとはいえないが、ここでは前年一九四〇年に汪精衛政権が成立したことを広く指すと見ておく。

(20) 陳垣著・野口善敬訳前掲書「訳者はしがき」。

(21) 忽滑谷快天『禅学思想史』巻下、名著刊行会、一九七九（もと玄黄社、一九二五）。

(22) 近年、『道家金石略』を補うものとして王宗昱『金元全真教石刻新編』（北京大学出版社、二〇〇五）が出版された。

(23) 陳銘珪は『長春道教源流』巻一で「王重陽有宋之忠義也」と述べ、北宋滅亡後も宋への忠義を持ち続けていたとする（二十九～三十一頁）。

(24) なお窪徳忠は、全真教の王重陽や、真大道教の劉徳仁が形勢戸であった可能性を指摘している（窪徳忠前掲書、六十一頁、七十二頁）。これは時代区分論を支える中世の封建農奴制と、佃戸といった中国の諸制度の関係に窪徳忠が関心を持っていたことの表われであろう。

(25) なお吉岡義豊は全真教・真大道教・太一教の三教を「新道教」としているにもかかわらず、実質的に全真教しか取り扱っていないため、こうした矛盾は表面化していない。

(26) 阿部肇一「万松行秀伝と『湛然居士集』――金代曹洞禅の発展――」（岡本敬二先生退官記念論集刊行会『アジア諸民族における社会と文化――岡本敬二先生退官記念論集――』、国書刊行会、一九八四）を参照。

(27) 七真の中で最も早く金朝に招かれた王処一が僧から毒を盛られたという逸話は、全真教と仏教の確執の最も早い事例とみなすこともできよう（秦志安『金蓮正宗記』［道蔵第七十五―七十六冊］巻五「玉陽王真人」）。もっとも『金蓮正宗記』以外、『金蓮正宗仙源像伝』（道蔵第七十六冊）・『歴世真仙体道通鑑続編』（道蔵第一四九冊）巻三所載の王玉陽伝には鴆毒を盛ったのが仏僧であるとは明言しておらず、また各伝記には混乱がある（蜂屋邦夫［一九九八］前掲書、一七一頁）。ただしいずれの伝記においても初めて王処一が招聘に応じた時に鴆毒を盛られたとしており、全真教の勢力拡大を快く思っていなかった人々がいたことを示している。

(28) 横手裕「全真教の変容」（『中国哲学研究』第二号、中国哲学研究会、一九九〇）・森由利亜「近世内丹道の三教一致論」（野口鐵郎他編『道教と中国思想』［講座道教・第四巻］、雄山閣出版、二〇〇〇）を参照。

(29) 「或問。斎醮之法可以証聖成真否。答云。三代以前即無此事、不過祭祀之法也。在老氏謂之醮、在仏氏謂之斎、其詞無非歌詠其善。亦有三種之利也、一能発世人恭敬心、二能啓世人布施心、三能利及出家人。若顧此以証聖成真者、夢幻泡影耳」（牧常晁『玄宗直指万法同帰』〔道蔵第七三四–七三五冊〕巻三、十一左–十二右）。

(30) Max Waber, *Gesammelte Aufsätze zur Religionssoziologie*, 3Bde., 1920-21. 訳は、木全徳雄訳『儒教と道教』、創文社、一九七一による。これは、原著の第一巻「世界宗教の経済倫理――比較宗教社会学試論」の序論、および「儒教と道教」に相当する。

(31) 本書第I部第一篇第一章を参照。ここでは張伯端が内丹を頓悟の後に残る習漏を消すために必要であるとして相補的に位置付けていることや、白玉蟾が金丹を、仏教の円覚や儒教の太極と同等であるとみなすなど、道仏二教の関係をめぐって様々な議論がなされていることを取り上げた。

(32) ただしこの三教に対して「新的道教派別」とは述べている（『通史』第四巻下、八〇一頁）。

(33) 牛潤珍前掲書、「四、建国後二十三年：煥発青春与晩年陰郁、苦悶」（九十頁）による。

(34) 卿希泰編『中国道教史』第三巻（四川人民出版社、一九九三）においても、宋代及び金元の内丹道及び全真教について陳兵が担当している。

(35) 陳兵の論考は、陳兵『道教之道』〔宗教文化叢書〕（今日中国出版社、一九九五）にまとめられている。

(36) 増訂本第十五章「金元全真道」。その他、増訂本では第十四章「両宋内丹派道教」において、李遠国が陳摶と張無夢について補足している。

(37) 移剌楚材『玄風慶会録』（道蔵第七十六冊七右）、白玉蟾「天師侍晨追封妙済真人林霊素像賛」（『白玉蟾全集』、精華十二：九八四）。また窪徳忠も丘処機が林霊素を高く評価していることについて注目している（窪徳忠『モンゴル朝の道教と仏教――二教の論争を中心に――』、平河出版社、一九九二、五十六頁）。

(38) 畑忍「「道法」の浄明道的展開――元代浄明道の士 劉玉の「道法」観――」（『東方宗教』第九十五号、日本道教学会、二〇〇〇）参照。

(39) 任継愈編『中国道教史』〔増訂本〕第十六章「宋元符籙派道教」、七五六頁。なおここでは、こうした「正性」の強調が、清微派や神霄派にも共通することが指摘されている。

（40）蜂屋邦夫も、王重陽の教説について、「三教のうち、儒教に言及することは最も少ない」と指摘し、「重陽において儒教はとくに儒教としての特色（世俗の倫理や習俗）が意識して尊重されたわけではなく、常識の範囲内で考えられていたよう」であると述べている（蜂屋邦夫［一九九二］前掲書、一八三頁）。

（41）『上陽子金丹大要』は道蔵第七三六–七三八冊にも収めるが、ここでは原型をとどめると思われる蔵外道書本を用いる。『上陽子金丹大要』の書誌的な問題については、本書第Ⅰ部第三篇第二章第一節を参照。

（42）「夫金丹之道、先明三綱五常、次則因定生慧。綱常既明、則道自綱常而出。非綱常之外、而別求道也。是謂有為。故云、和其光、同其塵也。乃至定慧円明、是謂無為。故云、知其雄、守其雌也。道至無為、則神仙之事備矣。」（『上陽子金丹大要』巻一「道徳経序」、十二左）。

（43）本書第Ⅰ部第三篇第二章第三節第一項を参照。

（44）荒木見悟『仏教と儒教』［新版］（研文出版、一九九三）第三章「朱子の哲学」参照。

（45）秋月観暎前掲書、一五三頁、および任継愈編『中国道教史』［増訂本］、七五九頁。

（46）「西山許真君上昇之日曰、吾上昇後一千二百四十載、五陵之内有八百人得仙。豫章江中生出大洲、横過江口、是其時也。距今淳熙甲子凡一千二百二十六載、大洲横江、若合符契。噫、天生旌陽主仙事於晋室、今垂讖如此、吾知夫五陵之内坐進此道者、非悟真的子即悟真的孫。蓋天将扇真風於宇宙、契仙讖於豫章」（『紫陽真人悟真篇註疏』［道蔵第六十一–六十二冊］陳達霊序、四左–五右）。陳達霊はおそらく張伯端再伝の弟子、翁葆光と同時期に活動した人物と思われる。ここでは、五陵において八百人の得仙者が現れるという許遜の讖言を踏まえ、それが全て悟真仙翁、すなわち張伯端の流れを汲む者だという。「淳熙甲子」は、甲午（一一七四年）の誤りか。

（47）時代は下るが、秋月は清代の全真教竜門派と浄明道の交流についても触れている（一七〇～一七四頁）。

（48）Thomas Cleary, *Vitality Energy Spirit: A Taoist Sourcebook*, Boston: Shambala, 1991. Livia Kohn, *Daoism and Chinese Culture*, Three Pines Press, 2001.

(49) Yao Tao-chung, "Quanzhen—Complete Perfection," in Livia Kohn ed., *Daoism Handbook*, Leiden: Brill, 2000, p.567.

(50) Yaoはここで鄭素春『全真教与大蒙古国帝室』（台湾学生書局、一九八七）、陳垣『新道教考』および卿希泰編『中国道教史』を参照するよう指示している。卿希泰編『中国道教史』における全真教の概説は陳兵により書かれ、陳垣の「新道教」を復活させたことは本文で確認したとおり。鄭素春については筆者未見。

(51) 例えばヒネルズ編『世界宗教事典』青土社（John R. Hinnells ed., *The Penguin Dictionary of Religions*, Penguin Books, 1984）の「玄学」の項目（一五〇頁）を参照。

(52) 当該項目はLivia Kohnが担当している（一一四一頁）。

(53) 以下の"Neo-Confucianism"をめぐる一連の議論については吾妻重二「"Neo-Confucianism"の語をめぐって——視角の反省」（吾妻重二『朱子学の新研究』第三部第三章「アメリカの宋代思想研究」、創文社、二〇〇四、五二三～五四八頁）を参考にした。

(54) Hoyt Cleveland Tillman, "A New Direction in Confucian Scholarship: Approaches to Examining the Differences between Neo-Confucianism and Tao-hsüeh," *Philosophy East & West* 42, no.3, 1992, Wm. Theodore de Bary, "The Uses of Neo-Confucianism: A Response to Professor Tillman," *Philosophy East & West* 43, no.3, 1993. また De Baryの"Neo-Confucianism"の用法に対する批判がPeter Bolをはじめとする研究者たちの間で共有されていることを吾妻重二は指摘している（吾妻重二前掲書、五三〇～五三一頁）。

(55) 吾妻重二前掲書、五三一頁。

第一篇　宋代の内丹道における性命説とその諸相

第一章　全真教南宗における性命説の展開

はじめに

「性命双修」とは、全真教において「性」と「命」を共に修める円満な修養を示す重要な言葉である。

全真教は、王重陽を開祖とし、金の地で誕生した。その後、金の滅亡とともに、全真教は南漸を開始し、南宋の道士たちにも影響を与えるようになる。その南宋で既に展開していたのが、北宋の張伯端を祖とする内丹道の一派である。全真教とこうした一派とは基本的に別個に成立、展開したと考えられるが、やがて融合していき、明代にはそれぞれの系譜を北宗・南宗の名称で呼ぶようになる。なお、当時はこうした南北宗といった名称はなかったが、ここでは、便宜上、南北宗の名称を用いて呼ぶことにする。

さて、そのいわゆる南宗は、宋代、張伯端を祖とし、張伯端の『悟真篇』を祖述することで展開したように思われる。実際、『悟真篇』は、後に「万古丹経の王」とされる『周易参同契』と並び称されるようになることからも分かるように[1]、常に道士たちにとって参照され続けた大きな存在であった。また、この書が、性命双修的な立場に立つということはかねてより指摘されている。『悟真篇』については既にある程度の研究の蓄積があり、これらを振り返るには吾妻重二「張伯端の『悟真篇』の研究史と考証」（同『宋代思想の研究』第Ⅱ篇第三章、関西大学出版部、二〇〇九）が便利である。

一般に張伯端以降の南宗の大きな流れとしては、いわゆる清修派と陰陽派に分けて説明されることが多い(2)。清修派とは、あくまで一人で錬功を行う者であり、他方、陰陽派とは金丹の錬成に当たって、性行為、あるいはそれに近い行為を用いる者を指す。清修派に属する者としては、二祖石泰・三祖薛道光・四祖陳楠・五祖白玉蟾といった人々がおり、また陰陽派と呼ばれる系統に属する者として、翁葆光や竜眉子といった人々がいる。こうした状況についても、今井宇三郎「道家南宗の系譜について」（『漢魏文化』第二号、漢魏文化研究会、一九六一）・孫克寛「元代南儒与南道」（同『寒原道論』、聯経出版社事業公司、一九七七）・陳兵「金丹派南宗浅探」（同『道教之道』［宗教文化叢書］、第三章、今日中国出版社、一九九五）などにより、かなり当時の道士たちの活動状況が分かるようになった。特に五祖の白玉蟾に関しては、南宗の大成者としてその事跡や思想の研究が進んでいる(3)。また、全真教北宗の南漸に伴い、南宗と融合し、全真教が変容する諸相については、陳兵「元代江南道教」（同前掲書、第四章）・横手裕「全真教の変容」（『中国哲学研究』第二号、東京大学中国哲学研究会、一九九〇）が詳しい。これらの研究により、張伯端や白玉蟾をはじめとする、南宗の道士たちの活動は、かなり明らかになってきたといえよう(4)。

しかしその一方、従来の研究では、こうした白玉蟾登場の必然性や、その他、個々の道士たちの活動を互いに結び付ける、思想的な必然性については余り説明されることがなかったように思われる。例えば南宗において白玉蟾がその大成者とされる理由として、白玉蟾が書物を大量に出版したことや当時の人々との交友関係などに求められはするものの、思想的にこれが説明されることは少なかった。また、白玉蟾以外の内丹術士たちが従来の研究でいわれるような活動を繰り広げた必然性はどういうところにあったのだろうか。そもそも南宗において、『悟真篇』はどう受け止められたのだろう。南宗は『悟真篇』を祖述することにより展開したと考えてよいと思われるが、ならば『悟真篇』のどの点が、後の道士たちをひき付け、また問題となったのかを考え、そうすることで、その後の南宗の思想的な必然性の幾ばくかを説明できはしないだろうか。

そこで、本章では、特に『悟真篇』の「性命双修」という考え方を手掛かりに、全真教南宗全体の思想的な力動を探ることにしたい。ここで『悟真篇』を取り上げるのは、南宗は『悟真篇』を中心に位置付け、それを祖述することにより展開したと思われるからであり、「性命双修」は『悟真篇』に見られるのみならず、後々まで全真教で重視される概念だからである。この言葉自体は、元代になるまで余り見当たらないようだが、同様の考え方は「性命兼修」といった言葉で南宗の中に散見される。とはいえ、これらは決して一枚岩のごとき固定した考え方ではなく、それを説く道士たちには微妙な力点の違いがあるように思われる。本章では、この「性命双修」という言葉の背後に働く力動を考えていくことになろう。すなわち、全真教南宗における性命説の展開である。

これを論じるに当たっては、以下のとおり行う。

まず、第一節では、『悟真篇』の性命説のどの点が、後世、内丹を修する者たちに対して問題となったかを考える。次に、その問題点を後世の道士たちはどう受け止めたか、性と命の両方向より考察してみる。すなわち、第二節では「性」の内丹への取り込みとして、南宗の大成者とされる白玉蟾の位置付けを試み、また第三節では、南宗の「命」の側面における変化を考える。具体的には、内丹で最終的に作られる「陽神」を取り上げ、余り『悟真篇』の影響を受けず、南宗とは別のあり方を取ったと思われる、『霊宝畢法』や『西山群仙会真記』などに見られる内丹道、すなわちいわゆる鍾呂派との比較を行う。そして、最後に第四節ではこうした性命双方の変化を経た南宗が、北宗と融合する際どう展開していたのか、周無所住の『金丹直指』や李簡易の『玉谿子丹経指要』などを中心に見ることにしたい。

一　『悟真篇』における性命説

まず、本節では、張伯端の『悟真篇』がいかに読まれ、後のいわゆる南宗といわれた人々にどういう影響を与えたかという観点から捉え直してみたい。それは、正確な張伯端像を求める作業ではない。むしろ、それは彼の著した『悟真篇』が、南宗といわれる系譜が現れてくる際に中心的な位置を占めていたことに鑑み、そのどの点が後世の道士たちにとって問題となっていたかを考えるものである。

具体的にいえば、張伯端が著述したとされるものには、『悟真篇』のほかに、『金丹四百字』および『玉清金笥青華秘文金宝内錬丹訣』（道蔵第一一四冊。以下『青華秘文』と略記）がある。もしも張伯端の正確な内丹説を問おうとするならば、これらの著作についても、その真贋の問題を含めて検討する必要があろう。しかし、実際問題として、これらの影響力は、『悟真篇』のそれよりも格段に低い。『金丹四百字』は、白玉蟾の「謝張紫陽書」にそれとおぼしい書名が見えるものの、淳祐辛丑年（一二四一）に黄自如が注を作る以前には、余り人々の注意を引かなかったようである[5]。また、もともと『青華秘文』は、張伯端の文章とはされるものの、明代になってから登場したとされる、いわば出所の怪しい著作である。従来、張伯端の著作として扱われてきた『青華秘文』について、吾妻重二や三浦國雄は明代の著作であると考え[6]、また管見の及ぶ限り、元末までの南宗の道士たちの文章に『青華秘文』が引かれることがないようである。

このように考えてくると、張伯端の思想の総体とは別個に、彼が南宗に与えた影響を考えるには、最大の影響を与えた『悟真篇』を中心に点検するのが最も適切であろうと思われる。よって、本節ではまず『悟真篇』について取り上げ、それが白玉蟾をはじめ、後世の道士たちにどういう影響を及ぼしたのかを探ることにしたい。

一・一　『悟真篇』の構成とその問題点

張伯端、字は平叔、またの名を用成、号して紫陽という。天台（今、浙江省）の人で、北宋、雍熙四年（九八七）に生まれ、元豊五年（一〇八二）に九十六歳で卒したとされる。[7] 後に、全真教を開いた金の王重陽以降の流れを北宗と呼ぶのに対し、張伯端は南宗の祖として紫陽真人と称される（本書末尾の「全真教師承系譜図略」を参照）。また、南宋と金では国交が基本的に断絶していたため、全真教と北宋の張伯端から南宋に至る内丹道とは独立して成立したと考えられ、道統説も南北宗で独立して形成され、徐々に融合していったことが指摘されている。[8] とはいえ、こうした南北宗の名称が用いられるようになったのは、明代に入ってからのことである。これについては、明初の宋濂（一三一〇～一三八一）の文章が有名である。

宋金以来、説者滋熾、南北分二宗。南則天台張用成。其学先命而後性。北則咸陽王中孚。其学先性而後命。命為気之根、性為理之根、双体双用、双修双証。奈何岐而二之。第所入之門或殊、故学之者不能不異。然其致守之法、又不過一之与和而已。（『宋学士文集』「翰苑別集」巻九「送許従善学道還閩南序」）

宋・金より、（道教を）説く者はますます多く、南と北に二つの宗派を分ける。南とは、天台の張用成である。その学は、まず命を修め、その後で性を修める。北とは、咸陽（今、陝西省）の王中孚（重陽）である。その学は、まず性を修め、その後で命を修める。命は気の源であり、性は理の源であり、どちらも体となりどちらも用となり、共に修となり共に証となるのだ。どうしてこれらは分かれて二つになったのだろうか。僅かにくぐった門が違うだけで、それにより学ぶ者は異なってしまう。だが、その従っているやり方は、また一つのもので共に調和するものにすぎない。

宋濂が性と命を、宋学的な理と気という範疇で理解していることは興味深いが、ここでは、彼が、北宗に対して南宗を「先命而後性」と捉えていることを指摘するにとどめたい。このように南宗では先に命を、その後で性を修養するといった理解はその後一般に広まり、現代でも「先命後性」で南宗を総括することが多い。

さて、このように南宗の祖という位置を与えられた張伯端だが、次に彼の代表作とされる『悟真篇』を見ていくことにしよう。これは、「万古丹経の王」とされた魏伯陽の『周易参同契』と後々並び称されるに至る、内丹の重要な書物である。

まず、『悟真篇』の構成と、その内容の概要を捉えておく。

僕既遇真詮、安敢隠黙、罄所得成律詩九九八十一首、号曰、悟真篇。内七言四韻一十六首、以表二八之数。絶句六十四首、按周易諸卦。五言一首、以象太一之奇。続添西江月一十二首、以周歳律。其如鼎器尊卑、薬物斤両、火候進退、主客後先、存亡有無、吉凶悔吝、悉備其中矣。及乎篇集既成之後、又覚其中惟談養命固形之術、而於本源真覚之性有所未究。遂翫仏書及伝灯録……乃形於歌頌詩曲雑言三十二首。今附之巻末、庶幾達本明性之道尽於此矣。所期同志者覧之則見末而悟本、捨妄以従真。

（『紫陽真人悟真篇註疏』〔以下、『註疏』と略記〕序、十六右−十七右）(9)

真理に出会った以上は押し黙ることなく、得たものを出し尽くし、律詩九九、八十一首をつくり、『悟真篇』と名付けた。その内、七言四韻の十六首は二八の数を表し、絶句六十四首は周易の諸々の卦に従い、五言一首は太一の奇をかたどる。続いて西江月十二首を添え、歳律に合致させた。その鼎器の尊卑や、薬物の重さ、火候の進退、主客や先後、存亡・有無、吉凶悔吝といったものはその中に全て備わっている。編集が完成した後、またその中ではただ命を養い身体を堅固にする術を語るばかりで、本源真覚の性についてはまだ至らないところがあると感じた。かくして仏教の書物や『伝灯録』を読みあさり、……歌頌詩曲雑言三十二首を著した。今巻末に付して、本源に達し性を明らかにする道がここに尽きていることを望むことにする。願わくは、志を同じくする者がこれを見て、末を見て本を悟り、まがい物を捨て去り本物に従わんことを。

この序文で語られるとおり、『悟真篇』の前半は、二八の数を表す十六首と周易を表す六十四首、そして太一を表す一首の計八十一首、そして、一年十二か月の変化消長を象徴すると思われる西江月詞、実際には閏月の分を合わせた十三首から成る。つまり、およそ論理的な説明と本質的に相いれない詩詞という形式をとりながらも、内丹の世界を体系的に表していると思わせるような、極めて興味をそそられる構成を採っている。だが、ここで注意しておきたいことは、こうした前半部が内丹の用語にあふれ、道教的であるのに対し、後半部のいわゆる「禅宗歌頌」と呼ばれる部分は禅語に満ち、甚だ対照的な構成になっているということである。そして、前の内丹を説く部分が「『命』を養い身体を堅固にする術」とされるのに対し、後半は「本源真覚の『性』」を扱うとされる。

ここで問題となる性と命という言葉は、古くから特に儒教で問題とされてきた言葉でもあり、その際、天が賦与したものを命といい、受け取り手より見た場合、それを性と呼んだ。だが、『悟真篇』の中では、道教の瞑想法である内丹が「命を養い身体を堅固にする術」とされ、仏教の禅宗は「真源本覚の性」を扱うとされている。かくして儒教でも重視された性と命という語は、儒教の議論から離れ、仏教と道教の二教の関係にスライドされることになる。つまり、内丹が命に、禅宗が性に配されるのである。

ところで、現在『道蔵』に見られる『悟真篇』の諸本では、『修真十書』に収められる一本を除き、後半の「禅宗歌頌」の部分が削除されている。それが削除された理由については後でもう一度考えることにするが、取りあえずここではその削除された「禅宗歌頌」の序を見ておきたい。そこで張伯端は、次のように述べている。

夫学道之人、不通性理、独修金丹。如此既於性命之道未備、則運心不普、物我難斉。又焉能究竟円通、迥超三界。……故此悟真篇中、先以神仙命術誘其修錬、次以諸仏妙用広其神通、後以真如空性遣其幻妄、而帰於究竟空寂之本源矣。（『悟真篇』「禅宗歌頌」序、一右-左）

そもそも道を学ぶ人は性理に通じずに、金丹だけを修めている。こんなふうに性命の道が備わっていない以上、心の働きがあまねく行き渡ることもなく、自分と他が等しくなることもない。一体これでどうして完全に通達した境地を究め尽くし、三界をはるかに超えていくことができようか。……それゆえ、この『悟真篇』では、まず神仙の命術で修錬に誘い、次に諸仏の霊妙なるはたらきによってその神通を広め、その後、真如・空性でそのまやかしを捨て去り、最上の境地である空寂の本源に帰するのだ。

本項の冒頭で、宋濂が、南宗を「先命後性」と総括したのも、こうした張伯端の言葉を受けるだろう。しかし、この仏語に満ちた文章を一見すれば分かるとおり、ここからはある種の危うさが感じ取られる。本源に対して神仙の側は

「命」たる「術」といい、最終的に「真如・空性でそのまやかしを捨て去」るといわれるのである。それはつまり、内丹が「幻妄」となり、放擲すべきものになるのではないかという危惧である。我々は、ここに命である内丹から性たる禅宗へという構図が成立するのを見ることができるだろう。だが、これは究極的には内丹の否定を意味するのではないか。

一・二　『悟真篇』における性命説の構造

『悟真篇』には、そもそも命＝内丹から性＝禅宗へという構図が含まれるのではないか。極端にいえば、真如の性を悟ることは、命術である内丹の修業による証験自体を無化する要素を含んでいやしないだろうか。

内丹とは道教の瞑想法であり、その道教はよくいわれるように不老長生を標榜する。だが、例えば、巻末に付された「禅宗歌頌」の「禅定指迷歌」では、張伯端は次のように詠う。

万法一時無著、説甚地獄天堂。然後我命在我、空中無昇無墮。出没諸仏土中、不離菩提本坐。

（「禅定指迷歌」、八右）

全てが一時に執着なき状態になれば、どんな天国地獄を説くことがあろうか。その後、我が命は我にあり、空の中を昇りも落ちることもしない。もろもろの仏土に出没し、菩提の本来の座から離れることがない。

また、「読雪竇禅師祖英集」にもこのようにいう。

一悟頓消窮劫罪。不施功力証菩提、従此永離生死海(10)。（「読雪竇禅師祖英集」、四左）

一たび悟ってしまえばこれまでの罪はたちまち消える。何ら修行することなく菩提を得、これより生と死の海原から永遠に訣別する。

このように、悟りやそれによって達成される無執着の状態に至って得られる融通無碍なる状態は、生死を超越するものと表現される。となれば、内丹の修業をせず、単に禅門をくぐれば事足りるわけで、わざわざ性と命の二つの柱を打ち立てずともよいのではないだろうか。

「禅宗歌頌」には、ほかにも『華厳経』の三界唯一心の考えに基づく「三界惟心頌」がある。問題は、このことが端的に示しているように、以上見てきた仏教的な生死の回避の仕方が、いうならば極めて唯心的なものだということである。では、仏教の唯心的な解決に対して、張伯端は具体的にどのように内丹を位置付けているのだろうか。

この点に関して、参考となる文章が序文に見られる。以下に、もう一度『悟真篇』の序文に戻ってみよう。ここでは、儒道仏の三教の関係が述べられている。

故老釈以性命学、開方便門、教人修種、以逃生死。釈氏以空寂為宗、若頓悟円通、則直超彼岸。如有習漏未尽、則尚徇于有生。老氏以錬養為真、若得其枢要、則立躋聖位。如其未明本性、則猶殢於幻形。其次、周易有窮理尽性至命之辞、魯語有毋意必固我之説、此又仲尼極臻乎性命之奥也。然其言之常略而不至于詳者何也。蓋欲序正人倫、施仁義礼有為之教、故於無為之道、未嘗顕言。但以命術寓諸易象、以性法混諸微言耳。

（『悟真篇』序、十三右–左）

それゆえに老子と釈迦は性命の学により方便の門を開き、人々に諸縁の基となる原因を修養させて、生死から逃れさせたのである。釈迦は空寂を根本とし、もし頓悟し完全なる状態に到達すれば、すぐさま彼岸へ超越する。だが、習漏がまだ尽きていないようなら、依然として生に囚われる。老子は錬養を正しいこととし、その要点をつかめばたちまちにして聖なる位階へ登る。しかし、本性を明らかにしないなら、依然としてまやかしである身体に囚われる。次に、『周易』には「理を窮め性を尽くして命に至る」（説卦伝）という言葉があり、『論語』には「勝手な心を持たず、無理強いせず、執着せず、我を張らない」（子罕篇）という説がある。これは、また孔子も性命の奥深くにまで達していたということである。とはいえ、その説明がいつも大まかで詳述されるに至っていないのはなぜだろうか。思うに、人倫を正し、仁義礼楽の有為の教えを施そうとしたために、無為の道についてははっきりといわなかったのだろう。だが命術は易象の中に託され、性法は微言の中に混じっているのだ。

ここから、仏教・道教・儒教の三教について張伯端がどう考えていたかが理解できる。

まず、仏教と道教に関しては、仏教が空寂を根本に据え、頓悟で彼岸に達するのに対し、道教は、錬養、すなわち内丹で、たちどころに聖なる位階へ登るという。しかし、それぞれには不得手な方面もある。仏教では頓悟しても習漏が掃除されないと輪廻に陥り、道教では本「性」を明らかにすること、すなわち、仏教で行うように見性し、頓悟することがなければ、形質が幻妄であることを理解できないというのである。ここには、「命」を扱う道教（内丹）と「性」を扱う仏教（禅宗）の相互補完的な関係が述べられている。[11] なお、儒教については、孔子はそうした性命の奥深くにまで達していたが、「人倫を正し、仁義礼楽の有為の教えを施そうとしたために、無為の道についてははっきりといわなかった」とやや言葉を濁す。ただし、孔子が達していたという「性命」は、ここではやはり内丹の「命」術と仏教の「性」法とのつながりが意識されているだろう。結局、張伯端の考える三教の関係をまとめると、世俗を扱う儒教と、「無為の道」の中でも道教は「命」を、仏教は「性」を扱うという具合にそれぞれの果たす役割が分担されているのを見て取ることができる。

さて、今、我々の関心は仏教の唯心的な解決に対して内丹がどう位置付けられるのかということであったが、これに関連して、ここで仏教側の課題とされる「習漏」の意味について見ておく。一般に「漏」は仏教で煩悩を指し、眼耳鼻舌身意より日夜、過患を流出するために漏というとされる。(12)また、ここでは既に頓悟円通した後の話であることを考え合わせると、習漏とは、習い性となった煩悩ぐらいの意味であり、頓悟によっても依然として残る習気と考えることができるだろう。このように見てくると、この頓悟の後に残る習い性となった漏、つまり煩悩を除去するというあり方は、いわば頓悟漸修のそれに近い。

説明するまでもないことだが、菩提達摩（達磨とも。？～五三〇？）を祖とする禅宗は、五祖弘忍（六〇一～六七四）の下、神秀（六〇六？～七〇六）と慧能（六三八～七一三）を輩出し、神秀は主として北方で、慧能は南方で教線を展開したため、それぞれ北宗、南宗といわれた。この禅宗における南北宗の違いは、頓悟か漸悟かという点にある。ここでいう頓悟とは、悟境に達するまでに修業に段階があることを認めず、直ちに達することをいい、逆に漸悟は、順序を追って修業し、次第に高い境界に進んで悟境へ至ると考えるものである。この南北宗の違いは、慧能の下の荷沢神会（六八四～七五八）により主張されていくが、結局は頓悟が一般的な理解となっていく。だが、ある禅者が頓悟すれば、それで全てが終わるのだろうか。

不十分である、というのが、圭峰宗密（七八〇～八四一）の答えである。宗密は、中国華厳宗の第五祖として、『華厳経』を受け継ぎ、また『円覚経』を称揚したことで知られる。しかし、同時に荷沢神会の後継であるという自覚も持ち合わせるものでもあり、南宗の中でも馬祖道一（七〇九～七八八）などの洪州禅をはじめとする頓悟頓修の立場に対し、宗密は頓悟漸修の立場を取った。誤解を恐れず簡単にいってしまえば、前者は頓悟すればその瞬間から一切の問題は生じないとする立場であり、後者は頓悟の後にもこれまで身に染みついた習気を払う必要があるとする立場である。この頓悟頓修と頓悟漸修の違いについて、荒木見悟は次のように述べている。

覚悟と修業とを寸分の隙間なく合一させ、刹那刹那の作用の端的に法体如実相を体認し、一時一物に活潑潑地に直下に把得住して行く頓悟頓修の立場と、相対的知識体験の積集や実体化を蹴破って、一旦豁然として貫通しながらも、なお若干の人間的宿命への反省のために、個々の事物に即して陶冶琢磨の功を積もうとする頓悟漸修の立場とでは、その心構えにおいてその意識の性格・緊張の度合いにおいて、かなりのへだたりが存在しはしないであろうか。（『仏教と儒教』［新版］、研文出版、一九九三、一六七～一六八頁）

宗密は、頓悟により円覚に達した後でも、習い性となった習気を払うための漸修を推奨したが、それは「若干の人間的宿命への反省のために、個々の事物に即して陶冶琢磨の功を積もうとする」（一六六頁）立場であり、いうならば現実として存在する人間性の弱さに共感した上でのことだった。しかし、宋代にかけて結局は「頓悟頓修派が盛行すると共に、宗密らの属する荷沢禅（およびこれよりもさらに漸修的色彩の濃厚な北宗禅）が、漸次その勢力を失って行った」（一七〇頁）のである。

となれば、頓悟しても習漏が残る限り輪廻に落ちるという『悟真篇』の指摘は、当時の頓悟頓修に傾く禅宗を補う格好になるといえるだろう。[13] ただし、ここですぐさま補足せねばならないのは、宗密のいうところの漸修により修めていく内実とは、荒木の言を借りれば、頓悟により「霊明な円覚の先験性に覚醒し」た後に残る「経験性を洗練調熟して行く」ことであった（一一〇頁）。つまり、すぐさま輪廻の問題には結び付いていないのであり、まずは心の問題にとどまるのであって、具体的に生死を超脱し輪廻から脱出することに直結するわけではない。

ところで、考えてみれば、頓悟漸修は、心を中心に問題を解決する仏教における一つのほころびとでもいえる面を持っているのではないだろうか。上で荒木は、頓悟した後、漸修するのは、「若干の人間的宿命への反省のために、個々の事物に即して陶冶琢磨の功を積もうとする」立場であると述べていた。これを補足することになろうが、柳田聖山によれば、頓悟漸修を説いた宗密は、当時、四川を中心に活動した僧の無住（七一四〜七七四）が極端な頓悟主義を説いたことへの反省から、現実をいかに扱うかという観点に立って漸修を説いたという。[14] では、張伯端に突き付けられた現実とはどういうものであったのだろうか。

『悟真篇』には多くの版本が残るが、版本によりその詩詞の配列にはかなりの異同があることが知られる。だが、冒頭の二首に関していえば、どの版本でも同じ詩が置かれている。それらは、「百歳光陰石火爍、一生身世水泡浮（百年の年月も火打ち石の火花のごとく、一生の身の上も泡沫のよう）」（第一首）、「昨日街頭猶走馬、今朝棺内已眠屍（昨日は街角で馬車馬のように走り回っていたのに、今朝には棺の中でもう冷たくなっている）」（第二首）というように、共に人生のはかなさを詠うものである。劈頭この二首より『悟真篇』が始まることに象徴されるように、死んで輪廻に陥ることをいかにして回避するかという問題こそ、張伯端が内丹へと接近する動因であったといえよう。[15] つまり、張伯端が頓悟漸修的な立場を取るのは、仏教側の唯心的な、頓悟による解決を認めつつも、それでも、特に死という現実をめぐり、完全にそれにのっとることのできなかったことを示すものであり、言い換えれば、張伯端は内丹による瞑想法に、唯心的でない現実的な、輪廻を回避する可能性を見ていたといえるのではないだろうか。
それゆえにこそ張伯端が考える習漏は、すぐさま輪廻の問題にスライドされ、かくして張伯端は内丹を否定することはない。これは、頓悟の後の習漏を消すためである。よく引かれる詩だが、張伯端は次のように詠んでいる。

饒君了悟真如性、未免抛身却入身。若解更能修大薬、頓超無漏作真人。（巻八絶句第三首、十七左）

あなたがたとえ真如の性を悟ったとしても、輪廻転生は免れない。だがもしその上に大薬を完成できれば、すぐさま煩悩のなくなった状態（無漏）へと超えていき、真人になるのだ。

「大薬を修する」とは内丹を修めることであり、「神仙の命術」である。張伯端によれば、真如の性を悟ったところで生死を超越することができず、輪廻を超えるには内丹によらざるを得ないのである。ここに「無漏」という語が現れていることに注目したい。これにより、「習漏」は断滅せられ、「無漏」になる。
もともと気一元論的な立場に立ち元気への復帰により輪廻から超脱しようとする内丹に対し、唯心的な解決を説く仏教は、道教や内丹における気や元気を形而下のものとして退け、(16)その根幹において相反する側面を持つ。上で見てきたことを言い換えるならば、この二つの相反する立場を調停するものとして選ばれたのが、頓悟漸修的な論理であり、この習漏という語であったといえるだろう。むろん、張伯端が宗密のごとく頓悟漸修を標榜したわけでは決してない。だが、張伯端以降も、この「頓悟の後の習漏を払うために内丹を行う」という、『悟真篇』序と同じ論理が、あたかも変奏曲のようにしばしば後の内丹書に登場することは注目されてもよいように思われる。次節以降、我々はこの論理が繰り返されるのを見ることになるだろう。

一・三　『悟真篇』はどう読まれたか

　さて、ここで以上をまとめておくと、このようになるだろう。張伯端は性と命の相互補完的な関係を提唱したが、我々はそこに頓悟といった性の側面により、内丹の命の側面が無化されるという問題が生じるのではないかと考えた。しかし、これに対して張伯端は、いわゆる頓悟漸修的な論理により、仏教の頓悟に対して内丹の必然性を保証していたのであった。

　だが、考えてみれば、これは内丹が不必要ではないということを保証するだけでしかない。内丹を修する者にとって、『悟真篇』に従う限り、逆に頓悟といった性の側面が不足しているということを突き付けられているのはやはり変わりないのである。『悟真篇』は前半が内丹、後半が禅宗という具合に二つに配当されるにもかかわらず、その一方の道教の全真教南宗のテキストとして読まれた。そうである以上、それは、内丹の内実が拡大されることを意味するわけであり、内丹を実修する者にとっては、新たに導入された外部、すなわち「禅宗歌頌」との対決が図られねばならない。そしてこのとき、「禅宗歌頌」の序の論理がよみがえることになる。つまり、「まず神仙の命術で修錬に誘い、……その後、真如・空性でそのまやかしを捨て去り、最上の境地である空寂の本源に帰」せねばならないのである。我々は上で、ここに命から性、内丹から禅宗へという構図を見た。そして、この構図に従う限り、内丹はあたかも禅宗の風下に立っているかのように見える。

　それでは、内丹を修する者は一体、「禅宗歌頌」に対してどのような態度を取るべきか。考えてみれば、『悟真篇』の注釈の多さは、あるいはこの辺りに絡んでいるのかもしれない。実際、『正統道蔵』に収められているものだけでも、五種類の注釈が残り、その他の代表的な注釈まで含めればその数は更に増える。現在その全てを見ることはできないが、元末には三十以上の注釈が著されていたという。[17]

もちろん、こうした注釈が数多く著された原因の一つは、『悟真篇』が詩詞の形式をとり、多様な解釈の余地を残していたからである。しかし、問題はそれだけにとどまらない。上で述べたように、このテキストが内丹道のアイデンティティの根幹に関わる問題を含んでいたことが大きく関わっているのではないだろうか。例えば、上でも述べたとおり、『道蔵』に見られる『悟真篇』の諸本では、『修真十書』に収められる一本を除き、後半の「禅宗歌頌」の部分が削除されている。[18] これは、既に指摘されるとおり、[19]『紫陽真人悟真篇三註』（道蔵第六十三―六十四冊。以下、『三註』と略記）を編集し直した元・張士弘によりなされたものであった。彼は序で、次のように述べている。

妄人偽作歌頌、記于此書之後、以瞽性命之学。如読祖英集、読参同契等、禅宗歌頌四十余篇、措辞殊甚鄙陋、似此何能明性。此乃初学無知、連床上習、為此等不可捉模底話、以愚惑世人。今皆削去、毋玷玄文。

（張士弘「紫陽真人悟真篇筌蹄」、十二左―十三右）

考えのない人々が歌頌を偽作し、この書物の後ろに記して、性命の学をくらませている。例えば「読祖英集」「読参同契」といった「禅宗歌頌」四十篇余りは、非常に卑しい言葉遣いであり、こんなものがどうして性を明らかにし得よう。これは、初学者で何も知らぬ者たちが長連牀（禅宗で坐禅する場所）の上にて修錬し、これらの捉えどころのない文章をつくって、世の中の人々を誑かしているのだ。今、全てを削除して、奥深い文章を傷つけることのないようにした。

すなわち、ここから彼が「禅宗歌頌」は、禅を学ぶ者が勝手に付け加えたものであると考え、原形を回復するためにそれらを省いたことが分かる。だが、これも「禅宗歌頌」との一つの対決の流れの上にあると捉えることは難しくはないだろう。

次節ですぐ見ることになるが、『悟真篇』を著した張伯端の下には求道者が雲集し、没後、張は南宗の祖としての位置を定着させていく。そしてそれに伴って、『悟真篇』は、この後、絶えず振り返られ、参照され続ける存在となるわけであり、そうである以上、性命の背後に仏道二教が意識され、命＝内丹から性＝禅宗へという構図が、その後の内丹術士たちに常に突き付けられることになったのである。この後、こうした構図がその後の人々により、いかに超克されるかを見ることにしよう。

二　「性」の重視とその限界

従来、『悟真篇』において張伯端は内丹の「命」に加え、禅を意識した「性」を併せて修める必要性を強調したといわれる。そこで我々は第一章で、性＝禅宗と命＝内丹を兼修することがはらむアポリアについて考察したわけだが、唯心的な解決を説く仏教の論理に対しては、頓悟漸修的な考え方により、仏教側の内部の、いわば唯心的な解決の間隙を突く形で命術である内丹の位置付けがなされていたのを見てきた。しかし、これは相当に微妙な解決である。実際、「禅宗歌頌」の序に「まず神仙の命術で修錬に誘い、次に諸仏の霊妙なるはたらきによってその神通を広め、その後、真如・空性でそのまやかしを捨て去り、最上の境地である空寂の本源に帰する」とあり、そして、特に内丹術を修める者にとり、命から性、内丹から禅という構図が突き付けられることになったということを述べた。

この節では、張伯端以下、いわゆる南宗といわれる人々の内、南宗の大成者とされる五祖白玉蟾を中心に、三祖薛道光、四祖陳楠について触れる。本節の当面の目的は、張伯端によって突き付けられる格好となった上の構図が、どう超克されるかを明らかにすることにある。だが、その前にまず、本節で取り上げる者たちの系譜と著作がどれほど信用の置けるものなのかという厄介な問題について、我々は最低限の議論を押さえておかなくてはならない。

二・一　歴代の祖師と道統について

この項では、後世、南宗第五祖に位置付けられる白玉蟾の道統説および著作を中心に点検することにしたい。先述のとおり、南宗という名称は明代に成立したものであり、宋代にはまだ確定したものではなかった。本項の目的は、二節および三節を開始するに当たり、張伯端の後を受ける南宗の概観を提示し、その系譜と著作の問題点を再確認することにある。

さて、張伯端の『悟真篇』は大きな反響を呼んだとされるが、決して張自身は教団を築こうという意志がなかったことは、先行研究の均しく認めるところである[20]。とはいえ、彼は個人的に弟子を育成しなかったわけではない。『悟真篇』の後序には、「三伝非人三遭禍患（三度ふさわしくない者に伝授し、三度、災禍に遭）」（『註疏』巻八、二十三右）ったが、『悟真篇』を著した後は「求学者輳集而来（学びたいと求める者たちが群がり集まって来た）」という（二十三左）。そうした中で伝授を受けた者が、自然と系譜を形成していったことは十分考えられることである。例えば、『悟真篇』の諸注釈本に付されている序や、周辺の書物に当たってみれば、

張伯端――劉永年――翁葆光――若一子――竜眉子

という系譜や[21]、

張伯端――馬黙――張坦夫――宝文公――陸思誠

といった系譜が述べられているのを見ることができる。[22] こうした中、南宋の著名な道士である白玉蟾は、南宗において道統説と呼ぶにふさわしい説を最も早く説いた人物の一人である。例えば、彼は「題張紫陽薛紫賢真人像」（輯要六二八七上／精華十一二：九五八）において、

李亜——鍾離権——呂巌叟（洞賓）——劉海蟾——張伯端——石泰（杏林）——薛道光——陳楠（泥丸）——白玉蟾

という道統を説いている。[23] ここで、白玉蟾の説いた系譜を道統説と捉えたのは、上に述べた系譜が、単に張伯端からの伝承を受けたということにとどまらず、さらにそれ以前の仙人たちにまで遡り、「道」の継承を意識していることが明らかであると思われるからである。当然のことながら、道統説が成立する背後には、強い正統意識が働いていなくてはならない。

ここで白玉蟾について紹介しておこう。

白玉蟾（一一九四～一二二九？）[24]、もと葛長庚という。母親が蟾蜍を食べる夢を見たことにちなんで、この名が付けられた。字は閲衆甫、または如晦。閩の人だが、瓊州海南島（今、海南省）で生まれたため、海瓊子・海南翁・瓊山道人などと号した。このほか、神霄散吏、紫清真人などの号も見られる。[25] 著作としては『道蔵』に見えるものに、

・『海瓊白真人語録』（彭耜編　道蔵第一〇一六冊）
・『海瓊問道集』（白玉蟾撰・留元長編　道蔵第一〇一六冊）
・『海瓊伝道集』（洪知常編　道蔵第一〇一七冊）
・『太上老君説常清静経註』（原題『白玉蟾分章正誤』王元暉注　道蔵第五三一冊）

・『九天応元雷声普化天尊玉枢宝経集註』（海瓊白真人注・祖天師張真君解義・五雷使者張天君釈・純陽子孚佑帝君讃　道蔵第五十冊）
・『静余玄問』（道蔵第九九七冊）
・『白先生金丹火候図』（『修真十書』巻一『雑著指玄篇』所収。同書は『海瓊伝道集』にも含まれるも多少違いが見られる。）
・「修仙辨惑論」「陰陽升降論」「丹房法語」（『修真十書』巻四『雑著指玄篇』所収）
・「謝張紫陽書」「謝仙師寄書詞」（『修真十書』巻六『雑著指玄篇』所収）
・『玉隆集』（『修真十書』巻三十一～巻三十六所収）
・『上清集』（『修真十書』巻三十七～巻四十三所収）
・『武夷集』（『修真十書』巻四十四巻五十二所収）

がある。このほか、『道法会元』（道蔵第八八四－九四一冊）『鳴鶴余音』（道蔵第七四四－七四五冊）にも白玉蟾の文章や詞を収めている。また、『金華沖碧丹経秘旨』（道蔵第五九二冊）の巻上は、白玉蟾が彭耜に授けたものとされるが、純粋に外丹の書であり、外丹を極力排除していた白玉蟾のものとはすぐさま見なしにくいものといわれる。(26) その他、忘れてならないものに、『老子』を注釈した『道徳宝章』（精華十－二：一三三一～一三八八）がある。(27) これらは『道蔵輯要』にも収められているが、現在、『道蔵精華』にそのほとんどが収集されており、利用に便利である。白玉蟾の著作については、既に横手裕が書誌的な調査を行っており、(28) 本書でもこれに従う。

こうした著作の多さは、二祖・石泰の『還源篇』（道蔵第七四二冊）、三祖・薛道光の『還丹復命篇』（道蔵第七四二冊）(29)、四祖・陳楠の『翠虚篇』（道蔵第七四二冊）と、それぞれ分量が少ないのとは対照的である。横手裕は、白玉蟾が「早い時点から道統継承者の看板を高々と掲げ」、「詩文や書画の才能も相い助けて、好事家には彼は大いに受け、各地に支持者を増やしてゆくことにな」ったと指摘しているが[30]、こうした大量の書物や出版もこれと絡むだろう。

ところで、確かに白玉蟾は、張伯端――石泰（杏林）――薛道光――陳楠（泥丸）――白玉蟾という道統を述べ、白以降一般に受け入れられていくわけだが、この系譜が信用の置けるものかについては、従来、議論があるところである。

論点を整理すれば、おおよそ次のようになろう。すなわち、

① 三祖薛道光と四祖陳楠の間には、師授がなかったのではないか[31]。

② 四祖陳楠から五祖白玉蟾への伝授は、霊示によるとされる。換言すれば、やはり四祖と五祖の間の伝授とは、架空のものではないか[32]。

③ ①②を傍証するものとして、元初、道教に深い関心を寄せた兪琰は、二祖石泰と四祖陳楠の著作が、白玉蟾の偽作であるという[33]。確かに陳楠の著作にはほとんどといっていいほど、弟子としての白玉蟾の名前が現れるなど、白玉蟾の手が入っているのではないかと疑わしめる。

④ 石泰と薛道光の間の伝授については、明確な証拠がない[34]。

これらの疑惑に対し、現在までに行われた議論、および筆者の考えは次のとおりである。

①について、吾妻重二・横手裕は、共に陳楠の「羅浮翠虚吟」（『翠虚篇』）の「道光禅師薛紫賢、付我帰根復命篇（道光禅師薛紫賢は、私に『帰根復命篇』を授けられた）」（九右）の箇所を根拠として[35]、薛道光から陳楠への伝授の証拠としている[36]。ただし、その陳楠の文章が、確実に陳のものかについては触れていない。

②については、特に議論はない。

③は、兪琰は、白玉蟾の文章と、二祖石泰・四祖陳楠の文辞格調が似ているということなどをもって白玉蟾の偽作説を説くが、王沐や吾妻重二らは論拠としていささか不十分であるという(37)。

④については、基本的に二祖石泰・三祖薛道光・四祖陳楠の文献の少なさに起因するもので、その可能性は否定もできないように思われる。

また、これらのほか、張伯端から白玉蟾への系譜を疑わせるものとして、その思想的な色合いの違いも挙げられよう。すなわち、既に指摘されるとおり、二祖石杏林・三祖薛道光の著作が伝統的な内丹を重視するのに対し、白玉蟾は極めて禅宗的な色彩が強い。任継愈編『中国道教史』［増訂本］では、これは四祖陳泥丸の代で変化したというものの、その理由について考察はなされていないようである（六三三〜六三四頁）。だが、踏み込んで考えてみれば、こうした思想的な違いも系譜の真偽に絡んでいると見ることもできるだろう。

このようにその道統についてはいろいろと注意すべきことは多い。だが、それでも角度を変えて見てみれば、張伯端から白玉蟾に至るまでの伝授が事実であるかはともかく、少なくとも白玉蟾はそれをもって自認していたことだけは確かだということができるだろう。つまり、思想的な色合いの違いを感じさせる二祖・三祖の著作にしても、取りあえずこれらに接し、白玉蟾自身が自らの道統に連なるものと考えていたことは疑いない。そして、上で見たとおり、この道統に連なるものとして白玉蟾は強い正統性を感じていた。そこで、ここでは、伝授の真偽はひとまずおいて、白玉蟾の念頭にある二祖・三祖たちを対象とし、こうした祖師たちへの白玉蟾の態度をまず点検してみよう。

白玉蟾が南宗の大成者となった理由としては、上でも見たとおり、その著作の多さや士大夫たちとの交流などに求められることが多かった(38)。しかし、本章では、第一節で『悟真篇』は後世の道士たちに命から性へという構図を突き付け、後の内丹術士にその超克を迫ったと述べた。ここで論点を先取りするなら、そのことが二祖・三祖と四祖・五祖との思想的な違いと関連しているのではないか、更にいえば、人々に受け入れられ、南宗の大成者の地位を築いていく背景には白玉蟾がこの構図を超克し得たということがあったのではないか。これが本節の見立てである。次項以降、この点について見ていくことにしよう。

二・二　内丹は術か道か

まず、南宗第三祖の薛道光について取り上げることにしたい。もともと禅僧であったにもかかわらず全真教南宗の祖師の一人に数え上げられるまでになった薛道光は、興味深い存在である。それは考えようによっては、禅宗より内丹の優位性を示す証人とも取れるからである。毘陵禅師とも呼ばれる薛道光は、どうして金丹を錬ったのか。まず初めに、仙人の伝記集である『歴世真仙体道通鑑』（道蔵第一三九–一四八冊。以下『仙鑑』と略記）巻四十九「薛道光」と『紫陽真人悟真直指詳説三乗秘要』（道蔵第六十四冊。以下『三乗秘要』と略記）の「薛紫賢事蹟」に従って、そのいきさつを見ておこう。[39]

薛道光（一〇七八？～一一九一？）、またの名を式、また道源といい、陝府雞足山（今、河南省）、一説に閬州（今、四川省）の人ともいう。字は太源。かつて僧となり、法号を紫賢、また毘陵禅師とも号していた。彼は、長安（今、陝西省）の開福寺の修厳という僧の下に参じ、「金鶏いまだ鳴かざるの時、如何」「這の音響没し」といった公案や、また僧の如環の下で「如何なるか是れ超仏祖の談」「糊餅」といった公案を授かっており、井戸のはねつるべの音を聴いて省悟したという。この後、なぜ薛道光が内丹を修めるようになったかという経緯について、『仙鑑』では、「自爾頓悟無上円明、真実法要、機鋒迅捷、宗説兼通、且復雅意金丹導養（これより無上の円明や真実の法の要旨を頓悟し、機鋒は鋭く、宗旨を理解しそれを弁舌爽やかに説くことができたが、また常々金丹の修養を志していた）」（十四右）としか述べていない。後に、薛道光は二祖の石泰と出会い、口訣を受けて還丹について学び、ついに僧衣を捨てたという。

この「また常々金丹の修養を志していた」とさらりと言い抜けている部分は、しかし、重要な箇所である。禅門において無上の円明を悟り、その後で金丹を修めたとなれば、禅宗＝性、内丹＝命となり、換言すれば、やはり内丹には性の側面が備わっていないことを暴露することになるからである。前節で我々は、命＝内丹から性＝禅宗という構図が、後世の内丹を修める者たちに突き付けられたことを確認した。この構図を超克する一つの方法としては、張伯端の三教の棲み分け的な理解を破壊し、内丹の側にもまた性の側面が備わっているということを証明すればよい。だが、薛道光禅師は禅の悟りだけでは事足りず、常々金丹を修養したいと願っていた。つまり、これでは張伯端の三教の棲み分けという域を出ない。

実際に薛道光は、道仏をはじめとする三教の関係をどのように考えていたのだろうか。彼の著した『還丹復命篇』（以下『復命篇』と略称）の序には次のように見える。

若禅宗之上乗一悟、則直超仏地[40]。如其習漏未尽、則尚循于生死、至于坐脱立亡、投胎奪舎、未免一朝而長往[41]。常思仲尼究理尽性以至于命、釈氏不生不滅、老氏升騰飛挙、由是聖人之意不可一途而取之。

（『復命篇』、一右-左／輯要六一六八／精華一-六：六十三）

禅宗の上乗では一たび悟れば、すぐさま仏地へ超えていく。もしも習漏がまだ尽きていないようなら、依然として生に囚われ、座ったまま死んだり立って死んだりし、生まれ変わって新たな体を獲得し、ある日死ぬことになるのを免れない。常々考えるに、孔子は理を究め、性を知り尽くして命に至り、釈迦は不生不滅となり、老子は羽化昇仙したことから見て、これにより聖人の考えとは一つの道で把握することはできないものなのだ。

一見して分かるとおり、これは第一節で見た張伯端の『悟真篇』の序文を意識している。それが、仏教の悟りだけでは不足とされる理由を説いていた箇所、すなわち「釈迦は空寂を根本とし、もし頓悟し欠けることなく通達すればすぐさま彼岸へ超越する。だが、習漏がまだ尽きていないようなら、依然として生に囚われる」という部分であるということは、薛道光の内丹への態度がいかなるものであったかを決定的に示している。薛道光の三教の理解が、張伯端のそれと近いことは、三教がそれぞれ違う分野を受け持つということにも現れていよう。結局、薛道光は輪廻の問題を解決するために、張伯端と全く同じ論理で、だが『悟真篇』のように命から性という方向とは全く逆の、性から命へという方向で金丹に接したのである。そして、これではやはり『仙鑑』の薛道光の記事と同じく、内丹道に性功が欠如していることを示すにとどまり、張伯端の突き付けた構図を崩すことにはつながらない。

では、これに対して白玉蟾は、どう述べているかを見てみよう。白玉蟾は、禅僧との交友も深く、自ら海瓊居士と名のることも珍しくない。また、「武夷升堂」（『海瓊白真人語録』）では、禅僧のごとく升堂し、ほとんど禅問答のようなことをしており、その時の様子が、門人の葉古熙（煙壺）らによって記録されている。中には「廬士升堂」（同）のように、道士・士・僧と問答し、三教の融合の気味を強く感じさせるものもある。だが、このように全体的に禅宗に対して寛容な白玉蟾の、薛道光に対する評価は手厳しい。「武夷升堂」でこれを確認しよう。

結座云、所以昔毘陵薛真人、向禅宗、了徹大事。然後、被杏林真人穿却鼻孔、所謂千虚不博一実。張紫陽云、終日行未嘗行、終日坐未嘗坐。可謂憐児不覚醜。今辰莫有向行坐中得見悟真篇麼。縦饒得見悟真篇、抑且不識張平叔。諸人如魚飲水冷暖自知、還知薛真人既是了達禅宗、如何又就金丹窠臼裏脳門著地。若識得破、天下無二道、聖人無両心。若識不破時、喚侍者一声、侍者応喏。師云、早上喫粥了麼。侍者云、喫粥了。師云。好物不中飽人喫。
（「武夷升堂」、四左-五右／輯要六三八二～六三八三／精華十一：一二五二～一二五三）

結座して言われるには、「それゆえ、昔、毘陵薛真人は、禅宗において大事を了徹し、その後、杏林真人（二祖石泰）により（牛に言うことを聞かせるように）鼻の孔に穴を開けられたのだ。これは、いわゆる『千もの虚偽を寄せ集めても一つの真実になりはしない』ということである。張紫陽（伯端）は、『終日行ったところでまだ行っておらず、終日座ろうとも依然として座っていない』（「禅宗歌頌」無罪福頌）といわれた。子をいとおしんでその醜さを感じないといえよう（老婆心の意）。正に今、行坐のただ中において『悟真篇』を見ることができる者がいないか。たとえ『悟真篇』を見ることができようとも、そもそも張平叔（伯端）を知りはしないのだ。おまえたちは、魚が水を飲むとその温度が自然と分かるように、薛真人が既に禅宗を究めてしまったのに、どうしてまた金丹という穴蔵の中で降参してしまったか分かるか。もしも看破できれば、天下には二つの道はなく、聖人には二心がなくなる。もしも看破できぬ時には」と、そこで侍者に一声掛け、侍者が「はい」と答えた。師「今朝、粥を喰ったか」。侍者「食べました。」師は言われた。「うまい物でも、腹一杯の者に食べさせようとしても役には立たん。」

白玉蟾が、薛道光の了徹した大事について、「千もの虚偽を寄せ集めても一つの真実になりはしない」とまで言い切る理由は、どこにあったのだろう。結論からいえば、『仙鑑』では、二祖石泰に「稽首帰依」した薛道光は「卒学還丹、伝受口訣真要（ついに還丹を学び、口訣の要諦を伝授された）」（十四左）というが、白玉蟾にとって二祖石泰が授けた内容とは、命術にすぎないものであってはならなかったのである。これは、内丹をこれまで見てきた構図に当てはめることを拒絶するものである。『仙鑑』によれば、「無上の円明や真実の法の要旨」を頓悟した薛道光も、白玉蟾にいわせれば、『悟真篇』にいうような、修業し坐禅をしたつもりでも本当の修業や坐禅ではないものを修めたにすぎない。『悟真篇』に見える仏教と内丹の関係を忠実に理解していたと思われる薛道光にとっては、皮肉なことである。また、「天下に二道無く、聖人に両心無し」とは、三教の優劣を論じる際、白玉蟾がたびたび用いるものであるが、ここでは石泰が薛道光に伝えたものこそ、その道とされているのであり、それは内丹の位置が上昇しているといってもよい。だが、少し考えてみれば分かるように、この言葉は逆に仏教側にも当てはまり、自分の立場を危うくするものではなかろうか。つまり、「天下に二道無し」といわれる道とは何も道教に限らず、仏教であってもよいのではないだろうか。

　薛道光については、「鶴林問道篇」下にも触れる箇所があるので、以下に見ることにする。これは、後世南宗第六祖といわれる彭耜が師である白玉蟾との問答を収めたものである。彭耜が白に問う。

又問曰。昔者僧曇鸞煉金液、僧道光煉刀圭。是皆深造乎道者也。然則老氏所謂金液還丹者、先則安炉立鼎、次則知汞識鉛。然後以年月日時採之、以水火符候煉之、故匹配以斤両、法象以夫婦、結丹頭、飲刀圭、懐聖胎、産嬰児、則可以身外有身。此修仙者之学也。愚亦嘗入其壺奥、而終有竜虎之疑、烏兎之惑。不知先生能出標月之指乎。

（「鶴林問道篇」下、輯要六二八四／精華十一―一：九二九～九三〇）

また問う。「昔、僧の曇鸞は金液を錬り、僧の道光は刀圭を錬りました。彼らはどちらも、深く道に造詣があった者たちです。しかし、老子のいわゆる金液還丹とは、まず炉鼎を設置し、次に鉛汞を理解し、その後、年月日時により採取し、水火符候で錬成します。ことさらに斤両（という単位）で（体内の気から成る薬物を）配当し、夫婦（という術語）で象をかたどり、丹頭を結成し、刀圭を飲み、聖胎をはらみ、嬰児を産むと、身体の外にもう一つ身体があるようになります。これが修仙の学です。私もまた、かつてそうした奥深くに分け入ったわけですが、それでもなお竜虎について疑い、烏兎について惑いを感じています。先生は、こんな迷っている私を教え導いてくださいませんか。」

ここでは、道を得ていた僧侶たちがなぜ道を得ていたのに、金液や刀圭を錬るといった内丹を行っていたのかが問題とされ、薛道光のほかに、浄土教で有名な曇鸞も挙げられる。曇鸞は『続高僧伝』（大正蔵第五十冊）巻六によればその生涯は四七六年～五四二年といい、上清派を大成した陶弘景（四五六～五三六）から神仙術を習ったとされる。ちなみに曇鸞は最終的に『観無量寿経』により神仙法術の書物をことごとく焼き捨てて仏教に専念したといわれるが、ここではそこまで考えられておらず、単に仏教徒が神仙術を行ったということが注目されているだけであろう。彼らは、それぞれ道に造詣が深かった。では、どうして仏教だけでは不十分なのだろうか。どうして細々とした手間を掛けて金液還丹を錬成し、身外に身を養成しなくてはならないのか。彭耜は、それゆえに竜虎や烏兎といった錬丹術について疑惑を持つのである。

この質問に対して白は以下のように答えている。

答曰。壇炉鼎竈、本自虚無、鉛銀砂汞、本自恍惚、水火符候、本自杳冥、年月日時、本自妄幻。然而視之、若無而実有也。在乎斤両調匀造化交合、使水火既済金土相融、苟或不爾、則黄婆縦丁公而朝奔、姹女抱嬰児而夜哭。故先輩尽削去導引、吐納、搬運、呑咽、呼吸、存思、動作等事。恐人執著於涕唾精津気血之小、而不知専気致柔、能如嬰児之旨也。嗚呼妙哉、結之以片餉、養之以十月。是所謂無中養就嬰児者也。大要則曰、有用用中無用、無功功裏施功。又曰、恍惚裏相逢、杳冥中有変。然雖如是、要須親喫雲門餅、莫只垂涎説餺饠。

（「鶴林問道篇」下、輯要六二八四／精華十一：九三〇～九三一）

答えて言う。「壇炉鼎竈はもともと虚無であり、鉛銀砂汞はもともと目に見えぬものであり、水火符候はもともと捉えられないものであり、年月日時はもともと幻である。しかし、これらを見てみると、ないかのようでいて実はあるのだ。斤両が等しく調って造化が交合するときに、水・火を既済にし、金・土を融合させる。もしもそうでなければ、黄婆（土の象徴）は丁公（木の象徴）を解き放って朝に出奔し、姹女（汞の異名）は嬰児（鉛の異名）を抱いて夜に泣き叫ぶことになる。それゆえに、先達は導引、吐納、搬運、呑咽、呼吸、存思、動作といったことを全部削除したのである。それは、人々が涕・唾・精・津・気・血といった瑣末なことに囚われ、『気を専らにし柔を致し、能く嬰児たらんか』（『老子』第十章）という本旨を理解しないのを恐れたためである。ああ、何と霊妙なことであろうか、結成するのはほんのひとときであり、養うのは十月であるとは。これがいわゆる無の中で嬰児を養い完成させるということである。その大要をいえば、『有用の用中に用なく、無功の功裏に功を施す』（「禅宗歌頌」西江月第四）ということであり、また『恍惚裏に相逢い、杳冥中に変あり』（『悟真篇』五律）ということだ。だが、そうだからといって、自分で雲門の餅を食べなくてはならないのであって、ただよだれを垂らして餅のことを語るばかりではいけないのだ。」

白玉蟾は、内丹というものは捉えどころがなく、ないかのようであっても、その実、確かにあるのだ、という。それは、他の取るに足りない諸術と異なり、無の中から嬰児を育てることができる。それは造化を手中に収めることであり、『老子』第十章にいう「気を専らにし柔を致し、能く嬰児たらんか」ということを実行することなのである。

しかし、これはいささか苦しい解答ではなかろうか。それは、造化、すなわち道そのものに内丹が根ざすものであるということは説明できても、仏教側の曇鸞や薛道光が道に造詣が深かったことを否定するものではないからである。これでは、彼らがなぜ改めて金液を錬り、刀圭を錬らねばならなかったのかという説明にはなっていない。それに、これでは内丹では性の側面がどうなっているのかという説明にもなっていない。

そこで、彭耜はまた尋ねる。

又問曰。老氏之所謂金丹、与大道相去幾何。道無形、安得有所謂竜虎。道無名、安得有所謂鉛汞。如金丹者、術耶、道耶。

答曰。魏伯陽参同契云、金来帰性初、乃可称還丹。夫金丹者、金則性之義、[42]丹者心之義、其体謂之大道。其用謂之大丹。丹即道也、道即丹也。又能専気致柔、含光黙黙、養正持盈、守雌抱一、一心不動、万縁倶寂。丹経万巻、不如守一、守得其一、万法帰一。（「鶴林問道篇」下、輯要六二八四／精華十一：九三一～九三二）

また問う。「老子のいわゆる金丹と、大道とはどれほど隔たっているのでしょうか。道には形がないのに、どうしていわゆる竜虎があり得ましょう。道には名がないのに、どうしていわゆる鉛汞があり得ましょうか。金丹というのは、術なのでしょうか、道なのでしょうか。」

答えて言う。「魏伯陽の『参同契』には、『金来たりて性の初めに帰す、乃ち還丹と称すべし』という。そもそも金丹とは、金が性の意味であり、丹が心の意味であり、その体を大道といい、その用を大丹というのだ。丹はすなわち道であり、道はすなわち丹である。また気を漏らさず柔を保ち、外部にその輝きを現さず黙々として、正しいことを養ってその状態を保ち、女性性を保持して一を抱き、一心不動であるならば、あらゆる因縁をなくすことができる。何万巻もの丹経は、つまりは一を守ることに尽きるのであり、その一を守ることができると、全ては一に帰するのだ。」

丹は術でなく、道にほかならない。これは、明らかに命術＝内丹という構図から一歩踏み出したものだ。また文の後半では、抱一や守一が説かれ、全てが一に帰するという。この後、白は、「道者一之体、一者道之用（道とは一の本体であり、一は道の作用である）」といい、『老子』三十九章や四十二章に見える、一が二を、二が三を、そして万物を生むといった文章を引きながら、徹底して一を説いている。また、白玉蟾の師である陳楠も、「丹基帰一論」（『翠虚篇』）の中で「一也者、金丹之基也。……道即金丹也、金丹即是也（一というものは、金丹の基盤である。……道とは金丹にほかならず、金丹とはそれにほかならない）」（十四左―十六右／輯要六一七九／精華一―六：七十五〜七十六）と同様のことを述べている。

このように陳楠や白玉蟾は、金丹は術ではなく道であるとした。だが、張伯端においては、内丹は「命を養い身体を強健にする術」であり、道士たちは「真如・空性でそのまやかしを捨て去り、最上の境地である空寂の本源に帰」せねばならないのではなかっただろうか。つまり、金丹＝道とされる際の道とは何を指すのか、とりわけ内丹に欠けているとされる性の側面についての説明が依然として済んでいないのではないか。白玉蟾は上で『参同契』を引き、「金丹とは、金が性の意味であり、丹が心の意味」だと述べているが、一体、内丹が命に配当されることとこの文句はどう関連付けられているのだろうか。これらについては次の項で詳しく点検しよう。

なお、ここで補足しておくならば、こうして見てくると、薛道光と白玉蟾の金丹に対する態度の違いは、その著作を考えるに当たり一考に値するかもしれない。前項でも述べたとおり、石泰や薛道光と、陳楠や白玉蟾の著作には、大きな形式上の違いがある。加えて、白玉蟾は陳より霊示により教えを受けたとされる上に、陳の著作には、末尾に白玉蟾の名前が必ず挙げられていることなど、そこに白玉蟾の影響があるのではないかともされる。考えてみれば、この薛道光と白玉蟾の内丹に対する考え方の違いは、内丹が道か術かということをめぐって、薛道光以前の著作と陳楠・白玉蟾のそれとの形式の違いに対応しているのだろう。分量的に少なく、詩文であるため、二祖石泰および三祖薛道光の思想を正確に理解するのは難しいが、石泰の『還源篇』にせよ、薛道光の『復命篇』にせよ、その内容は金丹の錬成にとどまるからである。

二・三　白玉蟾の性命説

白玉蟾は、どのようにして命＝内丹から性＝禅宗へという構図を超克したのか。彼は内丹を説く際、内丹とは道に根ざし造化を手中に収めることだという。だが、道の内実や内丹に欠けるとされた性について語られねばならない。そこで、まず白の考え方を、道や性命、道仏の関係などを体系的に説く「無極図説」（輯要六三一三～六三一四／精華十一二：三八三～三八五）から整理しておこう。

この「無極図説」は、題名から分かるように周敦頤の「太極図説」に影響を受けていると考えられ、これ以降、内丹家の中で同様の説が浸透していく発端となったとされるものである[43]。彼は、冒頭、次のように説き起こしている。

夫道也、性与命而已。性無生也、命有生也。無者万物之始也。有者万物之母也。一陰一陽之謂道。生生不窮之謂易。易即道也〇道生一⊙者混沌也。一生二⊚陽奇陰偶、即已二生三矣。純乾☰性也。両乾而成坤☷命也。猶神与形也。乾之中陽入坤而成坎☵。坤之中陰入乾而成離☲。離乃心之象也☉所謂南方之強歟。坎乃腎之象也〤所謂北方之強歟。

道とは性と命である。性は無生、命は有生。無は万物の始め、有は万物の母である。一陰一陽を道といい、生生して窮まらざるを易という。易は、道である。道は一を生むが、これは混沌である。一は二を生み、陽は奇数、陰は偶数であるから、二が三を生んだことになる。純粋な乾は性である。乾を二倍にすると、坤となり、命である。それは、精神と身体のようなものである。乾の中陽が坤に入って坎となり、坤の中陰が乾に入って離となる。離は心の象である。いわゆる南方の強さであろうか。坎は腎の象である。いわゆる北方の強さであろうか。[44]

道は、性と命である。それは、無生と有生と説明され、『老子』第一章を念頭に、万物の始めにして母であるとされる。次に、道から、混沌である一、一から二、二から三という『老子』流の生成論が説かれているが、そこにはまた、『易』繋辞上伝の「一陰一陽 之を道と謂ふ」という言葉により、『易』との整合性も指摘される。また、ここから乾・性と坤・命が生まれ、続いて離と坎が生まれるという。性は精神、命は身体であり、離は心、坎は腎である。続けて彼はいう。

夫心者☉象日也。腎者☽象月也。日月合而成易易。千変万化而未嘗滅焉。然則腎即仙之道乎。寂然不動、蓋剛健中正純粋精者存。乃性之所寄也、為命之根矣。心即仏之道乎。感而遂通、蓋喜怒哀楽愛悪欲者存。乃命之所寄也、為性之枢矣。

そもそも心は日をかたどり、腎は月をかたどり、日月が合すると易となる。千変万化してもいまだ滅びたことはない。となれば、腎は仙の道か。寂然として不動であると、剛健中正である純粋の精が保たれる。(45) これは、性が宿るところであり、命の根である。心は仏の道か。感応してやがて万事に通じ、(46) こうして喜怒哀楽愛悪欲といったものが現れるのだろう。これは、命が宿るところであり、性の要である。

心と腎という際、例えば『鍾呂伝道集』(『修真十書』巻十四〜十六所収／輯要五一一三〜五一四二／精華一-三) などでは純粋に臓器や、あるいはそれに配当される気と考えられており、『悟真篇』でも同様であるという。(47) だが、先の引用文でも見たとおり、ここでいう心腎とは、精神に割り振られる性と、身体に割り振られる命に連なるものである。上の引用では心は「喜怒哀楽愛悪欲」といった感情の存在するところとされる一方、腎は精が存在するところとされる。精とは、一般に内丹でいう三宝(精・気・神)に含まれ、中でも「精」は「形」とも置き換えられるものである。(48) このことからも分かるとおり、精とは形質であり、すなわち身体に通ずると考えられる。つまり、ここでは、『鍾呂伝道集』や『悟真篇』とは違い、心腎とは「心気」と「腎気」から精神と身体全体に拡大されているということができるだろう。そして、それはさらに仏道と仙道に配当されるのである。

だが、白玉蟾の説には若干揺らぎがあるようにも見える。

性与命、猶日月也。日月即水火也✕火者離象也。懲忿則心火下降共水者坎象也。窒慾則腎水上升。君子黄中通理、正位居体、美在其中、暢於四肢。於是黙而識之。閑邪存誠、終日如愚、専旡致柔。故能以坎中天理之陽、点破離中人慾之陰。是謂之克己復礼、復還純陽之天。吁、万物芸芸、各帰其根。帰根曰静、静曰復命。窮理尽性而至於命、則性命之道畢矣。斯可与造物者游、而柄其終始。

性と命は、日と月のようなものだ。日と月とは、水と火である。火は離の象であり、怒りを抑えれば心火が下降する。水は坎の象であり、欲をなくせば腎水が上昇する。君子は中であって理に通暁し、正しい位置にいてその分際をわきまえており、美しさはその内にあって、四肢へと広がる[49]。そこで密かにこのことを理解する[50]。邪を防いで誠を保ち[51]、日がな愚者のごとく、炁を漏らさず柔である[52]。それゆえに、坎の中の天理の陽で、離の中の人慾の陰を打ち破るのだ。これを「克己復礼」といい、再び純陽の天に回帰するのである。ああ、万物は様々であっても、それぞれ自分の源に帰りゆく。源に帰ることを静といい、静であることを命に帰るという[53]。理を究め、性を知り尽くして命へ至ると[54]、性命の道は成就される。こうなれば造物者と共に遊び、全てを手に入れることになるのである。

性命とは、日月であり、水火であり、心腎である。そしてその心火（離）が下降し、上昇してきた腎水（坎）と交わることで、離卦の陰爻に坎卦の陽爻が補填され、純陽となる。いわゆる心腎交配という考え方であり、これによって性命の道は成就される。心火・腎水というのはそれぞれの臓器の気といえようが、となれば、ここでは一転して旧来の内丹のように説明されていることになる。つまり、白玉蟾の中で心腎という考え方にはある程度の幅があるといえよう。なお、後半では、おそらく「無極図説」が「太極図説」を意識して書かれているために儒教的な内容に引きずられたのであろうか、心腎交配を説くに当たり、坎の陽爻に天理を重ね合わせることで『論語』顔淵篇の「克己復礼」と等しいとしている。もっとも、ここでいう復礼は、朱熹のごとく具体的な段階を考えているのではなく、おそらく心腎の交配を行うことを克己と捉え、礼を天理の発現そのものと考えていると思われるが[55]、今はしばらく触れないでおこう。

以上、「無極図説」について概観したわけだが、その骨子は何といっても性と命が、心腎、そして仏道と仙道に配当されることにある。しかし、これは問題ではなかろうか。前項で見たとおり、命＝内丹（仙道）、性＝禅宗（仏道）という枠組みこそは、最も白玉蟾が意識し、超克しようとしていたものではなかったろうか。それは、白玉蟾の、道や性命といった重要な概念に関わる文章の中で、最も体系的に述べられているものであるだけに、一層致命的なものとなる。

だが、実はこの仏道に配当された心こそ、白玉蟾が随所で強調してやまないものである。そして、これこそ、逆に白が内丹に、仏教的なあり方、すなわち性の側面を補おうとしていたということを窺わせる証拠となろう。例えば「東楼小参文」は、「至道在心、心即是道（至道は心にあり、心こそが道である）」（輯要六三一〇／精華十一二：三七五～三七八）という文より始まり、また、「謝張紫陽書」では、

推此心而与道合。此心即道也。体此道而与心会。此道即心也。道融於心、心融於道。心外無別道、道外無別物也。

（「謝張紫陽書」、一左／輯要六三二九／精華十一二：九三七～九三八）

この心を究め、道と一体になる。この心こそ道だ。この道を体得し、心と一つにする。この道こそ心だ。道は心に融け、心は道に融ける。心の外にほかの道があるのではなく、道の外にほかのものがあるのではない。

と述べる。このことから見ても、いかに白玉蟾が心字を多用しているか分かるだろう。

次項では、白玉蟾がどのように仏教に配されていた性を内丹に取り入れたか、「玄関顕秘論」を中心にもう少し詳

しく見ていくことにしたい。

二・四　「性」の重視とその限界

「玄関顕秘論」（『海瓊問道集』所収）は、その名が示すとおり、人が根源に回帰するための「帰根復命の関竅」、すなわち、玄関を解き明かした文章である。白玉蟾は冒頭、この「帰根復命の関竅」を求めねばならぬと述べた後、「故曰、有人要識神仙訣、只去捜尋造化根（それゆえに、神仙の訣を知りたければ、造化の根を探し求めさえすればよいというのだ）」（六左–七右／輯要六三一八）といい、(56)次のように続ける。

古者虚無生自然、自然生大道、(57)大道生一気。一気分陰陽、陰陽為天地、天地生万物、則是造化之根也。此乃真一之気、……一物円明、(58)千古顕露、不可得而名者、聖人以心契之、不得已而名之曰道。以是知心即是道也。故無心則与道合、有心則与道違。惟此無之一字、包諸有而無余、生万物而不竭。天地雖大、能役有形、不能役無形。陰陽雖妙、能役有気、不能役無気。五行至精、能役有数、不能役無数。百念紛起、能役有識、不能役無識。

（「玄関顕秘論」、七右–左／輯要六三一八／精華十一：三九九～四〇〇）

太古、虚無が自然を生じ、自然が大道を生じ、大道が一気を生じた。一気が陰陽に分かれ、陰陽は天地となり、天地は万物を生じたが、これが造化の根である。これこそ真一の気であり、……その一物ははっきりと現れており、永劫にわたって現れているが、名付けることができず、聖人は心によって会得するのであり、やむを得ず道と名付けるしかなかったのである。このため、心を知るということこそ道なのである。それゆえに無心であれば道と合一し、有心であれば道と違う。ただこの無の一字は、もろもろの有を包含して余すところなく、万物を生じて尽きることがない。「天地は大きく、形あるものに働き掛けることはできるとはいえ、形のないものに働き掛けることはできない。陰陽は霊妙であり、気を持つものに働き掛けることはできるとはいえ、気を持たぬものに働き掛けることはできない」（『関尹子』五鑑篇）。五行は限りなく精妙であるが、数あるものに働き掛けることはできても、数なきものに働き掛けることはできない。あらゆる思いが紛起するが、意識あるものに働き掛けることができても、意識のないものに働き掛けることはできない。

次の点を押さえておこう。まず、大道の造化の根とは真一の気であり、それは捉え難く、「心」によるしかない。それゆえ、「心」を知ることにより道と合一するのだが、更にいえば、「心」を無にすることによってしか成し遂げられない。また、ここにはさりげなく『関尹子』の文章が敷延されている。『関尹子』は、無論、老子出関の際、『道徳経』を授かったとされる関令尹喜に仮託されるもので、唐から五代の作とされる。ここでは天地・陰陽・五行・百念に先立つものとして無が捉えられているが、大島晃の指摘によれば、この直前の箇所は、宋学に先立ち心・性・情の分析を行っているところでもあり、[59] ここではそれを受けて、心から情や気、そしてそれから派生する身体を無にすることによりあらゆる支配から脱出しようとする箇所である。この無の重視は、その次の箇所にも現れている。

> 今夫修此理者、要能先錬形、錬形之妙在乎凝神。凝神則気聚、気聚則丹成、丹成則形固、形固則神全。故宋斉丘曰、[60] 忘形以養気、忘気以養神、忘神以養虚。只此忘之一字、則是無物也。本来無一物、何処有塵埃、其斯之謂乎。
> （同、七左／輯要六三一八／精華十一二：四〇〇）

さて今、この理を学ぼうとする者は、まず形質を錬ることができねばならず、形質を錬る妙諦は神を凝らせることにある。神を凝らせば気が集まり、気が聚まれば丹が成り、丹が成れば形質がしっかりし、形質がしっかりすれば神が完全なものとなる。だから、宋斉丘は、「形を忘れることで気を養い、気を忘れることで神を養い、神を忘れることで虚を養う」といったのである。ただこの忘の一字こそ、無物である。「本来無一物、何処に塵埃有らん」というのは、このことをいうのだろう。

白は、内丹理論を説く際、「無極図説」で見たような心腎交合から拡大し、気と神の交合で説くことが多い。しかし、同時にここで見られるような、気と神の交合とは別の、精→気→神といった説明の仕方をすることもよく見受けられる。[61] おそらくそのためだろうか、同様の思考に立つ、『化書』（道蔵第七二四冊）の「形を忘れることで気を養い、気を忘れることで神を養い、神を忘れることで虚を養う」という言葉は、白の文章に散見されるものである。これは五代の道士である譚峭の『化書』の冒頭部分に見られる言葉だが、ここでそれを「宋斉丘曰はく」として引用するのは、一時期、譚峭の『化書』が宋斉丘のものとして広まったことがあるからだろう。また、無を強調した禅宗六祖の慧能の偈とされる「本来無一物、何処に塵埃有らん」が、『化書』でいわれる「忘」という語で説明されていることにも注目しておきたい。

もう少し先を見てみよう。

吾今則而象之、無事於心、無心於事。内観其心、心無其心、外観其形、形無其形。遠観其物、物無其物。知心無心、知形無形、知物無物、超出万幻、確然一霊。古経云、生我於虚、置我於無。是以帰性根之大始、反未生之已前。蔵心於心而不見、蔵神於神而不出、故能三際円通、万縁澄寂、六根清浄、方寸虚明、不滞於空、不滞於無、空諸所空、無諸所無、至於空無所空、無無所無、浄裸裸赤洒洒地、則霊然而独存者也。道非欲虚、虚自帰之、人能虚心、道自帰之。道本無名、近不可取、遠不可捨、非方非円、非内非外。惟聖人知之、三毒無根、六慾無種、頓悟此理、帰於虚無。老君曰、天地之間、其猶橐籥乎。虚而不屈、動而愈出。若能於静定之中、抱沖和之気、守真一之精、則是封炉固済以行火候也。（同、八左-九左／輯要六三一九／精華十一二：四〇二～四〇三）

私は今、こうしたことにのっとって、心においては無事であり、物事に対しては無心である。「内に心を観ても心にその心はないし、外に身体を観ても身体にその身体というものはないし、遠くその物を観ても物にその物というものはない。」心には心などないことを知り、身体には身体などないことを知り、物には物などないことを知れば、あらゆる幻から抜け出して、しっかりと一霊となる。古経（＝『西昇経』生置章第十七）に、「我を虚に生じ、我を無に置く」という。このため、性根の大始に回帰し、生まれるその前に帰るのである。心を心に蔵して現さず、神を神に蔵して出さず、そのため過去・現在・未来に通暁し、あらゆる縁は静まり、眼・鼻・耳・舌・身・意は清浄となり、方寸《こころ》は澄み渡り、空に滞ることも、無に滞ることもなく、「空にするところを空にし」、「無にするところを無にし」、空とすることがないところをも空とし、無とすることがないところをも無とし、身体に何もまとわないで裸一貫となるに至って、霊妙にただ一人存在する者となるのである。道は虚であろうとせずとも、虚はおのずと道に帰するのであり、人が虚心になれれば、道はおのずと人に帰する。道はもともと無名であり、近くても取ることもできないし、遠くても捨てられず、四角くも丸くも、内でも外でもない。ただ聖人はそのことを知り、三毒に根があるわけでも、六慾に種があるわけでもなく、この理を頓悟すれば、虚無に回帰するのである。老君は、「天地の間は、其れ猶ほ橐籥のごときか。虚にして屈せず、動けば愈いよ出づ」といわれた。静定の中で、沖和の気を抱き、真一の精を守ることができれば、これこそ炉を密封して火候を行うということなのである。

この箇所に対して、今井宇三郎は、「右の無心の説は、『空に滞らず無に滞らず、諸々の空とするところを空じ、諸々の無とするところを無とし、空も空ずるところなく、無も無とするところなく云々』と、宛然、般若仏教的論法を以てしてゐる」というが(62)、この見方は半分当たっており、半分当たっていないといえるかもしれない。この文章の通奏低音となっているのは、何より『清静経』だと思われるからである。「内に心を観ても心にその心はないし、外に身体を観ても身体にその身体というものはないし、遠くその物を観ても物にその物というものはない」、また「空にするところを空にし」、「無にするところを無にする」という文章は、そのまま『清静経』に見えるものであり、もともと仏教語である「三毒」「六慾」という語も『清静経』に見えるものである。

この『清静経』は異名も多いが、一般に『太上老君説常清静経』と呼ばれる経典を指し、石田秀実によれば、唐頃までには成立していただろうとされるものである(63)。僅か四百字足らずのこの短い経典は、王重陽以下のいわゆる全真教北宗においても、『道徳経』『般若心経』『孝経』と並び重視されたものである。内容としては次のようにまとめられよう。すなわち、人が清浄(清静と同じ)であれば天地全てが人に帰する。だが、心には欲があり、その状態をかき乱している。なぜそうなるかといえば、心があると思い、身体があると思い、物があると思うからだ。しかし、本来そうしたものは無く、空であり、その無や空というものすらあるわけではない。こうした境地では欲は生じず、心が静かとなり、常に様々な事物に応じながら清浄となる。

以上のような内容を持つ『清静経』に対して石田は、「老荘に淵源を持ちこの経典ができたときにはすでに道教自身のものになっていた」と述べる(64)。しかし、いみじくもこれに対して石田自身「仏教的な『こころ』」という表現を用いて説明していることからも分かるとおり、[65]上の白の文章に対して、「宛然、般若仏教的論法を以てしてゐる」として仏教的に理解されたのは不思議なことではない。それは、『清静経』に見られるように、心を無にすることであらゆることに対処しようとするのは、総じて性を説く仏教側の論理だからである。

ここで大切なのは、白玉蟾がそれを『化書』『関尹子』『清静経』といった道教内の言葉により内丹の側へと手繰り寄せようとしていることである。これは、性について道教の内部の言葉で語られているという点で重要である。なぜなら、それは、内丹道がその内部に性と命を共に持つことになるからであり、性を修めるに当たって禅宗によらずともよいということを意味するからである。それは、つまるところ、張伯端が突き付けた命から性へという構図を覆すことにほかならない。

上で見たように、第三祖である薛道光の評価をめぐり、白玉蟾は、内丹道は道なのであって単なる命術であることを拒否していたが、その背後には、こうした内丹道への性の取り込みがあったからだといえるだろう。それは「玄関顕秘論」以外にも見えるもので、例えば、「平江鶴会升堂」（『海瓊白真人語録』）では、「若夫孔氏之教、惟一字之誠而已。釈氏之教、惟一字之定而已。老氏則清静而已（孔子の教えについては、ただ誠の一文字にすぎない。釈迦の教えは定の一文字にすぎない。老子の教えはただ清静だけである）」（十二左—十三右／輯要六三八六／精華十—二：一二六七）として三教を等置する。また、こうした考えが更に進んだのだろう、「山坡羊」詞には、「円覚金丹太極、這造化、誰人知（円覚・金丹・太極、これらの造化については誰か知る者があろう）」（輯要六二七四／精華十—二：一一四三）とあり、[66]金丹が、仏教の円覚や儒教の太極と同等に扱われている。ここで円覚と金丹が同等に扱われている背後には、やはりこれまで見てきたような思考が存在しているといえるだろう。つまり、白玉蟾は、張伯端や薛道光のように三教の棲み分けを説いたのではなく、張伯端なら間違いなく性に配当しただろう円覚の位置にまで、命であるはずの金丹を上昇させたのである。それは、張伯端の突き付けた命＝内丹から性＝禅宗という構図に対する、白玉蟾の一つの解答であった。

また、白玉蟾の著作の中には『老子』や『清静経』の注が含まれるが、これらもこの一連の流れに沿うものと考えられよう。注とはいうものの、横手裕も指摘するように、これらは実際には禅語録の著語を思わせる体裁を取るものである。この中では、道を禅宗の円相で表すなど、内丹道に欠如するとされる性の回復を図ろうとしていると捉えることができる。なお、白玉蟾による『老子』の注釈書の『道徳宝章』は、元初を代表する道士である李道純（字元素、号清庵・瑩蟾子）に大きな影響を与え、自身も『道徳会元』（道蔵第三八七冊）という『老子』注を著しており、同じく『清静経』に注を付けた『太上老君説常清静経註』も存在する。また、李道純は『中和集』（道蔵第一一八－一一九冊）巻一の冒頭で「釈曰円覚、道曰金丹、儒曰太極（仏教は円覚をいい、道教は金丹をいい、儒教は太極をいう）」（一右）と述べるが、ここには、白玉蟾が「山坡羊」詞で円覚・金丹・太極を等置した箇所からの影響を示唆されていることを付け加えておこう(67)。李道純は、このように白玉蟾の影響を受けているわけだが、同時に元初を代表する全真教徒でもある。全真教のいわゆる北宗は、やはり内丹の基本的な概念である性命を用いたが、中でも性を非常に強調したとされる(68)。以上見てきたように白玉蟾は性を取り込んだわけだが、それは、こうした全真教北宗と南宗が融合していくに当たっての準備をしたともいえるだろう。

以上、白玉蟾が性の側面を強調し、そしてそれが命から性へという構図を突き崩すものであるということを見てきたが、本節を終えるに当たり、最後に次の点を指摘しておきたい。道は性と命の両方から成ると考える白にとって、白玉蟾の強調する性は、命、すなわち内丹的な修業と結び付けられ、それだけで完結するわけではないということである。

今井も、上に引いた「玄関顕秘論」の末文、「静定のなかで、沖和の気を抱き、真一の精を守ることができれば、これこそ炉を密封して火候を行うということなのである」に対して、むしろここにこそ「白玉蟾の説かんとするところ」があったという。(69)つまり、白は性を強調したが、先の引用文にも「凝神すれば気が集まる」とあったように、性の強調の背後にはすぐさま気が寄り添い、錬丹法と関連付けられているのである。

実際、「玄関顕秘論」は全体的に内丹的な要素が濃厚な文章であることから考えれば、結局のところ、『清静経』にしても『関尹子』が引用される箇所にしても、元の趣旨に明らかに反することになる。というのも、これら引用文の意味するところは、例えば『清静経』においては、問題の解決は、心や身体や物が「ない」ということにより図られる。また、『清静経』や『化書』により白玉蟾が取り込もうとした慧能の無心のごとき考え方にしても、私が心・身体・物で「ない」というものであった。(70)それにもかかわらず、内丹は、その否定されるべき物や身体の基となる気の存在に基盤を置くことにより問題の解決を図ろうとするため、そこには矛盾が生まれざるを得ないからである。先に我々は「無極図説」において、仏教的な「心」と心腎交配理論の「心気」の間の揺らぎを見たが、これはこうした白玉蟾のいわば理論的な雑駁さと対応するといえるだろう。白玉蟾は心に性を読み込み、さらにそれを内丹道に組み込もうとしたわけだが、それは命とどうしても関係付けねばならないという限界を露呈することにもなったわけである。

従来、白玉蟾は南宗の大成者とされ、雷法や書画、そして禅に通じていたことなどが指摘されてきた。確かに彼の書物は禅語が多用されるわけだが、それでもよく見てみると、その禅宗への態度は、特に三祖薛道光をめぐり、屈折している。また、白玉蟾は、内丹を術ではなく、道であると位置付けたが、それらはどちらも内丹の側にいかにして性を取り込むかということと関連していた。つまり、その背後には張伯端以来突き付けられてきた構図を超克するという問題があったのである。もっとも、それは心腎交配理論の心に仏教的な「心」を読み込むことでなされたため、命、すなわち身体的要素へとつながる側面をも含むものであった。

三 「命」の位置とその変容

第二節では、白玉蟾を中心に内丹に欠けていた性がどう取り込まれるかという点を見てきた。だが、それは内丹の基本的な考え方である心腎交配の「心」に、仏教的な「心」を読み込むことでなされていたため、その背後に気や身体といった、命の側面を発見してしまわざるを得ないという限界をも含むものであった。

このように、内丹では気の問題は避けて通ることができない。わけても内丹の真骨頂ともいうべき陽神については、気の錬成とは不可分の関係にある。一方、前節で見たような南宗における性の側面の取り込みは、陽神にも変化をもたらしたように思われる。こうしたことを点検するために、まず我々は陽神がどうしてできるのかについて、南宗でも白玉蟾とは異なる陰陽派に属する翁葆光を点検し、また比較のために南宗とは別の内丹道のあり方を点検しておくことにしよう。

三・一 陽神の創造

「この心こそ道だ」（「謝張紫陽書」）という言葉に端的に表れているように、白玉蟾は、錬丹に当たって心を強調した。それは、従来の内丹に欠ける性の側面の取り込みといえるものであった。もっとも、心が重視されるとはいえ、その心によって気を制御することで道が成就するとされるのであり、心で全ての説明が済むわけではない。そして、内丹において気を修めるかどうかという違いが、出神の際、陽神と陰神の違いとなって現れる。

この出神について白玉蟾は余り説かないものの、それでも陽神と陰神について、

脱胎換骨、身外有身、聚則成形、散則成気、此陽神也。一念清霊、魂識未散、如夢如影、其類乎鬼、此陰神也。今之修丹、不可不知此。（『海瓊白真人語録』巻一、十三右／輯要六三七一／精華十一二：一二九四～一二九五）

聖胎を生み出して凡骨を仙骨へと変化させ、身体の外にまた身体があり、聚まれば形をなし、散ずれば気となる。これが陽神だ。意識が乱れず清らかで、霊魂は散ってしまわないものの、夢や影のようで、幽霊と同様になる。これが陰神だ。今、丹を修錬するには、このことを知らないわけにはいかない。

と述べ、その重要性を示唆している。出神は「身外有身」ともいわれ、内丹術士が修行を経て霊魂のようなものを体外に出すことであり、体外に出たものには陽神と陰神という二種類がある。だが、こうした点をもって白玉蟾が禅に対する優位性を説くことは見られない。それは、性の側面を強調することに熱心な白において当然のことであったといえるかもしれない。陽神を強調することは内丹の命の側面を強調することになるからである。

ここで、まず出神の過程をより詳しく見るために、『悟真篇』に対する最も早い時期の注釈者の一人である翁葆光によって確認しておこう。張伯端の再伝の弟子である翁葆光は『悟真篇』の序文に記された宋・乾道癸巳（一一七三）の前後に活動したということ以外、定かではない。しかし、『道蔵』の『悟真篇』の諸本にはほとんど彼の注釈が見られるなど、『悟真篇』を語るに当たっては欠かせない重要な人物である。

夫錬金丹大薬、先明天地未判之前、混沌無名之始気、立為丹基。次辨真陰真陽、同類無情之物、各重八両、立為炉鼎。仮此炉鼎之真気、施設法象、運動周星。誘此先天之始気、不越半箇時辰、結成一粒、附在鼎中、大如黍米、此名金丹也。取此金丹一粒、呑帰五内、擒伏一身之精気、猶猫捕鼠、如鸇搦鳥、不能飛走矣。然後運以陰陽之真気、謂之陰符陽火、養育精気、気化成金液之質、忽尾閭有物、直衝夾脊関、歴歴有声、逆上泥丸、触上顎、顆顆降入口中。状如雀卵、馨香甘味美、此名金液還丹也。徐徐嚥下丹田、結成聖胎、十月胎円、化為純陽之軀、而無飢渇寒暑之患、刀兵虎兕不能傷、而成陸地神仙。方始投於静僻之地、兀兀面壁之功、以空其心、謂之抱一九年。行満形神自然倶妙、性命双円、与道合真、変化不測矣。此名九転金液大還丹也。（『註疏』翁序、十右-左）

そもそも金丹大薬を錬成するには、まず天地開闢の前の混沌として名もなき始元の気を明らかにして、丹基を作る。次に真陰と真陽、同類無情の物をそれぞれ重さ八両に分けて、炉鼎を築く。この炉鼎の真気を使って、法象を施し、周天に巡らせる。この先天の始元の気を導くと、半時もたたずに一粒を結成し、それを鼎に入れるが、その大きさは黍米ほどで、これを金丹と名付ける。この一粒の金丹を取って、五臓へと飲み下し、一身の精妙なる気を取り押さえるその様は、あたかも猫が鼠を捕まえ、はやぶさが鳥を捕まえるようなもので、走り去ったり、飛び去ったりするようなことはない。しかる後に陰陽の真気を巡らせるが、これを陰符・陽火と呼ぶ。精妙なる気を育て、気は金液の性質を持つようになり、すると突然、尾閭（尾てい骨にある経穴）に何かが生まれ、すぐさま夾脊関（背筋にある経穴）を突き上げ、ごうごうと音を立てて、泥丸（頭頂にある経穴）へと駆け上がり、上顎に触れると、ころころと口の中へと下ってくる。その様子は雀の卵のようで、香りはかぐわしく味は甘美で、これを金液還丹と名付ける。これをゆっくりと丹田へ飲み下すと聖胎が結成される。十箇月たつと胎児は完成して純陽の身体に変化し、飢えたり渇いたり、暑い寒いといった患いはなく、戦や獣により傷つけられることもなくなり、陸地の神仙となる。そうしてようやく静かな地でつくねんと面壁の修行を行い、心を空にするが、これを抱一九年という。修行が完成すると、形と神は共に霊妙になり、性命は両方完成し、道とともに真理と一体になり、その変化は想像も付かなくなる。これを九転金液大還丹と名付ける。

ここでは、内丹の修行法が、金丹の錬成、金液還丹、九転金液大還丹という三段階に分けて書かれている。ただし、伝統的に翁葆光は陰陽派と呼ばれ、特に最初の金丹の錬成の段階については、ここでもそうした解釈ができなくはないのかもしれない。しかし、本章ではそれについては触れないで[71]、出神と関わる金液還丹以降の段階を中心に扱おう。なお、少し補足しておけば、内丹道は当時、「金丹之道」などと呼ばれることが普通で、道士たちが最終的に目指すものを金丹という名称で総括することもよく見られる。だが、ここは、そうした最終的な境地を指す語としての金丹ではなく、修業の一段階を指す術語である。

さて、翁葆光の説明によると、内丹を修業するに当たっては、まず金丹を錬成しなくてはならない。次にしなくてはならないのが、その金丹を、中国医学でいう督脈と任脈に沿って巡らせる金液還丹の段階である。督脈とはおおよそ尾閭から背筋に沿って、夾脊関・泥丸、そして前額・鼻柱を経て口（上唇の奥）に至る経絡、任脈とは口から丹田へ至る正中線に沿った経絡である。吾妻重二は、張伯端の『悟真篇』の内丹説を解釈するに当たってこの翁葆光の説を引き、これは柳華陽の『慧命経』（蔵外道書第五冊）などでいう「小周天」に相当し、嬰児や出胎は金液還丹が完成することの比喩だとして、その次の出神以降の段階について触れない[72]。だが、翁葆光の内丹説としては、これは最後に陽神を作り出す過程であると考えられるように思われる。翁葆光の別の資料から、これを補足しておこう。

徐徐咽下丹田、結成聖胎、養就嬰児。故仙翁曰、嬰児是一含真気、十月胎円入聖基。蓋凡胎十月降誕、聖胎亦然。十月火備功円、脱胎而化形、為純陽之体、寒暑飢渇不能為悩、方可投於深山窮谷之中、或卑汚僻陋之所、面壁九年以空其心、無人無我心境一如。故謂之神仙抱一也。

（『三乗秘要』「悟真直指詳説」、四左–五右）

（金液還丹の後）ゆっくりと丹田へと飲み下すと、聖胎を結び、嬰児を育て上げる。だから仙翁（張伯端）は、「嬰児は一にして真気を含み、十月で胎は完成して聖基に入る」（『悟真篇』巻三、七言第十六首）といわれたのだ。普通の胎児は十箇月で産まれるが、聖胎もまた同様である。十箇月で火が完備し修行が完成すれば、胎児を産み出し身体を変化させ、純陽の身体になり、飢えや渇き、暑さや寒さにも悩まされなくなるのであって、そこでようやく深山幽谷の中やひなびた卑しい場所に身を投じることができ、九年間壁に向かって心を空にし、無人無我にして心境は一如となる。だから、これを神仙抱一というのだ。

つまり、金液還丹の段階で、再び丹田にまで戻された金丹は、聖胎となり、十箇月で誕生し、ここで純陽の身体となる。いわゆる陽神である。これは命の修行の完成といってもよいだろう。こうして「寒暑飢渇」にも悩まされることもなく、「深山窮谷之中、或卑汚僻陋之所」に至ることができる。それはまた、禅宗の達摩が行ったとされる面壁九年を行う段階の準備でもある。この後、修行者は面壁九年の修行により性の側面も完成させ、かくして道と合一するのである。

ところで、翁は『悟真篇』の注の中で、性命は「強而分之曰性曰命（強いて分けて、性といい、命という）」（『註疏』巻四、二十左）にすぎないと述べているが(73)、それでもこうして見てくると、白玉蟾などに比べればやはり性と命の段階を峻別して考えているといえる。こうした命と性を峻別する修行のあり方は、翁葆光の再伝の弟子である竜眉子にも受け継がれているのを見ることができるが、このそもそもの原因は、『悟真篇』の構成に従って修行を行うからである。ところで、本章では『悟真篇』が後世の内丹術士たちに命＝内丹から性＝禅宗という構図を突き付けたと述べたが、それでは翁葆光はこれに対する何らかの回答を出したのであろうか。

翁葆光の内丹思想は、上で引いた『三乗秘要』にまとまって見られるが、これは『悟真篇』を『陰符経』に基づきながら三段階に分けて説明したものである。『陰符経』は、道教では『道徳経』と並んで尊崇を受けた経典であり、もともと道家思想に基づいた兵法書であったと思われる。しかし、既にこの当時、経典に見える兵法的な言葉は、例えば国は肉体を、君は精神をといった具合に、修行者の内面を指す比喩として理解されていた。『三乗秘要』は、この『陰符経』にのっとって、「強兵戦勝之術」「富国安民之法」「神仙抱一之道」の三段階に分かれ、これまで見てきた金丹・金液還丹・九転金液大還丹にそれぞれ対応させられている。すなわち、「強兵戦勝之術」は金丹の錬成の段階に、「富国安民之法」は金液還丹の段階に当たり、ここまでが『悟真篇』の前半の内丹の部分に相当する。そして「神仙抱一之道」は、『悟真篇』の後半の「禅宗歌頌」に相当し、心を空にするためのものであり、九転金液大還丹と呼ばれるのである。

こうして見てくると、翁葆光の内丹思想は、一見、命から性へという本章でずっと問題にしてきた構図をほとんど襲うようにも見える。だが、最後の段階について、翁葆光は、「夫九転者九年也、乃陽極数也（九転とは九年であり、すなわちこれは陽の極まった数である）」（『三乗秘要』「神仙抱一之道」、十左）といい、達摩が行ったという面壁九年に九転金液大還丹を比定している。つまり、『悟真篇』の「禅宗歌頌」を内丹の外部としてではなく、内丹の内部の最終段階として位置付け、九転金液大還丹という名前を付けることで、からくも上来の構図から脱出しているといえるかもしれない。白玉蟾と比較していうならば、白が心腎交配理論を介して仏教に配された性の側面を内丹に取り入れたのに対し、翁葆光は『悟真篇』の性命の双方を『陰符経』という道教経典を用い改めて位置付け直したのである。

翁葆光は、この面壁九年を抱一九年や神仙抱一とも呼び、九転金液大還丹と名付けているが、一方で白玉蟾は内丹の最終的な段階として面壁九年を説くことはない[74]。また、清・仇兆鰲の『悟真篇集註』では、「旧指九年面壁為九転、非是（かつて面壁九年を九転としていたのは、正しくない）」（精華六–一：二六一）と否定されているように、九転をすぐさま九年面壁に結び付けるのは、『悟真篇』の注釈として確かに少し強引な読み込みであるかもしれない[75]。しかし他方、明代の道士として有名な李涵虚の『道竅談』第七章「後天次序」では「面壁九年、謂之煉神還虚（面壁九年を錬神還虚という）」（蔵外道書第二十六冊六一二上）というなど、後世、内丹の術語として根付いた観があるのも事実である。

以上、出神の過程を翁葆光に基づいて見てきたが、翁葆光もまた白玉蟾とは異なるやり方で仏教を意識していたといえよう。だが、次に取り上げる内丹道の一派はこれら南宗とは違う態度で仏教と接した。次にその内丹説、特に陽神と陰神の違い、そして仏教との関係を中心に考察しよう。

三・二　陽神の行方

第四祖の陳楠の「羅浮翠虚吟」に、その当時の内丹の書物である『霊宝畢法』や『西山群仙会真記』への批判が見られることは、既に指摘されるところである[76]。陳楠の「羅浮翠虚吟」の前半部分では、まず房中術を否定した後、その後に様々な傍門を列挙し批判している。その一部で、彼は次のように詠っている。

或依霊宝畢法行、直勒尾閭嚥津液。或参西山会真記、終日無言面対壁。……如斯皆是養命方、即非無質生霊質。道要無中養就児、箇中別有真端的。（「羅浮翠虚吟」、十左–十一右／輯要六一七六／精華一–六：七十七〜七十八）

ある者は『霊宝畢法』により修業して、ただ尾閭を押さえて唾を飲む。ある者は『西山会真記』を研究し、日がな壁に向かって黙っている。……これらはどれも養命方なのであって、何もないところから霊妙な何かが生まれるというものではない。道の枢要とは無の中に嬰児を育てるということであり、ここにはそれらとは異なる、まごうことなき本物があるのだ。

ここで取り上げられている『霊宝畢法』や『西山会真記』は、現在も見ることができるものである。前者は、共に有名な仙人である鍾離権（字雲房、号正陽子。一説に字寂道、和谷子・雲房先生）と呂洞賓（名巌、字洞賓、号純陽子）に仮託される書物であり、現在『秘伝正陽真人霊宝畢法』（道蔵第八七四冊／輯要五〇九七～五一一二。以下『霊宝畢法』と略記）という書名で『道蔵』に残る。後者は、これまた呂洞賓の弟子の施肩吾が著したとされる『西山群仙会真記』（道蔵第一一六冊／精華一―十。以下『会真記』と略記）を指す。その他、この二書に関係の深いものとして、やはり鍾離権と呂洞賓に仮託されるであろう問答集の『鍾呂伝道集』（以下『伝道集』と略記）がある。

この『伝道集』は『会真記』に引用されており、また『伝道集』の末尾には『霊宝畢法』の説明が見られるなど、これらの書の間には密接な関係が窺われ、相次いで北宋の後半には成立していたと考えられている。(77) また、ここにはそれらを担う一群の人々がいたであろう。(78) いわゆる鍾呂派としてまとめられる人々である。

さて、上の引用に見られるとおり、『霊宝畢法』や『会真記』に従い内丹術を行う者たちに対し、陳楠の行う内丹が優れている理由は、「無の中に嬰児を育てる」からである。前節でも触れたとおり、これは取りも直さず、道＝造化を手に入れることになるからにほかならない。それに対し、ここで挙げられる『霊宝畢法』や『会真記』は、「養命」の方法にすぎないと批判されている。この「養命」は養生を指す一般的な言葉でもあり、『悟真篇』に見られた「養命固形之術」などとのつながりがここでどれほど意識されているかは分からないが、陳楠がそれらを批判的に捉えているのは確かである。そこで、比較のために『霊宝畢法』以下のこうした書物に見られる丹法について検討しておくことにしよう。

何より『霊宝畢法』や『伝道集』で強調されるのは、いかにして天仙になるかということである。しかし、天仙以外にも、鬼仙や地仙や人仙などがおり、それぞれの間には序列が設定されている。このように仙人に序列を設けるのは、古くは『抱朴子』にも見られ、宋代の内丹関係の経典に目を通してみても散見されるものである。詳しく見てみると、そうした序列は厳密に一致するわけではないが、ここで取り上げる西山を中心に活動した内丹道の一派では、総じて地仙から天仙に至る序列が考えられている。しかし、ここでこうした序列に収まらない、あるいは一番下に位置付けられるものがある。鬼仙である。

結論からいえば、出神に際し、陰神しか出せない者が鬼仙であり、陽神が出せる者だけが天仙になることができる。そして、興味深いことに鬼仙は仏教徒であるとされるのである。先回りしていえば、ここには南宗とは異なる、『霊宝畢法』などを中心とする内丹道の独自な立場がある。その代表的なものとして、『伝道集』の鬼仙に関する部分を挙げ、陰神がどういうものであるか見ることにしよう。ここでは呂洞賓が師の鍾離権に尋ねている。

呂曰。所謂鬼仙者、何也。
鍾曰。鬼仙者、五仙之下一也。陰中超脱、神像不明、鬼関無姓、三山無名。雖不入輪廻、又難返蓬瀛。終無所帰、止於投胎就舎而已。
呂曰。此是鬼仙、行何術、用何功而致如此。
鍾曰。修持之人、始也不悟大道、而欲於速成、形如槁木、心若死灰、神識内守、一志不散。定中以出陰神、乃清霊之鬼、非純陽之仙。以其一志陰霊不散、故曰鬼仙。雖曰仙、其実鬼也。古今崇釈之徒、用功到此、乃曰得道、誠可笑也。

（『修真十書』巻十四『伝道集』「論真仙」、三右-左／輯要五一一四／精華一-三：一一六）

呂（洞賓）が言う。「いわゆる鬼仙とはどういうものでしょうか。」

鍾（離権）が言う。「鬼仙とは、五仙の一番下である。陰の中で神が身体から抜けだし、神霊の形ははっきりせず、冥界の関所に（来るべき者としての）姓がなく、（仙人がいるといわれる蓬萊・方丈・瀛州の）三山に名がない。輪廻をしないとはいっても、また仙境に帰るのは難しい。最終的に帰る所がなく、霊魂が胎児の中に入り、そこに宿るということに終わるだけである。」

呂が言う。「この鬼仙とは、どんな術を行い、どんな修行をすればこうなるのでしょうか。」

鍾が言う。「修行する者が、初め大道を理解せず、速やかに修業を成し遂げることを望み、身は枯れ木のようで、心は灰のようで、精神は内側に籠り、心は集中して散漫になることがない。禅定のさなか陰神を出すが、それは清らかな鬼（幽霊）なのであって、純陽の仙ではないのである。心が集中しているために陰の霊が散じないので、鬼仙という。仙とはいうものの、実際は鬼（幽霊）だ。古来、釈迦をあがめる者たちは、修行でここに達すると道を得たというが、まことに笑うべきである。」

鬼仙とは、陰神しか出せない者たちを指す。ここでは、修業を積んで輪廻から免れるほどの境地になったとしても、死に際して、神が肉体より脱したところで、いわゆる仙界に昇ること、すなわち聖位に達することができない。なぜなら、その神は陰神にすぎず、純陽である陽神ではないからである。それゆえ、仙界に昇ることもできず、かといって、輪廻するわけでもない。行き場のない、神＝「霊魂」は胎児に行き場を求めるしかない。得道したという仏教徒は、死への実際的な訓練が欠けているために、実際のところ、鬼となってさまようか、もう一度胎児に宿り、またこの世に生まれ変わってくるしかないのである。

それでは、陰神ではなく陽神を錬成し、輪廻するのを防ぐにはどうすればよいのか。彼らによるとこれを防ぐためには、仏教徒が行うことがないとされる身体、およびそれを支える気の錬成が不可欠であるという。そして、彼らの修行法こそそれを実現するためのものであった。

『会真記』の最後の部分には、それぞれ「錬法入道」「錬形化炁」「錬炁成神」「錬神合道」「錬道入聖」という文章がある。ここで語られるのは、形→気（炁）→神→道といった修業の階梯である。すなわち、「形」＝身体を錬成して「気」に高め、それに「神」を錬成する精神的な修行を行うのである。こうした考えは、唐代以来かなり広汎に見られる考え方で、『伝道集』などとも共通するものである。(79) ところで、気は形より昇華したものであるとすれば、形のほかに神をも修めるというこの修行のあり方――これを「形神倶妙」と呼ぶ――は、性と命の双修を説く南宗のそれと一見近しいようにも見える。事実、後で見るように南宗では形神倶妙は性命双修と同義で使われている。だが、ここでいわれる「神」を錬成する段階は、仏教徒の修行のごとき精神的な段階とされはするが、南宗で説かれるものとは少しその毛色を異にするようである。『会真記』「錬神合道」では禅宗の祖師たちが次のように描かれている。

世祖禅師、雖無火候而陰霊亦不散。方在内観而于定中以神磬声而去。此止可出而不見入法也。昔達磨六祖禅師、雖是陰神出殻、始以形如槁木、心若死灰、集神既聚、一意不散、神識内守……、此亦出而不能入也。……嗟夫、少学無知之徒、止於定中而出陰神、一日悞出天門、不能回返本軀、名曰尸解坐化、迷惑世人、深為有識者之所笑也。

（『会真記』巻五「錬神合道」、九左―十右／精華一―十：三十六～三十七）

代々、禅の祖師たちは火候を行わなかったものの、陰なる霊は散じることがなかった。内観のさなか、入定中にその神は大きな音と共に去ってしまうのだ。これは、（神が身体から）出るだけであり、（身体へ）戻る方法を知らないのだ。昔、達磨や六祖禅師（慧能）は、陰神が肉体から出て、最初、体は枯れ木のごとく、心は死灰のようだったものの、精神を集中させ、その意志は散漫になることなく、神識は内側に籠り、……、これはまた（神が）出ても戻ってくることはできないのだ。……ああ、少学無知のやからは、定の最中に陰神を出すだけで、ある日誤って天門から出てしまい、元の身体に戻ってこられずに、尸解や坐化と呼び、世の人々を惑わせているのであり、大変有識者の笑い物となっている。

こうして見てくると、ここでいわれる神を錬成する過程とは、多分に肉体より「神」を出すという技術的なものである。ただし、そうした「神」の側面の修業を積んでいる以上、禅師たちも同じく出神ができる。だが、それは「形」の側面を修めていないため、陽神ではなく陰神であり、さらには陰神を肉体より出しても出しっぱなしで、評価としてはそれを尸解や坐化と呼んでいるという否定的なものである。それに対し、「道家」の者たちは、同じく神を身体から出すにしても「形」の側面を修めた陽神であり、かくして出神のみならず神の出入も可能になる。つまるところ、彼らは陽神の錬成により、死や輪廻を超克しようとした瞑想の実践者集団であり、この点で正に彼らは不老長生を標榜する道教徒の直系ともいえる人々であったといえる。このように考えてくると、この究極の目標を果たすため、「形神俱妙」が内丹道において重要な考え方となることは理解できよう。陽神は「形神俱妙」という考え方と不即不離の関係にある。では、その陽神はどこへ行くのだろうか。

いわゆる道家の者たちが「形神俱妙」となり、超脱できたところで、それで終りではない。『会真記』によればその後には、「錬道入聖」という最後の過程が控えている。この過程は、いわば後に取り残された人への伝道の段階である。そこでは、「洞天語録に曰はく」として、次のように述べている。

夫修養真気、真気既成、而煅錬陽神、陽神既出、得離塵世、方居三島。功成神遷棄殻、須伝流積行于人間。行満功成、受紫詔天書、而居洞天矣。（『会真記』巻五「錬道入聖」、十左／精華一―十：三十七）

そもそも真気を修養し、真気について成し遂げられると、陽神を錬り上げることになり、陽神が出てしまうと、汚れた世の中から離れることができ、そこでようやく（蓬萊・方丈・瀛州の）三つの島に住まうのである。功（修業）が成就して神が超脱して肉体を捨て去ると、人々に混じって道を伝え行（徳行）を積まねばならない。行が満ち足り功が成就すると、詔書や天書を授かり、洞天に住まうのである。

功が成った後、行を行うと三島から洞天に至るというのは、『会真記』のほか、『霊宝畢法』や『伝道集』にも共通するものである[80]。例えば、『霊宝畢法』巻下「超脱第十」には「欲要升洞天、当伝道積行於人間。受天書而升洞天、以為天仙（洞天に昇ろうするならば、人々に道を伝えて徳行を積まねばならない。すると天書を授かって洞天に昇り、天仙となる）」（十一右／輯要五一一二／精華一―三：七十五）といい、『伝道集』では、呂洞賓の「天仙とは何か」という問いを受けて鍾離権が次のように答えている。

鍾曰。「地仙厭居塵境[81]、用功不已、而得超脱、乃曰神仙。神仙厭居三島、而伝道人間、道上有功、而人間有行、功行満足、受天書以返洞天、是曰天仙。既為天仙、若以厭居洞天、効職以為仙官、下曰水官、中曰地官、上曰天官。於天地有大功、於今古有大行、官官升遷、歴任三十六洞天、而返八十一陽天、歴任八十一陽天、而返三清虚無自然之界。」

（『修真十書』巻十四『伝道集』「論真仙」、五右–左／輯要五一一五／精華一–三：一一八）

鍾は言う。「地仙が塵にまみれた俗世にいるのが嫌になり、修行を続け、超脱することができると神仙という。その神仙が三島にいるのが嫌になり、人々の間で道を伝え、道に関して功を積み、人々の間で行を積み、功と行が十分になると、天書を受け洞天へ帰るのだが、これを天仙という。天仙になって、もしも洞天にいるのが嫌になれば、職を習って仙官となるが、下等の者を水官、中等の者を地官、上等の者を天官という。天地に大功があり、古今に大行があると、官位を順に上っていき、三十六洞天を歴任し、八十一陽天へ返り、八十一陽天を歴任し、（元始天尊・霊宝天尊・道徳天尊がいる）三清の虚無自然の世界へと帰るのである。」

『会真記』は、天仙などの階梯を設けないようであり、また『霊宝畢法』と『伝道集』の間でもその階梯は厳密に一致しているわけではない。しかし、このように見てくると、天仙とは、『会真記』を用いていえば、「錬形化炁」「錬炁成神」といった修錬を経て形神倶妙となり、陽神を出して「錬神合道」という功を完成させた上に、伝道という行を行って果たされる段階といえるだろう。そして、ここでは陽神の行方は、仙界へと連なるものとして考えられているのであり、陽神の背後には神々の世界が広がっているといってもよい。こうした仙界の叙述は『霊宝畢法』や『伝道集』にも見られるものである。

ところで、『悟真篇』にも「学仙須是学天仙、惟有金丹最的端（仙道を学ぶならば天仙を学ばねばならぬ、金丹だけが本物なのだ）」（『註疏』巻二、三右）と見え、南宗においてもやはり天仙は目指されるべき存在であった。次項では、四祖陳楠と五祖白玉蟾の問答の形をとる「修仙辨惑論」を取り上げよう。ここにも天仙という語が見えるからである。[82] 南宗でいう天仙とは、先に見た『霊宝畢法』などに見える天仙と共通するのだろうか。次項では、もう一度南宗に戻ることにしよう。

三・三　変容する陽神

「修仙辨惑論」（『修真十書』巻四『雑著指玄篇』）の中には、白玉蟾が丹を修養するとどういった証験が得られるのかという質問をする箇所がある。これに対し、陳は、まずは「神清気爽、身心和暢、宿疾普消（気分が爽快になり、心身はくつろぎ、長年の病気も全て治る）」（三右）ということから始まり、最終的には「陽神現形、出入自然（陽神が姿を現し、自然に出入する）」（三左）といい、これで「此乃長生不死之道畢矣（長生不死の道が完成する）」（同）と述べている。『会真記』では、この陽神の完成の段階で「形神倶妙」になるとされていたが、ここに「形神倶妙」という言葉は出てこない。それが現れるのは、上に続いて、陳が次のように警告している箇所である。

但恐世人執着薬物火候之説、以為有形有為、而不能頓悟也。夫豈知混沌未分以前、焉有年月日時。父母未生以前、烏有精血気液。道本無形、喩之為竜虎。道本無名、比之為鉛汞。若是学天仙之人、須是形神倶妙、与道合真可也。豈可被陰陽束縛在五行之中。要当跳出天地之外、方可名為得道之士矣。

（「修仙辨惑論」、三左／輯要六三一六／精華十一二：三九五〜三九六）

ただ私が恐れるのは、世の人々が薬物火候の説に執着し、有形有為であると考え、頓悟ができないのではないかということだ。そもそもどうして混沌が分かれる前に年月日時があろう。どうして父母が生まれる前に精血気液があろう。道は元来、形がないのであり、それを例えて竜虎とする。道には元来、名はないのであり、それを例えて鉛汞とする。天仙を学ぶ者であれば、形と神が共に霊妙になり、道とともに真理と合一することができねばならない。どうして陰陽により五行の中に束縛されることなどがあってよいだろうか。天地の外に飛び出すに至って、ようやく道を得た者といえるのだ。

ここでは、陽神を完成させて「長生不死の道」を完成しても不十分であり、その上に頓悟することが要求されている。こうしてようやく「形神倶妙」となるのである。『会真記』で、陽神の完成の段階で形神倶妙とされているのとは異なり、陽神を出して長生不死の道が完成することですら形神倶妙とは考えられていないことに注意したい。このように南宗の丹経では、形神倶妙と性命双修は、併置されて用いられていることが多く、形＝命、神＝性とされる。

ところで、頓悟とは、第一節で見たとおり、「本源真覚の性」に至ることであった。となれば、南宗では「本源真覚の性」を頓悟せねばならないために、『会真記』その他の「形神倶妙」という段階を、依然として形・命の段階に追いやってしまっているということができよう。それは、陽神の完成を「性」を把握することとは無関係とするという点で、内丹道の中の陽神の位置の低下といってもいいし、「神」が「性」と同置されることにより、従来の「形神倶妙」という意味が拡大されて用いられているといってもいい。南宗の道士たちは、「形神倶妙」という言葉を読み替えたのである。

これを踏まえて、「修仙辨惑論」の次の箇所を見てみよう。

或者疑曰、此法与禅学稍同、殊不知終日談演問答、乃是乾慧、長年枯兀昏沈、乃是頑空。然天仙之学、如水晶盤中之珠、転漉漉地、活潑潑地、自然円陀陀、光爍爍。所謂天仙者、此乃金仙也。夫此不可言伝之妙也。人誰知之。人誰行之。若暁得金剛円覚二経、則金丹之義自明。何必分別老釈之異同哉。天下無二道、聖人無両心。何況人人具足、箇箇円成。

（同、三左-四右／輯要六三一六／精華十一-二：三九六〜三九七）

ある者は「このやり方は禅学といささか似ているのではないか」と疑うが、終日問答ばかりしていることこそ智慧を干からびさせ、長年黙ってぼんやりすることこそ頑空にほかならないことを全く理解していないのだ。だが、天仙の学は、あたかも水晶でできた皿の上の珠が、宛転自在、生き生きとして、おのずから円かにして光り輝くようなもの。いわゆる天仙とは、金仙のことなのだ。そのすばらしさは語り尽くせない。誰も知らないし、行えやしない。もし、『金剛経』『円覚経』の二つの経典を理解できれば、金丹の意味はおのずと理解できよう。道教と仏教の異同をどうして分かつ必要があるというのか。天下には二つの道があるわけではないし、聖人に二心があるわけではない。ましてや人々がそれぞれ充足し、各々が円満に成就することについてはいうまでもない。

既に指摘されているように[83]、「終日問答ばかりしていること」や「長年黙ってぼんやりする」ような連中とは、具体的には禅宗の人々を意識していると思われる。頑空とは空見に固執することで、禅宗を批判する際にしばしば用いられる語。また金仙とは仏のことである[84]。いささか付け加えておくならば、『金剛経』と『円覚経』は、唐代以降、禅宗で重視された経典である。これらを理解すれば金丹が分かるということからも、いかに金丹の錬成に当たって性の側面を強調しているか読み取ることができるだろう。陳楠がある人から「禅学と似ているのではないか」と疑われたという点にも現れているように、ここでは仏を意味する金仙こそが、天仙とされるのである。

また、同様の評価は、「面壁九年」の功の必要性を説いた翁葆光にもなされたらしい。『悟真篇』巻八西江月の注に、「愚者却謂、我教禅宗一言之下頓悟成仏。此乃誑惑愚迷、安有是理哉。要知金丹即我教中最上一乗之妙（愚かな者たちは、逆に我が教えが禅宗の一言の下で頓悟し、成仏するというものだと考えている。これは愚かで迷える者たちを惑わせるもので、どうしてそんな道理があろうか。もし金丹を理解しさえすれば、それこそが我が教えの最上一乗の妙用なのだ」（二十一右）というからである。(85) もっとも、この箇所は、翁葆光の注が載っている『悟真篇』の諸本の間でかなり大きな異同があり、注意を要する箇所ではある。(86) しかし、南宗の著作の中に、このように南宗で行う内丹があたかも禅宗であるかのように誤解されることがあったということだけはいえるだろう。それは、頓悟を説き、形神倶妙という言葉に性命双修という考え方を重ね合わせた結果である。結局、南宗の位置は、翁葆光（ここでは一応、翁の手によるとしておく）の言葉に見られるように、禅との違いとして金丹の錬成、あるいは陽神の完成を説く点で、そして同じ内丹道の内部では頓悟の必要性を説く点で異なっており、そこに自分たちのアイデンティティを確立していたといってもよい。

さて、ここでもう一度、陽神に話を戻そう。「修仙辨惑論」では命よりも性を強調することに主眼が置かれているためであろう、陽神については余り詳しく触れていなかった。しかし、南宗が頓悟などといった性の側面を取り込んだことにより、陽神も少なからず変化を受けたように思われる。南宗において陽神はどう捉えられたのか。

そもそも陽神は、造化の働きを顚倒させることによって「生まれる」。道が、一を生み、一が二、すなわち陰陽（または坎離）を生み、そこから五行が生まれ、万物の生成につらなっていくというのが造化の作用であるが、内丹術士たちは、これを逆転させることにより、道に近づこうとするのである。明らかにここには、生成論的に逆行することで道に回帰するという思考がある。つまり、万物から五行へ、五行から坎離へ、そして一へと回帰しようとするわけであり、これが内丹の基本的な理念となっている。既に指摘されるとおり、内丹の修行においては五行＝五臓、坎離＝竜虎（心と腎）、一＝金丹という対応があるのである。この金丹は、また金液還丹となり、(87) やがて陽神となる。陽神は、原理として造化を遡及した最後の一なる存在である。だが、陽神は竜虎の交媾により逆に、仙界という聖なる世界へと生み落とされてしまう(88)。

　この後の段階については、『伝道集』や『会真記』では、既に見たように、天仙が洞天や蓬萊など三島といった仙界へ昇るとして、聖なるものとして描写する。また、そこに見られた仙界の描写の共通性や仙官の具体性から見て、そこには神々の世界が広がっているといってもよい。例えば、『伝道集』では最終的に元始天尊・霊宝天尊・道徳天尊がいるという「三清の虚無自然の世界へと帰る」とされていた。これらは、道教における従来の理論からいえば、無が垂迹して妙一に、そして三元となったとされるわけであり(89)、確かに根源的には無に根ざしている。とはいえ、道に合一するといいながらも、仙界の中を逍遥するにとどまり、例えばそうした無に帰すといった問題は全面的に問われることがない。だが、性を取り込んだ南宗における陽神はそうではなかったように思われる。白玉蟾や陳楠、そして翁葆光のそれぞれが出神について触れる箇所をもう一度挙げておこう。

　白玉蟾の出神について触れる箇所は多くないと上で述べたが、それでも我々は「丹法参同十九訣」（『修真十書』巻六『雑著指玄篇』、三左–四右／輯要六三六二～六三六三／精華十–二：一二三二～一二三三）に次のような記述を見いだす。この「丹法参同十九訣」は、修業の階梯に沿いながら、その時々の重要なトピックについて注記したものと思われ、「採薬」から始まって「太極」に至るまでの十九段階から成る。ここでその最後の四つを挙げれば、

十六　聖胎〔存其神於中(90)、蔵其気於内〕
十七　九転〔火候足時、嬰児自現〕
十八　換鼎〔子又生孫、千百億化〕
十九　太極〔形神倶妙、与道合真〕

と、見える（括弧内は割注）。同様に白玉蟾の師である陳楠も、「羅浮翠虚吟」において「一載胎生一個児、子生孫了又孫枝、千百億化最妙処、豈可容易教人知（一年で一人の胎児が生まれ、子は孫を生んで孫は更に枝分かれ、千百億も化生するは最も霊妙な境地、どうして人に容易に理解させることができようか）」（十三左／輯要六一七七／精華一―六：七十九）と詠う。

また、翁葆光も、最後の「神仙抱一」の段階で、

> 九載功円、則無為之性自円、無形之神自妙。神妙則変化無窮、隠顕莫測、性円則慧照十方、霊通無礙。故能分身百億、応顕無方(91)、而其至真之体処至静之域、闃然而未嘗有作者。此其神性形命倶与道合真矣。故謂之神仙抱一之道也。　（『三乗秘要』「神仙抱一之道」、十左―十一右／輯要六一一一～六一一二）
>
> 九年の修業が完成すると、無為の性は自然と完全なものとなり、無形の神は自然と霊妙になる。神が霊妙であれば、変化は窮まりなく、隠顕は測り難く、性が完全であれば、智慧はあらゆるところを照らし出し、何にも妨げられることなく行き渡る。それゆえ、体は何百億にも分かれ、あらゆる所に現れるが、それでもこの上なく真なる体はこの上なく静かな所におり、静かでありつつ、また、かつて物事をなしたことがないようになるのだ。これが、神と性、形と命が共に道とともに真理と合一するということである。だから、これを神仙抱一の道というのだ。

と述べている。ここで、性の側面が完備されることで、一なる陽神が無限に分化し、それでいて一切動ずることなく、至静の位に就くのを見落としてはならない。こうした記述は、性を取り込んでいない『会真記』以下の内丹道では見

られないものである。

とはいえ、確かにこの最終的な段階は、よく文学的に語られることも多いところではある。例えば、翁葆光自身、『三乗秘要』「悟真直指詳説」で、「形神倶妙、性命交円、駕鶴驂鸞、乗竜跨鳳、共為蓬閬之遊必矣（形と神がどちらも霊妙になり、性と命が共々完全になると、鶴や鸞に乗り、竜や鳳に跨がって、必ずや共に［神仙の住まう］蓬萊や閬苑に遊ぶことであろう）」（七左／輯要六一一〇）と述べているように。だが、今見たとおり、その背後には陽神が何百億にも、すなわち無限に分かれていくと考えられていたのであり、それは陳楠や白玉蟾でも同じである。それは、一なる陽神がもはや一個人であるという殻を破り、一なる陽神が無限に横滑りし、性という本来性の中へ融けるのではなかったか。

鎌田茂雄によれば、初期の禅宗に属する、第四祖道信の老荘への批判点は、次の如きものである。[92]すなわち、老荘的な考え方に従う限り、形而上的な一物である道を立て、それが一から万物を生むといった生成論的な思考を生むようになるというのである。道信によれば、形而上的な一者を立てるのではなく、絶対的な一者であると同時に相対的雑多そのものでなくてはならない。考えてみれば分かるとおり、この老荘批判は、そのまま形而上的な一者を目指す陽神の批判につながってこよう。だが、南宗においては、ここで陽神が性の功夫を積む。そして、最後まで、理論的に形而上的な一者たらんとした陽神も、性という本来性に触れるやいなや、もはや形而上的な、あるいは仙界という聖なる世界を保つことができなくなるのではないか。ここにおいて、陽神という一なる存在は、一にして多、多にして一となる。[93]この後、こうした考え方は、明の彭好古や清の劉一明による『金丹四百字』注、明代の著作とされる『性命圭旨』（蔵外道書第九冊）、また清・柳華陽の『慧命経』など、幅広く受け入れられていくのである。[94]

最後に、もう一つだけ付け加えておく。後世、『性命圭旨』では、陽神が千百億化することについて「生之再生、則生生而無尽、化之又化、則化化而無窮、子又生孫、百千万億。……仙家謂之分身、仏氏謂之化身（［陽神が］生まれるとまた生まれ、次々と生まれて尽きることなく、化生してまた化生し、次々と化生して窮まることなく、子が更に孫を生み、百千万億となる。……道教ではこれを分身といい、仏教ではこれを化身という）」（蔵外道書第九冊五八八下／精華一―四：三三二）と述べており、明らかに仏教の三身の一つである応化身を意識するに至っている。翁葆光も、あるいはこうした考えを踏み台としてだろうか(95)、出神という命の側面を本来欠くはずの仏教側に、逆に命の側面を見いだす。

昔仙翁道成之後、示劉奉真之徒以無生而入寂。既入寂矣、而又現其身於王屋山中者、即斯道也。昔如来涅槃後、自湧金棺於空中、化三昧火、既焚其身矣。因母哭而不已、又現金身於空中為説半句偈者、亦斯道也。昔達磨面壁九年、既入滅矣。又携隻履西帰。……若此之輩流、未易該挙、倘非性命双円(96)、形神倶妙、孰能如是。

（『三乗秘要』「神仙抱一之道」、十一左／輯要六一―一二）

昔、仙翁（張伯端）が道を完成させた後、劉奉真の弟子たちに無生を示して入寂した。入寂したのに、また王屋山でその姿を現したということこそ、この道（金丹の道）である。昔、如来が涅槃に達した後、おのずと金の棺が空中に沸き起こり、三昧の火に変化して、その体を焼いてしまった。母親が泣きやまないので、また金色の姿を空中に現し偈を半句説いてやったのも、またこの道である。昔、達磨が壁に向かうこと九年にして、入滅した。また、靴を片方携えて西方へと帰った。……このような者たちを、全て列挙するのは容易ではないが、もし性と命が共に完成し、形と神が両方とも霊妙でなければ、誰がこのようなことができるだろうか。

このように、翁葆光は、逆に仏教側に命の側面を見、「性命双円、形神倶妙」であると説く。いうまでもなく、これは、達磨をはじめとする禅の祖師たちが出神できないとして、仏教を否定的に語る『会真記』などと厳しく対立するものである。次節では、我々は、こうした仏教側に命の側面があるとする翁葆光とほとんど同じ考え方を、周無所住や李簡易といった内丹術士たちに見いだすことになるだろう。

四　その後の道士たち

第二節および第三節では、性の側面を内丹に取り込み、理論上にせよ、特に禅宗に対して比肩し得るだけの内実を備える過程、そして命の側面のクライマックスともいえる陽神が、取り込んだ性の側面とどう折り合いを付けたかを見たのであった。

さて、白玉蟾が遷化したとされる一二三〇年前後からしばらくして、金が滅亡する（一二三四年）。周知のとおり、全真教は金の地で成立したが、金の滅亡に伴って南宋への流入を始め、それまで基本的に無関係であったいわゆる南宗の内丹道との交渉を開始した。この時期、全真教の南漸を示すものとして、李簡易の『玉谿子丹経指要』に全真教の祖師の名前が見えることがつとに指摘されている。(97) その後、一二七九年に南宋が滅亡すると、旧南宋領の道士たちの中でも「全真」の名前を語る者、あるいは全真教を名のったかは分からないまでも全真教に非常に理解の深い者が登場し始める。その最初期に登場したのが元初の全真教徒を代表する李道純であり、その他、福建の建安仰山道院の牧常晁といった人々である。また逆に、北方で活動したと考えられる、全真教徒の牛道淳（号逍遥子）の『析疑指迷論』（道蔵第一三四冊。元貞二年［一二九七］の序を持つ）にも、全真教の祖師たちに交じって、南宗の張伯端の名前を引用するのが見られるようになる。(98)

本章を終えるに当たり、全真教が本格的に南漸を開始する以前、すなわち南宋滅亡までの、南宗の一断面を示すことで締めくくりとしたい。白玉蟾の遷化した頃から南宋の滅亡までには様々な道士の活動が報告されているが、中でも、特に対照的な態度を取ったと思われる二人の道士について取り上げよう。『金丹直指』を著した周無所住と『玉谿子丹経指要』を著した李簡易である。

四・一　周無所住の場合

周無所住は南宋永嘉（今、浙江省）の人で、著に『金丹直指』（道蔵第七三九冊）がある。彼の淳祐庚戌（一二五〇）六月の序によれば、張伯端の伝を受けたという方碧虚、および林自然とその師である李真人から丹法を授かったという。方碧虚には極めてオーソドックスな内丹法を述べる『碧虚子親伝直指』（道蔵第一一四冊）が、また、林自然には『長生指要篇』（道蔵第七四三冊）が残る。この二書は共に伝統的な内丹に傾くものであり[99]、例えば『碧虚子親伝直指』が、

凡欲修此丹法、必須次第而行。倘或不依次第妄作潜行、則身中無胎、嬰児不生、妄参禅学、如水之無源、木之無根、竟成頑空、到老無成、終帰輪廻之趣。（『碧虚子親伝直指』、九左）

この丹法を修養しようとするならば、必ず手順に従って行わなくてはならない。もし手順に従わずに勝手に一心不乱に修行すれば、身中に胎児が兆さず、嬰児は生まれることはない。みだりに参禅すれば、水源のない水や根がない木のように、結局は頑空に堕し、老いても成就することなく、最終的に輪廻の道に落ちるのだ。

と述べるのを見ると、その内容はほとんど後述する李簡易の見解に近い。しかし、こうした伝統的な内丹、言い換え

れば、これまでのとおり命功に傾く内丹の教えを受けながらも、周無所住が従来注目されてきたのは、南宗の中にあって性を強調したことによる。

『金丹直指』は、前半の十六の頌と後半の「或問」から成る。その「或問」の冒頭で展開されるのが、性と命の関係をめぐる問答である。ここでの彼の答えを簡単に見ておくと、次のようになる。彼は、まず「金丹論本性長存（金丹とは、本性がとこしえに存在することを例えているのだ）」（五右）と宣言する。そもそも「性即命、命即性（性は命であり、命は性）」（五左）なのであり、何もなかったその昔は「性命混然、無名無字、纔堕語言、便分為両（性と命は混然としていて、名前も文字もなかったが、少しでも言語表現に落ちるやいなや、二つに分かれてしま）」（同）ったのだ。つまり、「性命同出而異名也（性と命は同出にして異名なのだ）」（同）。

我々は、性と命の背後に禅宗と内丹の関係を見てきたわけだが、この周の言葉は、当然道仏二教の関係にも適用されることを予想させる。そして、事実この後周は、白玉蟾の「もし、『金剛経』『円覚経』の二つの経典を理解できれば、金丹の意味はおのずと理解できよう。道教と仏教の異同をどうして分かつ必要があるというのか」という「修仙辨惑論」の言葉を引いてこの問答を終え(100)、この周の論理は道仏二教の関係へと適用され、禅宗と内丹が等しいことにつながっていく。また、『金丹直指』の序文の中でも、彼は宗門（禅宗）と玄門（道教）とは、二にして一であると述べ、その同等であることを強調している。とはいえ、実際には彼は内丹の修養に力点がある以上、周がその後の問答で答えねばならない問題は、いかに内丹が禅宗と等しいかという一点に絞られてくることになる。

さて、この後、彼は「或問」の中で、道と教えという二つの概念を立てながら、興味深い三教一致論を展開する。道仏二教のみならず儒教を含めた三教の関係がどう考えられているのか、しばらく彼の論に耳を傾けることにしよう。これは、道仏が等しいという問答に続くものである。

或問。老釈之教既同、而儒教同否。

答曰。教雖三分、三道則一也。学者根器不等、聞見浅深、各宗其宗互相是非、皆失其本。殊不知一身本具三教。有能透徹儒指両教為異端、則自昧本真。豈知無始以来、含一統而無遺哉。故三教皆可入道、特患不得其門而入。釈老、豈謂孔聖異哉。

（「或問」、六右）


ある人が問う。「道教と仏教が同じであるとすれば、儒教は同じなのですか。」

答える。「教えは三つに分かれているとはいえ、三つの道は一つである。教えを学ぶ者たちの根器に違いがあり、考え方にも深浅があり、それぞれの教えは自分の教えが根本であるとして互いに非難し合っているが、どれも本来のあり方を失っている。この身体にはもともと三教が備わっているということがてんで分かっていないのだ。儒教は、道教と仏教の二教を異端とするが、自分から本来のあり方をくらましている。太古よりこの方、（この身が）全てを包み込んで余すところがないということを知らないのである。それゆえ、三教はどれも道に至ることができるのであり、その入るべき門が見付からないことだけが問題となる。仏教や道教を究めた者が、どうして孔子だけが異なると考えようか。」


第一節第一項で既に見たとおり、『悟真篇』において道仏二教の関係は相互補完的に捉えられていたが、儒教についてはその位置付けは不十分であった。儒教の位置付けは南宗における一つの課題であり、ここはこうした問題に答えた箇所ともいえる。この後、周無所住は、儒教の尭・舜以来の道統と、仏教の釈迦・迦葉・阿難という伝灯、そして道教の東華帝君・金闕帝君・西王母といった道統を併置し、それぞれの対等であることを明らかにしようとしている。

しかし、これは完全には成功しない。続く下の問いは正に核心を突いている。

> 或問。三教而一矣。吾聞道教有形神倶妙、或身外有身、儒釈有否。答曰。釈教亦有之。且如達磨隻履西帰、布袋和尚身外有身、普化振錫飛空、智者空榻赴供、仰山見異僧騰空而去。豈非同一脈耶。儒教則不然。蓋為人道主、扶三綱正五常。廼有為之教、実無為之道。道同而教不同也。
>
> （同、七右）

> ある人が問う。「教えは三つにして一つなのですね。私は道教には形神倶妙、あるいは身外有身ということがあると聞いていますが、儒教や仏教にはあるのですか。」
>
> 答える。「仏教にもある。また、達磨が靴を片方だけ履いて西方に帰り、布袋和尚は身外に別の身体があり、普化は鈴鐸を振って空を飛び、智顗は（死後）寝台からいなくなって供養に出かけ、仰山（八〇七～八八三）は風変わりな僧に遇って、空に浮かんで飛び去った。どうして一つでないことがあろう。儒教は、しかし、そうではない。おそらく人の道が中心で、三綱を助け、五常を正す。つまり有為の教えだが、本当は無為の道である。道は同じだが教えが違うのだ。」

質問者は、一体どの点に道教の特徴があるのかよく理解している。それは、命であり、形神倶妙であり、身外有身である。これに対し、周無所住は、儒教は世俗を教化するための有為の教えであるとする一方で、仏教にもこれは見られることだとして、道教と仏教を同じ無為の教えであるとする。周無所住の挙げた例は具体的には『景徳伝灯録』（大正蔵第五十一冊）などに基づくが、このやり方が、仏教に命の側面を見た翁葆光と同じであることは容易に看取できるだろう。また、張伯端が、『悟真篇』の序で儒教を「人倫を正す」ものとし、無為の教えの中でも仏教が性を、道教が命を扱うとしていたことを思い合わせるとき、我々は、張伯端と同じく儒教を有為の教えとしながら、道仏や性命の一致を説く周無所住が、白玉蟾や翁葆光と同じく性をいかに内丹の側に引き寄せるかという流れに沿った立場にあること、また、その意味において、やはり彼も南宗の枠組みの中で思考していた正統な嫡子であることを知る。だが、質問者も簡単には納得しはしない。彼は、同じ無為の道とされる道教と仏教の中には、それでもやはり差異があるのではないかと問う。

或問。儒与釈老道同而教不同。釈参禅、道修養。又安得釈与道同。敢再請其説。
答曰。天下無二道、聖人無両心。子未明心地、故発此問。参禅則制心。一処始掃、至於無掃。禅是仏心、心為万法之宗。修養為抱元守一、初修至於無修。道為養神、神為万物之主。神即心、心即道、道即禅也。

（同、七右–左）

ある人が問う。「儒教と仏教・道教は、道は同じでも教えが違うのですね。ですが、仏教は参禅し、道教は修養します。一体どうして仏教と道教が同じであり得ましょう。敢えてもう一度お考えを伺いたいのですが。」答える。「天下には二つの道があるわけではないし、聖人には二心があるわけではない。あなたははっきり理解していないから、こんな問いをするのだ。参禅とは、心を制御することだ。ある所から掃き清め始めて、掃き清めることのない境地に至る。禅とは仏の心であり、心とは全ての大本である。修養とは、元を抱き一を守って、最初から修業を始めて修業することのない境地に達する。道教は神を養うのであり、神とは全ての根本である。神は心であり、心は道教であり、道教は禅なのだ。」

白玉蟾のよく用いた「天下に二つの道はなく、聖人に二心はない」というフレーズが再び登場し、心＝神という論理により、ここに至って完全に道教＝禅宗とされる。そしてこのとき、「心為禅、性為道（心を禅とし、性を道とする）」（『鳴鶴余音』［道蔵第七四四〜七四五冊］巻九「太空歌」、一右）と述べて禅宗と道教を一つと見、[101]やはり性を重視した馬丹陽ら全真教北宗のあり方とほとんど一致するように見える。「其説与北方全真家幾無区別（その説は北方の全真教とほとんど区別がない）」と称される所以である。[102]なお、周は、三教の中でもこうして道仏の一致が保証されたためだろう、この後、心置きなく内丹術の諸術語について説明を始めるが、ここでは省略に従おう。

さて、このように性宗とされる仏教側に「身外有身」といった命の側面を見、命宗である道教に「神」を回路として性の側面を取り込んでいくと、限りなく道仏の差は縮まってゆくかに見える。こうした中で、ほとんど周と同じ理由を述べながら、全く逆の態度を取った者がいる。それが、李簡易である。

四・二　李簡易の場合

李簡易は、南宋宜春（今、江西省）の人で、号を玉谿子といい、著に『玉谿子丹経指要』（道蔵第一一五冊。以下『丹経指要』と略記）、および『無上玉皇心印経』（蔵外道書第七冊。以下『心印経注』と略記）の注釈がある。[103]彼は、『丹経指要』の景定五年（一二六四）に著された序の後半で、次のように述べている。すなわち、幼くして儒業を学んだが、また、道教や仏教の経典や医学その他について究めないものはなく、内心、金丹を究めたいという気持ちにあふれており、ついに師を求め各地を渡り歩くようになったという。

卿希泰編『中国道教史』第三巻では、彼を鍾離権や呂洞賓の流れを汲むものの、いわゆる張伯端以下の南宗とは違う系譜を取るとして、南宗から独立して取り扱う（一七一〜一七二頁）。確かに、彼は至人に遇ったとしか述べておらず、具体的にどのような師承関係を持ったのか分からない。とはいえ、実際のところ、『丹経指要』には、「悟真篇指要」という文章があることや、張伯端以下の南宗の祖師たちの引用が中心であることを考えれば、基本的に南宗の影響下にあったと考えてよいように思われる。(104) 活動時期についても判然としないが、上の景定五年（一二六四）に加え、「解純陽真人沁園春」の序には咸淳丙寅（一二六六）の年号があり、南宋末頃に活動していたと思われる。(105)

さて、彼の『丹経指要』で目を引くのは、何といっても冒頭の「混元仙派之図」だろう。これは、太上老君（老子）から、正陽真人（鍾離権）や純陽真人（呂洞賓）を経て、王重陽やいわゆる七真といわれる弟子たち、また張伯端以下の南宗の系譜を四葉にわたり図示したものである。このことから分かるとおり、李簡易は全真教についてある程度の知見を得ていたと考えられ、実際、馬丹陽や丘処機の引用も見られる。とはいえ、上で見たとおり、全真教は性を強調したわけだが、李簡易が馬丹陽や丘処機の文献に触れていたからといって、傾向を同じくするわけではない。むしろ、彼は内丹の独自性に敏感であった。これは、序文からも見て取れる。

『丹経指要』の序文は、彼の遠祖である李観という人物の話が中心となっている。もともと朝議であったという李観は、道を学ぶために官を辞め、自ら玉谿叟と号していた。序文の述べるところによると、呂洞賓に本人と気付かないまま二度遇ったことがあるほか、次のようなこともあった。すなわち、藍元道（養素）という仙人に教えを請うため南岳に出向いたところ、道すがら一人の男に藍元道への手紙を言付けられたが、藍元道によればその男もまた、呂洞賓の弟子とされる有名な仙人、劉海蟾なのであった。この後、李観は、藍元道の出神に立ち会っているが、それは雷鳴を聞いたかと思うと、どこからともなく本人と変わらぬ姿をした真っ白に輝く人物が現れ、天に昇っていくというものであった。後に、李観は、神仙の伝記や道書などを調べる生活を送り、やがて傷もないのに死んだという。もちろん、前節でも見たとおり、出神とは内丹における命の側面の真骨頂とでもいえる出来事である。

また、李簡易の文章において全体的に命が強調されることは、全真教の文献の引用にも表れているといえるかもしれない。例えば、「悟真篇指要」の「一曰融結」の中で、「近代馬丹陽有云、水中火発休心景、雪裏花開滅意春。是融結之時景象也（近頃の馬丹陽は、「水中の火発して心景を休《や》ましめ、雪裏の花開きて意春を滅ぼす」という。これは［坎離が］融結するときの情景である）」（巻上、六右）と、錬丹の際の情景として引用するからである。[106] もっとも、もう一方の丘処機の引用は錬丹に関わるものではなく、時の流れの速いことを強調し、すぐさま修業に取りかかることを勧める内容ではある。[107]

ところで、もちろん、李簡易も南宗の薫陶を受けている以上、性について触れる。例えば、「辯惑論」（『丹経指要』巻中）の冒頭は次のように始まる。

修真之旨金丹而已。金丹即鉛火也。鉛火即金木也。金木即情性也。静者為性、動者為情。参同契云、金来帰性初、乃可称還丹。明情復乎性、性帰太易也。性帰太易、則命全矣。若止明此一性不修乎命、則曰孤脩。

（「辯惑論」、八右）

修養の要は、金丹である。金丹とは、鉛と火である。鉛と火とは、金と木である。金と木とは、情と性である。静であるのが性であり、動であるのが情である。『参同契』には「金来たりて性の初めに帰す、乃ち還丹と称すべし」という。情を理解して性に回帰すると、性は太易に回帰するのだ。性が太易に回帰すると、命が完全なものになる。もしもこの一方の性だけを修養して命を修養しないならば、偏った修業（孤修）と呼ばれる。

鉛・火、金・木、情・性とはどれも、結局は白玉蟾が「無極図説」で述べていた、心と腎の異名とでもいうべきものであり、『易』の卦の離（☲）と坎（☵）に相当し、坎の中爻の陽を離の中爻の陰に補塡することで、純陽になると説明されていたものである。この過程は、ここでは、「情について理解して性に回帰する」の部分に当たるだろう。また、太易とは、『列子』天端篇などに見られる語で、陰陽未判の混沌の状態を指す。つまり、ここから見る限り、彼にとっても金丹の錬成とは、まずは性に復帰することでもあった。

だが、彼の意図はそれにとどまらない。最後の一文を見れば分かるとおり、彼が強調したかったこととは命を修めることにあったといえる。実際、彼はこの直後に、性は命に宿っているのであって、命が絶たれ形質が壊れると、性はとどまることができず、どこかへ行ってしまうのだと述べ(108)、次のようにいう。

若能徹底無瑕、可以真超仏地、心経所謂不増不減不垢不浄不生不滅、還你本来面目。或滲漏未尽、則又再出頭来、不失人身幸矣。縁為命上不了故也。（同、八左）

もし完全に曇りがないなら、すぐさま仏地へ超えていくことができるのであり、それは『般若心経』にいうところの「増えもせず、減りもせず、汚れもせず、清らかでもなく、生じもせず、滅びもしない」というものであり、あなたの本来の面目に返るということだ。もし滲漏が尽きていないならば、また（この世に）現れるのだが、人に生まれて来られるのは幸いである。それは命について理解していないからである。

滲漏と習漏という違いはあるにせよ、これが『悟真篇』の序文と同じ思考に立っていることを見て取ることは困難ではない。そして、何度も見てきたように、これは命＝内丹、性＝禅宗という構図を補強するものである。つまり、これは、内丹における性の取り込みを行い、その構図を超克しようとした白玉蟾や翁葆光ら以前へと退行しているかのようにも見える。

とはいえ、彼も性の側面が道教の中にあるということは理解していた。『心印経注』では、『心印経』の「心」字に注している箇所にそれは容易に見て取ることができる。そこでは『清静経』を引き、そこで語られるのを真心と呼び、それを獲得すれば「無位の真人」が現出し、輪廻に陥ることもないといい、また、その真心について「達磨西来、不立文字、直指人心、見性成仏、即此心也（達磨は西よりやって来て、文字を使わずに人の心をずばりと指し示し、性を理解し仏となったが、それがこの心なのだ）」（二十七下／精華八―四：八十八）と述べているからである。だが、やはり、その直後には「又恐泥於頑空（また頑空に固執することを恐れる）」（同）と続くのであって、全体として錬丹の修錬を勧める内容になっている。そもそも、『心印経』自体が、錬丹を説く経典である。となれば、彼は内丹道の内部に既に性の側面が位置付けられ得ることを知りつつも、命から性へという構図を補強する危険を冒してまで、どうして命について語るのかという疑問が生じよう。我々は前節で、性を取り込んだ南宗において、生成論的に根源まで遡及した存在である陽神が、一にして多、多にして一というように変化したのを見た。しかし、論点が、陽神が現れ、それにより死を超克するという点にある限り、従来どおりの、命により仏教への優位を説くにとどまることになる。このように見てくると、李簡易が命を強調したのは、『霊宝畢法』『会真記』『伝道集』といった内丹書がそうであったように、命により仏教に対する道教の優位性を主張することにあったのか。

確かに、『心印経注』に「また頑空に固執することを恐れる」と述べていることから見て、そう考えることはできなくもない。というのも、この内丹道において繰り返され、ほとんど執着すら感じさせるといってもいい命の強調、すなわち陽神による死の回避は、もちろん、不老長生を標榜する道教にとって当然のことであり、それが李簡易にも反映していないとはいえないだろうからである。そして、そのため本章では命の側面に道教のアイデンティティを見てきたわけであった。だが、恐らく問題はそれだけではない。

なぜなら、その考えを覆すものとして、李簡易もまた、翁葆光や周無所住らと同じく仏教側にも出神といえるような事例があると考えているからである。

以前三品上薬、生化鉛汞、煉成至宝、現出法身、名曰内丹也。仙仏従此而出。

（『心印経注』、三十三下／精華八－四：九十九）

前の三つの上薬（＝精・気・神）で鉛と汞を生成し、この上ない宝物を錬り上げ、法身を現すのだが、これを内丹と呼ぶ。仙人や仏は、これより現れるのだ。

法身とは、無論、仏教でいわれる三身の一つであるが、ここではこれまで見てきた陽神、正確にはその本となる嬰児を指すと思われる。後の『性命圭旨』にも、嬰児を法身と呼ぶ例がある[109]。李簡易や『性命圭旨』における、仏教の三身の理解の正確さはともかく、取りあえずここでは李簡易が仏教側にも陽神が現れると考えていたことを押さえておこう。となれば、そうである以上、既に命が即、内丹に結び付けられなくなり、命＝内丹と性＝禅宗を截然と分ける上来の構図は有効性を失い始めている。では、このように既に命が道教のアイデンティティとしても揺らぎ始めているにもかかわらず、なぜ李簡易は命を強調するのだろうか。実際、道教の中に、仏教に共通する性の側面を見、また仏教に出神といった命の側面を見るならば、一つ間違えば、上で見た周無所住と同じ主張をしていてもよかったはずである。

ここで、上で引いた李簡易の「辯惑論」の、「もし完全に曇り［無瑕］がないなら、すぐさま仏地へ超えていくことができるのであり……あなたの本来の面目に返るということだ。もし滲漏が尽きていないならば、また（この世に）現れる」という文章に戻ろう。これは『悟真篇』の序にも共通することだが、この引用文を用いていうと「無瑕」であるならば、あるいは『悟真篇』序の言葉でいえば「頓悟円通」できるとすれば、もちろんすぐさま「本来の面目」となり彼岸へ達するはずであった。しかし、ここで文章は終わらない。だが、滲漏や習漏が残ると輪廻に陥るので、我々は内丹によってそれを取り払わねばならないのだ、と文章は続くのである。つまり、「無瑕」であったり、「頓悟円通」したりすることにより「本来の面目」となり、彼岸へ達するといった仮定条件については、結局最後まで答えられることはない。彼の意識の中では、現実問題として、そうした根器の優れた人は考えられていないのである。第一節で我々は、この『悟真篇』の序文から、頓悟漸修的な論理を読み取り、そこには死や輪廻という現実への意識が働いていたことを確認した。こうして見てくると、ここで李簡易が命を強調するのは、同じく、そうした現実に対してどう対処するかという方便を提供することにあったといえるのではないか。特に、性を重視した全真教の書に触れ、周無所住のように性を強調し得る環境にありながらも、その強調する方向が全く違うことこそ、彼の態度の反映と見るべきであろう。(110)

性を重視した全真教は、その南漸に伴い、南宗に触れて変容したとされる。そこには性を重視したあり方からの後退のイメージが強い。だが、逆にいえば、それは、命＝内丹から性＝禅宗へという構図を補強することになっても、いやむしろ命術であろうとすることにより、上根の根器を持たない人々に、内丹という具体的な方便を提示しようということの表れでもある。このように、命を強調した背後にあるのは、修行者にとっての生々しい死への現実意識であり、それから逃れるための具体的な救済のための方便の提示なのだということを忘れてはならないだろう。

南宗では、『悟真篇』が突き付けた命＝内丹から性＝禅宗という構図を超克しようとして、内丹に性の側面を取り込んだのだが、それは逆に性宗とされる仏教側に命の側面を再発見するに至った。そして、理念の上で、性と命を両方内蔵することになった内丹は、当人の意識によりどちらをも自由に選択する余地が生まれたのである。周無所住と異なり、李簡易が命を強調するのは、背後に彼の現実への意識が作用していたためであり、それゆえに上根でない人々への方便の提示に向かった。白玉蟾は内丹が術ではなく道であると強調したが、李簡易はむしろ命術であろうとすることにより、上根の根器を持たない人々に、内丹という具体的な方便を提示しようとしたのである。

命に傾く師伝を受けながらも性を全面に押し出した周無所住と、性に傾斜する全真教の文献に触れながらもあくまで命を説いた李簡易。当然のことながら、南宗の帰趨をこの二人だけで論じきれるとは思わない。しかし、全真教北宗が南宗に融合しつつあるこの時期にあって、周無所住と李簡易は両極端とでもいえる興味深い存在である。ここでは、本節の冒頭で断ったように、周無所住と李簡易の二人で、その後の南宗の一断面とすることにしたい。

まとめ

張伯端には、性命双修にまつわる次のようなエピソードが残っている(111)。

ある時、最上乗の禅旨を得たと考えていた禅僧が、張伯端と出会った。意気投合した二人の間に次のような話が持ち上がる。「揚州（今、江蘇省）まで行って瓊花を見ようではないか。」二人は、清浄な部屋で向かい合って瞑目し、趺坐を組み、「神」を揚州へと遊ばせる。張伯端の「神」が揚州までやってくると、既に僧は花の周りを三巡していた。二人は、記念に一輪ずつ花を摘んで元の部屋に戻る。二人があくびをして目を覚ましたときに張伯端は言う。「禅師、花はどこにありますかな。」僧の手元には何もなかったが、張の手には瓊花があった（図1・2）。

いかにも禅宗を意識したこのエピソードは、当時の内丹道と禅宗の関係が窺われて興味深い。これは、元代に浮雲山の道士である趙道一が著した『仙鑑』巻四十九に、張用成の伝として挙げられている文章である。張用成とは張伯端のことで、紫陽は彼の号である。この後、共に出神しながらも、どうして禅師は花を持ち帰ることができなかったのかとの弟子の問いに答えて、張伯端は以下のように述べている。

紫陽曰。我金丹大道性命兼修。是故、聚則成形、散則成気。所至之地、真神見形、謂之陽神。彼之所修、欲速見功、不復修命、直修性宗。故所至之地、人見無復形影、謂之陰神。（八右-左）

紫陽は言う。「私の金丹の大いなる道とは、性と命を共に修養するものである。このため、聚まれば形質となり、散ずれば気になる。その到達した所では真なる神が姿を現し、これを陽神という。あちらの（禅宗の）修養とは、さっさと成果を出したいと願い、その上に命を修めず、ただ性宗を修めるだけなのだ。だから、その到達した所では、人が見ても影も形もなく、陰神というのだ。」

この箇所は、張伯端が「性命双修」を初めて説いたとして引かれる、有名な文章である。ここでは、禅宗が「性」しか修めず、内丹道（金丹道）が性命を共に修めるものであり、「陽神」はその成果であるという主張が見られる。他方、「性」しか修めない禅宗は、出神するといった「性」の点では内丹と同等だが、花を手折るといった「命」に関しては完備しておらず、出神したとしてもそれは「陰神」と呼ばれるのだ、という。

図1（上）・**図2**（下）　**図1**は、南宗の祖とされる張伯端が揚州まで出神し、花を摘み取っている場面。ここには禅僧の姿は見えない（『列仙全伝』より）。**図2**は、出神を終えて元の部屋に禅僧と共に戻ってきた場面。張伯端の手に見える花が禅僧にはない（『仙仏奇踪』より）。

思想史的に見れば、張伯端の功績とは、『悟真篇』において、従来の命功に傾く内丹に対し、「禅宗歌頌」に見られるような性功を補足したことにあるといえよう。しかし、興味深いことに、ここでの論点は、逆に禅宗が性の側面しか修めておらず、内丹のような命の側面が不足している、という逆の立場にすり替えられている。

もちろん、このエピソードに見られる張伯端像は、元代に編まれた『仙鑑』に収められたもので、それが後世の脚色を経ていない張伯端自身の姿であったかどうかは、資料のない今となっては知りようがない。とはいえ、仮にこのエピソードが架空のものであったとしても、内丹に性功が不足しているから「性と命を兼修する」のだと主張した瞬間に、それが、すぐさま禅宗の側に命功が不足している、すなわち内丹の優位を示すエピソードとして成立するということを示している。このように、「性命双修」という考え方自体、その時々の必要に応じてどちらをも強調し得る側面を持つ。本章は、こうした「性命双修」という考え方をめぐり展開した、全真教南宗の位相を取り扱ったものにほかならない。

最後に、本章の内容をもう一度要約しておこう。

性と命は、古くから特に儒教で問題とされてきた言葉でもあり、天が賦与したものを命といい、受け取り手より見た場合それを性と呼んだ。だが、『悟真篇』の中では、道教の瞑想法である内丹が「命を養い体を堅固にする術」とされ、仏教の禅宗は「真源本覚の性」を扱うとする。かくして儒教で重視された性と命という語は、儒教の議論から離れ、仏教と道教の二教の関係にスライドされることになる。また、『悟真篇』の「禅宗歌頌」序には、神仙の側は「命」たる「術」といい、最終的に「真如・空性でそのまやかしを捨て去」るといわれる。そして、ここに命である内丹から性たる禅へという構図が成立するのであった。

だが、張伯端が南宗の祖とされ、『悟真篇』が祖述される以上、上の構図は、常に突き付けられることになる。『悟真篇』を読む道士たちにとって、それは問題である。これに対し、南宗の大成者といわれる五祖白玉蟾は、性を内丹道に取り込むことにより、上の構図を超克しようとしたのであった。それは、内丹でよく用いられる心腎の交媾の、心に仏教に配当される性の要素を読み込むことでなされたわけだが、この仏教的な「心」の論理とは、『清静経』などに見られる、心を無にし、気や体や物がないと看破することにより、自身に及ぼされる影響を回避しようとするものである。だが、白玉蟾は心腎交配理論における心の側にこれを読み込んだために、理論上どうしても腎、すなわち気とそれに連なる身体を発見してしまわざるを得なくなるという限界をもはらむものであった。

また、『霊宝畢法』や『伝道集』、また『会真記』などに見られる従来の内丹道、すなわち鍾呂派が禅宗に対して批判的な態度をとっていたのに対し、南宗では頓悟を重視し、それまでの形神倶妙を性命双修と同義であるとして読み替えた。こうした性の取り込みは、陽神のあり方にも変化をもたらした。従来の内丹道と同様に、南宗においても陽神の錬成はなされるのだが、この陽神とは、造化の生成論的あり方を逆転させ、一なる存在へ回帰することによって成し遂げられるものであった。この一なる存在に回帰する際、鍾呂派では、陽神は仙界に昇るというように描かれていた。それは、聖なる世界にあるとはされるものの、生まれてしまった一個人たる陽神が、決して道に回収されることなく、永遠にさまよう姿であるといえるかもしれない。だが、この従来の陽神に対し、南宗では、性を修めることにより、その最終的に一なる存在である陽神が無限に存在し、かつ一切物事をなしたことがない境地に至るというように変化するという。すなわち、ここに至って陽神は多にして一、一にして多なる存在となったのである。また、こうして性により変化した陽神は、性宗とされる仏教側にも逆に見いだされなくてはならぬものと考えられるようになる。

このように内丹道の中に性を取り込むことで、独自の深化を加えていた南宗であったが、ここで転機が訪れる。北方で成立した全真教の南下である。この全真教は、従来指摘されるとおり、やはり性命という用語で説明を行うが、中でも性に重点を置くものであった。こうした全真教が南宗に融合するに当たり、全真教は変容したといわれるが、それは、どちらかといえば性から命への後退のイメージともいえるものである。だが、全真教の影響を受けず、また南宗の思考の枠組みの中で、全真教北宗の馬丹陽らとほぼ同様の道仏二教の関係を説き、また性を強力に強調した者がいる。かねてより性を重視したことで知られる、周無所住である。他方、李簡易は、南宋の道士の中で最も早い時期に全真教の文献に触れていたことが確かめられる人物である。しかし、性を強調した全真教に触れつつも、彼が強調したのは命の側面であった。一見したところ、従来の内丹道と変わらないようにも見える、その態度の背後にあるのは、修行者にとっての生々しい死への現実意識であった。白玉蟾は内丹が術ではなく道であると強調したが、李簡易はむしろ命術であろうとすることにより、上根の根器を持たない人々に、内丹という具体的な方便を提示しようとしたのである。

本章では、『悟真篇』を中心に南宗における宗教的救済を考えるに当たり、当時の禅宗の思潮との関係から、頓悟や機根といった言葉を手掛かりに考察を進めた。これは従来余りいわれることがなかったものである。確かに張伯端にしても李簡易にしても、正面切って、修行者が持つ上中下の機根の問題に触れているわけではない。また頓悟漸修という言葉が前面に出ているわけでもない。しかし、この後、一二七九年に南宋が滅亡すると、南北宗の融合は一気に加速していく。そうした中、登場する李道純は、頓漸および上中下根といった問題を取り上げており、とりわけ興味深いことに最上乗の頓教以外、漸教にも一定の配慮がなされている。[112] このほか、全真教北宗にも頓漸の議論が散見される。[113] こうしたことから考えて、『悟真篇』以来、李簡易まで繰り返される、この頓悟漸修的な内丹理解を押さえておくことは、本章で取り上げなかった南北宗の融合、および当時、頓悟頓修に傾いていたとされる禅宗との関係を考える上でも無意味なことではあるまい(114)。

張伯端から始まる南宗の性命説の検証により明らかになったのは、頓悟の問題や、死という現実をめぐって行われた、仏教、特に禅宗との思想的格闘の存在であった。そこでは、「新道教」とされる全真教に先行して、「旧道教」として簡単に否定できない思想的営みが既になされていたと見てよいだろう。同時に張伯端の活動時期が、周敦頤ら北宋五子が活動した朱子学の胎動期と重なっていることにも併せて注意しておきたい(115)。

次に我々が行わねばならないことは全真教の性命説の点検である。そのためには、その背後に働く、道仏二教、さらには儒教も含めた力動を検討する必要があろう。これらについては第二篇で改めて検討することにしたいが、その前に次章では、本章とは角度を変えて、白玉蟾の出版活動について取り上げておくことにしたい。

注

（1）例えば、元・陳致虚『上陽子金丹大要』（蔵外道書第九冊）巻一に、「且無知者妄造丹書、仮借先聖為名、……切不可信、要当以参同契悟真篇為主」（四右-左）と見える。

（2）清修派・陰陽派については、その存在を認めるかどうかも含め、慎重な検討が必要であると思われるが、ここではひとまず従来の説に従う。

（3）白玉蟾を専門に扱ったものには、宮川尚志「南宋の道士白玉蟾の事蹟」（内田吟風博士頌寿記念会編『東洋史論集――内田吟風博士頌寿記念』、同朋舎、一九七八）、Judith A. Berling, “Channels of Connection in Sung Religion: The Case of Pai Yü-ch'an”, in Patricia Buckley Ebrey and Peter N. Gregory eds., *Religion and society in T'ang and Sung China*, University of Hawaii Press, 1993、横手裕「白玉蟾と南宋江南道教」（『東方学報』第六十八冊、京都大学人文科学研究所、一九九六）がある。また白玉蟾は雷法にも通暁していたが、雷法に関するものとしてミシェール・ストリックマン「宋代の雷儀――神霄運動と道家南宗についての略説――」（『東方宗教』第四十六号、日本道教学会、一九七五）、松本浩一「宋代の雷法」（同『宋代の道教と民間信仰』、汲古書院、二〇〇六）がある。

（4）南宗の日本における研究史については、本書第Ⅰ部補論二を参照。

（5）なお、兪琰『席上腐談』巻下の中で、『金丹四百字』を白玉蟾の偽作であるとしている。

（6）吾妻重二「『悟真篇』の内丹思想」（同前掲書第Ⅱ篇第二章）、三浦國雄「気質の変革」（『朱子と気と身体』、平凡社、一九九七）。なお、任継愈編『中国道教史』［増訂本］（中国社会科学出版社、二〇〇一［もと上海人民出版社、一九九〇］）第十四章「両宋内丹派道教」は、従来、張伯端自身の思想的な変化として『青華秘文』を位置付けているが、卿希泰編『中国道教史』第二巻（四川人民出版社、一九九二）では、『青華秘文』を張伯端の死後、弟子たちの手により成ったものであるとしている（七七三頁）。

（7）張伯端の生卒年については、翁葆光「悟真直指詳説」による。『仙鑑』は元豊五年（一〇八二）に九十九歳で亡くなったとするが、吾妻重二前掲書第Ⅱ篇第三章は、この九十九という数字に作為の可能性を見、樊光春「張伯端生平考辨」（『中国道教』第四期、中国道教協会、一九九一）にもこの点に関する議論がある。また、柳存仁「張伯端与悟真篇」（『吉岡博士還暦記念 道教研究論集』、国書刊行会、一九七七）では、張伯端と翁葆光の生卒年を後方へと修正して考えるが、その必要はないであろう。

（8）横手裕（一九九〇）前掲論文参照。

（9）なお、『悟真篇』は基本的に『註疏』に従い、問題がある場合は『道蔵』に収められている諸本で訂正する。『註疏』とその他の諸本に見られる詩詞の関係については、吾妻重二前掲書第Ⅱ篇第二章、二〇六～二〇九頁を参照。なお、「禅宗歌頌」は『修真十書』（道蔵第一二二―一三一冊）所収『悟真篇』で補い、問題がある場合は『紫陽真人悟真篇拾遺』（道蔵第六十四冊）で訂正する。

（10）「永」字は修身十書本では「水」に作るが、『紫陽真人悟真篇拾遺』に従い改めた。

（11）ここで見られるように、『悟真篇』では基本的に性と命は相補的なものとしか考えられておらず、順番は固定的なものではない。張伯端以下の南宗が、宋濂の文章などにおいて後に「先命後性」とまとめられたのは見たとおりであるが、このことは「先命後性」という単純な枠組みでは『悟真篇』やいわゆる南宗を捉えることはできないことになろう。例えば、本章第二節で述べるとおり、南宗第三祖の薛道光は、もともと禅宗の人間であり、悟りを開いた後に金丹を錬った。これはいうならば、「先性後命」に相当するわけで、「先命後性」という固定的な枠組みでは説明できない証拠となろう。

(12) ちなみに張伯端の著作とされる『金丹四百字』の序には、以下のように見える。「以魂在肝而不従眼漏、魄在肺而不従鼻漏、神在心而不従口漏、精在腎而不従耳漏、意在脾而不従四肢孔竅漏、故曰無漏」(一左)。

(13) 荒木見悟は、頓悟頓修と頓悟漸修の関係について、「当時の思想界の有力な一面を代弁するもの、さらに突き詰めていうならば、すべての時代に通じる宗教的主体性確立の一様式を指示するものである」(傍点ママ)と述べている(荒木見悟前掲書、一六九頁)。

(14) 柳田聖山「無住と宗密――頓悟思想の形成をめぐって」(『花園大学研究紀要』第七号、花園大学文学部、一九七六)、二十五頁。

(15) 『伝道集』の冒頭でも、死と輪廻の問題が語られるところから文章が始まっていることは参考になろう。このように死や輪廻の問題より内丹に接近することは、よく見られることである。なお、人が死後、輪廻するという考え方は、仏教の枠を越えて一般に受容されていたようである。

(16) 小野沢精一他編『気の思想』(東京大学出版会、一九七八)、二四一頁を参照。

(17) 張士弘「紫陽真人悟真篇筌蹄」(『三註』序)、十三左。吾妻重二前掲書第Ⅱ篇第三章にも指摘がある(二四二頁)。

(18) 『悟真篇』の「禅宗歌頌」の別行の問題を取り扱ったものに、福井文雅「『悟真篇』の構成について」(同『道教の歴史と構造』[増補修訂]、五曜書房、二〇〇〇)がある。これによると、福井は、「元朝に入ってから『悟真篇』が金液還丹の術を究極的には説く経典とのみ見られるようになった」(二八八頁)ことにより、別行するに至ったとしている。

(19) 柳存仁前掲論文、七九四～七九五頁。あるいは、『道蔵』編纂上の理由も考えてもよいかもしれない。

(20) 例えば、任継愈編『中国道教史』、六二七～六二八頁、卿希泰編『中国道教史』第三巻(四川人民出版社、一九九三)、一四九頁など。
(21)『金液還丹印証図』（道蔵第六十八冊）後識（二十左）。
(22)『三註』「悟真篇記」（一右-左）。
(23)同様の系譜は『法海遺珠』（道蔵第八二五-八三三冊）巻十四「追鶴秘法」師派にも見える（四右-五右）。ただし、ここでは李亜を李喆に作る。
(24)白玉蟾の生卒年については一一九四～一二二九？という短命説のほか、一一三四～一二二九？という長寿説もある。
(25)白玉蟾の事跡については、宮川尚志前掲論文、横手裕（一九九六）前掲論文が詳しい。
(26)横手裕（一九九六）前掲論文、九十三～九十四頁。
(27)『道蔵輯要』には、復圭子程以寧が疏を付けた『道徳宝章翼』（輯要一七六五～一八五六）がある。
(28)横手裕（一九九六）前掲論文参照。
(29)なお、薛道光の著作としてはこのほかに、張伯端の『悟真篇』に注釈を付けたとされる。これについては、元の道士、戴起宗が、薛道光は翁葆光の誤りであることをつとに論証しており、現在ほぼ通説となっている。
(30)横手裕（一九九六）前掲論文、一〇四頁。
(31)今井宇三郎（一九六一）前掲論文。
(32)宮川尚志前掲論文・横手裕（一九九六）前掲論文。
(33)兪琰の『席上腐談』巻下には、彼が目睹した範囲の道書名とそれに対するコメントが列挙されている。この中には白玉蟾と、それに絡んで祖師たちの著作について少なからず触れる箇所があり、「張紫陽金丹四百字、石杏林還源篇、其文辞格調、与玉蟾所作無異。蓋玉蟾託張石之名為之耳」と述べている。また、兪琰によれば、陳楠の『翠虚篇』についても白の作であり、同じ手に出るだろうと推測している。
(34)横手裕（一九九〇）前掲論文。
(35)『海瓊白真人語録』巻四にも「泥丸真人羅浮翠虚吟」を収める。

(36) 吾妻重二前掲書第Ⅱ篇第二章・横手裕（一九九〇）前掲論文。
(37) 王沐『悟真篇浅解』（中華書局、一九九〇）、吾妻重二前掲書第Ⅱ篇第二章。
(38) Berling, Judith A. 前掲論文、横手裕（一九九六）前掲論文を参照。
(39)『仙鑑』については、尾崎正治「『歴世真仙体道通鑑』のテキストについて」（『東方宗教』第八十八号、日本道教学会、一九九六）を参照。
(40) 精華本は、この一句を欠く。
(41) 輯要本・精華本は、「免」を「見」に作る。
(42) 輯要本では「性」を「信」に作るが、『参同契』の引用文との整合性から、ここでは精華本に従った。
(43) 吾妻重二「周敦頤太極図・図説の浸透と変容」（同『朱子学の新研究』、創文社、二〇〇四）、六十六～六十七頁。なお、吾妻は、この文章には別に図があったと考えている。
(44)「南方之強歟」と「北方之強歟」は、『中庸』を踏まえる。
(45)『易』乾卦文言伝を踏まえる。
(46)『易』繋辞上伝を踏まえる。
(47) 吾妻重二は、「丹を生み出す基体となる坎離は、臓器としての心臓・腎臓であってはならないことになる。換言すれば、坎離とは実体ではなく、あくまで気（体内に感じられる内気）なのであろう」と述べている（吾妻重二前掲書第Ⅱ篇第二章、二二〇頁）。
(48) 横手裕（一九九〇）前掲論文では、全真教南宗の内丹理論では、形↓気↓神という考え方が受け継がれ、また、当時、形に代わり精が配置されたとしている（五十五～五十七頁）。
(49)『易』坤卦文言伝を踏まえる。
(50)『論語』述而篇を踏まえる。
(51)『易』乾卦文言伝を踏まえる。

(52)『老子』十章を踏まえる。
(53)『老子』十六章を踏まえる。
(54)『易』説卦伝を踏まえる。
(55)「克己復礼」については、小島毅「朱熹の克己復礼解釈」(同『中国近世における礼の言説』、東京大学出版会、一九九六)を参照。
(56)なお、精華本はこの一文を欠く。
(57)『西昇経』虚無章第十五を踏まえよう。
(58)精華本は「明」を「成」に作る。
(59)小野沢精一他編前掲書、四〇一頁。
(60)「宋斉丘」を、輯要本は「宋斉邱」に、精華本は「譚真人」に作る。
(61)例えば、「鶴林問道篇」上にも「煉精成炁、煉炁成神、煉神合道」(輯要六―八三／精華十―二：九二四)という。形と精の関係については注(48)を参照。
(62)今井宇三郎「金丹道教研究――南宋の道士白玉蟾の思想――」(『東京教育大学文学部紀要』第四十二号、東京教育大学文学部、一九六三)、一〇〇頁。
(63)石田秀実『気流れる身体』(平河出版社、一九八七)、二〇六頁。なお、鎌田茂雄は、中唐以降の成立ではないかと推測している(同『宗密教学の思想的研究』、東京大学出版会、一九七五、一二二頁)。
(64)石田秀実前掲書、二四四頁。
(65)石田秀実前掲書、二〇六頁。
(66)ただし、金丹が道という造化の作用を手に入れて成し遂げられるとされることや、太極が、周敦頤の「太極図説」に見えるように造化と結び付けられることは不自然ではない。これに対して、円覚が造化と即座に結び付くかは議論の余地があろう。

(67) 横手裕（一九九〇）前掲論文、五十五頁。

(68) 従来、全真教に対しては、性命双修という言葉で安易に説明されることが多かったが、蜂屋邦夫は王重陽の教説について次のように述べている。

重陽は家庭と世俗の生活を拒否し、それらを仮として真なる道を求めた。初めは内丹術を修業したようであるから身体を仮とする思想は無かったであろう。ところが、おそらくは仏教に傾倒したことにもよって身体も仮とする思想を持つようになった。とすれば、重陽にとって真なるものは実は心だけである。重陽の教説中、命の位置は性にくらべて格段に低い。重陽の説法の雰囲気を伝えていると思われる唯一の資料も「修仙了性秘訣」であって「了性命」ではない。重陽の教説は必ずしも世にいう「性命双修」ではなかったと考えられる。では、全くの心一元論かといえば、それも正しくない。性と命を目的と手段の関係で捉えた教説、身と心と性を香炉と香と煙にたとえた表現があり、身体はやはり心を支えるものとして、心と不可分なものと認識されている。

（蜂屋邦夫『金代道教の研究――王重陽と馬丹陽――』、汲古書院、一九九二、三六一～三六二頁）

(69) 今井宇三郎（一九六三）前掲論文、一〇〇頁。

(70) もっとも、実際には、白玉蟾は、「心」をあちこちで強調しており、「無心」と「心」の間で揺れているように思われる。もし白玉蟾が「心」に力点を置く場合、「心」である私が身体や物で「ない」となり、「心」と身体の間に亀裂が入ることになろう。

(71) 通説では、陰陽派とは、翁葆光のいうところの、最初の段階である金丹の錬成に当たって、性行為（あるいはそれに近い行為）を用いる者を指す。他方、清修派とは、あくまで一人で錬功を行うものである。こうした違いはあるものの、翁葆光のいう金液還丹以降の段階については、陰陽派と清修派の差異は余りないようである。そのため、ここでは区別することなく議論を進めることにする。

(72) 吾妻重二前掲書第Ⅱ篇第二章、二二二～二二三頁。また、王沐前掲書でも、張伯端の著作には出胎といったことは見えないという（三〇七頁）。

（73）もっとも、その論理は、有為＝命により無為＝性に至るため性命は一つだというものである。
（74）もっとも、白玉蟾も「西林入室歌」（『海瓊白真人語録』巻三）において、九転大還丹を観音菩薩の正定心や、釈迦如来の円覚と結び付けているといった例が見られる。とはいえ、この九転大還丹が、即、九転金液大還丹であるかは分からない。他方、翁葆光の系統に連なる、竜眉子の『金液還丹印証図』の序文には、李道純の師とされる王啓道によるコメントがある。ここには「此図係先師玉蟾親受得祖師竜眉子親筆図述、非人勿示、宝之惜之。端平甲午、武寧王景玄啓道書」（四右）とあり、白玉蟾の名前が見える。このことから考えれば、ある程度白も翁葆光や竜眉子といった人々の存在や考え方を知っていた可能性はあるかもしれない。
（75）吾妻重二前掲書第Ⅱ篇第二章、注（25）を参照。
（76）卿希泰編『中国道教史』第三巻、一五〇頁。
（77）坂内栄夫は、『伝道集』の成立を十一世紀後半頃、『会真記』を北宋後半の成立としている（坂内栄夫「『鍾呂伝道集』と内丹思想」、『中国思想史研究』第七号、京都大学文学部中国哲学史研究会、一九八五、四十三頁）。なお、本文でも述べたとおり、『霊宝畢法』に関する記事が『伝道集』に見られることから、『霊宝畢法』はほかの二書に先行するであろうことは明らかである。すなわち、成立順序としては、『霊宝畢法』→『伝道集』→『会真記』の順となろう。この点については、三浦國雄前掲論文にも言及がある（二七一頁）。
（78）坂内栄夫は、三十六洞天の一つとされた西山という地域性に注目し、この辺りに住まう道士たち、ただしもともと西山と関連の深い許遜を直接は崇拝しない集団により、『伝道集』および『会真記』が成立したという（坂内栄夫前掲論文、四十四頁）。なお、坂内は言及しないが、『霊宝畢法』の他の二書との関わりから考えて、ここに『霊宝畢法』を含めてもよいだろう。
（79）横手裕（一九九〇）前掲論文、五十五～五十七頁、三浦國雄前掲論文を参照。
（80）なお、内面的な修業の完成と、対外的に伝道したり徳行を積んだりしなければならないという、功（真功）と行（真行）を説くのは全真教（北宗）を含む内丹道で広く見受けられる。全真教や南宗における功行については、本書第Ⅰ部第二篇第三章を参照。

(81) 道蔵本では「地」を「天」に作るが、輯要本に従い改めた。

(82) もっとも「修仙辨惑論」に見える天仙とは、水仙・地仙と一組になっている。これは、『霊宝畢法』他の仙人の位階と異なる枠組みをとっているといえるが、こうした点については今はひとまずおくことにする。

(83) 卿希泰編『中国道教史』第三巻、一五四頁。

(84) 道教を尊崇した徽宗は、宣和元年（一一一九）正月、仏号を大覚金仙と改めさせた。任継愈編『中国道教史』［増訂本］、五四九頁を参照。

(85) なお、『註疏』は「愚者」を「遇者」に作るが、『三註』に従い改めた。

(86) この西江月の『註疏』の注は翁葆光の注以外に、『三註』の薛道光（および陸子野）の注も併せて引く。『註疏』においてこうした『三註』の注を併記するのは、諸本の注釈の乱れの大きさと対応することが多いようである。事実、この西江月の『註疏』の翁葆光注の中、「仙翁曰」として引用されるのは、修真十書本『悟真篇』の葉士表の文言と一致する。なお、『悟真篇注釈』（道蔵第六十五冊）は、全く別系統の注を載せる。

(87) この段階は、『会真記』などでは「肘後飛金晶」と「金液還丹」の二段階に分けられている。

(88) なお、陳致虚が竜虎を霊父・聖母とも呼ぶのはこのためであろう。例えば、『三註』巻一、七言律詩第八首注（二十七右）・巻三、七言絶句第一首注（一左）など。

(89) 例えば、『雲笈七籤』（道蔵第六七七—七〇二冊）巻三「道教三洞宗元」には、「原夫道家由肇起自無先。垂跡応感、生乎妙一、従乎妙一、分為三元」（五右）とある。

(90) 海瓊伝道集本では「蟄其神於外」（九左）に作る。

(91) 「無」は、道蔵本では「兄」に作るが、輯要本に従い改めた。

(92) 鎌田茂雄前掲書、「初期禅宗の老荘批判」、一六五～一七三頁による。

(93) なお、唐・司馬承禎に『坐忘論』（道蔵第七〇四冊）があり、智顗の『天台小止観』を意識して書かれたとされる。その

「坐亡枢翼」では、「心有五時」（十七左）と述べ、最後の段階では「心与道合、触而不動」（同）という。こうした形而上的な一者の克服は道教において時代を問わずなされていたのであり、陽神の一即多という変化もその一つの現れであるといえるかもしれない。この点については馬淵昌也氏の御教示による。なお『坐忘論』については、神塚淑子「司馬承禎『坐忘論』について――唐代道教における修養論――」（同『道教経典の形成と仏教』、名古屋大学出版会、二〇一七）を参照。

(94) もっとも、『性命圭旨』に顕著に見られるように、こうした陽神の変化と並んで、仙界の比喩を同時に記すことは見られないことではないが、こうした問題についてはまた別の機会に考え直すことにしたい。

(95) 『性命圭旨』では、陽神が誕生した段階を法身、陽神が分化する段階を化身と呼ぶ。こうした考え方が翁葆光の時代に既に成立していたか不明だが、全体的に仏教徒に否定的な『会真記』にも、身外有身と法身を結び付けている箇所がある（『会真記』巻二「養生」、三右／精華一―十：十二）。

(96) なお道蔵本は「非」字を欠くが、輯要本に従い、「倘」の後に「非」を補った。

(97) 横手裕（一九九〇）前掲論文を参照。

(98) 牛道淳は、北方のオーソドックスな全真教徒であったという（横手裕［一九九〇］前掲論文、六十頁）。

(99) 卿希泰編『中国道教史』第三巻、一六四～一六五頁。

(100) 実際には、「修仙辨惑論」では白玉蟾ではなく、陳楠の言葉となっている。

(101) もっとも、『鳴鶴余音』は既に指摘されるように資料として若干の問題を含むが、ここでは馬丹陽の教説と基本的に矛盾しないと考えられる。この点については、蜂屋邦夫前掲書、三二九頁を参照のこと。

(102) 任継愈主編『道蔵提要』、中国社会科学出版社、一九九一、八二一頁。

(103) 『無上玉皇心印経』の注釈は、蔵外道書本以外に、精華八―四、および『道書全集』（六二五～六三〇頁）にも収める。この二書は、兪琰『席上腐談』巻下に李簡易の書としてその名前が見える。

(104) 李簡易が『悟真篇』の影響下にあったことについては、卿希泰編『中国道教史』第三巻にも「築基後煉化精気神之説、基本上近于『悟真篇』」（一七二頁）と指摘されている。

(105) なお、末尾には、至正十四年（一三五四）に再伝の弟子の王珪による、「吾自受授迄今五十五載」（巻下、十九右）という文章が見える。

(106) ここで引用される馬丹陽の詩は、『洞玄金玉集』（道蔵第七八九～七九〇冊）巻三「示門人」（二右）である。また、『心印経注』でも馬丹陽の同詩を引く（十左／精華八-四：九十六）。

(107) 引用される丘処機の詩は、『長春子磻渓集』（道蔵第七九七冊）巻二「下手遅」（六左）。

(108) 原文は、「人之遽逝、性則依然、但命断物壊、性不能駐、而自遷耳」（八右-左）。

(109) 一例を挙げれば、「嬰児現形、出離苦海」に「釈氏以此謂之法身」（蔵外道書第九冊五八〇上／精華一-五：二九七）とある。

(110) こうした南宗の意識は、北宗の馬丹陽の「若心清浄、輪廻自息」（『丹陽真人語録』［道蔵第七二八冊］、九左-十右）という心地に解決を求めようとする傾向とは大いに異なるといえよう。こうした根器や機根の違いに基づく修行観の差異については、本書第I部第二篇第二章・第三章を参照。

(111) 原文は以下のとおり。

嘗有一僧修戒定慧、自以為得最上乘禅旨。能入定出神、数百里間頃刻輒到。一日与紫陽相遇雅志契合。紫陽曰、禅師今日能与同遊遠方乎。僧曰、可也。紫陽曰、唯命是聴。僧曰、願同往楊州観瓊花。紫陽曰、諾。於是紫陽与僧処一浄室相対瞑目趺坐、皆出神遊。紫陽纔至其地、僧已先至、遶華三匝。紫陽曰、今日与禅師至此。各折花為記。僧与紫陽各折一花帰、少頃、紫陽与僧欠伸而覚。紫陽云、禅師瓊花何在。僧袖手皆空、紫陽於手中拈出瓊花、与僧笑翫。紫陽曰、今世人学仏学仙、如吾二人者、亦間見矣。紫陽遂与僧為莫逆之交。（七左-八右）

(112) 『中和集』巻二では、内丹道の功法が、傍門九品・漸法三乘・最上一乘に分類・整理されている。また横手裕（一九九〇）前掲論文参照。

(113) 例えば、牛道淳『析疑指迷論』「指迷」では功法を上乘・中乘・下乘に分類し、頓漸の議論が見られる。また横手裕（一九九〇）前掲論文参照。

（114）禅宗が当時、頓悟頓修的なあり方をとったことについては、荒木見悟前掲書、一七〇頁などを参照。

（115）三浦國雄前掲論文では、張伯端と北宋五子の一人張載が活動した時期に、儒道に共通する自己変革への機運を見て取り、そこに儒道二教に共通する時代の風気の存在を指摘している。

第二章　白玉蟾とその出版活動
――全真教南宗における師授意識の克服――

はじめに

全真教南宗は張伯端の『悟真篇』を祖述する形で、二祖・石泰、三祖・薛道光、四祖・陳楠、五祖・白玉蟾、六祖・彭耜という順に展開する。とりわけ五祖・白玉蟾については、南宗の大成者とでもいうべき人物とされる。

ところで、近年、中国の出版について従来の書誌学からだけではなく、文化史の角度から取り上げられるようになった(1)。中でも朱子学の伝播とその定着に当たっては出版の重要性が指摘されている。では、白玉蟾がその地位を固めていくに当たり、朱熹と同様の出版戦略があったと考えることはできないだろうか。白玉蟾は朱熹にやや遅れるものの、朱熹と同じく福建をはじめとする地域で活動し、やはり同じく膨大な量の著作を残しているからである。また出版文化史の研究が進んできたとはいえ、従来の研究は依然として儒教が中心であるように思われる。そこで本章では白玉蟾の出版活動を中心に、道教側から出版文化に光を当ててみることにしたい。

一　白玉蟾の出版活動

白玉蟾（一一九四～一二二九?）、一名、葛長庚。母が白氏であったため、白姓を名のる。また出産の際、母が蟾蜍を食べる夢を見たため玉蟾と名付く。

まず白玉蟾の出版活動を押さえておこう。白の出版に関する記述は多いが、ここで幾つか例を挙げれば、湯于「瓊山番陽事跡」（『瓊琯白真人集』、輯要六三五六下）に、嘉定戊寅年（一二一八）二月五日、番陽（鄱陽。今、江西省）で白玉蟾が蔡元徳に麻沙刊の文集を手渡したという記事が見られる。また同年三月十五日付けの彭耜に宛てた書簡には（『海瓊白真人語録』［道蔵第一〇一六冊］十六左）、白玉蟾自ら自著の「大道歌」「仙系図」の刊板の広まりについて喜ぶ記事がある。その他、蘇森「跋修仙辨惑論序」には「旧有群仙珠玉集、乃先生著述丹訣也。広閩諸処、多有文集刊行（昔、『群仙珠玉集』があったが、これは先生が丹訣について著述したものである。広東や福建各地では、多く文集が刊行された）」（輯要六三五四下）とある。現在この『群仙珠玉集』は佚書だが、陳振孫『直斎書録解題』巻十二にその名が見えるなど、白の生前からその文章は広く福建をはじめとする地域で流通していたことが分かる。このように白玉蟾は自覚的に出版を利用した様子が窺われ、またその範囲はかなり広範にわたっていたようである(2)。

また『瓊琯白真人集』巻六「附録雑著」にはまとまって跋文が残されており、白玉蟾の生前に刊行された『修仙辨惑論』『鶴林問道篇』『翠虚篇』『海瓊問答集』等、その著作の刊行に弟子たちが積極的に関与していることが確認できる。紹定己丑年（一二二九）の白玉蟾仙逝後になると、後世六祖とされる彭耜が留元長らと白玉蟾の文章を集めて校勘・編集し、文集を編んでいる。これは四十巻という膨大なもので、嘉熙丁酉年（一二三七）に刊行された。その後、淳祐辛亥年（一二五一）にも『海瓊白真人語録』四巻が印行されている。

ところで、朱子学の伝播においては朱熹（一一三〇〜一二〇〇）とその弟子たちによる書物の出版が大きな役割を担っていたことが指摘されている。[3] そもそも宋代は最初に出版文化が花開いた時代であった。実際、仏教では『大蔵経』が相次いで刊行され、徽宗期には福州閩県（今、福建省）万寿観で初の彫版『道蔵』である『万寿道蔵』が完成する。[4] 特に南宋が出版における一つの画期だったことは、次頁所掲のグラフの出版件数の増加からも窺われよう（**表1**）。また白や彭耜らの活動した福建が出版の一大産地であったことも見落とせない。ならば、宋代のこうした出版化という基本的な流れが白玉蟾にも及び、白と弟子たちの集団においても、朱門同様、積極的に出版を利用したため、白の思想が広まるようになったと考えることは自然であろう。

しかし、おそらく問題はそれほど簡単ではない。白に先行する祖師たちの著作は、張伯端の『悟真篇』の後、二祖・石泰が『還源篇』、三祖・薛道光が『還丹復命篇』、四祖・陳楠が『翠虚篇』をそれぞれ残すのみで余り分量的に多くない。となれば、白玉蟾が属していた内丹道、なかんずく当時勃興しつつあった南宗の中でどうして白玉蟾は口火を切って大量の書物の出版に踏み切ったのか、またその内部における出版への意識とはどのようなものであったのかが問われねばならないだろう。むしろ白玉蟾は、当時の内丹道における伝授にまつわる意識を変革し得たことにより、初めて出版が利用できるようになったのではないか。

次節では、これを検証するために『悟真篇』がどのように伝承し、流通したのかを見ることにしたい。この『悟真篇』はいわゆる「性命双修」を説いたとされ、南宗において中心的な存在だったのみでなく、そこには多くの序文が残り、伝授のあり方を窺うことができるからである。

表1　宋金元明出版件数

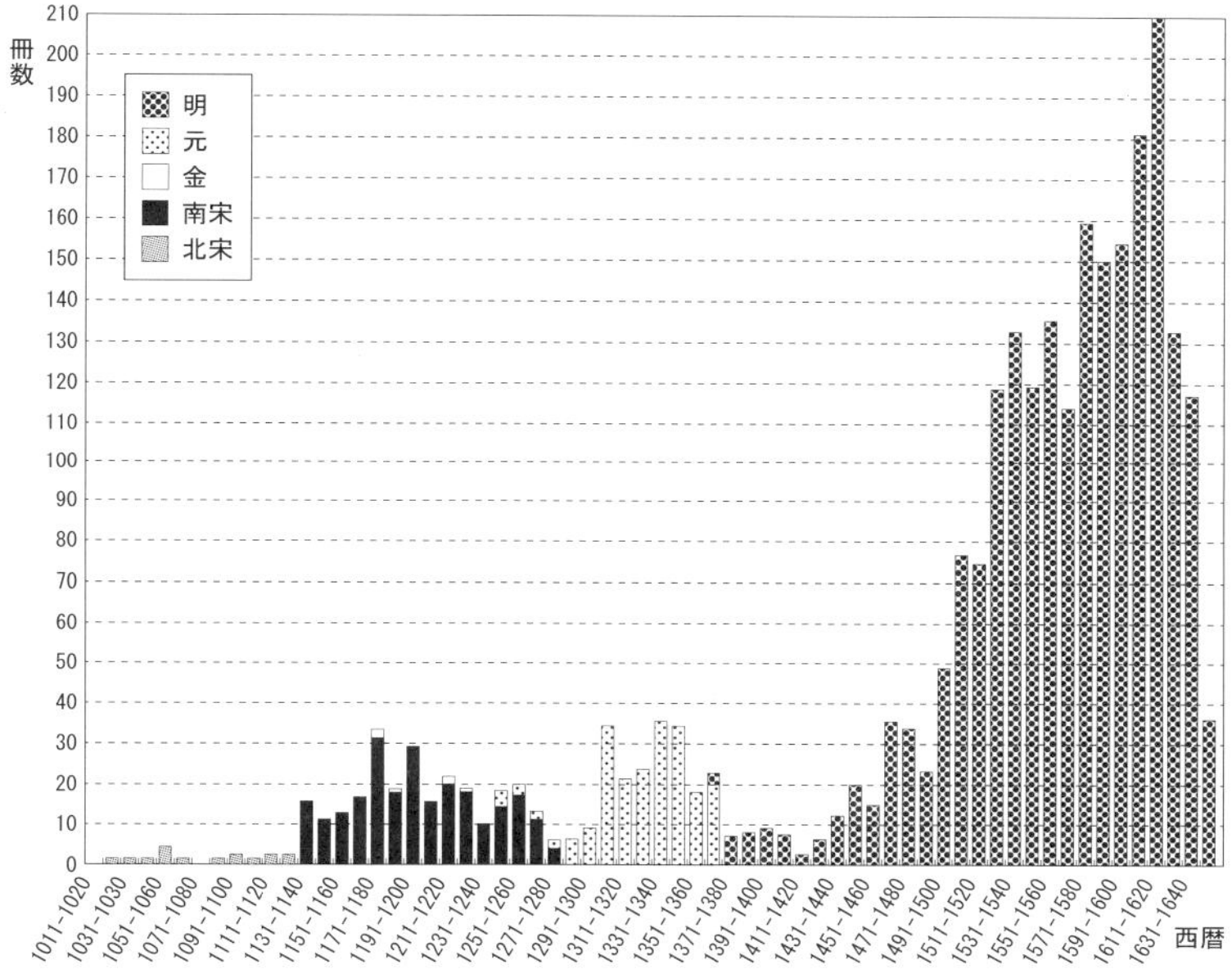

	北　宋	南　宋	金	元	明	合計
上のグラフの合計	16	240	6	211	2137	2610
その他元号分	元祐(1086-94)　1	紹興(1131-62)　5 乾道(1165-73)　3 淳熙(1174-89)　2 紹熙(1190-94)　2 嘉泰(1201-04)　2 嘉泰開禧(1204-05)　1 嘉定(1208-24)　3 紹定(1228-33)　1 瑞平(1234-36)　1 咸淳(1265-74)　2		大徳(1297-1307)　6 皇慶(1312-13)　2 泰定(1324-28)　1 天暦至正(1328-67)　1 後至正(1334-40)　1 至正(1341-67)　3	洪武(1368-98)　2 永楽(1403-24)　2 正統(1436-49)　4 景泰(1450-57)　1 天順(1457-64)　7 成化(1465-87)　11 弘治(1488-1505)　4 弘治正徳(1488-1521)　1 正徳(1516-19)　11 嘉靖(1522-66)　68 竜慶(1567-72)　4 竜慶万暦(1567-1620)　1 万暦(1573-1620)　157 万暦天啓(1618-24)　1 天啓(1621-27)　12 崇禎(1628-44)　46	
元号分小計	1	22	0	14	332	369
出版時期不明分		(北宋と南宋)　86	2	51	457	596
合　　計	17	348	8	276	2926	3575

楊縄信編『中国版刻綜録』(陝西人民出版社、1987)に基づく。上のグラフは出版年が明らかなものの十年ごとの出版件数、下表はそれに出版年が確定できないものを加えたもの。

ろうか。

二　『悟真篇』をめぐる師授について――「三伝非人」――

二・一　張伯端の師授意識

南宗は基本的に張伯端の『悟真篇』を中心に展開した。では、この『悟真篇』はどのように伝承し、流通したのだろうか。

『悟真篇』は、後で見るとおり、当初おそらくは抄本の形で広まり、出版されたようには見えない。また、自序と後序に記されている年号がそれぞれ違うが、これもおそらく異なる時期に幾らか加筆訂正されたことを示しているように思われる。従来の『悟真篇』研究は、かつて諸本の配列から原形を回復しようと精力を注いだ時期があった。(5) しかし、これは、当時の書物がどう著され流通したか、またこれと絡んで道教的な伝授のあり方はどうだったかということなどが理解されて初めて解明される問題だろう。

なお、張伯端の著作としては、一般に『悟真篇』『金丹四百字』『玉清金笥青華秘文金宝内錬丹訣』が挙げられる。ただし、後の二書については張伯端の著作かどうか疑問視されており、また、全真教南北宗が融合する元中期ぐらいまでに限れば、やはりこの内では『悟真篇』の影響が圧倒的に大きいようである。(6) こうしたことから、ここでは『悟真篇』を基に張伯端の師授や口訣の考え方を点検しておきたい。

まず、『悟真篇』の序文、および『歴世真仙体道通鑑』(以下、『仙鑑』と略記)等の資料を綜合し、張伯端の師授に関係する箇所を見ておこう。

張伯端（九八七〜一〇八二）[7]後、用成に改名。字は平叔、号は紫陽、天台の人。張伯端は当初、竜図公陸詵の幕下にいたが、熙寧癸酉年（一〇六九）、陸詵が成都（今、四川省成都）を鎮守することになったのに伴い、蜀に行った。その際、成都で真人に出会い、「金液還丹火候の訣」を授かった。ちなみに『仙鑑』ではこの真人は劉海蟾であるとされる。

その後、張伯端は『悟真篇』を著す。以下、『悟真篇』後序によれば、彼の下に「求学者輳集而来（学ぶことを求める者たちが群がり集まって来る）」という状態になり、張伯端は彼らに『悟真篇』を「釈而授之（解釈して授）」けた。しかし、結局のところ、彼らは伝授に値しない者たちであった。このため、「三伝非人、三遭禍患」、すなわち、三度ふさわしくない者に教え、そのたびに災いにあう羽目に陥ったのである。張伯端も三度目にしてようやくそれは「天譴」であり、天は「不許軽伝於非人（軽々しくふさわしくない人物へ伝授することを許さない）」ことを理解する。また、ここで張伯端自身、伝授の際授かった、「異日有与汝解韁脱鎖者。当直授之、余皆不許（ある日、そなたのために縄をほどき、鎖を解く者が現れるだろう。その者だけに伝授し、そのほかの者については全て許可してはならない）」という師の予言を思い出す[8]。そして、これ以降、たとえ刀剣を首に突き付けられたとしても決して口を開くことはないだろう、と述べている（『紫陽真人悟真篇註疏』［以下『註疏』と略記］巻八、二十三右－二十四右）。

さて、緘黙した後の張伯端について『仙鑑』巻四十九石泰伝に記されている[9]。すなわち、陸詵の死後、張伯端は秦隴（今、陝西省および甘粛省一帯）に移るが、鳳州（今、陝西省鳳県）で太守の怒りを買い、流刑を受けた。その時、彼を含む一行は大雪に遭い、酒肆に入ったところ、ある人物の取りなしにより助かることができたという。この人物こそ、後に南宗第二祖となる石泰である。つまり、彼が張伯端の「縄をほどき、鎖を解く者」であったのであり、予言は成就したのである。結局、この石泰の登場は上の「三度ふさわしくない者に教え」、その都度、天譴を被ったという故事の結末ともいえる出来事に当たり、二祖・石泰の正統性を印象付ける効果を持っている。なお、この後これは南宗の中で「三伝非人」の故事として定着していく。

以上、張伯端の伝授に関わる部分を中心に見てきた。では彼の著した『悟真篇』と伝授の関係はどうなっているのだろうか。ふさわしからぬ弟子に教え、三度天譴にあった張伯端は、これ以降口を開くことはないだろうと述べていた。『悟真篇』を公開することに問題はなかったのだろうか。

ここで注意しないといけないのが、口訣の存在である。張伯端は口訣に対して『悟真篇』後序で次のように述べている。

若不遇至人授之口訣、縦揣量百種、終莫著其功而成其事也。（『註疏』巻八、二十三右）

もし至人が授ける口訣に出会わなければ、たとえ何百種類もの丹経を推量したところで、最終的に成果を上げ、それ（＝金丹の錬成）を成し遂げることはできない。

つまり、どれほど丹経に当たろうとも、口訣がなければ成就できないというのである。このことから見て、張伯端も内丹の修得に当たって口訣は不可欠であると考えていたことが分かる。一方、『悟真篇』自体（特にその前半）は、内丹に関する象徴的な詩詞であり、解釈される以前のいわば「丹訣」にすぎない(10)。それゆえ、張伯端は『悟真篇』を公開しても問題がないと考えていたようである(11)。彼はいう。

此悟真篇中所詠大丹、薬物、火候細微之旨、無不備悉。倘好事者夙有仙骨、睹之則智慮自明、可以尋文解義、豈

須僕区区授之矣。如此乃天之所賜、非僕之輒伝也。（『註疏』巻八、二十四右）

この『悟真篇』の中で詠まれた大丹や薬物の火候の細かい内容については、全て備わっている。もしこうしたこと（＝内丹の修養）を好み、平素より仙骨があるような者が、本書を見るならば、意味はおのずと明らかとなり、文章の意味を解き明かすことができよう。どうして私があれやこれやと伝授する必要があろうか。このようであれば、それはすなわち天が賜わったものであって、私が勝手に伝えたものではない。

『悟真篇』は、内丹について余すところなく述べている。ただし、それは象徴的な詩詞の形であり、それゆえ、口訣を知らない一般の人には理解できない。しかし、仙骨がある人ならばおのずと理解でき、私が個別に伝授する必要はない。張伯端はこう述べ、これを「天賜」と呼んでいる。なお、上で張伯端は初め『悟真篇』を弟子たちに「釈而授之（解釈して授）」けたと述べていたが、ここまで見てくると、この「釈」というのは、張伯端自身が詩詞である『悟真篇』を教えるに当たって、口訣を与えるなどして解釈したことを指すと考えられよう(12)。

ところで、『悟真篇』の構成は、前半が金丹について象徴的に述べた丹訣から、後半が仏教的な悟りの境地を詠う「禅宗歌頌」から成る。一般に前者は命功、後者は性功を述べたものとされる。

では、その後半の「禅宗歌頌」について張伯端はどう考えているのか。もう一度、『悟真篇』後序を見てみると、「禅宗歌頌」については「雖顕宣秘要、終無過咎（秘要を公開しても、結局、過失にはならない）」（『註疏』巻八、二十四右）というように、前半の丹訣とは違い、公開しても何も問題はないという。なぜならそれは内丹という「命術」とは違い、「無為妙覚の道」であるからである。それは達磨や慧能が得た「最上一乗の妙旨」にして老荘の無為であり、「以済物為心（人々を救うことを主とする）」ものとされる。注意すべきは、この「無為妙覚の道」は修行者の業縁や機根により三乗の差別が生じるが、「根性猛烈の士」であれば「万法を悟る」ことができると述べられていることである(『註疏』巻八、二十四右-左)。この箇所は、後々改めて問題になるだろう。

このように口訣の問題や、性を述べる文章と命を述べる文章の違いなど、『悟真篇』後序には幾つかの重要な問題が含まれている。では、実際に『悟真篇』の伝授はどう行われたのだろうか。

二・二　『悟真篇』の伝授

『悟真篇』には様々な版本が残り、その詩詞の順序には大きな開きがある。その理由の一つとして、おそらく『悟真篇』の伝授や伝播の問題が関わっていると思われる。ここではその具体的な様子について、諸注釈の序文を基に整理することにしたい。

『悟真篇』が広まった当初の様子について、陸思誠は『紫陽真人悟真篇三註』(以下、『三註』と略記)「悟真篇記」で次のように述べている。陸思誠は、前項で見た陸詵の孫である。

今好事者多収此篇、而文理頗有不同。疑其初成、未経裁益、時已有伝之者爾。亦嘗参較其舛誤二十余処。……学者当知此書伝之寖広、独吾家之本為真。蓋平叔之所親授者也。(二左-三右)

今、こうしたこと(=内丹の修養)を好む者たちの多くがこの『悟真篇』を手に入れているが、文章の意味が非常に異なっている。疑うらくは、『悟真篇』が初めて完成したもののまだ編纂を経ていない時に、それを伝えた者がいたのだろう。またかつて比較してみたところ、その誤りは二十箇所以上あった。……内丹を学ぶ者たちは、この書物は広く伝えられているが、我が家の版本こそが本物であることを知らねばならない。これはおそらく平叔（張伯端）が直々に伝えたものであろう。

これによれば、『悟真篇』がまだ完成していない時におそらく抄本の形で広まったことが様々な異本が出現した原因であり、故に張伯端とゆかりの深い陸思誠の家に伝わる本が真本だと主張しているわけである。また『註疏』の翁葆光の序文にも、同様に陸思誠の本を真本とするとある（八右）。

では、『悟真篇』はどのように伝授されたのだろうか。陸思誠『三註』「悟真篇記」にはこれがどのように行われたのか、その具体的な状況を窺わせる箇所がある。

因卜吉戒誓、伝法既竟、再謂余曰。九転金液大還丹、上聖秘重、不可軽易泄漏也。異日各見所授、先依盟誓、又須自修功成、方可審択而付之。蓋欲親歴其事、然後開諭後学、俾抽添運用之時、得免危殆、則形神倶妙之道、由是著矣。古今相伝、皆有斯約、違者必有天譴。豈不知平叔伝非其人、三遭禍患者乎。子当勉之、宜無忽焉。（二右）

そこで吉凶を占って誓いを立て、伝授が終わってから、（師は）私（陸思誠）に次のように言った。「九転金液大還丹は昔の聖人たちが秘匿してきたもので、軽々しく漏らしてはならない。将来、それぞれ伝授する者に会ったならば、まず盟誓し、また自ら修行に励んで修行を完成してから、しっかりとふさわしい人物を選んで伝授しなくてはならない。思うに、自らそうしたことを実践しようとした後で、後学に教えを授けて初めて抽添や運用のとき、危険を免れさせることができるのであって、そうなれば形質と精神が共々霊妙なるこの道は、これによって明らかとなる。古今の相伝には、全てこうした決まりがあるのであり、それを破った者には必ず天譴がある。平叔（張伯端）が伝えるべき人物でない者に伝授し、三度、災厄に見舞われたことは知っておろう。そなたはしっかり奮励し、こうしたことを軽視することがないように。」

このように、陸思誠が金丹術を伝承するに当たっては、人に軽々しく漏らしてはならないとされ、誓いを立てるなどして初めて許可されたようである。さもなくば、天譴があるといい、上で見た張伯端の「三伝非人」の故事を持ち出している。

また、商丘老圃今是翁元王真一なる人物も、三祖・薛道光が『悟真篇』に付けた注釈を伝授するに当たって厳しい条件を要求している。ここで大意を記せば、薛道光の注釈を手に入れたものは秘密にせねばならず、伝授に当たっては、その志ある者の言行や修行ぶりを確かめなくては伝授してはならない。また、金を積んだり、身内だからといって伝えたりしてはならない。もし軽々しく漏らせば、祖先や子孫にまで災いが及ぶであろう、と述べている（『紫陽真人悟真直指詳説三乗秘要』、十八左-十九右。以下『三乗秘要』と略記）。

ところで、今見たとおり、南宗の文章に、盟誓の際、金銭を要求することは基本的に見えないようである。だが、同じ内丹道の中でも、『西山群仙会真記』（以下『会真記』と略記）巻五錬道入聖では、伝授に当たって盟誓を行う際、「信金」という名で金銭を要求したことが記されている（十一右-左）。これによれば、中国の人は罪深く天機を信じないので、盟誓を立て信金を出させることで天機を軽々しく洩らしたり心変わりしたりしないようにさせるのだという。もっとも、『秘伝正陽真人霊宝畢法』（以下『霊宝畢法』と略記）『鍾呂伝道集』『会真記』に見られるいわゆる鍾呂派内丹道の内、こうした記事は『会真記』以外には見えない。(13) しかし、陳楠は「羅浮翠虚吟」で『霊宝畢法』や『会真記』に従う人々への批判を列記しており、(14) その背後に一群の人々がいたであろうことを窺わせる。彼らは、あるいはこうした伝授関係を紐帯として結び付いていたのかもしれない。

ともあれ、『悟真篇』の伝授に当たっては盟誓が必要とされていたのであり、明らかにここから、そのあり方が正に秘教的な知のあり方そのものであったことが分かる。師授が必要であるというのは、古くは『抱朴子』にも見られる考え方ではあるが、[15]宋代、『悟真篇』をはじめとする内丹道の伝授に際しても同様の考え方が依然として息づいていたということがいえるだろう。

二・三　『悟真篇』の注釈の登場

上で三祖・薛道光が『悟真篇』に注を付けたと述べたが、元の戴起宗は、これは翁葆光の注が誤って広まったものであると説いている。翁葆光は、白玉蟾とは別系統の張伯端再伝の弟子である。すなわち、薛注実在説と薛・翁注同一説があるわけだが、[16]ここではこの問題に深入りせず、『悟真篇』の注釈の始まりについて見ておこう。ここで問題にしたいのは、一体、丹訣に注釈を付けるということはどういうことかということである。

そもそも『悟真篇』の最初の注釈は、紹興辛巳年（一一六一）に著された葉士表の注釈を嚆矢とする。これに対し、傅金銓『頂批三註悟真篇』に見える元王真一「悟真篇註始末」には、葉士表が「以意猜註、不得口訣（自分の考えで勝手に注を付け、口訣を得ていない）」（蔵外道書第十一冊七九二下）ため、薛道光がこれを悲しんで注を付けたと述べる。他方、翁葆光は葉注の間違いを指摘し、後述の通り、自分が張伯端の真伝を受けていることを強調する。現在、葉士表の注は『修真十書』所収の『悟真篇』にその一部が残るだけで、師伝に関する事実関係は不明である。これに対し、薛・翁注はいずれも口訣・師伝を授かったことを根拠に注釈が著される。しかし、『悟真篇』などの丹訣に注釈を付けることは、伝統的な考え方から見て大きな問題をはらんでいた。張伯端自身もむやみに口訣を与えることで天譴を招いたのは上で見たとおりであるが、それと同様に、注釈を付けることは象徴的な詩詞を平易な言葉に直すことであり、天機を洩らすことになるからである。

実際、『悟真篇』の注釈が当時の人々の間でどう扱われていたか見てみると、例えば『三乗秘要』に見える白雲子の文章では、白雲子は翁葆光の釈義を「密以見授（密かに授けられ）」ため、「口訣心要未敢叩撃（口訣や要諦について尋ねなくとも）」、『悟真篇』が理解できたと述べている（十四左）。言い換えれば、当時こうした注釈は、丹訣を解釈するための口訣や師伝にも相当する、極めて高い位置にあると考えられていたことが窺われよう。なお、前項で元王真一が薛道光注の伝授に厳しい条件を課しているのを見たが、「密かに授けられ」たというのは、こうした伝授のあり方を暗示しているだろう。

では、翁葆光自身は『悟真篇』に注釈を付けるに当たって、自らの行為をどのように考えていたのだろうか。彼は、葉士表の注釈の誤りを批判した後で、こう述べている。

余固不才、幸踵仙翁之顔鋳既承、真蔭寅夕不忘。安忍緘黙坐視紅紫乱朱、而不能広仙翁之意。辞而辟之、以級将来、而袪未悟者耶。是以不懼天譴、直泄天機、課解真文。（『註疏』序、九左-十右）

私はもともと才能ある者ではないが、幸いにして仙翁（張伯端）の薫陶を受け、真の恩義を受けたことを一日とて忘れたことはない。そうである以上、どうして間違いが正しいことをかき乱し、仙翁の意図を広められなくなるような有様を黙って見過ごすことなどできようか。そこで私はこれらを批判して斥け、そうして将来を切り開き、理解できない者をなくそうとした。ゆえに天譴を懼れることなく、ただちに天機を漏泄し、真なる文章を解き示そうとしたのである。

彼は、自分が張伯端の真の教えを受け継ぐ者であることを強調する。そして、葉士表の誤った注釈による解釈を退けるため、あえて「天譴を懼れず、天機を泄」して注釈を施したという。これは注釈を書く以上、避けられないジレンマである。しかし、そもそも師授とは天譴に縛られた意識であることを考えれば、この「天譴を懼れず、天機を泄す」という言葉は、従来の伝統的な師授の考えから一歩踏み出した重要な言葉といえるのではなかろうか。

もっとも、注目すべきこの言葉も、出版に結び付くまでにはしばらく時間がかかったようである。というのも、翁葆光は序文の最後で、自分の注釈を「貽同志（同志に送る）」（十一左）と書いているからである。このように、同好の士に自分の著作を送るというのは、出版が行き渡る以前ではよく見られた行為である。白雲子が、翁葆光の注釈を「密かに授けられ」たと書いているのは上でも見たとおりだが、そのほかにも翁葆光の注釈が余り広まらなかったことを示す証拠として、『三乗秘要』戴起宗序に翁葆光の系譜について「此世之罕知也（これは世間ではほとんど知られていない）」（二十左）といった記述が見られることが挙げられよう。竜眉子『金液還丹印証図』の林静の後叙にも同様の記述がある。[17] こうしたことから見れば結局、乾道癸巳年（一一七三）に書かれた翁葆光の注釈は出版と即座に結び付かず、白玉蟾に比べ、さほど広まらなかったことを示していると考えられる。

なお、白の同時代に夏元鼎（字宗禹、号雲峰散人・西城真人。永嘉人）がおり、著に『紫陽真人悟真篇講義』（道蔵第六十六冊。以下『悟真篇講義』と略記）『黄帝陰符経講義』（道蔵第五十四冊。以下『陰符経講義』と略記）『崔公入薬鏡箋』（佚）がある。夏元鼎は一時期かなりの名声を誇ったようで、『悟真篇講義』には、朱子学の「宣伝者・教育者」の役割が指摘される真徳秀（一一七八〜一二三五）が序を書いている。[18] ここでの問題関心からいえば、夏元鼎と朱門の出版活動との関係ということになるが、少なくとも『崔公入薬鏡箋』は当初、翁葆光同様、書写したものを同好の士に送ることで広まったようである。[19] ちなみに夏元鼎もやはり「三伝非人」について述べ（『陰符経講義』巻三、五右）、また『悟真篇』に注釈を付けたことに対し、「其言下漏泄為多（その言葉には［天機を］漏らすことが多い）」（『悟真篇講義』巻二、十六右）と人から批判されたことを記している。

このように、伝授において丹訣に注釈を施すことは口訣を脅かす側面を持つと考えられていた。それは口伝を文章に起こすことであり、突き詰めれば、天機を漏らし、天譴を招くことになるからである。ただし、これは、伝授に際し厳しい条件を要求し、弟子を選ぶことにより回避される。「三伝非人」の故事が広まった背景には、こうした理由があったと想像される。結局、「天譴」や「三伝非人」などの考え方は、実際に内丹の伝授に当たり、南宗の人々を律していたものと考えられ、ひいては書物の流通や出版に影響していたといえるだろう。

三　白玉蟾による師授意識の克服

翁葆光は「天譴を懼れず」と述べ、従来の伝統から一歩を踏み出した。ところで、翁葆光の師、劉永年が紹興壬申年（一一五二）に刊行した『周易参同契分章通真義』（道蔵第六二三～六二四冊）が南宗の伝人たちの間で読まれていたことが指摘されている。[20] また、白玉蟾が活動した福建をはじめとする地域では、朱門に見られるように活発な出版の利用がなされていた。こうしたことから、南宗においても既に出版への素地は醸成されていたといえよう。こうした中、陳楠と白玉蟾の問答に、天譴を懼れず書物を出版するのはなぜか、という議論が現れる。なお、泥丸とは、白の師の陳楠のことである。

玉蟾曰。……今将師伝口訣、鋟木以伝于世。惟此漏露天機甚矣。得無譴乎。
泥丸云。吾将点化天下神仙。苟獲罪者、天其不天乎。経云、我命在我、不在於天。何譴之有。
玉蟾曰。祖師張平叔三伝非人、三遭禍患、何也。
泥丸云。彼一時自無眼力、又況運心不普乎。噫、師在天涯、弟子在海角。何況塵労中識人為甚難。今但刊此散行天下、使修仙之士可以尋文揣義、妙理昭然。是乃天授矣。（『修真十書』巻四『雑著指玄篇』「修仙辨惑論」、四右-左）

玉蟾が言う。「……今、師伝や口訣を刊刻して出版しようとしています。それは天機を漏らすことも甚だしいことです。天譴を受けるのでありませんか。」

泥丸が言う。「わしは天下の神仙を教え導こうとしているのだ。だとすれば、罪を被る者は天が天でないためではないか。経典には、『我が命我に在り、天に在らず』という。どんな天譴があるというのか。」

玉蟾が言う。「祖師の張平叔が三度、ふさわしからざる者に伝授し、三度、災厄に遭ったという故事についてはいかがですか。」

泥丸が言う。「彼は一時、目が曇り、さらに用心が行き届かなかったのではないだろうか。ああ、師は今や天におられるというのに、弟子《わたくし》はこのような僻地にいる。凡世の中にあって、（伝授にふさわしい）人を見抜くことがどれほど難しいかについてはいうまでもない。今、本書を出版して天下に行き渡らせさえすれば、修仙の士たちに文章の意味を推し量らせ、霊妙な真理を明らかにさせることができよう。これこそ天授である。」

この「修仙辨惑論」は陳楠と白玉蟾の問答の形式をとるが、白の手によると考えられている文章であり(21)、基本的に白玉蟾の思想を反映していると思われる。となれば、この議論の背景には、おそらく既に書物をたくさん出版し始めていた白が、自身の理論的根拠を説明する必要に駆られていたことを示していよう。ここで注目すべきは、白玉蟾が張伯端の「三伝非人」の故事を持ち出していることであろう。すなわち、白もまた『悟真篇』以来の南宗の知のあり方の枠組みの中にいたということであり、それゆえ、白はこれを取り上げ、対決せねばならなかった。そこで白玉蟾は天譴の問題を取り上げ、師伝や口訣を出版することは天譴ではなく天授だとして、百八十度その方向を変えたのである。

この「修仙辨惑論」には、蘇森による嘉定丙子年（一二一六）の跋文が残っている。ちなみに彼が冲佑観主管の肩書きを持っていることは注目に値しよう。冲佑観は、朱熹がかつて主管を務めた道観である。

森汩没塵俗、徒起敬慕、及見修仙辨惑論。披読之余、知先生骨已仙矣。……得此豈非天賜耶。嗟夫、古仙心伝口授秘訣、先生一旦形之毫楮坦然明白。使人人可暁、略無隠語、灼知二地凡夫皆有仙分。則先生処心積慮有意度人、与前賢不約而侔矣。……森遂将斯文鋟板伝之、於世以成先生之志。（「跋修仙辨惑論序」、輯要六三五五上）

森《わたくし》は俗塵の中に身を沈めつつも、いたずらに道への敬慕の念を起こし、『修仙辨惑論』を見るに至った。これを読んだところ、先生（白玉蟾）が既に仙骨を得ていることを知った。……本書を手にすることは天賜ではなかろうか。ああ、先生が古仙の心伝・口授・秘訣を、にわかに平易で明白な形に書物として著された。そうして人々に分かりやすく、ほぼ秘密めいた言葉なしに、はっきりと二地（声聞・縁覚）の者たちや凡夫たちが全員、仙人になる資質があることを教えた。となれば、それは先生の気持ちやお考えの中に人々を救おうとする気持ちがあることは、古の賢者たちと期せずして同じであったということであろう。……そこで森は、この文章を版行して世間に広め、先生の志を成就しようとした。

ここでは、白玉蟾が「心伝口授秘訣」を出版までしたことは、声聞・縁覚といった二地の者や凡夫をはじめ、どのような人間にも仙分があることを悟らせ、救うためだと理解されている。蘇森はこれを「天賜」と呼ぶ。ここで思い出されるのは、もともと張伯端は、解釈されていない丹訣を見て自分で理解する分には構わないとして、『悟真篇』を手にすることを「天賜」と呼んでいたということである。ところが、この白玉蟾の段階になると、平易な文章で心伝・口授を刊行すること自体を「天賜」と呼んでいる。つまり、張伯端から始まり、陸思誠や元王真一の時代を経て、書物という媒体をめぐり知のあり方は大きく変化していることを見て取ることができよう。伝授する側が弟子の資質を調べ、誓いを立ててようやく心伝や口授という形で伝承された知は、白の活動する南宋中期では、一般の人々にまで開かれるに至ったのである。

しかし、なぜ白玉蟾の段階でこうした変化が起こったのだろうか。白玉蟾は「修仙辨惑論」で伝授するにふさわしい人物を捜し出すのは難しいので、出版によって「天下の神仙を教え導」くと述べた。これに対し、蘇森はこの文章の背後に、白がどんな人にも仙分があると考えていたことをはっきりと言明している。実際、次節で見るとおり、白以降の南宗の人々が出版に踏み切ったのは、師に出会うことのできない人を含め、あらゆる人々を救うためとされている。無論、『悟真篇』が「人人本有長生薬（人々はもともと不老長生の薬を持っている）」（『註疏』巻一、十三右）と詠うとおり、これまでも万人の成仙の可能性については語られていた。しかし、上で見たように伝統的な師授意識により事実上その可能性は閉ざされている。それゆえ、天譴に縛られた師授意識にあえて逆らい、白玉蟾は出版を利用し口伝を公開した。それは選ばれた一握りの人ではなく、どんな人であれ成仙できる可能性を開くためである。こうして師授意識は克服されたのである。

もっとも、師伝や口訣の公開は、即座に口訣や師伝自体の完全な否定につながることはなかったようである。実際、『修真十書』巻六『雑著指玄篇』「謝仙師寄書詞」には「若要行持、須憑口訣（もし修行したいと思うならば、口訣によらねばならない）」（五左）という表現が見える。また「水調歌」第三・五首（輯要六二七一上・下）では明師から口訣を受け、金丹を錬成することを述べ、同七では、性功に傾く修行法を説き、「不問用師伝（師伝を尋ねる必要はない）」（輯要六二七一下）という。すなわち、依然として白は明師や口訣を必要とする命功と師伝を問わない性功の双方の師授のあり方を述べている。これは『悟真篇』後序の師授の理解に忠実である。

ところで、南宗は張伯端以来、教団を持たなかったが、白玉蟾に至り、「靖」を中心とする小規模な教団が現れることが指摘されている。[22]普通これは雷法と関係付けて説明されている。しかし、従来の教団を持たなかった時期と、弟子を厳選していた従来の師授の形態が符合することや、また白による出版の利用が師授意識の変化と連動していることを考えれば、あるいは白による出版も教団化という伝授形態の変化と関係するかもしれない。

また最初に見たとおり、白玉蟾の羽化の後、彼の文章は彭耜など弟子の手によって出版されていく。当然のことながら、こうした出版は白の思想の伝播に役立っただろうし、弟子たちにより白の言説は再生産されただろう。南宋末の道士の書物における白玉蟾の文章の引用の多さがそれを示していようが、ここで一例を挙げれば、白玉蟾再伝の弟子の蕭廷芝は、「大道正統」（鄧錡『道徳真経三解』〔道蔵第三七〇～三七一冊〕所収）を刊行し、全真教の道統に白玉蟾の唱えた道統を結び付けている。[23]これにより白玉蟾の唱えた系譜は全真教の中に組み込まれ、白は南宗の大成者としての位置を確立させていくのである。

四　その後の出版事情――「敢えて天譴を懼れず」――

最後に白玉蟾の後の変化について見ておきたい。

上では白玉蟾の出版活動の背後に、南宗における師授意識の克服があったことを見た。とはいえ、もちろん白玉蟾登場後も旧来のあり方を墨守する例が全くなくなってしまったわけではない。例えば、周無所住の師である林自然は『長生指要篇』で、世の人々が傍門に陥って道からそれていくことを嘆きつつも、「不忍尽秘、遂以微言弘道（秘密を開示し尽くすのには耐えられず、そこで微言により道を広め）」（序、一右）ようとして書物を著したと述べており、その言い方は従来の伝統に忠実である。しかし、こうした従来の言い方に混じって、南宗を中心とした内丹道の文献の中に、翁葆光以来の「敢えて天譴を懼れず」という言い回し、あるいはそれに類した言い方がたびたび登場し、出版に踏み切るようになることは注目してもよいだろう。

例えば、李簡易は『玉谿子丹経指要』の景定甲子年（一二六四）の序文の中で、白玉蟾の『金関玉鑰集』を見てその書を著したと述べている。彼は『悟真篇』後序を意識しながらも、自著が「洩天機（天機を漏らす）」（序、二左）ものであり、「其中語句、鄙質無過、入室中実事（その中の言葉は、飾りたてることなく誤りのないものであり、入室の際の実際のことである）」（同）と述べ、これを「天賜」と呼んでいる。[24] 元朝になると、戴起宗は人々をあまねく救済することを立願し、「不避天譴、故違師誓、述於文字、形於語言（天譴を避けることなく、ことさらに師への誓いと異なり、文字に起こして言葉の形にした）」（『註疏』序、二左）と述べている。他方、陳致虚は『上陽子金丹大要』（以下『金丹大要』と略記）巻一で『金丹大要』を著した理由について縷々述べている。そこでは、彼もまず「三伝非人」の故事を挙げ、従来の師授に沿ったあり方を述べる（六左）。だが、同時にかつて陳致虚自身もなかなか師伝を得ることができなかったため、後の修行者たちが師に遇えずともよいように「因師指、尽以其間難形言者、悉皆詳述（師の教えにより、その間の言葉にし難いものを全て詳しく述べ尽くし）」（九右）、繰り返し説明し俗語を交え『金丹大要』を著したと述べている（九左）。彼はいう。

　学道之士、因縁獲覩是此金丹大要、如対聖師親相付授、当知火薬悉具、運用皆全。（九右）

　道を学ぶ者たちが、縁あってこの『金丹大要』を目にすることができ、聖師に対して直々に伝授されるように本書に接するならば、火候や薬物については完備し、その運用について十全であることが分かるだろう。

これは何を意味しているのだろうか。それは口語を交えて書かれたこれらの書物がほとんど実際の師の位置に上昇するまでに至ったということ[25]、少なくとも内丹道の中で従来に比べ、書物を通じ学ぶことの比重が高まったということを意味しているだろう。これは内丹関係の出版物の増加とも関係していると思われる[26]。

またいわゆる全真教北宗の出版についても触れておきたい。王重陽以下、七真の文集の序文等を見ても分かるとおり、彼らの書物は頻繁に刊行されており、その出版活動は極めて活発である。

ところで、北宗にも口訣等の言葉は散見されるが、元の金月巌編『紙舟先生全真直指』（道蔵第一一四冊）には、「金丹乃神仙之道、必有口授師伝密語（金丹とは神仙の道であり、必ず口授や師伝、秘密の言葉があるものだ）」（一左）、また全真の教えは「単脩性宗、不達命宗、不得成仙道（性宗だけを修養して、命宗に至らず、仙道を成し遂げることはできない）」（一左）と人から思われていることに対し、「安有所謂真師密伝口授之妙（どうしていわゆる真なる師による秘密の口伝や口授といった霊妙なものがあろうか）」（二右）として、密伝・口授など必要ないと反駁している。これは裏を返せば、やはりその当時、性宗と違い、命宗すなわち金丹の錬成には口伝や師授が不可欠であると一般に考えられていたことを示していよう。

他方、ここに見える、師伝や口授など必要ないという言葉は、従来の師授意識から見て、一見、画期的なものに見えるかもしれない。だが、結論から言えば、これは全真教が上根的な修行観に立ち、いわゆる「上乗」的修行法を取ることによるものである。当時、根機の優れた修行者であれば万法を悟り、即座に超脱することができるが、修行者の機根の高低により三乗の差別が生じるとされた。上根的発想に立つ全真教は、最初から最上一乗を目指し、これは自然と命功の完成につながり、またそのため口訣等については必ずしも必要ないと考えていたのである。北宗が大量に出版を行ったことは、口訣を必要とせず、また口訣を公開してはならないという禁忌に抑制されることがなかったことが関係していたのではなかろうか。ここではこうした北宗の出版活動について全面的に検討する余裕はないが、王重陽以下の全真教が上根的な教説を取る点、またそれがもたらす諸問題については、第二篇第二章および第三章で改めて考えることにしたい。

なお、最後に前掲のグラフをもう一度見ておくと、出版件数は南宋末から一三〇〇年頃まで一旦下降してから回復し、明初再び大きく減少した後、明末にかけて一転して増加しているのが分かる。こうした傾向に対し、井上進は出版を抑制する朱子学的な「風気」を抽出し、元朝から明朝半ばまでを「出版の冬」と呼ぶ[27]。しかし、これまで見てきたとおり、師授意識を克服した白玉蟾以降の元朝の南宗や、全真教北宗に限っていうならば、むしろ出版活動は活発だったように思われる。

まとめ

全真教北宗では、布教のために西江月などの詩詞が実際に唱われたであろうことが指摘されている。(28) 実は西江月などの詩詞は、『悟真篇』をはじめ、南宗にもよく見られるものである。しかし、同じ全真教とはいえ、北宗と南宗では教団の形態や思想に開きがあり、その使われ方は少なからず異なっていたように思われる。現在、筆者は、南宗ではそれらは丹訣として内丹の教授に合わせて用いられた場合が多かっただろうと考えているが、いずれにせよ今後さらにこれらがいったいどのような場所や形で用いられたかを考える必要があろう。それは、現在、我々がいわば当たり前のものとして接する書物の背後に潜む、当時の規制や禁忌といった様々な意識を解き明かす手掛かりになるに違いない。

南宋の、出版という知の伝達手段の変革時代に当たり、白は出版を意識的に利用した。そういう意味で、正に白は「時代の申し子」であった。しかし、彼が出版を利用するためには、張伯端以来の「三伝非人」といった師授意識を克服する必要があった。翁葆光は『悟真篇』の注釈を著す段階で「敢えて天譴を懼れず」と述べ、そこから一歩を踏み出したが、白玉蟾の段階で初めてこうした師授意識は克服され、出版が利用できるようになったのである。現在でも伝授の意識は色濃く受け継がれているが、それでも全真教南宗は白玉蟾で一つの画期を迎え、その後の出版を切り開いたといえよう。

以上、第一篇では、張伯端以下の内丹道、いわゆる南宗における性命説とその周辺についてたどってきた。次に篇を改め、全真教の性命説を中心に検討していくことにしたい。

注

（1）大木康「明末江南における出版文化の研究」（『広島大学文学部紀要』第五十号、一九九一）、井上進『中国出版文化史』（名古屋大学出版会、二〇〇二）。

（2）横手裕も、大量に残る白の文献を書誌学的に整理した後で、生前から福建や江西など各地で白の作品が刊行されていたこと、また張伯端に連なる系譜を標榜し、人気を博したことを指摘している（「白玉蟾と南宋江南道教」、『東方学報』第六十八冊、一九九六）。

（3）小島毅「思想伝達媒体としての書物——朱子学の「文化の歴史学」序説——」（宋代史研究会編『宋代社会のネットワーク』、汲古書院、一九九八）、同「朱子学の伝播・定着と書物」（『アジア遊学』第七号、勉誠出版、一九九九）。

（4）宋代の『道蔵』に関しては、Piet van der Loon, *Taoist books in the libraries of the Sung period* 宋代収蔵道書考（Oxford Oriental Institute Monographs, No.7, London: Ithaca Press, 1984）が詳しい。

（5）『悟真篇』諸本の詩詞の関係は、吾妻重二「『悟真篇』の内丹思想」（同『宋代思想の研究』第Ⅱ篇第二章、関西大学出版部、二〇〇九）にまとめられている。なお、張伯端および『悟真篇』の研究を振り返るには、吾妻重二「張伯端の『悟真篇』研究史と考証」（同第Ⅱ篇第三章）が便利である。

（6）『金丹四百字』は兪琰『席上腐談』巻下に白玉蟾『群仙珠玉集』所収とあり、これが最も早い記録である。ただし兪琰はこれを白の偽作とする。『玉清金笥青華秘文金宝内錬丹訣』については、管見の及ぶ限り、南宋や元朝の文章に書名や引用が見られず、また吾妻重二および三浦國雄も明代の成書を説く（吾妻重二前掲論書第Ⅱ篇第二章、三浦國雄「気質の変革」〔同『朱子と気と身体』、平凡社、一九九七〕）。

（7）生卒年については、翁葆光『三乘秘要』「悟真直指詳説」に従う。

（8）註疏本は「与」字を欠くが、三註本・修真十書本に従い、「汝」の前に「与」を補う。

（9）この記事はもともと元王真一「薛紫賢事跡」（『三乘秘要』）に見られる。ここでは、石泰が張伯端との出会いを薛道光に告白する形になっている。

(10) 陸思誠は『悟真篇』の詩詞を「丹訣」と呼ぶ（『三註』「悟真篇記」、二左）。

(11) 張伯端が馬処厚に『悟真篇』を授けた際、「平生所学、尽在是矣。願公流布、当有因書而会意者」（『三註』「悟真篇記」、一右）と述べるのも、ここと同様の論理だろう。

(12) この箇所は、『註疏』は「釈」に作るが、修真十書本・『三註』は「択」に作る。この場合、弟子の中から何人かを選んで教えた、ということになろう。しかし、この前後で弟子をよく選ばなかったために天譴を受けたと述べていること、また、張伯端の口訣に対する考え方から見て、ここは『悟真篇』の丹訣を口訣等により解釈したとしておく。

(13) いわゆる鍾呂派については、坂内栄夫「『鍾呂伝道集』と内丹思想」（『中国思想史研究』第七号、京都大学文学部中国哲学史研究会、一九八五）、張広保『唐宋内丹道教』第三～七章（上海文化出版社、二〇〇一）等を参照。

(14) 「或依霊宝畢法行、直勒尾閭嚥津液。或参西山会真記、終日無言面対壁」（陳楠『翠虚篇』「羅浮翠虚吟」、十左）。陳楠はこれらは「養命方」にすぎないという。

(15) 吉川忠夫「師受考――『抱朴子』内篇によせて――」（同『六朝精神史研究』、同朋舎、一九八四）。

(16) 楊立華は薛注実在説を説く（同「『悟真篇』薛注考」、『世界宗教研究』第二期、中国社会科学院世界宗教研究所、二〇〇〇）。

(17) 「惟授受之次、竜眉、若一、無名、二三子未詳其人」（二十二右）。

(18) 真徳秀については、小島毅（一九九九）前掲論文、二十三頁を参照。

(19) 「雲峰自序」（『陰符経講義』巻四）には「貽当世明眼君子」（十四左）とあり、贈った人物名を列挙している。

(20) 欽偉剛「朱熹と『参同契』テキスト」（『中国哲学研究』第十五号、東京大学中国哲学研究会、二〇〇〇）、二十一頁。

(21) 横手裕前掲論文、一〇一頁。

(22) 陳兵「金丹派南宗浅探」（同『道教之道』［宗教文化叢書］、第三章、今日中国出版社、一九九五）、四十八～四十九頁。

(23) 横手裕「全真教の変容」（『中国哲学研究』第二号、東京大学中国哲学研究会、一九九〇）、同「全真教と南宗北宗」（野口鐵郎他編『道教の生命観と身体論』［講座道教・第三巻］、雄山閣出版、二〇〇〇）参照。

(24) 李簡易は、基本的に南宗の影響下にあるものの、どのような師授関係を持つかは不明。序文で彼は仙道に造詣の深かった遠祖の李観の家系であることを強調するが、これは師授とは異なる考え方であることに注意しておきたい。

(25) ただし、陳致虚も「因縁」により『金丹大要』を手にする人々は限られると考えており、従来の伝授意識の変奏曲ともいうべき論理が見られる。また、とりわけ興味深いのは、『金丹大要』の内容を理解できずとも、呂洞賓・王重陽・馬丹陽の図像を掲げ、その前で『金丹大要』を何回も念誦すれば開悟できると述べていることである（十二左）。こうした点については、別の機会に考えることにしたい。

(26) 当時の道書の出版や流通については、兪琰『席上腐談』巻下からその一端を窺うことができる。これは一種の道書目録となっており、書物によっては刊本・写本の別が注記されている。なお、楊世文によれば、一三二二年頃の成書という（同「兪琰編年事輯」、『宋代文化研究』第九輯、巴蜀書社、二〇〇〇）。その他、元末には『悟真篇』の注釈が三十以上に上ったという記事がある（張士弘「紫陽真人悟真篇筌蹄」、『三註』序、十三左）。もちろんその全てが出版されたわけではないだろうが、著述活動の隆盛を物語っていよう。

(27) なお、井上進前掲書にも中国古籍善本書目編輯委員会『中国古籍善本書目』（上海古籍出版社、一九八九～一九九八）に基づく表がある（一八一頁）。

(28) 窪徳忠「道教と文学――全真教を中心として――」（同『モンゴル朝の道教と仏教――二教の論争を中心に――』、平河出版社、一九九二）。

第二篇　金代の全真教における性命説とその諸相

第一章　牧牛図頌の全真教と道学への影響
――円明老人『上乗修真三要』と譙定「牧牛図詩」を中心に――

はじめに

禅宗には、牧童が牛を飼い馴らす様子で修行の階梯を描いた、一連の図と頌から成る牧牛図頌と呼ばれる作品が伝えられている。(1)

そもそも牧牛図頌において牛が主題として取り上げられるのは、古代よりインドでは牛が聖獣とされた伝統があったからである。(2)禅宗では牧牛を主題とする問答は唐末より次第に姿を現し始め、これを受ける形で五代頃の清居浩昇「十二牛図頌」を嚆矢とし牧牛図頌が登場する。宋代になると普明「牧牛図頌」・廓庵師遠「十牛図頌」・仏印了元（一〇三二～一〇九八）「牧牛図頌」など続々と牧牛図頌が著された。また四川省宝頂山大仏湾、すなわちいわゆる大足石窟に残る「楊次公証道牧牛頌」もやはりこの時期に製作されており、(3)牧牛図頌はその多くが五代から宋代にかけて作成された。

明代になると、普明「牧牛図頌」が雲棲袾宏（一五三五～一六一五）により再版され、中国ではこれが主流になっていく一方、日本では主に廓庵「十牛図頌」が受容された。これらは共に牛を法性の現れとする点では同じではあるが、普明「牧牛図頌」が修行の深化に伴い黒牛が次第に白牛へと変化するのに対し、廓庵「十牛図頌」は修行者である牧童が失われた牛を見付け出すという内容となっている。すなわち法性を表す牛に対して牧・未牧で捉えるか、得・失で捉えるかという点に違いがあり、普明「牧牛図頌」は黒から白へと変化する漸進性をもって曹洞宗的、廓庵「十牛図頌」は即時解決的であることから臨済宗的ともされる(4)。

ところで牧牛図頌と酷似するものとしてチベットのいわゆる牧象図があり(5)、また日本でも江戸時代、尾張の儒者、清水春流（一六二六〜一六九四以降に没）が普明「牧牛図頌」に倣い、「儒家十馬図」を作ったことが知られている(6)。しかし、これらを除けば牧牛図頌は基本的にどれも禅宗の内部だけで論じられることが多く、当時禅宗を取り巻いていた儒教や道教からの反応についてはほぼ触れられていないといってよい。だが実は牧牛図頌が成立し展開する北宋から南宋・金にかけて、道教と儒教それぞれに牧牛図頌に影響を受けた作品が現れる。すなわち、全真教に属するものとして円明老人『上乗修真三要』（道蔵第一三二冊）に「牧馬図頌」とでも呼ぶべきものが（図3、本章末に後掲）、また道学に属するものとして譙定「牧牛図詩」が登場するのである。

『上乗修真三要』巻上に見える「牧馬図頌」については既に禅宗の牧牛図頌やチベットの牧象図と合わせて蕭天石やカトリーヌ・デスプによる紹介があり(7)、譙定の「牧牛図詩」についても胡昭曦が譙定の道学における位置付けに関係して取り上げている(8)。ただこれらはいずれも比較的簡単な紹介にとどまり、内容の詳細な分析にまで及んでいない。上述のとおり、禅宗において牧牛図頌は宋代を中心にまとまって作成されるが、こうした中、同様の作品が作られたのが特にこの時期勃興しつつあった全真教と道学であるという事実は極めて注目すべきであると思われる。それは近世期にこの二教が成立するに当たって、批判的ではありつつも、禅宗の性説を取り入れたことを如実に物語ると思われるからである。そこで本章ではこれらが著された経緯およびその内容を詳細に分析することで、儒道二教、なかんずく全真教と道学における牧牛図頌への反応について論じてみたい。

一　全真教における牧牛図頌受容の背景

まず全真教における牧牛図頌の影響について概観し、円明「牧馬図頌」登場までの背景を確認しておくことにしたい。

全真教は、金・王重陽を開祖として、馬丹陽など七真と呼ばれる高弟を輩出し、従来の天師道、すなわち正一道と勢力を二分する大きな勢力となった。その全真教の教説には禅宗の強い影響が指摘されるが、それに先立って、北宋から南宋にかけてやはり頓悟を重視した一派がある。張伯端を祖とする内丹道である。この一派は南宋末から元にかけて王重陽以下の全真教と融合していき、後世これらを区別して王重陽の一派を全真教北宗、張伯端の一派を南宗と呼ぶこともある。

まず王重陽の全真教に先行する張伯端以下の内丹道について見ておく。張伯端以下の内丹道における禅宗の牧牛図頌の影響は限定的である。張伯端の『悟真篇』（後序元豊戊午歳［一〇七八］）は前半が内丹について象徴的に詠った丹訣、後半が仏教的な悟りの境地を詠った「禅宗歌頌」から成る。(9) この「禅宗歌頌」の位置付けをめぐり、張伯端以下の内丹道では内丹と悟りの関係について議論を積み重ねていくが、その「禅宗歌頌」の「禅定指迷歌」には次のように見える。

我是無心禅客、凡事不会揀択。昔時一箇黒牛、今日渾身総白。　（「禅定指迷歌」、八右）

私は無心の禅客であり、何事に対してもえり好みすることはない。かつての一頭の黒牛も、今やすっかり白色となる。

『悟真篇』の「禅宗歌頌」には「読雪竇禅師祖英集」が残る。『祖英集』は、雲門宗の雪竇重顕（九八〇〜一〇五二）による詩文集で、天聖十年（一〇三二）序刊。張伯端は「読雪竇禅師祖英集歌」の中で重顕を「吾師」と呼ぶなど、高く評価していることが窺える。この重顕の法系からは「六牛図」を著した仏国惟白や蔣之奇が現れる。蔣之奇は北宋の道士で、普明大師と呼ばれ、「牧牛図頌」の作者普明にも擬せられる。[10]張伯端が牧牛図頌に親しんでいた背景にはこうした仏教側の牧牛図頌の流行があったのだろう。[11]

また後世、南宗第五祖とされる白玉蟾に牧牛図頌に関する文章が見える。これは閤皂山の道士、劉貴伯のために書かれたもので、[12]劉貴伯が斎室を牧斎と号したことに寄せて白玉蟾は次のようにいう。まず白は『荘子』徐無鬼篇に基づき、黄帝が馬飼いの童子を天師と呼んだことを、釈迦が牛飼いの小児を菩薩としたことに対置し、「牧」とは人格を陶冶することであるとして最後に次のように述べる。

僧家所謂人牛倶失、道家所謂翁馬両忘、孰為牧之。蓋自牧也。貴伯得之矣。

（『修真十書』巻三十一『玉隆集』「牧斎記」、十一左）

仏教では「人と牛と倶に失ふ」といい、道教では「翁と馬と両つながらに忘る」というが、誰がそれらを調教（牧）するというのか。それはおのずと調教されるのだろう。劉貴伯はそれを手にしているのである。

仏教でいわれる「人牛俱失」とは、廓庵「十牛図頌」の第八に「人牛俱忘」が、また普明の最終図にも人と牛が共に消え去る「双泯」があり、修行者を表す牧童と法性の象徴である牛が共に消え去った境地を指す。一方、道教側の「翁馬両忘」とは、この文章の直前で『淮南子』に見える「塞翁が馬」の故事を踏まえた文章が見えており、これと『荘子』大宗師篇に見える「両忘」の語を仏教の牧牛図頌に対抗してつなぎ合わせたものであると考えられる。

もっともこうした仏教の牧牛に対抗して、道教中に牧馬の伝統を新たに掘り起こそうとする白玉蟾の考え方は受け継がれることはなかったようである。白玉蟾再伝の弟子・周無所住『金丹直指』序では、

且明心見性、宗門事也。帰根復命、玄門事也。宗玄異事、若不可比而同之然。玄謂之錬丹、宗謂之牧牛。抑以大樸既散、非錬之則無以返漓還淳。六窓既開、非牧之則無以澡黒露白。曰錬、曰牧、殊途同帰。曰玄、曰宗、一而二、二而一者也。　（『金丹直指』序、一右）

そもそも「明心見性」とは宗門（＝禅宗）のことである。「帰根復命」は玄門（＝内丹道）のことである。宗門と玄門とは扱う内容が異なるので、比較したところで同じものだとすることができないようなものだ。玄門ではそれを錬丹といい、宗門では牧牛という。そもそも原初の状態から離れてしまったならば、錬成することなしに根源の状態へ復帰することはない。六つの感覚器官が外界へと開かれてしまったならば、調教（牧）することなしに黒い汚れを洗い落とし、本来の白色が現れることはない。錬成といったり、調教といったりするが、それらは一つにして二つ、二つにして一つのものなのだ。

といい、ここに馬は登場しない。周無所住は性説を重視する道仏一致論者であるが(13)、玄門すなわち道教では錬丹が、

また宗門すなわち禅宗では牧牛がその代表的なものとして語られている。なおここで「澡黒露白」と見えることから、やはり黒白を主題とする普明系統の牧牛図頌が考えられていよう。いずれにせよ張伯端以下の内丹道では、牧牛図頌は禅宗を代表するものとして捉えられていたことが分かる。

一方、王重陽以下の全真教に目を転じてみると、かなり張伯端以下の内丹道と状況を異にする。従来余り指摘されてこなかったことだが、全真教の文献中には牧牛に関する詞詩が散見されるのである。一例として馬丹陽の次の詞を挙げよう。

馬風子、憑仗做修持、恰到人牛倶不見、澄澄湛湛入無為、正是月明時。

（『漸悟集』［道蔵第七八六冊］巻上、望蓬萊詞「春日鄠県道友索」、二十四左−二十五右）

私、馬風子（狂える馬）は、修行により人牛共に見えぬ境地に至り、澄み渡った無為の境地へ分け入れば、このとき、正に月明かりがさすことだろう。

「牛倶不見（人牛共に見えぬ）」とは廓庵「十牛図頌」でいえば第八「人牛倶亡」に相当する。その他、牧牛図頌に関する詩詞としては、王重陽『重陽全真集』（道蔵第七九三−七九五冊）に巻四小重山詞「喩牛子」二首（二左−三右）・蘇幕遮詞「贈打車」（九左−十右）・巻十二双雁児詞（二左−三右）・小重山詞「述夢」（六左）・巻十三憨郭郎詞（十八左−十九右）があり、また劉処玄『仙楽集』（道蔵第七八五冊）巻五「五言絶句頌」（八左）、譚処端『譚先生水雲集』（道蔵第七九八冊）巻下長思仙詞第二（十一右）・同巻中満庭芳詞第三（七左−八右）もやはり牧牛に関連した内容になっている。

また、七真の次の世代に当たる王志坦（一二〇〇〜一二七二。字公平、号淳和）の『道禅集』（道蔵第七三九冊）には、

白牛常在白雲中、出入無形跨暁風。閑向丹田耕日月、霊苗滋種不労功。（「再留七十四頌」第二十二首、四左）

白牛は常に白雲の中にいて、形なき境地に出入して暁の風に乗る。静かに丹田に日月を耕せば、霊妙な苗と恵みの種は骨を折ることなく芽生えよう。

とある。冒頭の「白牛常在白雲中」の句は普明「牧牛図頌」の「相忘」第八の冒頭と全く同一でありつつ、後半は内丹を詠っていることが注意される。王志坦は丘処機の門人で、第八代掌教。いわゆる至元年間の仏道論争にも参加した人物である。また王志坦には「六牛図」があったというが伝わらない。[14] その他にも劉処玄下の于道顕（一一六七～一二三二）の『離峰老人集』（道蔵第一〇〇一冊）巻下「寄田戸店曹孔月」（十八右-左）や、伝授関係は不明ではあるが、やはり同時期の全真教徒と思われる李通玄『悟真集』（道蔵第七九一冊）巻下に「牧牛」と題する詩が残るなど（四左）、全真教の文献中、牧牛図頌に関連した詩詞は数多い。

宋末から元にかけて張伯端以下の内丹道は全真教と融合していき、両者の間の思想的な関係は深い。また両者ともに牧牛図頌に関する知識は深く浸透していたが、張伯端の道統を標榜する白玉蟾や周無所住らは牧牛図頌をあくまで道教外部の禅宗を代表するものとして捉えていた。これに対し、王重陽以下の全真教においては、牧牛図頌を主題とする詩詞が数多く見られ、これを用いて積極的に自らの思想を表現していることが分かる。円明『上乗修真三要』巻上には牧童が馬を飼い馴らし、やがて円相が現れる一連の図頌、すなわち「牧馬図頌」が見られるが、これはこうした風潮の下、著されたと考えられよう。

二　円明「牧馬図頌」について

二・一　作者と成立時期について

『上乗修真三要』の作者、円明老人について、デスプは馬丹陽再伝の弟子の高道寛（一一九五～一二七七。字裕之）であると推定し、李道謙『終南山祖庭仙真内伝』（道蔵第六〇四冊）巻下「高道寛伝」および『甘水仙源録』巻八の姚燧「洞観普済円明真人高君道行碑」に基づき、高道寛を紹介している。(15)

ただし高道寛の伝記の中に「牧馬図頌」に関する記事が見えないことは注意される。また陳垣『道家金石略』を調べてみると、(16)同時代の全真道士としては高道寛のほかにも、李志源・王徳真・寇志静・寧志平の四人に円明の号を持つことが確認され、その他、金・王丹桂『草堂集』（道蔵第七八六冊）にも孫円明という全真道士が見える。(17)もっともこれらの人物の伝記などからも「牧馬図頌」と関係する情報は見当たらない。つまり高道寛を含め、『上乗修真三要』の著者の特定については慎重な判断が求められるように思われる。

とはいえ『上乗修真三要』は全篇を通して「全真」の語が散見されることや、また全体的に性説を重視する内容から、金から元初にかけての全真教文献であると見てよいだろう。この問題については「牧馬図頌」が牛ではなく、馬を主題としていることが一つの示唆を与えるように思われる。

「牧馬図頌」はなぜ牛ではなく、馬なのだろうか。これについては『易』説卦伝に「乾為馬、坤為牛」とあるように、そもそも、古来、中国では牛馬はよく対にされる動物であったことがまず挙げられる。またその一方で実は仏教にも牛だけではなく、『仏説馬有八態譬人経』（大正蔵第二冊）など、馬を飼い馴らすことを修行に例える経典が見えることも指摘されている[18]。だがこうした仏教経典からの直接の影響よりもむしろ注意したいのは、心猿意馬の語との関係である。結論から言えば、「牧馬図頌」は修行者が意馬を飼い馴らす様を描いたものなのである。

妄心や煩悩を、騒ぎ立てる猿の制し難いさまに例えた心猿と、意念が外境に従い移ろうさまを奔馬に例える意馬とが組み合わされて用いられる例は、早くは『維摩経』香積仏品に見え[19]、またより熟した用例としては『敦煌変文集』（人民文学出版社、一九八四）巻五「維摩詰経講経文」に「卓定深沈莫測量、心猿意馬罷顛狂（優れた定は深甚にして量り難く、心猿意馬は顛狂でなくなる）」（六一七頁）と見える。道教でも唐末五代の道士杜光庭（八五〇？〜九三三）による『太上老君説常清静経註』（道蔵第五三三冊）左玄真人頌の注に「使意馬如風駆、心猿如箭疾（意馬には風が吹くように、心猿には速い矢のようにさせる）」（三十一左）とある。こうしたことから、唐末から五代頃には「心猿意馬」という言葉が、道仏を問わず、広く人口に膾炙していたことが窺われる。

全真教文献においても心猿意馬の語は頻出するが、注目すべきは、王重陽と馬丹陽には心猿意馬と絡んで次のような詞の応酬が残ることである。すなわち、「意馬擒来莫容縦（意馬を捕まえて思いどおりにさせてはならない）」（『重陽教化集』［道蔵第七九五―七九六冊］巻三「風馬児」、一左）として「韁児緊纏鞚（手綱でしっかりとくつわをつなぎ止める）」（二右）ことを説く王重陽に対して馬丹陽は次のように応えている[20]。

意馬顛狂自由縦。来往走、瑠滴瑠玎。更加之、心猿厮調弄。歌迷酒惑財色引、瑠滴瑠玎。　幸遇風仙把持鞚、便不敢、瑠滴瑠玎。待清清、堪帰雲霞洞、渾身白徹再不肯、瑠滴瑠玎。（同、二右）

意馬は顛狂にして自由で気まま。やって来ては去っていくよ、タンタラタン。さらにその上、心猿がいたずらをしかけてくる。歌に迷い酒に惑い財色に心ひかれるよ、タンタラタン。幸いにも風仙に手綱を握られることになったからには、もはやあえて惑うこともなし、タンタラタン。清浄になって、雲霞たなびく洞天へと帰り、全身真っ白けになってしまうことだろうよ、タンタラタン。

風仙とは害風を名のった王重陽を指す。つまりこれまで心猿意馬に振り回されていた馬丹陽は王重陽により「手綱を握られ」、教導を受けたことにより、もはや世俗の欲望にひかれることなく雲霞たなびく洞天へと帰ると応じたのである。原文の「雲霞洞」は王重陽の詞に「白雲洞」とあるのに対応するもので、ここでは神仙の住まう地としてイメージされているようである。(21)また注意しておきたいのは、この詞の最後に「渾身白徹」という表現が現れることである。ここで意馬が白くなる理由としては、最終的に法性の出現を白牛に例える牧牛図頌が重ねられているからであろう。この他にも王重陽や七真の文献中には意馬または馬を飼い馴らすことを主題とする詞が散見され、牧牛を主題とする詩詞と心猿意馬の位置が近いことも注意される。(22)

前節で見たとおり、白玉蟾は仏教の牧牛に対する牧馬の伝統を新たに掘り起こそうとしたが、張伯端以下の内丹道でこうした考え方は受け継がれることはなかった。一方、王重陽や七真、またその後学の間では牧牛を主題とする詩詞が多く作られ、特に王志坦に至っては「六牛図」まで作成していた。また上で見てきたように、牧牛図頌と心猿意馬を主題とする詩詞の距離は近く、既に心猿意馬を牧牛図頌に関連させる詩詞が王重陽や七真の段階で詠まれている。『上乗修真三要』の著者、円明を確定することは現段階では難しいものの、こうした状況から意馬を主題とする「牧馬図頌」の制作は、王重陽・七真たちの活動を受け、王志坦らその次の世代が活動した時期に限定することは可能であろう。

二・二　「牧馬図頌」の内容について

以下、「牧馬図頌」の内容について見ていく前に、まず『上乗修真三要』の構成を見ておこう。『上乗修真三要』は二巻より成る。巻上は序文に続いて、「三宝頌」、周りに七言二句の歌を両側に配した護法神、「性・心・命」の三文字、無極・太極図と続き、「牧馬図頌」はその後に置かれる。また巻下では内丹の修養過程が十二段階に分けて図示・解説され、巻末には「純覚真性歌」が置かれる。

「牧馬図頌」は全十二章・十三図から成る。一章は七言八句（内、三言二句を交える）の頌から成り、七言一句（あるいは三言二句）ごとに五言四句（時に七言四句・四言四句を交える）の和頌が付される。またこれら十二の頌・和頌はちょうど十三の図に挟み込まれたような形になっている。以下、ここでは「牧馬図頌」を大きく三つに分けて簡単に説明したい。すなわち、牧童が馬を飼い馴らし、牧童と馬が共に踊る第四章まで、手綱を引かずとも牧童に馬が寄り添う第五章から第九章まで、そして円相が現れる直前の第十章以降、第十二章までである。

①第一～四章（二右-五右）

まず第一図では奔放に駆ける馬の手綱を握り、引きずられている牧童の姿が描かれる。この馬は身の丈七尺以上の真っ黒な姿を持ち、(23)「四蹄奔途性不廻（四本の足は道を駆けて性はどこかに行ってしまう）」、「這馬好難擒捉住（この馬を捕らえることは本当に難しい）」というように奔放に駆け、捕まえるのは非常に難しい。これは和頌に「馬心賊」「意馬心」といわれるように修行者の意馬である。

第二図は牧童が馬と格闘し、飼い馴らそうとする場面が描かれる。第二章ではこの馬が鞍やくつわを身に付けず、辺りを駆け回り、尋常の馬と比べものにならない雄々しい性質を持ち、(24)「絡首加鞭不放閑（首にひもを付けて鞭を与えて

野放しにし）」てはならないことが求められる。

第三図では牧童が手綱で馬を引き連れている姿が描かれる。第三章では第二章の調教の結果、「牽首廻身帰家放（首を引いてその身を引き返させて家に帰って馬を放つ）」ことができるようになり、ついに「黒馬銀頭性不訛（黒馬は銀色の頭となり、性はあらわ）」となる。

第四図では牧童が馬と共に踊っている姿が描かれる。第四章で馬は「牧童歌舞緊相随（牧童は歌い舞い、馬はしっかりと寄り添う）」までに至り、「漸得此獣安自性（次第にこの獣飼い馴らし本来の性を安ずる）」ようになる。こうして馬は牧童に柔順となり、牧童の手から離れる。このように一章から三章は修行者が意馬を従わせようと格闘している段階であり、四章はそのひとまずの成就を喜んでいると見ることができよう。

②第五～九章（五右－八左）

第五図以降第九図に至るまで、五図にわたり牧童はもはや馬の手綱を引くことはない。

第五図では岩に腰掛ける牧童とそのそばに寄り添う馬の姿が描かれる。五章では、和頌に「牧童巌中坐、馬在松下立（牧童は岩穴に座し、馬は松の樹の下に立つ）」とある。[25] 馬は「撇去荒郊不用看（荒れ野に打ちゃり見守る必要はな）」く、もはや馬を監督する必要もなく、牧童は「君子の性」を知る。

第六図は趺坐する牧童のそばに馬が立つ。六章では「性善安閑道不空（性は善にして安らかで道は不空）」となり、「童又喜　任縦横（牧童も喜び、馬のしたいように任せる）。」不空は空亡ではない真空の意。善なる性を獲得し、牧童は馬の自由に任せるのである。

第七図では牧童は笛を吹き、馬がそれに従う場面。七章では「性空勿須擒意馬（性は空となり意馬を捕らえる必要もなく）」、「忘機絶却把心猿（無心となり心猿を捕まえることもなくなる）」といい、性は空となり、もはや意馬や心猿を捕ま

える必要がなくなる。なお普明「牧牛図頌」の「無碍」第六でも笛を吹く牧童のそばにくつろぐ牛を描いており、第七図の意匠に極めて近い。

第八図では牧童は再び趺坐し、馬は膝を屈する場面が描かれる。八章では「清風斜日就天涯（清らかな風がそよぎ日は傾いて天の果てへと落ちる）」と詠うように、日は傾き、もはや修行の行程も終わりに近づいているのを感じさせる。川辺に馬を放ち、『論語』子罕篇に見える我・固、すなわち私心と執着がなくなり、(26)「良馬本無性、牧童体自円（良馬は本来、無性であり、牧童の身体はおのずと円満）」な状態となる。

第九図では毛皮の上で肘を突いて眠っている牧童の隣でとうとう馬は丸くなって眠っている。九章では「駿驤収来巌下臥（駿馬を飼い馴らして岩山の麓で横になる）」といい、また和頌に「牧童睡正酣（牧童はすっかり深い眠りに就く）」と詠う。この句は普明「牧牛図頌」「任運」第七の「石上の山童睡正に濃たり」を踏まえるかもしれない。この時、「心似槁木若寒灰（心は枯れ木のごとく火の気のない灰のよう）」になり、「無動の性」を手に入れる。ここに至って四章以来、修行は最高の深まりを見せる。

③第十～十二章（八左–十一右）

第十図では横たわる牧童のそばに馬が死す姿が、第十一図では円相の中に歩く牧童の姿が描かれる。第十章で「密隠潜形卧小庵（ひっそりと隠れて姿を潜め、小庵で横にな）」った牧童は「馬死孤身閑歩去（馬は死に独り静かに歩み去る）」と詠われるように、それまで岩山の麓に臥せっていた馬は死んでしまい、牧童は静かに立ち去る。よって馬が死す点からは第十図が、静かに立ち去る牧童の姿としては第十一図が対応していると考えられる。ここで「牧馬図頌」に十三図ある理由を考えてみれば、第十章のこうした二重性に求めることができるかもしれない。

ここに描かれる馬の死と牧童が歩み去る姿は、修行者による意馬との格闘が終わり、本来の真性をようやく獲得し、更に一歩を踏み出す境地の再現であると考えられる。またこれは次章にいう「人馬双忘」に相当し、禅宗では普明の「双泯」第十や廓庵の第八「人牛倶亡」に当たると見ることもできよう。ここには禅宗の牧牛図頌のように単体の円相は見られないものの、第十一図以降、聖位の表現として円相が形式化されて導入されている。(27)またこれは世俗の終焉と聖性の始まりであり、本来、修行者の一部である意馬の死には、文字どおり、宗教的な死というモチーフが表現されていると見ることもできよう。これは『碧巌録』などで悟りを表す「大死一番」という語や、(28)あるいは王重陽が自ら害風と名のり、終南の南時村に穴室を作って「活死人の墓」と称して修行に打ち込み、宗教的自覚に至った逸話を想起させる。(29)

第十二図は円相の中に趺坐する赤子の姿が描かれる。十一章では十章を受け、「双忘人馬杳無言（人と馬共々忘れ去り杳として言葉もなく）」、内に「全真」・「自然」を養う。(30)それは「守一」であり、『道徳経』首章にいう「玄の又た玄、衆妙の門」の境地である。またこの段階で初めて「玉胎」が錬成される。(31)第十二図に見える円相の中に趺坐している赤子がそれだろう。これは内丹でいう聖胎や嬰児に相当すると考えられる。内丹の修行では最終的に陽神を創造し、肉体から離脱することで生死からの超脱が目指される。聖胎や嬰児は陽神の基になるものである。全真教ではこうした境地は性上の功夫、いわゆる性功を究めた果てに自然と修得できるとされる。(32)

第十三図は円相の中に一人の老人の姿が描かれる。また第十三章では法身は清浄にして三天に通じるとされる。(33)「法身」はもともと仏教の三身の一つだが、ここでは上述の「玉胎」、すなわち聖胎や嬰児を指す。嬰児より作り上げられた胎を法身と呼ぶ例が、北宋期に成立したと思われる鍾呂派の文献である『西山群仙会真記』（道蔵第一一六冊）に見られる。(34)この嬰児は「始生不知誰之子（初めて産まれ、誰の子であるか知らない）」無垢なる状態であり、それは同時に「紫金の仙」、すなわち第十三図に見える老人なのであろう。ここでもまた第十二図と十三図にまたがっている

と見ることができるかもしれない。[35] なお第十三図は廓庵「十牛図頌」第十「入鄽垂手」の意匠との近似性を感じさせる（図4）。かくして十二章と十三図に及ぶ円明「牧馬図頌」は閉じられる。

二・三　「牧馬図頌」の特徴

以上「牧馬図頌」の内容を確認してきたが、ここで性に注目して整理してみるとこのようになろう。そもそも『上乗修真三要』の序文では「夫聞至道恢弘、莫非返還心性（そもそも至道は広大ではあるが、全て心性に帰りゆくとのこと）」（一右）という一文から始まり、心性は第一に追究されるものとして考えられている。実際、「牧馬図頌」では、第一章で「性はどこかに行ってしまう」として牧童、すなわち修行者の手に負えなかったものが、第三章では部分的ではあるが「性はあらわ」となり、第五章では「君子の性」を知り、第六章では「性は善」、また第七章では「性は空」に、そして第八章では「良馬は本来、無性である」といわれ、第九章では「無動の性」を得るに至る。また意馬の死を経て第十章では「忘言一性総包含（言葉を忘却し、一性が全てを包含する）」、すなわち言説を忘れ去り、性があまねく全てを包含するという。このように意馬の馴致に従い、修行者は性を把持し、理解を深めてきたが、十二章では最終的に「性滅心忘無箇事（性は滅し心も忘れてしまい、そうしたことすらない）」境地に至る。ここでは序文で目指すべきとされた心性は、逆に放擲されてしまっているのであり、最終的には修と証を双忘した境地へと至るといえよう。

また普明「牧牛図頌」および廓庵「十牛図頌」と比較検討しておくと、円明「牧馬図頌」は修行者が意馬を飼い馴らすことを主題とすることから、廓庵のように法性を表す牛の得失が問題にされているのではなく、むしろその内容は牧・未牧を主題とする普明「牧牛図頌」に近接するのが分かる。[36] ただし牧牛図頌と異なり、修行者の意馬を表す馬は、最終的に法性を表す牛とは違って最後には死んでしまわざるを得ないのである。

ところで廓庵の著した「十牛図頌」は、人牛が共に消え去る「双泯」が円相で表された後、もう一度俗塵へと帰り来る「返本還源」「入鄽垂手」の二図を加えており、ここに普明の「牧牛図頌」など、円相に終わる先行する牧牛図頌を超克しようという意識が現れているとされる。(37) 円明「牧馬図頌」でも同様に、人馬双忘が描かれた後、円相が現れ、第十二・十三図の円相の中には嬰児と老人の姿が描かれる。特に第十三図は、廓庵の「十牛図頌」の第十図「入鄽垂手」との近似性を感じさせる。しかしその内容は大いに異なり、ここでは禅宗では説かれることのない陽神の創造が説かれている。これは鍾呂派以来、禅宗に対する内丹の優位性を示すとされたものである。(38) すなわち円明「牧馬図頌」は単なる禅宗の模倣ではなく、最終的には陽神の獲得に至る内丹道独自の立場が反映されているということができよう。

三　譙定「牧牛図詩」について

三・一　譙定について

以上、全真教における牧牛図頌の影響を見てきた。だが牧牛図頌は道教だけではなく、儒教、とりわけ道学にもその影響が見られる。ここで取り上げるのは、譙定の「牧牛図詩」である。上で触れたとおり、儒教側から残された牧牛図頌としては日本・清水春流の「儒家十馬図」がある。しかし「儒家十馬図」が基本的に普明「牧牛図頌」の図を馬に置き換えただけのものであるのに対し、譙定のものは内容的に独自色が強く、また禅宗や全真教における牧牛図頌・「牧馬図頌」などが相次いで登場する時期とも前後し、極めて興味深い作品であると考えられる。なお現在、譙定の「牧牛図詩」に図は残らないが、『朱子語類』巻六十七に「譙作牧牛図（譙定は牧牛図を作った）」とあることから、もともとは図が付されていたものと思われ、ここでは譙定「牧牛図詩」と呼ぶことにする。

まず譙定の事跡を『宋史』巻四五九「隠逸伝」下に従って簡単に見ておこう。譙定、字は天授、涪陵（今、四川省）の人。若い時に仏教を好んだが、郭曩より象数易を学んだ後、洛陽で程頤（一〇三三～一一〇七）に師事する。その後一旦帰郷するが、欽宗の靖康年間（一一二六～一一二七）に呂好問（一〇六四～一一三一）により推挙されるも辞退している。その後しばらく開封の辺りに滞在しており、高宗の紹興年間（一一三一～一一六二）にも許翰（?～一一三三）により推挙される。しかし結局、官に着くことはなく、金兵の進攻に際して青城山に入り、「その終はる所を知らず」、仙人になったともされる。なお譙定は程頤からも『易』を学び、後に劉勉之（一〇九一～一一四九。字致中、号草堂）と胡憲（一〇八六～一一六二。字原仲）にそれを伝えたという。譙定の伝は、『宋史』の他、『宋元学案』巻三十劉李諸儒学案・『歴世真仙体道通鑑続編』巻四・『独醒雑志』巻七（宋・曽敏行撰、淳熙乙巳年［一一八五］楊万里序）に見られる。また『朱子語類』巻六十七には劉勉之が譙定の伝を作ったというが、現在残っていないようである。

もっとも譙定は程頤に師事したとはいえ、易学については郭曩からも学んでいること、またかつて仏教を学んでいたことから、「又頗雑於仏老子之学者、恐未得以門人称也（またおびただしくお釈迦さんの学問を混ぜ合わせている者であって、恐らくはまだ門人とは呼べないだろう）」（『朱熹集』巻三十「答汪尚書」）として、朱熹は譙定を正統な程頤の学を受け継ぐ者かどうか疑念を呈している。(39) だがそれでも譙定は程頤から劉勉之や胡憲を介して朱熹に至る道学の中に大きくは位置付けられるのであり、こうした人々の中に牧牛図頌に関心を持つ人物がいたことにここでは注目しておきたい。譙定の「牧牛図詩」の作成時期は定かでないが、次項で見るように、禅宗の牧牛図頌の形をとりつつも、儒教的な内容を中心としており、彼の経歴を反映したものといえよう。

なお『居士伝』（卍続蔵第八十八冊）巻三十の張徳遠（名浚、漢州綿竹［今、四川省］の人。政和八年［一一一八］進士）の伝に、張徳遠が譙定から『論語』を学んだ後、『碧巌録』で知られる圜悟克勤（一〇六三〜一一三五）に師事したという記事が見える。(40) 圜悟克勤は楊岐派三世で五祖法演（？〜一一〇四）に学び、同門には廓庵の師である大随元静（一〇六五〜一一三五）がいる。単純に考えれば、譙定は圜悟克勤とほぼ同世代であり、廓庵より一世代上の人物であるといえるだろう。

三・二「牧牛図詩」の内容

以下、譙定の「牧牛図詩」について見ていこう。譙定「牧牛図詩」は南宋・阮閲編『詩話総亀』後集巻七に見える。(41) 譙定「牧牛図詩」は全部で九章から成る。各章ごとに図の説明がなされ、その後ろに五言八句の詩を付す形をとる。現在、序文は残らないが、『朱子語類』巻六十七にはその断片が見えるので確認しておく。

譙作牧牛図。其序略云、「学所以明心、礼所以行敬。明心則性斯見、行敬則誠斯至。」
（『朱子語類』巻六十七、易三綱領下「論後世易象」）

譙定は「牧牛図」を作った。その序にはおおよそ次のように述べる。「学とは心を明らかにするものであり、礼とは敬を実行するものである。心を明らかにすれば性が現れ、敬を行えば誠が実現される」と。

短い文章だが、ここから禅宗や全真教の牧牛図頌等との立場の大きな違いをつかむことができる。つまり、学と礼は心と敬を手に入れるための具体的手段であり、それにより性と誠が発露すると考えているということである。

次に諶定「牧牛図詩」の内容を見ておく。まず気が付くのが『論語』からの引用の多さである。特に前半の一章から四章までは、『論語』顔淵篇に見えるいわゆる「四勿」の教えに基づいて、目・耳・言動・挙措という四つの段階をたどりつつ修治されていく様子が描かれる。またもともと全身真っ黒であった牛は、章を追うごとに関連する部位が白くなっていく。具体的には、一章では「礼に非ざれば視ること勿かれ」を受けて牛の両目が白くなり、以下、二章では「礼に非ざれば聴くこと勿かれ」を受けて牛の耳と角が、三章では「礼に非ざれば言ふこと勿かれ」を受けて牛の口が、そして四章では「礼に非ざれば動くこと勿かれ」を受けて牛の四足が白くなる。

『論語』顔淵篇に見える「四勿」とは、孔子が「克己復礼為仁」と述べたのに対して、その具体的な行為の中身を顔回が尋ね、孔子が視・聴・言・動の四つの修治を挙げる部分を指す。つまり一章から四章までは具体的な実践を行う段階と思われるが、第五章では「其学習美成、礼法文質、内外自然、克己復礼、帰于至誠（学習が完成し、礼法は文と質が調和し、内も外も自然にして、『己に克《か》ちて礼に復《かへ》り』、至誠に立ち帰る）」といい、それまでの実践がひとまず完成すると見てよいだろう。またその時、「動容周旋、皆な礼に中り、盛徳の至り」（『孟子』尽心下）という状態になる。そして牛は首と尾が白に変じ、過ちを犯すことがなくなるため、牧童はそれまで手にしていた鞭を置き、鼻索を執ることもなくなるという。[42]

六章以下では、『論語』子罕篇のいわゆる「四毋」に基づき展開する。まず六章では思慮・情識は全て消え去り、「動静無意（動静に『意無く』）」、あたかも鏡のように世の中に身を置きながらも全てに対応するという段階である。[43] ここに至って牛は純白となり、牧童と共に「人牛両息（人も牛も共々憩う）」。七章からは前章までの消極的な成就と異なり、積極的なあり方が説かれる。すなわち順逆・体用を自在に操り、いまや陰陽のあり方や世の中にあわせ融通無碍に行動し、「一切毋必、道合則従（一切『必毋く』、道に違うことなくそのあり方に従い）」、牧童は消え去り、白牛は圏索をまとうこともなく自由となる。[44] 八章では出処進退は全てよろしきにかない、「応世無固（世間に対応して『固無く』）」、白牛は自由に振る舞い、何物にも囚われることはなくなる。そして九章では、「身心銷復、与道混融。一切毋我（身心は災厄から自由になり正常な状態に復し、道と融合する。一切『我毋く』）」、道と渾然一体となり全ての区別がなくなる。すなわち「四毋」の完成であり、これは孔子自身の境地の再現であろう。ここに至って牛もまた消え去り、ただ鼻索、すなわち牛の鼻をつなぐ縄のみその名残を残している情景が描かれる。[45] 牛の鼻をつないでいた縄が残っているのは、「世訓」、つまり後世の修行者を啓発するための教化の一つである。こうして譙定「牧牛図詩」は終わる。

譙定の「牧牛図詩」の特徴についてまとめれば次のようなことがいえるだろう。まず全体を通して、普明「牧牛図頌」と同様、黒牛が白く変化することで修道の過程が描かれる。ただしその背後には孔子から顔回への教え、すなわち「四勿」と、孔子自身のあり方を示す「四毋」があり、ここではそのそれぞれに基づき構成されている。また目・耳・言動・挙措という具体的な礼による外界との接点が考えられている点は、禅宗や全真教の牧牛図頌・「牧馬図頌」とは大きく異なる儒教的な特徴といえよう。その他にも、例えば第八章には「進退存亡、不失其正（出処進退や生死は、正しいあり方から外れることはない）」と見えるが、こうした出処進退についての記述は禅宗や全真教では全く欠落していたものである。それは具体的には礼の実践であり、学という漸修的なあり方により、『朱子語類』に残る序文にいうとおり、最終的に性・誠へと向かうことを企図するものであろう。ただし全体としては普明「牧牛図頌」を襲い、黒牛から白牛へという漸修的要素を持ちつつも、第九章では後学への世訓を示す鼻索を残している点で、同時に廓庵「十牛図頌」のように世俗への教化という場面で終わっているところに特徴があろう。

後に朱熹は「釈氏言牧牛、老氏言抱一、孟子言求放心（釈迦は『牧牛』を説き、老子は『抱一』を説き、孟子は『求放心』を説く）」（『朱子語類』巻一二六「釈氏」）と述べている。すなわち、やはり牧牛図頌は禅宗を代表するものとして捉えられているのであり、最終的に禅宗と決別した朱熹の牧牛図頌への距離を反映していると見ることができるかもしれない。だがそれでも譙定による「牧牛図詩」の作成は、朱子学の形成期における禅宗の影響の大きさを物語るといえるだろう。

まとめ

本章では、禅宗の牧牛図頌に影響を受けた作品として円明「牧馬図頌」と譙定「牧牛図詩」を取り上げた。まず全真教は、先行する張伯端以下の内丹道とは異なり、王重陽や七真をはじめとして牧牛図頌に関連する詩文が多数残り、これが円明「牧馬図頌」の登場につながったと考えられる。他方、道学では譙定の段階で「牧牛図詩」が残り、禅宗への高い関心を示している。こうした同時代の、特に新しく勃興しつつあった全真教や道学における「牧馬図頌」や「牧牛図詩」の作成は、全真教・道学による禅宗の性説の摂取の具体的な例と捉えることができるだろう。(46) しかしそれは単純な模倣ではなく、そこには独自性も見られる。例えば、円明「牧馬図頌」では牛が馬に置き換えられ、意馬を飼い馴らすことが主題となっており、意馬の死の果てに修行者は本来の真性を獲得すると同時に陽神が出現する。一方、譙定「牧牛図詩」では『論語』に基づき構成され、最終的に孔子自身の境地そのものの再現へと変更されている。

全真教と朱子学は中国近世の形成に大きな作用を及ぼしたが、このように禅宗の牧牛図頌はその草創期に大きな刺激を与え、それぞれの自己表現の一つの場としての役割を果たした。これまで基本的に禅宗の内部で議論されていた牧牛図頌は、より大きな時代的思潮の中でもう一度捉え直すことが必要であろう。

以上、本章では、禅宗で流行した牧牛図頌を一つの手掛かりとして、仏教の性説が全真教や道学に対していかに影響を及ぼしたかについて見てきた。次章では、全真教に焦点を当て、性命説の構造を検討することにしよう。

注

(1) 牧牛図頌の研究としては以下のものがある。柴山全慶『十牛』(其中堂、一九六三)、川瀬一馬「五山版「十牛図」考」(同『五山版の研究』、日本古書籍商協会、一九七〇)、上田閑照・柳田聖山『十牛図——自己の現象学——』(ちくま学芸文庫、一九九二)、蔡栄婷「『孟録』二七〇号牧牛詩残巻考釈」(『国立中正大学学報』人文分冊第七巻第一期、一九九六)・同「宋代禅宗牧牛詩組初探」(『国立中正大学学報』人文分冊第八巻第一期、一九九七)・同「唐湘山宗慧禅師「牧牛歌」析論」(『中正中文学術年刊』創刊号、一九九七)・同「唐五代禅宗牧牛喩探析——以青原法系為考察中心」(『国立中正大学学報』人文分冊第十巻第一期、一九九九)。

(2) W.ラーフラ・片山一良「禅と牛飼い——禅・上座部比較研究試論——」(『駒沢大学仏教学部論集』第八号、一九七七)を参照。

(3) 「楊次公証道牧牛頌」については、竜晦「大足仏教石刻「牧牛図頌」跋」(『中華文化論壇』第四期、四川省社会科学院、一九九四)、胡良学「大足石刻禅宗「牧牛図」管見」(『仏学研究』、中国仏教文化研究所、一九九七)、蔡栄婷「大足石刻楊次公証道牧牛頌析論」(丁敏等『仏教与文学——仏教文学与芸術学研討会論文集(文学部份)』、法鼓文化、二〇〇一)がある。

(4) 柴山全慶前掲書を参照。

(5) 正確には「止の図(Źi gnas dpe ris)」。関連する論文には以下のものがある。梶山雄一「牧牛図の西蔵版に就て」(『仏教史学』第七巻第三号、仏教史学会、一九五八)、御牧克己「チベット仏教修行の一断面——所謂「チベット牧象図」について——」(『修行の研究——修行の目的・形態・意味についての学際的研究——』、平成八—十一年度科学研究費補助金・基盤研究(A)(2)[研究課題番号:〇八四〇一〇〇三]、研究代表者:長谷正当、二〇〇〇)、能仁正顕「シャル寺版チベット牧象図再考」(頼富本宏博士還暦記念論文集刊行会編『マンダラの諸相と文化——頼富本宏博士還暦記念論文集』下[胎蔵界の巻」、法蔵館、二〇〇五)。

(6) 中村文峯『うしかい草』(山喜房仏書林、一九八五)、および柳田聖山・椎名宏雄編『禅学典籍叢刊』第二巻(臨川書店、一九九九)に国会図書館蔵本「儒家十馬図」(延宝二年[一六七四]中村七兵衛尉開板)を収める。

(7) 蕭天石『上乘修真大成集』(『道蔵精華』六集之二、自由出版社、一九六一)、および Catherine Despeux, *Le Chemin de L'Eveil*, L'Asiathèque, 1981。

(8) 胡昭曦「譙定・張栻与朱熹的学術聯系」(『中国哲学』第十六輯、岳麓書社出版、一九九三)。

(9) 『悟真篇』における「禅宗歌頌」の位置付けについては、福井文雅「『悟真篇』の構成について」(同『道教の歴史と構造[増補修訂]』、五曜書房、二〇〇〇所収)、吾妻重二「『悟真篇』の内丹思想」(同『宋代思想の研究』、関西大学出版部、二〇〇九)、また本書第Ⅰ部第一篇第一章を参照。

(10) 上田閑照・柳田聖山前掲書、二八〇頁。ただし蔡栄婷は普明を黄竜派薦福道英の法嗣等覚普明であるとする(蔡栄婷前掲論文「宋代禅宗牧牛詩組初探」、九十二頁)。

(11) 劉国樑・連遥注『新釈悟真篇』(台湾三民出版社、二〇〇五)では、この箇所を五行思想と結び付け、内丹的に解釈している(二五九頁)。だが張伯端は『悟真篇』序で「禅宗歌頌」を著す際、『景徳伝灯録』等の仏書を見たと明言しており(『紫陽真人悟真篇註疏』序、十六左)、牧牛図頌の知識があったと考えるべきであろう。

(12) なお白玉蟾が閤皂山にいたのは一二二二年とされ(横手裕「白玉蟾と南宋江南道教」、『東方学報』第六十八冊、京都大学人文科学研究所、一九九六)、この時期に書かれた文章と思われる。

(13) 周無所住については本書第Ⅰ部第一篇第一章第四節を参照。

(14) 「所着信心録・六牛図伝於世」(李道謙編撰『甘水仙源録』巻七、元・高鳴「崇真光教淳和真人道行碑」、四右)。

(15) Despeux, C. 前掲書、一〇一頁。

(16) 陳垣編、陳智超・曽慶瑛校補『道家金石略』、文物出版社、一九八八。

(17) 「和孫円明先生韻」(二十二右-左)。なお『草堂集』には「牧牛喩」が残る(二十九右-左)。

（18）Despeux, C. 前掲書、一〇三〜一〇四頁。

（19）「以難化之人心如猿猴。故以若干種法制御其心、乃可調伏。譬如象馬、𢤱悷不調、加諸楚毒、乃至徹骨、然後調伏」（『注維摩詰経』巻八「香積仏品」第十、大正蔵第三十八冊四〇一下）。

（20）なお『重陽全真集』巻十二（十一左）にも王重陽の同詞が残る。

（21）『洞玄金玉集』巻七「華亭県西庵主王公請住方丈」には「将来功満、離了凡間。向大羅天、雲霞洞、列仙班」（十二左）と見え、ここでは雲霞洞は大羅天と並び、神仙の住む場所として普通名詞で使われているようである。

（22）例えば『重陽全真集』巻十二には牧牛と心猿意馬を主題とする詞が並んでいる（双雁児詞二左−三右・「又自述」三右）。

（23）「形騋盲黒落深隤」（二左）。「騋」は『周礼』夏官司馬・廋人に「馬八尺以上為竜、七尺以上為騋、六尺以上為馬」とある。

（24）「裸体背上無鞍轡、莫倣尋常一眼看。彷徨馳騁雄哮性」（三右）。

（25）ただし第五図では竹の絵になっている。

（26）「渓畔放驕無我固」（七左）。「驕」は許慎『説文解字』に「驕、馬高六尺為驕」という。

（27）なお『上乗修真三要』冒頭の無極図と円相の近似性についても注意される。

（28）「須是大死一番、却活始得」（『仏果圜悟禅師碧巌録』、大正蔵第四十八冊一七九上）。

（29）王重陽の生涯については窪徳忠『中国の宗教改革――全真教の成立――』（法蔵館、一九六七）、蜂屋邦夫『金代道教の研究――王重陽と馬丹陽――』（汲古書院、一九九二）第一章「王重陽の生涯」などを参照。

（30）「内守全真養自然」（十右）。

（31）「煉就玉胎分造化」（十右）。

（32）全真教の功法とその特徴については、本書第Ⅰ部第二篇第二章を参照。

（33）「法身清浄徹三天」（十左）。三天は『雲笈七籤』巻三「道教三洞宗元」では玉清・上清・太清の三清境を指す。

（34）「及夫三百日胎完、……五百日陽神生。養其陽神、而錬之合道、是生形已来、養之而生真炁、自生炁以来、養之而生法身、身外有身、超凡入聖、養生之道、備於此矣」（巻二「養生」、三右）。

(35) この点についてはデスプも言及するが（一〇二頁）、頌の内容が前後の図にまたがるのは第十章にも見られることは上述のとおりである。

(36)「牧馬図頌」に馬の黒白は主題としては登場しないが、「黒馬」（第一・三章・第四章和頌）と「白馬」（第四・五・六・九章和頌）の語が散見され、また後半に白馬が比較的多く登場していることは、それを傍証するかもしれない。

(37) 上田閑照・柳田聖山前掲書を参照。

(38) 本書第Ⅰ部第一篇第一章を参照。

(39) 胡昭曦前掲論文を参照。

(40)「初居京師、遇処士譙定、教以熟読論語。始有志於道。已而問法於円悟禅師」（二三八上）。

(41)『詩話総亀』は『四部叢刊初編』所収『増修詩話総亀』を用いた。

(42)「故如牛首尾変白、牧者置鞭間坐、不執鼻索、放曠無拘、頓絶所犯矣。」

(43)「猶金鑑焉、不迎不将、応而不傷。」なおこの箇所は『荘子』応帝王篇に基づく。

(44)「猶如白牛、難帯圏索、已無牧人矣。」

(45)「猶如無牛可得、惟存鼻索、伝示将来矣。」

(46) もっとも、本書第Ⅰ部第一篇第一章で論じたとおり、張伯端以下の内丹道は、全真教に先行して既に禅宗の性説に接している。それにもかかわらず、いわゆる南宗に比べ、全真教が大々的に牧牛図頌を受容した理由としては、全真教が頓悟頓修的、あるいは「上乗」的立場をとる禅宗と近い立場にあったことによるかもしれない。

図3「牧馬図」（円明『上乗修真三要』巻上・道蔵本）

第一図

第二図

第三図

第四図

第五図

第六図

第七図

第八図

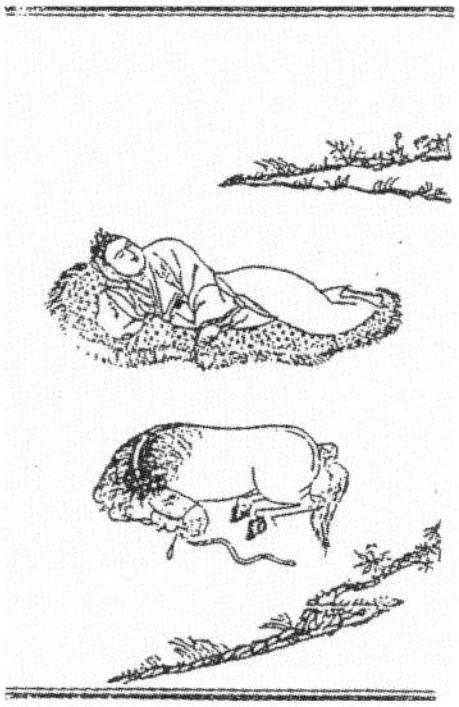

第九図

第十図

第十一図

第十二図

第十三図

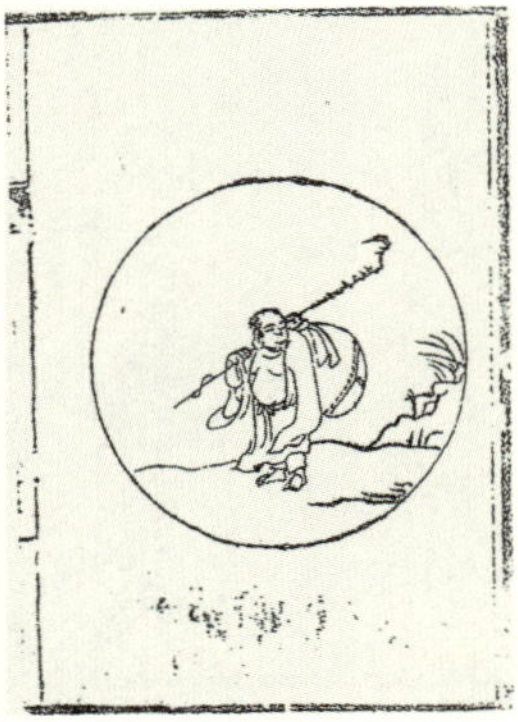

第十入鄽垂手

図4　「入鄽垂手」
（廓庵「十牛図」第十・天理大学附属天理図書館所蔵五山版『五味禅』）

第二章　全真教の性命説に見える機根の問題について

――南宗との比較を中心に――

はじめに

金の王重陽により開かれた全真教は、現在でも正一道と並び、道教を二分する大きな勢力を誇る。この全真教を初めて「新道教」と呼んだのは常盤大定である。また日中戦争のさなか、これとは独立して陳垣も全真教を「新道教」と呼び、戦後では窪徳忠がこれらを受けて『中国の宗教改革』（法蔵館、一九六七）を著した。これらの中では、全真教は旧来の道教諸派とは異なり、戦火に苦しむ民衆を救済したことや、また思想的には禅宗に大きく影響を受けたことなどが指摘され、いずれも大きな位置が与えられている[1]。

ところで全真教に先行するものとして注目すべき一派がある。北宋の張伯端に始まる内丹道の一派である。張伯端の『悟真篇』に見られるように、彼らは内丹と併せ頓悟を修める必要を説いていた。一方、王重陽や七真は張伯端の『悟真篇』をはじめとする文献を取り上げることはなく、彼らに対する知識があったという直接的な形跡はない。すなわち両者は基本的に独立して成立、展開したと考えられる。だが、南宋滅亡後になると、張伯端以下の内丹道が「全真」を名のる形で両者は本格的に融合していくようになり、後世、張伯端以下の内丹道は南宗、王重陽の全真教はそれに対して北宗と呼ばれることになる。

この張伯端以下の内丹道と、全真教の関係に関する実証的な研究はまだ本格的には行われていない。王重陽の修業時代、彼がどういう系統の内丹道に従事していたのかについては不明であり、全真教と張伯端以下の内丹道の関係についてもまだ未解明のままにとどまっている。だが共に性功を重視し、また後に両者が融合する以上、その近似性と差異の双方について検討されねばならないだろう。

全真教と南宗の差異としてはまず組織形態の違いが挙げられる。すなわち全真教が早くから三教七宝会をはじめとする組織を結成し、大きな教勢を誇ったのに対し、張伯端以下の内丹道、すなわち南宗は当初、師弟関係の中で伝授されるといった個人的なものであった。また全真教は早くから政治権力との結び付きを深めていたが、南宗は政治権力と即座に結び付くということはなかったようである。こうした違いを生み出した原因としては、金やモンゴルの南下に伴う戦乱による北中国の社会情勢の悪化が大きくあずかっていると思われる。

思想的には全真教と南宗は共に内丹道の伝統の中に位置する。しかし頓悟といった性功の重視という点では共通するものの、命功、すなわち内丹の修養に対する考え方や、その関係については両者の間で相違点も大きい。特にここで注意したいのは、この両者の間には、修行者たちの機根についての深刻な立場の違いがあり、それらが性命説に大きな影響を及ぼしていると思われる点である。そこで本章ではまず王重陽と七真を中心に全真教の性命説に現れる根機の問題を検討することにしたい(2)。また併せて南宗の修行観についても検討し、両者の差異を明らかにしておくことにしたい。ここにはまた後に両派が接触する際に現れる議論の背景を明らかにしておこうという狙いもある。

ところで全真教文献を取り扱うには一つの困難が常に付きまとう。王重陽や七真には大量の資料が残るが、その大部分は詩詞の形式をとるのである。それは道という語れないものを語ろうという彼らの言語的な戦略の一つであったと見ることができるかもしれない。いずれにせよ詩詞は論理的な伝達手段でないこともあって、全真教の教説についての分析は、従来、『重陽立教十五論』のような周辺の文献を中心に行われ、その膨大な詩文集については余り用いられることがなかった。

こうした中、近年、王重陽と七真の事跡や、教説の差異について蜂屋邦夫『金代道教の研究――王重陽と馬丹陽――』（汲古書院、一九九二）・『金元時代の道教――七真研究――』（汲古書院、一九九八）、張広保『金元全真道内丹心性学』（生活読書新智三聯書店、一九九五）などによってかなりのことが明らかになってきた。これらは残された個々の語録や詩文集・伝記から丹念に彼らの教説・事跡についてたどり、比較・検討したものである。しかし七真はそれぞれ基本的に王重陽の教説を正しく伝えていると考えていたであろうこともあって、彼らの教説の間に差異を見付け出すのは時に困難である。もちろん王重陽と七真それぞれの思想的特徴の検討は重要な問題ではあるが、本章ではまず全体的な性命説の構造を把握することを目指したい。なおこれに当たっては詩詞から教説を回復する必要性があるが、ここでは七真の語録以外に、丘処機に次いで第五代掌教となった尹志平の『清和真人北遊語録』（道蔵第一〇一七冊。以下『北遊語録』と略記）を参考にしながら彼らの教説、性命説について追い掛けることにする。

なお『北遊語録』には、張伯端の『悟真篇』に言及する箇所が数条見られる。おそらくこれは全真教文献の中で最も早く張伯端の『悟真篇』に言及したものと思われるが、ではなぜ尹志平は『悟真篇』を取り上げたのか。またあわせて王重陽や丘処機に仮託される『重陽真人金関玉鎖訣』（道蔵第七九六冊。以下『金関玉鎖訣』と略記）および丘処機『大丹直指』（道蔵第一一五冊）の登場についても、その理由がどの辺りにあったのか、全真教の性命説における機根の問題を手掛かりに最後に考察を試みることにしたい。

一　全真教の性命説に見える機根について

一・一　「五行到らざる処、父母未生の時」

以下、全真教の性命説に焦点を当てて検討していくに当たり、まず王重陽と馬丹陽が初めて出会った時のいきさつから確認することにしよう。

王重陽が馬丹陽と初めて出会ったのは、大定丁亥年（一一六七）秋、中元節の翌日、寧海州（今、山東省）の范明叔の遇仙亭でのことである。それまで王重陽は終南山麓の劉蔣村（今、陝西省）で活動していたが、自ら庵に火を放ち、陝西から山東へと向かう。その後、彼が現れたのが遇仙亭で開かれていた酒宴であった。そこで馬丹陽から「道とは何か」と問われると、王重陽は「五行到らざるの処、父母未生の時」と答えた。この後、馬丹陽は王重陽を家に招き、やがて妻の孫不二と共に師事した。これが王重陽と馬丹陽邂逅のあらましである。この王重陽と馬丹陽邂逅の因縁は諸伝記に収められ、またそれぞれの文章には微妙に差があるものの、ここに見える馬丹陽の「道とは何か」という問い掛けに対して、王重陽が「五行到らざるの処、父母未生の時」と答えた点は基本的に共通する(3)。

この王重陽の「五行到らざるの処、父母未生の時」という言葉は弟子たちにしばしば取り上げられており、道とは何かという問題に対する全真教における一つの代表的な考え方となっていたようである。例えば王重陽自身、この句を詞中に詠っており(4)、断片的ながら王処一や丘処機も詩詞の中で触れている(5)。その他、七真以外にも尹志平『北遊語録』巻二（二十二左）・巻三（四右）、牛道淳『析疑指迷論』(6)、またやや時期が降るが、江南で活動した陳致虚『上陽子金丹大要』巻四「精気神説下」（巻二「精気神説」七右）にも取り上げられているのを見ることができる。

全真教には語録が余り残らないが、七真の一人・譚処端は次のように述べている(7)。

所以悟人修行(8)、割情捹愛、摧強剉鋭、降伏除滅衆生不善心。要見父母未生時真性、本来面目是也。

（『譚先生水雲集』巻上「示門人語録」、二十左）

だから悟った人は修行し、情念や愛情を捨て去り、強欲や賢しらといったものを打ち砕き、我々衆生の持つよからぬ心を打ち負かし、取り去るのだ。もし「父母未生の時」の真性を見ることができれば、それが「本来の面目」なのである。

そもそも「父母未生の時」は、唐・裴休『黄檗山断際禅師伝心法要』（大正蔵第四十八冊三八四上）など禅宗の文献に見られる表現で、種々の分別が現れる以前の絶対的な境地を指す言葉である。だがここではこうした禅語を意識すると同時に王重陽の文言を意識していると思われる。また譚処端は「父母未生の時」に見得されるのは真性であり、それを「本来の面目」と等置しているが、「本来の面目」はやはりもともと『六祖大師法宝壇経』行由に見える語で（大正蔵第四十八冊三四九中）、人々にそれぞれ備わる本来の真実の姿を指す。全真教の文献には「本来の面目」のほかにも「亘初面目」や「亘初容顔」などの類似の表現が頻出し、禅宗の影響の大きさを見て取ることができる。

一方、王重陽の文言の前半では五行への言及がなされているが、基本的に唯心的な立場に立脚する禅宗では、こうした言及は余り多くないように思われる。この点については尹志平の次の言葉が参考になろう。尹志平は上の王重陽と馬丹陽の邂逅について取り上げ、王重陽の言葉について以下のように述べている。

師曰。……至哉此言。吾少日粗学陰陽、故知人皆不出陰陽。且此生所受五常之性、即前生所好、既習以成、則有以感之也。謂如前生好仁、今生必得其木相、好礼必得火相、好義好智必得金水相之類。所好不一、則必得五行不純駁雑之相。此之謂習性感化、又謂之因果。今之福業貴賤、皆不出五行因果也。本来之性有何習、無習有何感。無感無習是五行不到之処、父母未生之時也。学人既知今之所愛、是多生所習、便当尽除去。当従最深重処除取去、漸至諸習浄尽、心形両忘、恍然入於仙界。（尹志平『北遊語録』巻二、二十二左）

師（尹志平）は言われた。「……この言葉は何とすばらしいのでしょう。私は若い頃、少しだけ易学をかじりましたので、人は誰もが陰と陽に縛られていることを知っています。そもそも今生で授かった五常の性とは、前世で好きだったものが習慣となってしまうことで、それが感応するのです。つまり前世で仁を好めば、今生ではきっと木の相を獲得し、礼を好めばきっと火の相を獲得し、義や智を好めばきっと金や水の相を獲得するといった類いです。好むものは異なっても、必ずや五行による不純で雑駁な形相を獲得することになるのです。これを習と性の感化といい、因果とも呼びます。今の福業や身分の貴賤は全て五行という因果に縛られているのです。本来の性にはどんな習がありましょう、この習がなければどんな感応があるでしょう。習もなく感応もない状態が「五行到らざる処、父母未生の時」なのです。道を学ぶ者は、今、執着していることが何世もの習慣の結果であることを理解したからには、それらを全て取り除かねばなりません。最も深層のところからこれを取り除いてしまい、次第にもろもろの習が清め尽くされ、心と身体を共に離れる段になって、気付かぬうちに仙界に昇ることになるのです。」

ここに見える「習」とはもともと仏教語で、「習気」とも呼ばれ、種々の煩悩が習い性となった煩悩の余熏を指す。ただしここではそれが五常の性や陰陽五行に結び付けられ、それが因果であると説明されている。そして人はこうした因果に縛られ、幾世にもわたって根深く熏習されている。だが、修行者がその存在の根幹からこの熏習を脱することができれば、王重陽のいう「五行到らざる処、父母未生の時」に到達する。そこで獲得されるのは、習い性となった我々の熏習された現在のありように染まることのない「本来の性」なのである。「本来の性」は真性であり、また「本来の面目」でもあろう。

またこうした習や習気を断滅し、「本来の性」をつかむことが全真教の教理の根幹であるということについてはやはり次のような記述がある。これは王滋（字徳務。登州黄山［今、山東省］人）という人物が『好離郷集』（佚）の序文として記したもので、現在では『重陽教化集』（以下『教化集』と略記）の末尾に収められる。王滋は王重陽や馬丹陽の説法を聞いたり、馬丹陽の門人の衛信道（号霊元子。芝陽［今、山東省］人）とも交流を持っていたりするなど、全真教に深い理解があった人物である。(9)

大率皆以刳心遺形、忘情割愛、嗇神挫鋭、体虚観妙為本、其要在拯抜迷徒、出離世網。使人人如孤雲野鶴、飄然長往、擺脱種種習気、俾多生歴劫、攀縁愛念如氷消瓦解、離一切染著、無一糸頭許凝滞、則本来面目自然出現。此全真之大旨也。（『教化集』後序、三右）

（『好離郷集』の内容は）おおよそ俗心をえぐりとって身体を捨て、情愛を忘れ去り、神を大切にして賢しらをくじき、虚を体得してその奥妙を看取することを根本としており、その要点は迷える人々を救い、世俗の束縛から抜け出ることにある。人々に孤雲や野鶴のように飄然として俗世に染まることなく、もろもろの習気を投げ捨てさせ、また多くの生にわたる何劫もの周りからの惑乱や愛欲の念を、あたかも氷が溶け、瓦が砕けるようになくし、一切の染著から離れ、みじんもそこにとどまることがないようにすることができれば、「本来の面目」がおのずと出現する。これが全真の大旨である。

ここでは何劫にもわたる輪廻の中で身に染み付いた様々な執着や習気を完全に取り払うことにより、やはり「本来の面目」を獲得することが述べられ、これが全真教の根本教義であると述べられている。

以上、王重陽の説いた「五行到らざる処、父母未生の時」をめぐって、全真教の教理の一端を追ってきた。そこでは「本来の面目」に立ち返り、真性を獲得することが説かれていたのだが、そのためには幾世にもわたる習気を滅尽することが説かれていた。しかしここで疑問が生じる。この真性の獲得は禅宗の影響を大きく受けていると思われるが、王重陽や七真の文集をひもとけば、同時に大量の内丹の術語を見ることができる。となれば全真教の教理の中でこの真性の獲得は内丹の修養とどのように関係していたのだろうか。

ここで想起されるのが、王重陽の「金丹」と題された有名な次の詩である。

本来真性喚金丹、四仮為鑪錬作団。不染不思除妄想、自然衮出入仙壇。

（『重陽全真集』［以下『全真集』と略記］巻二、七左）

本来の真性こそ金丹、この仮の身をば炉となして金丹を錬り上げるのだ。煩悩や思いに染まるな、妄想を取り除け、さすればおのずと仙界へと飛翔せん。

ここで王重陽は真性を金丹と等置している。となれば金丹は単に真性の比喩にすぎないのであろうか。次にこの真性＝金丹がどのように獲得されるのか、彼らの修養論の方からたどってみることにしよう。これは言い換えれば性功と命功の関係を考えることでもある。

一・二　調息法について――「竜虎を問ふなかれ」――

王重陽には「問竜虎交媾」（『重陽全真集』巻一、八右）という詩がある。[10]「竜虎」はもともと外丹で用いられた鉛と水銀（汞）の比喩であり、金公（鈆は鉛の異字体）・嬰児、姹女などとも呼ばれた。これは内丹では心火・腎水、神・気などを象徴する。「交媾」とは、その「竜虎」が交わることで金丹が完成すること。結局、この詩は人から内丹法について尋ねられ、王重陽がそれに答えたものと思われる。だが問題は王重陽がこの詩の冒頭で「莫問竜児与虎児、心頭一点是明師（竜と虎について問うことなかれ、この心こそが明師なれば）」と詠っていることである。つまり王重陽は内丹ではなく、心をよりどころとせよと説いているのである。

王重陽はこのほかにも譚処端に贈った詩頌の中で「休覓嬰姹、莫捜竜虎（嬰児と姹女を探すことなく、竜と虎を求めることなかれ）」（『全真集』巻九「贈弟子頌」、十二左）と詠っており、譚処端も王重陽の口ぶりさながらに「休覓姹和嬰（嬰児と姹女を探すことなかれ）」（『譚先生水雲集』巻中、驀山渓詞、十八右）、「莫覓金翁、休捜竜虎（金翁〔金公の別称〕を探すことなく、竜と虎を探すことなかれ）」（巻下、踏莎行詞、十五左）などと詠う。類似の詩句は、馬丹陽や、尹志平など歴代の掌教を担った人物らの詩文の中にも散見される。[11] ではなぜ「竜虎を問ふ」てはいけないのか。結論から言えば、それは「竜虎」、すなわち内丹術が陰陽五行に基づく理論に縛られているからであり、[12] 内丹では王重陽のいう「五行到らざるの処」に至ることができないからである。これは、内丹術の放擲と捉えることもできるだろう。となれば彼らは一体どのような修養を行っていたのか。彼らは一方で内丹の術語に満ちた詩詞を詠い、一方でそれを放擲するかのようにいう。彼らの中で両者はどう調停されていたのだろうか。

全真教における具体的な修行やその伝授を示す文章は多くないものの、次のような文章が残る。これは、尹志平が師の丘処機が王重陽の下で修行を始めたばかりの頃について述べた記事である。

師曰。祖師在崑崳山日、長春師父従之已三年、時年二十三。祖師以丹陽師父宿世功行至大、常与談論玄妙、以長春師父功行未至、令作塵労、不容少息。一日祖師閉戸、与丹陽論調息法。師父窃聴於外、少間推戸入、即止其論。師父内思之、調息為妙、則吾之塵労事、与此正相反。自此之後、有暇則力行所聞之法（『北遊語録』巻二、九右）

師は言われた。「祖師（王重陽）が崑崳山におられた時、長春師父（丘処機）はもう弟子入りされて三年、お歳は二十三歳でした。祖師は丹陽師父が前世までに積んできた功行がとても大きかったため、常々玄妙なことについて議論されていましたが、長春師父の功行はそこまではなかったため、雑事をさせ、少しも休ませることがありませんでした。ある日、祖師は戸を閉めて、馬丹陽と調息法について論じておられました。師父（丘処機）は外から盗み聞きし、しばらくしてから戸を開けて部屋に入ると、二人はその議論をやめてしまいました。師父は内心、「調息というものは非常に玄妙なものだが、私の雑事はそれと正反対だ」と思いました。それからというもの師父は暇を見付けては努めて聞きかじった方法に励みました。

これは王重陽が様々な功法・修行法に対して実際にどういう知識を持っていたのか、弟子たちにその知識をどう伝授していたかという点で極めて興味深い資料の一つである。ここでは王重陽は年長で、また既に功夫も進んでいた馬丹陽とは日頃から調息法など功法に関する具体的な話を談じていたのに比べ、丘処機はそうした話にあずかることができなかったという。これは功法の伝授は弟子たちの資質に合わせて行われたのであって、一律に伝授されたのではないことを示していよう。別の記録では、この調息法が「谷神不死調息の法」であったことや、馬丹陽は何世にもわたる修行を積んできているので二年半で効果が現れたのに対し、丘処機は十八九年経っても全く効果がなかったことが述べられている。[13]

この記事には続きがある。[14] 遷化の近づいた王重陽は、四哲と呼ばれた馬丹陽・譚処端・劉処玄・丘処機の四人に対し、厳しい教導を行っていたが、そうした中、日頃から丘処機は王重陽に対して「凡所教者、皆不干事（教わったことは、どれも役に立たぬ［何もしない］ことばかりだ）」と考えていた。そこでそのことについて恐る恐る質問してみると王重陽は「性上有（性上にある）」と述べただけであった。また王重陽の遷化の際には、王重陽は直々に丘処機に「不干事処便是道（役に立たない［何もしない］ところにこそ道がある）」（『北遊語録』巻二、十左）と諭している。つまり性急に道への手段を求めようとする丘処機に対して、王重陽が強調したのは、道は「何もしないところ」にこそあるのであり、また「性上にある」ということであった。

ではこうした王重陽の教えに対し、馬丹陽の行っていた調息法はどう位置付けられているのだろうか。馬丹陽が行ったという「谷神不死調息の法」についてはここ以外に記述がないので詳細については分からないが、調息が他の諸術と異なり、肯定的な位置付けがなされていることについては既に注目されている。[15] 例えば、馬丹陽は次のように述べている。

師言。学道人行住坐臥、不得少頃心不在道。行則措足於坦途、住則凝情於太虚、坐則匀鼻端之息、睡則抱臍下之珠。久而調息、無有間断、而終日如愚、方是端的功夫、非干造作行持也。

（『丹陽真人語録』、十左）

師は言われた。「道を学ぶ者は、行住坐臥の僅かの間であっても心が道から離れるようなことがあってはなりません。行くならば平らかな道を進み、とどまるならば太虚に思いを凝らし、坐するならば鼻先の息を調え、眠るならば臍下の珠を抱くのです。長らく調息を行って絶えることがなく、終日愚か者のようであって、初めて適切な修行といえるのであって、何か作為のある行いをするというわけではないのです。」

ここでは日常生活の全ての行動は道から離れてはならないとされる。ただし、その中でも「坐」というのは静坐のような修行を指すと思われ、これは直後の調息につながっていると考えられる。[16] 注意すべきは、調息が「造作行持（作為のある行い）」ではないと考えられているということである。

また初期の全真教の教説の一端を伝えると思われる『晋真人語録』（道蔵第七二八冊）所収「答馬師父十四問」の第八問にも、「如何是調息（調息とはどのようなものですか）」（七左）という問いが見える。[17] これに対して、「非有作也。若得心中無事、旡息自調、但知調息、便是有著。調息者、只可不知見、不可著於口鼻（それは何かをするということではないのだ。もし心中無事の境地を得ることができれば、旡息は自然と調うのだが、調息を知ろうとすれば執着が生まれる。調息とは、知見しないことができるだけなのであって、口や鼻に執着してはならない）」（七左）と述べられている。

上では王重陽は丘処機に対して特定の功法を授けることなく、道は「性上にある」といい、また「何もしないところ」にあると教えていた。これに呼応するように調息もまた「造作」「有作」ではないと考えられ、実践されていたと考えられる。では具体的に修行を行うことと「造作」「有作」との関係はどのようなものなのだろうか。以下、調息法以外の功法を取り上げ、この点について更に検討していくことにしよう。

一・三　功法における有為と無為

馬丹陽や丘処機らが実践していた調息法以外の功法について、全真教ではどのように考えられていたのだろうか。馬丹陽は次のように述べている。

師曰。三十六道引、二十四還丹、此乃入道之漸門、不可便為大道。若窮於炉竈、取象於亀蛇、乃無事生事、於性上添偽也。此皆悞人之甚矣。故道家留丹経子書、千経万論、可一言以蔽之曰清浄。（『丹陽真人語録』、八右）

師は言われた。「三十六種の導引や、二十四種の還丹といったものは入道の漸門なのであり、大道とすることはできません。もし炉や竈に囚われ、亀や蛇といった象徴を取り上げたりするならば、何もないところに物事をこしらえ、性上に偽りを添えることになります。これらは全て人を誤らせることも甚だしい。ですから道家に伝わる丹経や書物、何千何万もの経典や議論は、一言でいえば清浄に尽きるのです。

ここで言及される「三十六種の導引や、二十四種の還丹」の詳細については不明だが、(18)おそらく下で見るような諸術と同様のものであると思われる。ここではそうした功法は「性上に偽りを添える」ものであり、清浄と相反するものと考えられている。またこれらは「入道の漸門」、すなわち漸次的な向上を説くものにすぎないものともされる。
また馬丹陽は別の箇所で、清浄とは「心源」および「炁海」を清浄にすることであるといい、次のように述べる。(19)

若行有心有為之功、則有尽之術法也。若行無心無為之理、乃無尽之清虚也。（『丹陽真人語録』、八右）

もし有心有為の功を行うならば、それは有限の術法です。もし無心無為の理を行うならば、それこそ尽きることのない清虚なのです。

ここでは「有心有為の功」と「無心無為の理」が対比される。ここで整理しておけば、上で見た「三十六種の導引や、二十四種の還丹」といったものは前者の「有限の術法」に相当し、上で批判されていた「造作」「有作」であり、一方、ここでいう「心源」および「炁海」を清浄にすることや調息法は後者の「尽きることのない清虚」に相当するのだろう。

また尹志平の『北遊語録』の中には丘処機が修行法についてどう考えていたのか窺わせる箇所がある。[20]

嘗記師父大定間宣見時、論及諸功法、惟存想下丹田為最。然止一法耳、於道則未也。近年隰州王道人以此為至極、以授諸人、曽不知有為之偽法、終不可入於真道。（『北遊語録』巻三、四左）

かつて師父（丘処機）が大定年間（一一六一～一一八九）に（金の世宗に）拝謁した時、様々な修行法に論及し、下丹田を存想する法を最上とされました。しかしそれは一つの方法にすぎないのであって、道にはまだまだ遠いのです。近年、隰州（今、山西省）の王道人はこれ以上のものはないとしてそれを人々に授けていましたが、これが有為による偽りの法であることを知らず、ついに真の道に至ることはできませんでした。

丘処機は金・大定二十八年（一一八八）に世宗に謁見している。丘処機が述べたという様々な修行法についてはよく分からないが、この時、世宗から「延生の理」について尋ねられているので、あるいはこの時にそうした功法について言及したのかもしれない。いずれにせよ、ここではそうした下丹田の存想は「有為による偽りの法」であり、そうした功法を実践していた王道人についても批判されている。

また尹志平は師の丘処機に従って献州（今、河北省）に行った時の丘処機の言葉を記している。

今之学人、或有存想吐納以為事者。善則善矣、終不見其成功。正如入於冬時、能開諸花卉於覆陰中、非不奇也、然終不能成其実。惟無為清静、是為至極、無漏為験也。三年不漏、則下丹結。六年則中丹結、其事已有不可具言者。九年上丹結、転入泥丸、三宮升降、変化無窮、雖千百億化身、亦自此出。何以能致此。曰必心地平常。以為本心平則神定、神定則精凝、精凝則気和、睟然見於面、発於四肢、無非自然。（『北遊語録』巻二、十三右）

今の道を学ぶ者たちの中には、存想したり、吐納したりする者がおる。それもそれでよいが、結局のところ成就はおぼつかぬ。それはちょうど、冬になってすっかり寒いさなか、いろんな花々が咲くようなもので、珍しいとはいえ、いつまでたっても実を結ぶことができんのだ。ただ無為清浄以上のものはないのであって、無漏がその験《しるし》となる。三年間、漏がなければ下丹田が結ぼれ、六年間で中丹田が結ぼれ、それはもう言い尽くすことができん。九年たつと上丹田が結ぼれ、泥丸へと転がり込んで、三丹田を駆け上がったり降ったりと、変幻自在となる。千百億もの化身であっても、やはりここから現れるのだ。ではどうやってこうなることができるかといえば、心地を平常に保つことだ。自分の心を平らかにすれば神は定まり、神が定まれば精が凝固し、精が凝固すれば気が和し、ありありと顔に現れ、手足にまでもあまねく行き渡り、自然そのものとなるのだ。

ここでは清浄無為により無漏の状態に至ると、三年で下丹田が、六年で中丹田が、そして九年たつと上丹田が結ぼれ、そこで錬成された丹が泥丸に転がり込み、三丹田を自在に昇降するという。「無漏」は一切の煩悩がなくなった状態のこと[21]。これはまた上述の習や習気がなくなった状態と考えていいだろう。「化身」とは仏教でいう三身の一つであるが、ここでは陽神のことを指すと思われる[22]。丘処機は、また心地を「平常」にすることによりやがて神が安定し、それが精の凝固をもたらし、気が和する状態に至り、自然になるとも述べている。ここでいう自然とは道を体現した状態であろう。なお尹志平は別の箇所で「平常即真常也（平常とは真常のことである）」（『北遊語録』巻一、三左）と述べている。

清浄無為の境地に達することにより九年間で三丹田が順に結ぼれるという考え方は、馬丹陽『丹陽真人語録』にも見え、彼らに共通した考え方であったことが窺われる。

種種名相、皆不可著。止是神炁二字而已。欲要養為全神、須当屏尽万縁、表裏清浄、久久精専、神凝為沖。三年不漏、下丹結、六年不漏、中丹結、九年不漏、上丹結。是名三丹円備。（『丹陽真人語録』、十五左）

もろもろの名相はどれも執着してはならない。ただそれらは神炁の二文字にすぎないのだ。もし錬養して神を完全なるものにしようと思うならば、全ての縁を退け、余すところなく清浄となり、長きにわたってたゆむことなければ、神は凝固し沖虚となろう。三年間漏がなければ、下丹田が結ぼれ、六年間漏がなければ、中丹田が結ぼれ、九年間漏がなければ、上丹田が結ぼれる。これを三丹田が円満になった状態という。

ここではやはり清浄であることにより、三丹田が順番に結ぼれていくことが述べられている。なお馬丹陽はこれを「九転の功」と呼び、いつかは終わりを迎える「有相」ではなく、道と合一し、「永劫無壊」の存在となるという（同、十六左)。このほかにも断片的な記述ながら三丹田について詠った全真教の詩詞は多い。全真教の丹法については、詩詞の中で断片的に述べられることが多く、その実態は極めて把握しづらい。しかし少なくとも以上から、彼らは有為有作の術法を徹底的に排し、性功を突き詰め、無為無作の功法による無漏の状態の中で自然と三丹田が結ぼれ、命功が完成すると考えられていたことが理解できよう。

また無漏の状態により自然と命功が完成することについては詩詞の中にも散見される。例えば『教化集』巻一には、「伝得無為無漏果、何愁無分不昇天。三田清浄三丹結、出自風仙決做仙（無為無漏という果実を伝授されれば、どうして昇天する能力がないと心配することがあろう。三丹田は清浄になって三つの丹が結ぼれ、風仙［王重陽］のおかげで必ずや仙人になることだろう）」（七左）、『洞玄金玉集』巻十「寄譚劉郝三師友」では、「常清常浄常無漏、便覚虎竜交媾（常に清浄であり、また無漏の境地であるならば、竜虎が交媾するのに気付くだろう）」（五右）とある。また『漸悟集』巻下「五更寄趙居士」（九左）は、修行を、一更から五更まで、すなわち日没から夜明けにかけて例えた一連の詞で、無漏が主題となっている。ここでは無漏であることにより、「坎虎離竜交媾（坎虎と離竜の交媾）」（第一鼓）、「起陸竜蛇戦鬥（這い出てきた竜と蛇が戦い）」（第二鼓）、「姹女嬰児携手（姹女と嬰児が手を取り）」（第三鼓）し、「一点霊光結就（一点の霊光が結ぼれ完成）」（第四鼓）し、最終的に「顕現胎仙清秀（麗しい姿の胎仙が現れる）」（第五鼓）ことが詠われる。このほかにも無漏を達成することで命功が成し遂げられることを詠ったものとしては、王処一『雲光集』（道蔵第七九二冊）巻一「贈衆道友」（七右）・巻二「贈膠水孫哥」（四左）がある。

結局、全真教ではひたすら清浄無為であることにより無漏の状態が目指され、これにより命功の成就がもたらされると考えられていたことが理解できよう。またこのため性命は不可分とされた。例えば、尹志平は次のように述べている。

師曰。初学之人不知性命、只認毎日語言動作者是性、口鼻出入之気為命、非也。性命豈為二端。先須尽心認得父母未生前真性、則識天之所賦之命。易曰、窮理尽性以至於命。（『北遊語録』巻一、九右）。

師は言われた。「学び始めたばかりの人は性命が分からず、毎日しゃべったり動いたりするものが性で、口鼻から出入りしている息が命だとしか考えていませんが、これは誤りです。性命がどうして二つに分かれたりするでしょうか。まず心の底から父母未生の前の真性を理解することができて初めて天により賦与された命について分かるのです。『易』には『理を窮め性を尽くし以て命に至る』とあります。」

ここでは『易』を使って性功の果てに命功が獲得できること、またその不可分なることを述べている。第一項で見たとおり、王重陽は真性を金丹と呼んでいたが、このように見てくると、真性の獲得が同時に命功の完成につながっていることを意味していたと考えることができるだろう。

以上、簡略ではあるが、特に性功と命功の関係を中心に全真教の功法についての基本的な考え方を追ってきた。王重陽から七真たちが親しく教導を受けた期間は三年にすぎないが、王重陽遷化の後も彼らは多くの道士たちと交流を持っていたことが確認される。実際、全真教の詩詞が濃厚な内丹的術語で覆われていることは、王重陽や七真たちが豊富な内丹の知識を持っていたことを示唆していよう。また彼らの周辺には、例えば下丹田で存想するような者や、吐納法を行う者たちなどの存在が確認される。しかしそれらは有為有作の漸次的な功法として否定されていた。全真教の功法の基本的なあり方は、性功を究めることで自然と命功が成し遂げられると考えられたからである。全真教の功法は一般的に「先性後命」といわれるが(23)、これは以上見てきた性命の関係を言い表したものといえるだろう。

また上述したとおり、「竜虎を問ふなかれ」という言葉に端的に表れているように、全真教の詩詞や文章の中には手段の放擲ともとれる表現が見られる。すなわち全真教では無為無作の功法により習気を捨て去り、最初から絶対的な無漏の状態に至ることが要求されているわけであり、これが王道人らに見える諸術を「有為の偽法」「漸門」と批判し、諸術に対して有為有作として否定することへとつながっているものと思われる。ここで指摘しておきたいのは、こうした漸次的な向上を否定する意識の背後には、あらゆる手段を峻拒し、後述する「上乗」的な、一挙に無漏へと到達するあり方が目指されているわけであり、そこにはいうならば上根的な修行観が存在すると思われるということである。(24)

これを補足することになるが、馬丹陽や郝大通下の王志謹（一一七八～一二六三。号棲雲子）らが、公案や経典の読誦に対し否定的な態度をとっていたことも併せて想起しておきたい。例えば、馬丹陽は『道徳経』『陰符経』の二経はたまに見てもよいが、それでも一切読まないに越したことがないと述べている。(25)また王志謹は、公案や経書を学ぶことは正しいのかという問いに対して、我々の身体に宿る「一点の霊明」こそが重要なのであって、それが理解できれば「理会去自家亦有如此公案、更数他別人珍宝作甚麽（自分の内にもやはりこうした公案があることを理解することとなるのであって、ほかの人のお宝の数を勘定して何になりましょう）」（『盤山棲雲王真人語録』［道蔵第七二八冊］、八左）と述べている。もっとも全真教における経典に対する態度は、馬丹陽や王志謹のような明確に否定的な立場を取る者から、『黄帝陰符経』や『黄庭内景経』といった経典に注釈を付した劉処玄のような人物まである程度の振幅がある。だがこうした経典や公案への否定的態度は、修行者のそれらにすがろうとする意識を放下し、ひたすら修行者の心だけをじかによりどころとしようとする態度の現れと考えられるのであって、これもやはり方法・手段の放擲につながるものである。

以上見てきたように、全真教では、吐納や導引、丹田での存想といった様々な有為有作の術法を「性上に偽を添えるもの」として否定しており、その漸次的な向上を許さぬ苛烈な修行観は、「上乗」的あり方に従う上根的なものであると考えてよいように思われる。次節ではこの点をより明確にするため、全真教に先行する張伯端以下の内丹道、すなわち南宗を取り上げる。南宗については既に第一章で取り扱ったが、その修行観を中心にもう一度概観しておくことにしたい。

二　南宗の性命説に見える機根について

後に南宗と呼ばれる内丹道の一派は北宋・張伯端に始まる。時おりしも儒教では二程や周敦頤といったいわゆる北宋五子が活動しており、朱子学の勃興に向けて大きな思想的な地殻変動が起きている時期でもある。王重陽の創建した全真教に先立って登場した南宗は、全真教とは独立して北宋から南宋にかけて展開していくが、そこで重視されたのが、張伯端の著した『悟真篇』であった。この『悟真篇』の性命説の大枠を理解するには次の文章が参考になろう。

故老釈以性命学開方便門、教人修種以逃生死。釈氏以空寂為宗。若頓悟円通、則直超彼岸、如有習漏未尽、則尚徇於有生。老氏以錬養為真。若得其枢要、則立躋聖位。如其未明本性、則猶殢於幻形。其次周易有窮理尽性至命之辞、魯語有毋意必固我之説。此又仲尼極臻乎性命之奥也。然其言之常略而不至於詳者何也。蓋欲序正人倫、施仁義礼楽有為之教、故於無為之道、未嘗顕言。但以命術寓諸易象、以性法混諸微言故耳。

（『紫陽真人悟真篇註疏』［以下『註疏』と略記］序、十三右）

それゆえに老子と釈迦は性命の学により方便の門を開き、（人々に仙仏になるべき）種子を修養させて生死から逃れさせたのである。釈迦は空寂を根本とする。もし頓悟し完全なる状態に到達すれば、すぐさま彼岸へと超えていくが、もし習漏が尽きていないならば、依然として輪廻することになる。（一方、）老子は錬養を真理とする。もしその要点をつかむことができれば、すぐさま聖なる境地へと昇ることであろう。だがもし本性を理解することができなければ、肉体という幻影に依然として囚われることになる。次に『周易』には「理を窮め性を尽くして命に至る」（説卦伝）という言葉があり、『論語』には「意・必・固・我」（子罕篇）をなくすという説が見える。これは孔子もまた性命の奥深くへと到達していたということである。とはいえ、その言辞はいつも大まかで詳述されないのはどうしてだろうか。おそらくそれは人倫を正し、仁義礼楽といった有為の教えを人々に施そうとして、無為の道についてははっきりと言わなかったのだろう。だが命術は易象の中に託されており、性法は微言の中に混じっているのだ。

ここでは性命説と絡んで儒道仏の三教の関係が述べられている。簡単にいえば、儒教が世俗の教化を取り扱うのに対し、個人の修養については、性功を仏教（禅宗）が、命功を道教（内丹道）が分担するという三教論となっている。しかし道教と仏教の関係は若干複雑である。すなわち、まず頓悟により完全なる状態が達成されれば仏教（禅宗）だけで十分であるはずであるが、「習漏」が残っている限り、輪廻を免れない。一方、道教は錬養、すなわち内丹の枢要を完全につかむことができれば、やはり聖位に到達する。ただしその際、本性を明らかにしないならば肉体に囚われるというのである。

注意しておきたいのは、ここに「習漏」という言葉が出てくることである。習漏とは、修行者の身に熏習した煩悩のことで、上で見た習・習気に類すると考えてよいだろう。すなわち南宗では、修行により頓悟に到達したとしてもそれは不完全な代物でしかなく、そのために頓悟した後もその身に染みついた習漏を消し去るために内丹を修養する必要があると考える。つまり全真教と異なり、南宗では無漏を成就するといった上根的発想が最初からないのである。

これを裏付けるように『悟真篇』には次のように詠われている。

饒君了悟真如性、未免抛身却入身。若解更能修大薬、頓超無漏作真人。（『註疏』巻八、絶句第三首、十七左）

たとえあなたが真如の性を悟ろうとも、また死後、新たな身体に入り輪廻することは免れない。だがもしその上に大薬を完成できれば、すぐさま無漏の境地へと超脱し、真人となるであろう。

ここでは「真如の性」を悟ったとしても、輪廻することは免れないという。それは前提として上根の修行者は考えられておらず、一般に完全な円覚を獲得するのは困難だと考えられているからである。それゆえ彼らは性功だけではなく、大薬、すなわち金丹を修養しなくてはならない。こうして彼らはようやく無漏の境地に至ることができる。『悟真篇』の代表的な注釈者である翁葆光は、この箇所に対し次のように述べている。(26)

大用未現前、大法未明透、一毫滲漏、抛身入身矣。若円明照了、宝錬金丹、道成十極、号曰真人。（『註疏』巻八、絶句第三首翁注、十八右）

大いなるはたらきがまだ現れず、大法にまだ透徹しておらず、僅かでも滲漏があれば、また死後輪廻することになる。もし完全なる境地が光り輝き、金丹を大切に錬成すれば、道は余すところなく成就し、真人と名付けられる。

大法とは道そのもの、大用とは道の大いなるはたらきのこと。翁葆光は、本来の道の境地から僅かでも「滲漏」があれば、再び輪廻することになると考えているのであり、性功に加え、金丹が併せ修められて初めて真人と呼ばれるに値するという。

またこれと同様の表現は南宗三祖・薛道光の『還丹復命篇』の序に見える。薛道光はもと禅僧で法号を紫賢または毘陵禅師といい、かつて長安の開福寺で修厳や如環といった僧の下に参じ、跳ねつるべの音を聞いて省悟したという(27)。その後、かねてより金丹を修養したいと考えていた薛道光は、郿県（今、陝西省）の寺院で二祖・石泰と邂逅し、口訣を授かっている。

若禅宗之上乗一悟則直超仏地。如其習漏未尽、則尚循於生死、至於坐脱立亡、投胎奪舎、未免一朝而長往。常思仲尼窮理尽性以至於命、釈氏不生不滅、老氏昇騰飛挙。由是聖人之意、不可一途而取之。（『還丹復命篇』、一右）

禅宗の上乗ではひとたび悟ればすぐさま仏の境地へと超脱する。だがもし習漏がなくなっていないと、依然として生死に囚われ、座ったまま死んだり立ったまま亡くなったり、別の身体へと生まれ変わったりしてある日死んでしまうことは免れない。常々思うに、孔子は「理を窮め性を尽くして以て命に至る」と言い、釈迦は「不生不滅」を説き、老子は「昇騰飛挙の術」を説いた。こうしたことから聖人の考えは、一つの道で捉えることはできないものなのだ。

すなわち、ここでは禅宗でいう「上乗」に従うことは考えられておらず、修行者の身に染み付き、熏習した煩悩である「習漏」を除去する必要性が述べられている。ここでいう「上乗」とは、『悟真篇』序でいう、仏教では「頓悟し完全なる状態に到達」すれば、すぐさま彼岸に達し、道教では「その要点をつかむことができる」ならば、たちまち聖位に至ることができるような、最上の機根を持つ者だけがなし得るあり方であろう。後半では、『悟真篇』同様、三教がそれぞれ異なる内容を分担することが述べられる。明示的ではないが、これは「習漏」を取り除くために、禅宗の修行とは別に内丹を錬成して補完する必要があるということをいおうとしているのだろう。[28]なお一歩踏み込んで考えれば、南宗はこうした当時の「上乗」的あり方に傾く禅宗のあり方に従いきれない当時の修行者たちの一つの受け皿になったようにも思われる。[29]この意味で、もともと禅僧であり、後に南宗三祖となった薛道光は象徴的な人物といえるだろう。

こうした中、五祖・白玉蟾が登場する。それは張伯端や薛道光に見られるような、三教がそれぞれ分担するというものではなく、一教の中に性命の双方を包含するというものであった。これにより、内丹道は禅宗の補助なくとも、命功だけではなく性功をも内包するということを示そうとしたのである。白玉蟾はこれに当たって「心」という概念を強調し、また同時に出版を大いに活用することによって、それ以降の内丹術士たちに多大な影響を及ぼすようになる。

注意しておきたいのは、彼の「修仙辨惑論」（『修真十書』巻四『雑著指玄篇』所収）では天仙・地仙・水仙の三種類の道が示され、それぞれ上中下の丹法に相当し、上士・中士・庶士が実践するとされていることである。これは修行者の根器による丹法の分類であるといえる。例えば、天仙の道は、「以身為鉛、以心為汞、以定為水、以慧為火。在片餉之間、可以凝結、十月成胎。此乃上品錬丹之法。本無卦爻、亦無斤両、其法簡易（身体を鉛、心を汞とし、定を水、慧を火とする。あっという間に［金丹は］凝結し、十月で成胎する。これが上品の錬丹法である。もともと卦爻も斤両もなく、そのやり方は至便である）」（一左）とされる。すなわち天仙の道は、煩瑣な術語や理論に拘泥することなく、即座に金丹を錬成するものであり、それは上で見た全真教の功夫のような上根的あり方であるといえよう。南宗にもこうした上根的な修行観は存在していたのである。

ただし白玉蟾の登場は、即座に上述の南宗の持ついわば中下根的修行観の払底を意味したわけではない。南宋末期に活動したと考えられる李簡易の『玉谿子丹経指要』巻中「辯惑論」では「明情復乎性、性帰太易也。性帰太易、則命全矣。若止明此一性、不修乎命、則曰孤脩（情を理解することで性へと復帰し、性は太易へと立ち返る。性が太易へと立ち返れば、命功は完全となる。だがもしこの一性だけを明らかにするにとどまって命功を修養しないならば、それは孤修と呼ばれる）」（八右）といい、次のように述べている。

仮饒心地上徹理得明白、亦只是守一箇頑空。若能徹底無瑕、可以直超仏地。心経所謂不増不滅、不垢不浄、不生不滅、還伱本来面目。或滲漏未尽、則又再出頭来、不失人身、幸矣。縁為命上不了故也。（八左）

たとえ心地においてはっきりと理をつかんだとしても、それはやはり頑空にすぎない。もしも完全に瑕疵のない境地に到達できれば、すぐさま仏地へと超脱する。これが『般若心経』にいうところの「不増不滅、不垢不浄、不生不滅」ということであり、またあなたの本来の面目なのだ。だがもし滲漏がなくなっていないならば、再び輪廻することになるが、それでも人の姿を失わないというのは、幸いだ。それは命功を理解していないからだ。

ここでも再び「滲漏」の問題が取り上げられており、白玉蟾登場以降も張伯端同様に中下根的修行観が現れているのが見て取れる。こうした考え方が絶えず反復されていることは、これが南宗の修行者たちのあり方を反映したものであったからであるとやはり考えるべきだろう。なお李簡易の文章には既に全真教の文献が引用され、また冒頭の「混元仙派之図」（一右）には、王重陽や七真らが張伯端以下の南宗の系譜と併記されている。ただし全真教との本格的な思想交流については、自ら「全真」を名のった李道純ら南宋滅亡以降に活動した者たちを待たねばならない。

以上、南宗においては、最初から無漏に到達することはできないと観念されており、ここに修行者の身に染みついた習漏を払うために内丹の修養が求められたということを見てきた。これは上の全真教と比較すれば、最初から無漏が目指されていないという意味において、「上乗」的あり方を念頭に置くことのない、中下根的修行観に立脚するものということができよう。また全真教では、有為有作の術法は厳しく退けられていたが、南宗では逆に内丹が有為有作であり、漸次的な向上を目指すものとして肯定的に捉えられていることにも注意しておきたい。例えば張伯端は『悟真篇』の中で次のように詠んでいる。

始於有作人争覓、及至無為衆始知。但見無為為道体、不知有作是根基。（『註疏』巻四、絶句第二十二首、二十右）

人は最初の有作の功夫を求めようとせず、無為の段階に至ってようやく誰しもその必要性について知ることになる。だが人々は無為を道の本体と捉えるばかりで、有為がその基礎となっていることについて知りはしない。

これについて翁葆光は、「始於有作、錬丹以化形、中則有為、錬形以化気、終則無為自在（最初は有作により丹を錬成して肉体を変化させ、次に有為により気を変化させ、最終的に無為自在の境地に至る）」（二十右）と述べ、仏教が「性道」により全ての有為を虚妄として道教の「命道」を批判しているのは間違いだとしている。[30] ここには「錬精化気」「錬気化神」という伝統的な内丹の功法が踏まえられていようが、これは簡単にいって形（あるいは精）→気→神という漸次的な向上を目指すものである。すなわち、翁葆光は内丹をはっきり有作・有為と位置付けた上でその必要性を主張しているのであった。[31]

なお地理的な側面から全真教と南宗との関係を見ておくと、ここには両者の間にいわば歴史的なニアミスとでもいうべきものがあったように思われる。上述のとおり、もともと禅僧であった南宗三祖・薛道光は、長安の開福寺で修厳および如環という僧の下に参じ、その後、徽宗崇寧五年（一一〇六）の冬、長安の属する京兆府（今、陝西省）の隣に位置する鳳翔府郿県の寺院で二祖・石泰と出会っている。また石泰は郿県に近い扶風県（今、陝西省）の人である。一方、この石泰と薛道光の邂逅から六年後の政和二年（一一一二）末には、京兆府の咸陽大魏村で王重陽が誕生している。王重陽の学んだ内丹の具体的な系譜については定かではないが、王重陽は基本的に鳳翔府に隣接する終南県劉蔣村およびその周辺で活動していた。すなわち王重陽が全真教を開くに先立ち、その地の周辺には内丹とともに性功を積極的に取り入れる教説を持っていた人々がいたこと、また上根的資質が求められる「上乗」的な仏教教説の存在などがあったと考えられ、おそらく王重陽の教説や、上述した全真教の修行観にも一定の影響を与えていると見てよいだろう。こうした環境にあって薛道光は上根的な立場に従いきれず、禅宗から内丹へと接近したのに対し、王重陽はむしろ上根的な修行観を選択したのであった。

まとめ

本章では、全真教と南宗の性命説に見える機根・修行観の違いについて検討した。まず全真教では吐納や存想をはじめとする様々な功法は有為有作の術法として否定され、逆に馬丹陽らが実践していた調息法といった功法は無為無作の中で行われるべきものとされていた。また性功を究めることで三丹田が順番に結ぼれ、命功が完成すると考えられたが、この際、修行者の身に染み付いた習・習気を除去し、無漏になることが要求されていた。他方、南宗では最初から無漏を達成することは考えられず、習漏を取り除くために内丹を修養することが求められた。また南宗では全真教と違い、「上乗」的あり方を即座に目指しておらず、同時に内丹が漸次的向上を目指す有為であると認識されていたことも確認される。すなわち両者を比較すると、全真教が上根的なあり方をとり、いわば「上乗」を指向するのに対し、南宗はそれに従いきれない、中下根的あり方をとるとまとめることができよう。

この「上乗」的あり方と修行者の機根の関係については、仏教の教説中ではよく見られるものである。これを受け、南宗や全真教でも、こうした考え方は共有されていたように思われる。例えば、『悟真篇』の後序では、才能のある修行者は最上一乗に従うことができるが、そうでない者はそれぞれの才能に合わせて三乗の別が生じると書かれている(32)。白玉蟾は、天仙・地仙・水仙の道を上中下の丹法に分類している。また全真教でも、『丹陽真人語録』に「但清浄無為、最上乗法也（だが清浄無為こそが最上乗法である）」（四右）といい、また劉処玄の『黄庭内景玉経註』（道蔵第一八九冊）至道章第七にも「聖経万巻、法有三乗。上乗一部、悟者飛昇（聖なる経典は数多く、そこで説かれる法は三乗に分かれる。だが上乗を説くこの経典を手にして、その内容を悟った者は仙界に飛昇するだろう）」（八右）という表現が見られる(33)。

従来、全真教は、禅宗の影響を受け、金丹という「迷信」を説く張伯端以下の内丹道を否定し、「旧道教」から脱却したとされる。だが、大局的に見れば、南宗と全真教の間には断絶があったというよりも、大道の成就という共通の目的の下、両者の修行者の機根に対する認識の違いが、有為法である具体的な内丹術の実践を必要とするかどうかという教説の違いとなって現れたということができるのではないだろうか。

本章を終えるに当たってもう一つだけ考えておきたいのは、王重陽『金関玉鎖訣』および丘処機『大丹直指』の存在である。この二書は、共に性功に傾く全真教の中にあって命功を説くものとして注意されてきた。もっともこれらについては既に後世の偽托であるという見解が示されている。(34) だがそれよりもここで問題としたいのは、こうした文献がどうして王重陽や丘処機の名前の下に編まれたかということである。

本章で見たとおり、全真教は上根的立場に立つ。これは基本的に修行者に漸次的向上を許さず、また同時に一切の手段も与えることはない峻烈さを持つものである。こうした上根的な修行観に伴う、術＝手段の抛擲は、修行者に道と修行者の間の懸隔を自覚させ、限りない緊張をもたらすことになっただろう。これは言い換えれば、こうした上根的あり方に従いきれない者はおのずと漸法たる内丹術へと接近することになったであろうことが予想されるということである。このように考えてくると、王重陽や丘処機の名前の下に『金関玉鎖訣』や『大丹直指』などの命功に偏重した著作が編まれた背後には、上根的立場に従えない人々による有為法としての内丹への欲求が潜んでいた可能性があるのではなかろうか。

また尹志平も『北遊語録』の中で人から張伯端の『悟真篇』について質問されている。(35) これはおそらく全真教の中で最も早い時期に南宗に言及したものと思われる。本章で見てきたとおり、王重陽や七真らの上根的な修行観は尹志平にも共通し、基本的にその影響は限定的なものであると考えられるが、これもやはり全真教は全真教で、その内部におのずと南宗へと近接する要素を内包していた一つの表れと捉えることができるかもしれない。

この後、南宋が滅亡すると、全真教と南宗の融合が本格的に始まる。興味深いことにこの時期には全真教と南宗の双方において頓漸に関する議論が現れる(36)。おそらくこの背後には改めて両者の根機や修行観に関する差異が意識されたという事実があったのではないかと考えられるが、こうした全真教と南宗融合の諸相についてはまた別の機会に考えてみることにしたい。

以上、本章では全真教と張伯端以下の内丹道の教説の違いの背後には、それぞれ内丹の錬成を目指しつつも、修行者の機根に対する捉え方の違いが存在したことを検証した。特に本章の最後では上根的修行観に従いきれぬ全真教修行者たちの存在の可能性について触れたが、次章では改めてこの問題を中心に取り上げることにしよう。

注

（1）「新道教」をめぐる問題点については、本書第Ⅰ部序章を参照。

（2）ただし実際には孫不二を除く。本書第Ⅰ部序章注（2）を参照。

（3）『金蓮正宗記』巻三「丹陽馬真人」（一右）、『金蓮正宗仙源像伝』「丹陽子」（二十五右）、『甘水仙源録』巻一「全真第二代丹陽抱一無為真人馬宗師道行碑」（十八右）、『歴世真仙体道通鑑続編』巻一「馬鈺」（十二右）など。ただし『教化集』の范懌序では、馬丹陽の問い掛けに対して、王重陽は「大道無形無名、出五行之外、是其道也」（三右）と答えたことになっている。

（4）「真大道、能結坎和離。認取五行不到処、須知父母未生時。此理勿難知。須速省、下手便修持。上有三光常照燿、中包二気莫分離。採得玉霊芝」（『全真集』巻四「又醴泉覓銭」、十左）。

（5）王処一『雲光集』巻三「顕道吟」（二十四左）および丘処機『長春子磻渓集』巻四（十五右）。ただし前者は王重陽の句の後半、後者は前半のみである。

（6）ただし『析疑指迷論』「析疑」では「祖師言、五行不到処、一気未生前」（五右）に作り、存在論的な要素が濃厚になっている。

（7）なお全玄子編『真仙直指語録』（道蔵第九九八冊）所収「長真譚先生示門人語録」（九左）にもほぼ同文が収められている。また以下の訳は、蜂屋邦夫（一九九八）前掲書、五十一頁の訳を参照した。

（8）原文は「悟人所以修行」に作るが、『真仙直指語録』に従った。

（9）「衛公曰、……且子（王滋）亦嘗遊吾師之門墻、聆吾師之論議者屢矣。吾且以子為頗造其閫閾者、窃謂子必喜為之、而吾与子復有平昔之好」（『教化集』後序、二左）。

（10）「莫問竜児与虎児、心頭一点是明師。炁調神定呼交媾、心正精虔做煦熙。平等常施為大道、浄清不退得真慈。般般顕現円光就、引領金丹採玉芝」（『全真集』巻一、八右）。

（11）馬丹陽『漸悟集』巻上「勧劉先生夫婦」「莫論心肝腎肺、休捜南北東西。勿言震兌坎和離、別有些児奥旨」（二十九右）、尹志平『葆光集』（道蔵第七八七冊）巻下「辛卯東路塩場醮過景州贈東方道衆」「莫覓鉛汞法、休教煙火生」（三十七左）、侯善淵『上清太玄集』（道蔵第七三〇―七三一冊）巻十「破邪帰正」「莫覓鈆中汞、休尋汞裏鈆」・「何必捜心腎、無労論肺肝」・「莫論周天法、休窮火候功」・「莫覓竜和虎、休尋姹与嬰」（三右）。

（12）尹志平に「如竜虎嬰姹等語、不出元気陰陽」（『北遊語録』巻三、四右）という言葉が見えることは参考になろう。

（13）「俺与丹陽同遇祖師学道、令俺重作塵労、不容少息。与丹陽黙談玄妙、一日閉其戸、俺窃聴之、正伝谷神不死調息之法、久之推戸入、即止其説。俺自此後塵労事畢、力行所聞之法、行之雖至、然丹陽二年半了道、俺千万苦辛、十八九年猶未有験。祖師所伝之道一也、何為有等級如此。只縁各人所積功行有浅深、是以得道有遅速。丹陽非一世修行、至此世功行已備、用此谷神之道、当其時耳、故速見其験。俺之功行未備、縦行其法、久而無験、固其宜也」（『北遊語録』巻三、七右）。

（14）「後祖師将有帰期、三年中於四師極加鍛錬、一日之工如往者百千日。錯行倒施、動作無有是処、至於一出言一挙足、未嘗不受訶責。師父黙自念曰、従師以来、不知何者是道、凡所教者、皆不干事。有疑欲問之、憚祖師之厳、欲因循行之、而求道心切。意不能定、憤悱之極。一日乗間進問。祖師答曰、性上有。再無所言、師父亦不敢復問」（『北遊語録』巻二、九左）。

(15) 窪徳忠も、全真教が金丹・導引・辟穀・読書・房中・符水を退けた一方、調息法の重要性を認めていたことに注目している（窪徳忠前掲書、一六二頁）。

(16) 『真仙直指語録』所収「丹陽馬真人語録」では「坐則勻鼻端之息」の箇所を「坐則調息於綿綿」（三右）に作っている。

(17) 「答馬師父十四問」は、晋真人の問答および「重陽祖師修仙了性秘訣」に続いて『晋真人語録』の中に収められている問答集である。晋真人は王重陽にやや先行する道士であったようで、王重陽が立てた平等会の訓示である『教化集』巻三「三州五会化縁榜」（十二左）や『全真集』巻十「玉花社疏」（二十右）に彼の引用が見える。また「重陽祖師修仙了性秘訣」が基本的に王重陽の教説に沿うものであるとされることから、ここでは重陽・七真期の初期全真教の教説の一端を伝えるものと見ておきたい。「重陽祖師修仙了性秘訣」については蜂屋邦夫（一九九二）前掲書、一八八～一九二頁を参照。

(18) 蜂屋邦夫（一九九二）前掲書、三五〇頁、注五を参照。

(19) 「師曰。清浄者、清為清其心源、浄為浄其炁海。心源清則外物不能撓、故情定而神明生焉。炁海浄則邪欲不能干、故精全而腹実矣。是以澄心如澄水、養炁如養児、炁秀則神霊、神霊則炁変、乃清浄所致也」（『丹陽真人語録』、八右）。

(20) 『北遊語録』巻三・四は、尹志平が天興癸巳年（一二三三）、義州（今、遼寧省）の通仙観に逗留した際に郭至全が『道徳経』を講じ、それに合わせて尹志平が講述したものである。

(21) なお『維摩経』に「有漏無漏為二。若得諸法等、則不起漏不漏想。不著於相、亦不住無相。是為入不二法門」（『注維摩詰経』入不二法門品第九、大正蔵第八冊三九七中）とあり、無漏は不漏とも言い換えられていることから、ここでも両者を同義と解した。ところで、時代は降るが、清・柳華陽は『慧命経』集説慧命経第九の中で、漏尽とはもともと梵語で無漏ともいい、具体的には修行により精液が漏れなくなることを指すとして、極めて身体的に解釈しており（蔵外道書第五冊八八四上）、あるいはここでもこうした身体的な解釈も可能かもしれない。『真仙直指語録』巻上「長春丘真人寄西州道友書」にも「姚真人問、漏如何。丘（処機）曰、若体到真清真静、自然不漏」（十四左）とある。

(22) 劉処玄注『黄庭内景玉経註』治生章第二十三の「内視密盼尽睹真」の注に「天眼明道、慧眼明真、法眼通聖、始顕化身」

（二十九右）とある。ここに見える「化身」は、直前の「共入大室璇璣門」（二十八左）の注に見える「身外有身」と同じく陽神を指すと思われる。

(23) 例えば、卿希泰主編『中国道教』巻一、東方出版中心、一八〇頁など。

(24) ただしすぐさま補足しておくと、上で見たように、無漏の状態に到達しても、その後、三丹田は順に結ぼれていくわけであり、例えば大悟することにより即座に全てが解決するというような頓悟頓修的立場を取るわけではない。この点でまた全真教と競合していた禅宗をはじめとする当時の諸宗派のあり方との違いを別途考慮する必要があろう。

(25) 「師言。学道者、不須広看経書、乱人心思、妨人道業。若河上公注道徳経、金陵子注陰符経二者、時看亦不妨。亦不如一切不読。甯盧都地養気、最為上策」（『丹陽真人語録』、十右）。

(26) ただし翁葆光注は薛道光のものとして流伝しており、諸注の当該箇所には混乱がある。ここでは『註疏』翁注に基づく。以下同じ。

(27) 『歴世真仙体道通鑑』巻四十九「薛道光」、十三左。

(28) 本書第Ⅰ部第一篇第一章を参照。

(29) 例えば、荒木見悟は宋代、非常に影響を与えた大慧宗杲の禅が頓悟頓修的あり方を取ることを指摘している（『仏教と儒教』〔新版、研文出版、一九九三〕第三章第一節「大慧宗杲の立場」を参照）。ここでいう「上乗」とは、まずは頓悟頓修的あり方であると考えられよう。

(30) 「世有学釈氏性道、執此一切有為皆是妄者、以其語毀老氏命道。此乃知其一不知其二、窺其門堵而未升堂入室者也」（『註疏』巻四、二十右）。

(31) なお『悟真篇』序では、儒教が「有為の教え」、個人の修養が「無為の道」とされているが、ここでは更に性命を無為と有為に分けたものと思われる。

(32) 『悟真篇』後序には、「故釈迦、文殊所演法宝、無非一乗、而聴学者随量会解、自然成三乗之差。此後若有根性猛烈之士、見聞此篇、則知僕得達磨六祖最上一乗之妙旨、可因一言而悟万法也。如其習気尚愚、則帰中小之見、亦非僕之咎矣」（『註疏』

巻八、二十四右-左）とある。これは「禅宗歌頌」を意識した文章ではあるが、道教も含め、機根の高い者であれば即座に道に至ると考えていたことは、前序から窺える。

(33) ただし全真教における上乗や三乗に関する言説は、上に挙げたもののほか、王重陽に二例（『全真集』巻一・巻五）、王処一に一例（『雲光集』巻四）、三乗に言及する例が見られるくらいで、余り多くない。だが、時代は下るが、牛道淳『析疑指迷論』「指迷」に、上・中・下乗から成る内丹説の整理が見られる。

(34) 『金関玉鎖訣』については、蜂屋邦夫（一九九二）前掲書、一五二～一六四頁を参照。『大丹直指』については、清・陳銘珪『長春道教源流』（厳一萍編『道教研究資料』第二輯〔芸文印書館、一九七四〕所収）、一四三頁、蜂屋邦夫（一九九八）前掲書、二一八～二三四頁、および戈国竜「『大丹直指』非丘処機作品考」（劉鳳鳴主編『丘処機与全真道――丘処機与全真道国際学術研討会論文集』、中国文史出版社、二〇〇八）を参照。

(35) 『北遊語録』巻一（九左）。その他、『悟真篇』の引用は巻二（二十左）および巻三（七左）に見える。

(36) 横手裕「全真教の変容」（『中国哲学研究』第二号、東京大学中国哲学研究会、一九九〇）参照。

第三章　全真教における志・宿根・聖賢の提挈

——内丹道における身体という場をめぐって——

はじめに

全真教の文献をひもとくと、そこは数多くの内丹の術語で満ちていることからも分かるとおり、一般に全真教は内丹道の中に位置付けられる。これは同時に彼らが自力救済的な立場に立つということである。

自力救済的な態度は、外丹・内丹を問わず、錬丹術に通底する思考である。葛洪は『抱朴子』内篇（道蔵第八六八－八七〇冊）黄白篇の中で、「亀甲文」という文章を引用する形で「我が命 我に在り、天に在らず」と宣言した。もちろん『抱朴子』の中には、こうした考え方と平行して師授に当たって神明の前での盟誓などの禁忌も存在する。[1] しかし『抱朴子』では人の生死が天命によるとする考え方を批判し、「仙の学びて致すべき」（勤求篇）ことが力説される。その核心には錬丹術に代表される確乎とした手段を修行者が持つことにより、何ものにも左右されることなく、道へと至ることができるという強い信念が存在しているといえよう。[2]

こうした考え方は内丹道においてもやはり共通する。[3] 例えば全真教に先行し、同じく頓悟を重視した北宋の張伯端の『悟真篇』には次のような詩が見える。

薬逢気類方成象、道在虚無合自然。一粒霊丹呑入腹、始知我命不由天。
（『紫陽真人悟真篇註疏』〔以下『註疏』と略記〕巻四、絶句第十二、十三左）

薬は気に遇って初めて形を現し、道は虚無の中にあって自然のあり方と一つになる。一粒の霊丹を飲み下すことができれば、「我が命 天に由らず」ということを初めて知ることができよう。

若干文字に異同はあるが、ここでは最後の一句で『抱朴子』に基づく文言が踏まえられ、内丹の完成により修行者の運命が天から解放されることを詠う。この張伯端から始まる内丹道の一派は、後に南宋末から元にかけて全真教と融合していく。

このように内丹道においても修行者は自らの宗教的な努力により道を獲得できるとする。全真教に目を転じれば、王重陽の活死人の墓、丘処機の磻渓（今、陝西省）や竜門（今、陝西省）での苦錬など、全真教に頻出するこうした逸話は全て同様の宗教的営為として理解されるといえよう(4)。

しかしこれは自明であろうか。確かに全真教は特に金やモンゴル政権と関係する中で斎醮をしばしば行っており、神々への祈禱を行いはする。だがここで問題にしたいのはこうした斎醮における神々の存在ではなく、彼らの個人的な修養の中において修行者一人しか存在しなかったのだろうかということである。内丹術に神は存在しないのか。ここには内丹術の持つ身体性の問題が深く関わっているように思われる。本章では王重陽および弟子の七真から、張伯端以下の内丹道との融合期の直前までの全真教を中心として内丹術と身体の問題について考察してみることにしたい。

一　内丹術と身体

そもそも『悟真篇』などの内丹道においても、錬丹術、いわゆる外丹と同様に「我が命 我に在り、天に在らず」といえるのはどうしてだろうか。『悟真篇』の代表的な注釈者である翁葆光は上の張伯端の詩に次のような注を付けている。

朝元子曰、死生尽道由天地、性命元来属汞鉛。此非我命在我不在天乎。（同、十四右）

朝元子は「人の生き死にや道が尽きることは天地によるものの、性命はもともと汞鉛に属する」という。これは「我が命 我に在りて天に在らず」ということではないだろうか。

朝元子は北宋・宝元年間（一〇三八～一〇四〇）の人、陳挙のこと。彼の「玉芝篇」は曽慥『道枢』（道蔵第六四一―六四八冊）巻四に残り、ここに同じ詩が見える。(5) 朝元子は、道が尽きて人が死ぬこと、すなわち人の寿命は天地によるように見えるが、もともと性命は鉛と汞（水銀）に根ざすものであるという。性命はもともと儒教の言葉で人の本性と天命を指す語だが、特に張伯端以下の内丹道では頓悟といった精神的な修養と内丹術による身体的な修養を指し、ここではその双方を合わせた修行者の総合的・根源的な状態を指す。また鉛汞は修行者の心腎二臓に蔵される二気を指す内丹術における重要な象徴で、ここでは内丹術自体を指す。内丹術では術者の五臓に五行を重ね合わせ、さらにはこれらを心腎＝水火＝坎離へと集約し、それらを交合させること、すなわち離の陰爻に坎の陽爻を補塡することで純陽たる金丹を生み出すことを目指した。今は心腎の語に端的に表される身体性に注目しておきたい。結局、朝元子は、一般的な人の寿命は天地に左右されるが、修行者は体内に内丹という直接道に至り得る術を持つというのである。翁葆光はここに天に左右されない修行者自身による自力救済のあり方を見たのであろう。また彼は張伯端の詩の最後に見える「我が命 天に由らず」を『抱朴子』に基づく語であることを明示している。

とはいえそう簡単に全てが修行者個人に帰せられるわけではない。例えば、『悟真篇』には同時に次のような詩が残る。

大道修之有易難、也知由我也由天。若非積行施陰徳、動有群魔作障縁（『註疏』巻六、絶句第六十二首、十八右-左）

大道を修めるには困難があるが、それが自分により、また天によることを知るだろう。もし徳行を積み、陰徳を修めねば、ともすればもろもろの魔による障害に遭うだろう。

ここでは修行が「我に由る」だけでなく、同時に「天に由る」ともされる。[6] これに対して、やはり『悟真篇』の注釈者である元の戴起宗はこのように注釈を付けている。

前詩云、一点霊丹呑入腹、始知由我不由天、甚讃金丹之功、至霊至神。今詩云、也知由我也由天、勧勉学者、若聞大道、亦当積行施徳、以求天助。不可自恃其丹之霊、必有魔障為碍。（同、十八左）

先に挙げた詩で「一粒の霊丹を飲み下すことができれば、『我が命 天に由らず』ということを初めて知ることができよう」といい、金丹の修養（功）がこの上なく霊妙かつすばらしいものであると極めて賛美していた。

今、この詩で「またそれが自分により、また天によることを知るだろう」というのは、大道を耳にすれば、また徳行（行）を積んで恩恵を施し、天の助けを求めるべきだと修行者に勧めているのである。金丹の霊妙さに頼るだけでは駄目なのであり、それでは必ずや魔障が現れ、障害となるだろう。

戴起宗は、「我に由る」とは上の詩でいわれていた内丹の錬成を指すのに対し、徳行を積むことが「天に由る」のだという。当時、一般に修行者自身の努力だけでは成仙することはできず、それと併せて周りの人々への恩沢を施す徳行が求められた。ここでもそれが踏まえられていよう。功行の内、個人の修養は功（または真功）、他者への徳行は行（または真行）と呼ばれる(7)。

注意しなくてはならないのは、ここでは内丹術における修行者の主体性は依然揺らいでおらず、あくまで天によるのは対外的な徳行に限定されるということである。これは内丹の錬成が修行者の身体で行われるのに対して、徳行が修行者の外部で行われることと関係しよう。結局、修行者の持つ身体という場は道へ至る揺るぎない一つの手段であり続けたのである。

ところで、前章でも述べたが、張伯端以下の内丹道ではそもそも修行者は頓悟により無漏に至ることができないと考えられたため、そこで身に染み付いた習漏を消すために内丹の錬成を目指した。これに対し、全真教ではあくまで直接的に無漏の境地を目指す上根的修行観に立った。無漏とは全ての煩悩を断ち切った完全なる境地を指す。内丹はそうした境地に至れば自然と得られると考えたのである。

実際、王重陽から始まる全真教では、先行する張伯端らの内丹道とは異なり、「竜虎を問ふなかれ」といった文言が頻出する(8)。竜虎とは心腎二気の別称でやはり内丹術を表す。王重陽は弟子たちに内丹術を尋ねたり、実践したりしてはならないと説いたのである。なぜなら道とは五行を超越したものであり、五行を五臓に配当するといった思考に立つ内丹術では五行の枠組み自体から逃れることができないからである。こうして全真教では、内丹術を有為法であるとして放擲した。もっとも調息法については無為法であるとして実践されており、これにより清静無為の境地に到達すれば、おのずと内丹が完成すると考えられた。全真道は内丹道に属するとはいえ、その構造は逆説的である。

本章の問題関心からいうならば、こうした内丹術の放擲は同時に手段としての身体という場の喪失を意味する。つまり全真教では修行者は身体という場を利用できないということになる。では全真教において修行者たちが拠って立ったものは何だったのか。

二　全真教における志と信

全真教において修行者たちが拠るべきもの、それは心であった。実際、全真教の文献には他の内丹道、例えば鍾呂派や張伯端以下の内丹道には見られない志や信への全面的な重視が見受けられる。特に志については、志の堅固であるべきことや専一にすべきこと（「一志」）、自らの意志を鍛え上げる「苦志」といった言葉が頻出する。

ここで全てを挙げることはできないが、幾つか詩詞を挙げて確認しておこう。例えば王重陽は次のように詠う。

沖和気脈何労診、一志修行準。参随鶴駕縦雲遊、離郷関、心意緊。（『重陽教化集』巻一、十八左）

沖和の気や気脈などどうして苦労して見るに堪えようか、志を専一にすることこそ修行の要。鶴の背に乗り雲の行くままに逍遥し、故郷を離れ、心意を堅固にせよ。

ここでは志を純一にすることを修行の準則とし、心意を重視していることが窺える。馬丹陽もいう。

不説亀毛、無論兎角、幻軀閑想如蟬殼。怎生亦得顕金容、箄来全在心知覚。志不回環、道非遥邈、洞天白雪成紅雹。化為自在箇霊童、自然掌握長生薬。

（『漸悟集』巻上「師父引馬鈺上街求乞」、十右）

亀に毛が生えるとか、兎に角が生えるといった不毛なことはいわず、この幻軀《うつせみ》について思い煩うことは止めよ、それは蟬の抜け殻のようなものであれば。どうすれば（人が本来持つ）貴き姿を現し得るのか、それは全て心によって領会される。志が退転せねば、道は遠いものではなく、洞天の白雪は赤い雹へと変わる。さすれば自由自在の霊童となって、おのずと不老長生の薬を手に入れることができるだろう。

ここでは肉体の幻妄なることと心の重要性が説かれる。特に道に到達するには不退転の志が必要とされている。白雪は粉霜（塩化水銀の一種）[9]、紅雹は未詳。『修真十書』巻二十『雑著捷径』「養生篇」第二十五首に「白雪錬成赤水」（四左）の句が見え、紅雹が赤水のことであるとすれば水銀を指すことになる。簡単に言って、ここではこうした錬丹術の術語により内丹的な境地が深まることを表していよう。その他、七真の詩詞に見える同様の表現は枚挙に暇がない。

このように王重陽や七真の詩詞には、沖和の気といった具体的な修錬にまつわることを幻軀に属する不毛なこととみなし、志や心意を重視していることが理解できる。これは王重陽や七真の次の世代にも共通する。ここでは王志謹の『盤山棲雲王真人語録』（以下『盤山語録』と略記）を取り上げよう[10]。王志謹は七真の一人、郝大通の下で入道し、後、丘処機に師事した人物である。

或問曰。自来修行之人、必先立志、如何立志。

答云。毎在動処静処、一切境界裏、行住坐臥念念在道、逢魔不変、遇害不遷。安穏処亦如此、巇嶮処亦如此、拚此一身、更無回顧。精進直前、生死不惧、便是箇有志底人。（『盤山語録』第八条、四右）

ある人が問う。「そもそも修行者はまず志を立てなくてはならないわけですが、どのように志を立てるのですか。」

答える。「動の場所や静の場所、どのような境遇にいても、行住坐臥の一念ごとに道にあり、魔に遇って心変わりすることも、災厄に見舞われて心移りすることもない。安穏な場所でも厳しい場面でもこのようであり、この身を捨てても顧みることがない。ひたすら前へと進み、生死を恐れない。これこそ志がある人というものだ。」

ここでは日常生活のあらゆる場面において心が道にあり、どのような困難にあっても精進することを志ある状態と見ており、同じく志が重視されていることを窺うことができよう。

ところでこうした志の重視と並んで、王志謹には信という概念が見える。全真教の文献中、信が問題になるのは『盤山語録』以外には見られないようだが[11]、ここでいう「信得及処」は禅宗でもしばしば見られる語であるため少し検討しておきたい[12]。王志謹は普説で次のように述べる。

時師在盤山、普説云、大凡初機学道之人、若便向言不得処理会、無着落、没依倚、必生疑惑。為心上没工夫、便信不及。信不及、必不能行、行不得則胡学乱学、久而退怠。今且説与汝等。眼前見得底、耳裏聴得底、信得及処行去、従粗入妙、亦不誤汝。雖是声色、便是道之用也。如何是信得及処。汝豈不見許大虚空、及天地日月、山水風雲。此不是眼前分明見得底。便是修行底牓様、便是入道底門戸也。

（『盤山語録』第一条、一右-左）

ある時、師（王志謹）は盤山で普説して言われた。「おおよそ道を学び始めたばかりの人は、たとえ言うことができないところを理解しようとしても、頼れるものや拠って立つものがないために、きっと疑念を生じるようになるだろう。心上に功夫を積まなければ、信じきることができない。信じきることができないと、きっと修行することができず、修行することができないと、でたらめに学ぶことになり、そのうちに懈怠することになるだろう。いましばらく皆さんに説明することにしよう。目の前に見えるもの、耳に聞こえるものといった信じきることができるところから修行していき、粗雑な状態から霊妙な段階へと進んでいけば、皆さんを間違った方向に導くことはない。これらは身の周りにある物ではあるが、道の用《はたらき》である。信じきることができるところとは何か。皆さんは見たことはないだろうか、この大きな天空、それに天や地、太陽に月、山や川に風に雲を。これは目の前にはっきりと見えるものではないだろうか。これはとりもなおさず修行の手本であり、道へと至る門戸なのだ。」

「言うことができないところ」とは道を指す。道を学び始めたばかりの人は、道という言い表すことができないところを理解しようとしても、不確実であったり、依拠できるものがなかったりするため、疑惑を生じる。こうして心上に修行し錬磨していくことなく、信じきることができず、懈怠することになる。では信じきれるものとは何か。彼は、眼前に広がる天地日月山水風雲、これこそが修行の手本であり、入道の門戸となると述べるのである。眼前に広がる天地日月山水風雲は、なるほど確かに道の顕現であるかもしれない。だがそれを一修行者の立場から、そのまま拠って立つものだとすることができるだけの者がどれほどいるかについては、また別に考えなくてはならないだろう。

その他、王志謹は経書や公案を読むことについて尋ねられた際（第十五条）、修行者は自らの身体にある「一点の霊明」（八右）にこそ拠るべきなのであり、それを「若信得及、便截日下功理会去（もし信じきれるならば、その日のうちに修行を片付け、［自己の本分事を］理解してしまうだろう）」（八右-左）とも述べている。また続いて、これこそ修行者誰しもが持つ自分自身の公案なのであり、他人の公案を見たところで役に立たないという(13)。彼によれば、修行者は信により直接道を把捉しなくてはならないのであり、経典や公案を含め、その間に一切の媒介物はあってはならないのである。こうした経典や公案への抑制的な態度は、馬丹陽や次節で取り上げる尹志平にも共通する(14)。

このように全真教では身体を内丹の錬成の場ではなく幻軀と見なし、竜虎を求めることよりも優先して志や信を重視した。これは種々の功法の放擲を伴うものであり、またそれは修行者に対し、現在の境地と成就されるべき道との間に絶望的とも見える懸隔をもたらすことになったであろう。では俗塵に埋没し、苦海の中にあえぐ修行者と、遥か彼方に目指される道の間には拠るべきものは全くないのであろうか。

三　宿根と「聖賢の提挈」

全真教の修行者たちは種々の功法を放擲し、全ては心上の錬磨に求めたが、これは修行者たちに大きな宗教的な緊張感をもたらしたのではないか。これに絡んで、全真教の文献を読むと、志や信といった語と併せて「聖賢の提挈」という語がしばしば現れることは注意されてもよいように思われる。聖賢とは、文字どおり、聖人と賢者を意味するが、時に神仙なども含まれる。馬丹陽の詩詞から一例を挙げよう。

　要做神仙須悟徹、万種塵縁当一撇。常将身影更嫌多、恁時自有仙提挈。（『洞玄金玉集』巻一、五右）

　神仙になろうとするならば悟りきることが必要であり、あらゆる塵縁は投げ捨てられなくてはならない。常にこの身の影がますます厭わしく感じられるようになれば、この時おのずと神仙の手助けがあろう。

ここでは、修行者に対して悟徹して万縁を放擲すべきこと、そしてそれに伴って陰なる身体への自覚へと至ると最終的に神仙が「提挈」を与えるとされている[15]。

　こうした「聖賢の提挈」への言及は、七真やその周辺に散見される。類似の表現を幾つか挙げておくと、馬丹陽の詞として伝えられる詞として『鳴鶴余音』巻三に「真清真浄、心上要無塵。自有神仙提挈、恁時節、得赴玄門（真の清浄は、心に塵がないようにせねばならない。さすればおのずと神仙の手助けがあり、この時、玄門へと赴くことができよう）」（五右）、譚処端『譚先生水雲集』巻中に「常傚如斯堅志、管聖賢暗裏、昭一鑑無差（常にこのような堅き志に従えば、きっと聖賢が密かに、照覧されることは疑いなし）」（六右）、劉処玄『仙楽集』巻三「上敬奉三教道衆幷述懐」に「功行未円、志堅淡素。始終不変、聖賢来度（功行がまだ完全でなくとも、志は堅固にして淡然とあれ。常にそうして変わることなければ、聖賢が救いにやってくるだろう）」（十三右）、王処一『雲光集』巻三「金丹訣」に「神気自然霊、真師自提挈（神気は自然と霊妙になり、真師はおのずと手助けしてくれることだろう）」（二十右）といった詩句が見られる。またとりわけ七真の一人である丘処機や尹志平の周辺に聖賢に関する話頭が散見されることは注意される。詳しくは後述するが、『真仙直指語録』巻上の丘処機「長春丘真人寄西州道友書」では十八条中六条で、巻下の尹志平の語録では三十七条中十条で聖賢について触れている。尹志平は丘処機の弟子で、丘処機を継いで第六代掌教となった人物である。その他、七真の周辺の人物としては、『鳴鶴余音』巻一の馮尊師の玩瑶台詞に「把万縁一切放下、他自有聖賢提挙（万縁全てを放下すれば、彼にはおのずと聖賢の手助けがあろう）」（七左）といった表現も見える。『重陽立教十五論』第十二「論聖道」には、「性満乾坤、普天聖衆、默默護持（修行者の性が天地に満ちれば、全天の聖者たちが、静かに護持する）」という。(16)

彼らが「聖賢の提挈」についてしばしば語っていたことは全真教以外にも知られていたようで、尹志平によると禅宗から次のような批判があったという。

長春師父要離生滅詞云、既得性珠天宝、勘破春花秋月。此得真空之地也。復云、恁時節、鬼難呼、惟有神仙提挈。前云身心百錬、次云得性珠天宝、尚云惟有神仙提挈之語。此非至真至実、誰復肯出此言。禅家以真空便為了徹、故毎笑此詞、云既得性珠天宝矣、又何復云神仙提挈。

（『清和真人北遊語録』〔以下『北遊語録』と略記〕巻四、十一左）

長春師父（丘処機）の「要離生滅」という詞には、「性珠という天の宝を手に入れてしまえば、春の花や秋の月（の無常なること）を看破してしまう」とあります。これは真空の境地を手に入れたということです。また「このときには、鬼を呼びよせることが少なくなり、神仙の手助けがあるばかり」ともいっています。この前には「身心を百錬す」とあり、次に「性珠という天の宝を手に入れる」といい、さらに「ただ神仙の手助けがあることだろう」という言葉を語っているのです。これはこの上ない真実であり、誰がまたこうした言葉を口にすることができるでしょうか。禅宗の人々は、真空とは了徹することだと考えているために、この詞をいつも嗤い、「性珠という天宝を手に入れた以上、どうしてまた神仙の手助けについていうのか」と言っています。

丘処機の「要離生滅」詞とは「錬心」と題された喜遷鶯詞のことで、『長春子磻渓集』巻五および『鳴鶴余音』巻五に残る。(17) これは生滅の境地を離れるために、「身心百錬」して心を鉄のように磨き上げるべきこと、またこうして猛烈に修行を行えばやがて身体は木石のようになり、「性珠」を手に入れ、その時、「神仙の提挈」があるだろうと詠うものである。禅宗の批判は、性珠を手に入れるという最終的な境地に至ったのだから、それ以上、「神仙の提挈」が現れるのはおかしいという点にある。

「聖賢の提挈」については、丘処機に批判的であったことが知られる耶律楚材にも同様の批判が見られる。耶律楚材『西遊録』巻下では、丘処機が馬丹陽は「屢蒙聖賢提将真性遨遊異域（しばしば聖賢により真性が異境へと連れて行かれる）」と述べていたといい、丘の教説の中に「聖賢提真性遨遊異域、自愛夢境（聖賢が［修行者の］真性を異境へと連れて行き、夢境を楽しむ）」と説いていることを批判している。禅宗およびその周辺からこのように批判されたというのは、本質的にこれが看過できない内容を含んでいたと考えられたためだろう。確かに真性を至上とし、金丹の獲得すら真性の把持により成し遂げられると考える全真教徒にとっても、「聖賢の提挈」は蛇足であるように思われる。ではどうして彼らは「聖賢の提挈」について説かねばならなかったのか。以下、丘処機と尹志平を中心に確認していくことにしよう。

全真教文献は詩文集を中心とし、語録は余り多くないが、七真の内、馬丹陽・譚処端・劉処玄・丘処機・郝大通、および尹志平の語録をまとめたものとして、玄全子『真仙直指語録』が残る。丘処機に関するものとしては巻上に「長春丘真人寄西州道友書」（以下「寄道友書」と略記）が収められる。これは明昌二年（一一九二）十月に棲霞（今、山東省）に帰ってから陝西の道友に宛てて書かれたもので、書信は冒頭のみで、その他は語録と見られるという。(18)

丘処機は次のように述べている。

今世之悟道、宿世之有功也。而不知宿世之因、只見年深苦志、不見成功、以為塵労虚誕、即生退怠、甚可惜也。……雖未得道、其善根深重、今世後世、聖賢提挈。方之無宿根者、不亦遠哉。惟患人心退怠、聖賢不能度脱。若不退怠、今世来世累世提挈、直至了達耳。（「寄道友書」第一条、十二右－十三右）

今生で道を悟るのは、過去の世において功徳を積んだからだ。過去世の原因を知らず、年々頑張って志を錬磨しても成功に至らないと、そんなものは煩わしいばかりの虚妄《でたらめ》だと考え、懈怠の心を生み出すというのは何と残念なことだろう。……道を得ていなくとも、その善根が深ければ、今生や後の生で聖賢が手助けしてくださる。これを宿根なき者と比べれば、遥かに道へと進んでいるのではなかろうか。ただ憂うべきは人の心は懈怠するということであり、これでは聖賢も度脱させることができない。もし懈怠がなければ、今生でも来世でもいつでも助けがあり、すぐさま了達するのだ。

丘処機はまず悟道には志だけではなく、過去世における功行、すなわち修行者に宿根がなくてはならないという。そして宿根が十分になればおのずと「聖賢の提挈」が現れるのであり、それ故に修行者たちにたゆまず修行に励むよう諭すのである。

　ところでここに見えるように宿根の問題は「聖賢の提挈」と複雑に絡み合っている。特に丘処機についていえば、彼が今生の修行の進捗状況や成果を宿根に求め、強調する理由の一つには、馬丹陽の存在が関係しているように思われる。尹志平は、かつて王重陽が「宿世の功行至大」なる馬丹陽と常々玄妙なことを語り合う一方で、丘処機が「功行未だ至らざる」ため下働きをさせられていたこと、また戸を閉め切って調息法について論じていた王と馬丹陽のところに丘処機が顔を出すと、二人がその話を打ち切ったことを語っている。(19) 別の箇所ではこの調息法が「谷神不死調息の法」と呼ばれ、部屋の外で聞きかじった方法を実践してみたが、馬丹陽が二年半で了道したのに対し、丘処機は十八九年たっても効果がなかったという。(20) 丘処機自身、馬丹陽に比べ根機が劣ることを自覚していたようで、次のように述べる。

祖師所伝之道一也、何為有等級如此。只縁各人所積功行有浅深、是以得道有遅速。丹陽非一世修行、至此世功行已備、用此穀神之道、当其時耳、故速見其験。俺之功行未備、縦行其法、久而無験、固其宜也。

（『北遊語録』巻三、七右）

祖師（王重陽）の伝えた道は一つなのに、どうしてこうした違いがあるのだろうか。それはそれぞれの人が積んできた功行に深浅があるにすぎず、だから得道に速いか遅いかという違いがあるのだ。丹陽はこの一生で修行したのではなく、今生に至るまでの功行が既に十分だったから、この谷神の道《やりかた》を用い、ちょうどその時に当たったにすぎないのであって、だから速やかにその効験が現れたのだ。わしの功行は不十分だったから、たとえその方法を行っても長らく効験がなかったというのも、もとより当然のことだ。

祖師の教えが一つなのに弟子によって効験の現れに違いがあるのは、どうしてだろうか。それは前世の功行、すなわち宿根に違いがあるからだ。こうした言葉が受け入れられる背景には、丘処機に限らず、多くの修行者もまたここに見えるように、たとえ志を専一にし、どれほど苦錬を重ねようとも道に到達できないという現実を抱えていたためだと考えられよう。現在の功夫の状況に対して宿根を措定することは、こうした修行者の抱える苦悩への一つの答えであったと思われる。(21) あわせて、ここでは宿根が修行者にとっては目に見えない、知り得ないものであるとされる点、そして「聖賢の提挈」はそうした宿根が具わって初めて現れるとされる点に注意しておきたい。

では志と「聖賢の提挈」の関係はどのように考えられていたのだろうか。丘処機と弟子たちの問答を聞いてみよう。

或問曰。修行在志、提挈在聖賢。
師答云。全在志。若無志、聖賢如何提挈。
（「寄道友書」第十四条、十四右）

ある人が問う。「修行は（自分の）志によるもので、手助けは聖賢によるのですか。」
師が答える。「全て志による。もし志がなければ、聖賢もどうして手助けしてくれよう。」

ここではあくまで志の必要性が全面的に強調されており、「聖賢の提挈」も修行者の志があって初めてなされるという。また尹志平にも次のような言葉が見える。

先保此平常、其積行累功、皆由乎己、是在我者也。道之顕験、聖賢把握、是在天者也。当尽其在我者、而任其在天者、功行既至、道乃自得。
（『北遊語録』巻二、十二左―十三右）

まずこの平常の境地を維持し、功行を積み上げていくこと、これらは全て自分によるので、「我に在る」ものです。道の応験は、聖賢が司っているのであり、「天に在る」ものです。「我に在る」ものを尽くしてから、「天に在る」ものに任せる。功行が十分になれば、道はおのずと獲得できるのです。

「平常」とは、どのような環境にあっても心動かさない入道の根本となるあり方を指す[22]。ここでもそうした平常の境地を得ることや功行は、全ては「我に在」り、修行者本人によるという。一方、これに対して道を成就できるかどうかは聖賢が把握し、「天に在る」とされている。

これは上で見たように張伯端以下の内丹道で、功行の内、内丹の修養については修行者に、徳行については天に属するとしていたことを髣髴とさせるかもしれない。とはいえ、ここでは功と行が区別されていない上に、その功行についても修行者はどれほどの功行を積んだかについては知ることはできない点で大いに異なる。宿根や「聖賢の提挈」に絡んで、尹志平にはやはり次のような言葉が見える。

又云、修行人做事、全要肯心承順、便有功行。但積功行、自心不知、暗中聖賢積累。（『真仙直指語録』巻下、三左）

また言われた。「修行者が何かするには、全く喜んで引き受けてこそ、功行を積むことができるのです。だが功行を積んでも自分では分からず、ひそかに聖賢が積み重ねているのです。」

注意せねばならないのは、一見すると「全ては志による」として修行者の主体性については守られているかのように見えつつも、実際には、修行者は何ら見返りなく「無心」（同）で行わねばならず、自己の修行の進捗状況についてはあくまで不可知の領域に属しているということである。張伯端以下の内丹道と比較しておけば、張伯端以下の内丹道では内丹を修養すれば、おのずと精→気→神という漸次的な向上が期待され、また保証されていたのに対し[23]、ここではそうした期待や保証は否定されているということを意味する。それは修行者が陥りがちな、自分の修行の進展についての有所得の考えを断ち切ろうとする全真教の持つ宗教的厳格さの表れと解釈できなくはないかもしれない。だがそれでも丘処機や尹志平の周りで「聖賢の提挈」への言及がたびたび繰り返されていること自体、修行者の主体性への一抹の不安の現れなのであり、そうした不安が「聖賢の提挈」への希望へとつながっていたといえるのではないか。[24] ここで思い出しておけば、高らかに道への信を説いていた王志謹に、一切、「聖賢の提挈」への言及が見えないことは、それを逆に裏付けしているということができるのではなかろうか。

もちろん彼らも修行者の志を第一に考える点において自力救済的とされるべきである。だがこのように考えてくると、丘処機や尹志平、そしてその周辺には、あくまで志による自力救済によろうとする立場と、身体という場の喪失との狭間で、「聖賢の提挈」を渇望する空気が確かに存在したのではないかと思われる。

まとめ

我々は『抱朴子』に見える「我が命 我に在り、天に在らず」という考え方から始め、内丹道において修行者の身体が道へ通ずる場として機能していることを確認した。一方、同じく内丹道に属するとされる全真教では、そうした修行者の身体は撥無されており、それに代わって彼らが拠って立ったのは心上の志や信であった。彼らはこれらによって道へとじかに到達しようとしたのである。しかしそれは身体のように拠るべきものをもたないことになり、それがもたらす無限ともいえる修行者と道との懸隔が、現今の修行の成果を前世に求める宿根の強調につながった。特に丘処機や尹志平の周りで何度も繰り返される「聖賢の提挈」への言説はそうした修行者たちの宗教的な不安の現れだったのではないかと思われる。

前章では、最後に全真教が上根的な修行観をとるがゆえに、逆にその内部に漸次的な向上を肯定する張伯端の内丹道へ接近し、それを受け入れる余地が生じたのではないかと指摘した。本章ではそれを受けて、丘処機と尹志平の周辺で現れる宿根や「聖賢の提挈」への言説を取り上げた。これは身体が撥無された中で内丹の錬成を目指した修行者たちから当然出るべき宗教的欲求であるということができ、自力救済のいわば臨界点であった。尹志平は全真教の中で『悟真篇』について触れる最も早い人物であるが、この全真教が張伯端の内丹道と融合する直前、そこには確かに聖賢や神仙の救いを求めた修行者たちの姿があったのではなかっただろうか。

以上、第二篇では、初期全真教における性命説とそこに現れた問題点について検討してきた。次に篇を改め、全真教、張伯端以下の内丹道、そしてその他の内丹道の融合の様相、および元代に活動した趙友欽と陳致虚の性命説を中心に検討していくことにしたい。

注

（1）吉川忠夫「師受考――『抱朴子』内篇によせて――」（『六朝精神史研究』、同朋舎、一九八四）、古勝隆一「血盟と師授――『抱朴子』内篇を中心として」（麥谷邦夫編『江南道教の研究』、平成十五–十八年度科学研究費補助金・基盤研究（B）・研究成果報告書一、二〇〇七）。

（2）例えば、本田済注『抱朴子内篇』（平凡社、一九九〇）「解説」、また任継愈編『中国道教史』〔増訂本〕（中国社会科学出版社、二〇〇一）第三章「葛洪与魏晋丹鼎道派」など。本田済は章炳麟の言葉を踏まえて葛洪を「自力宗」としている（四三〇頁）。

（3）なお内丹と外丹に通底するものとして「造化の機を奪う」という考え方があるという指摘は、山田慶兒「紫金の光――中国錬金術における科学と宗教――」(同『本草と夢と錬金術と』、朝日新聞社、一九九七)、三浦國雄「造化の奪取」(同『不老不死という欲望』、人文書院、二〇〇〇)に見える。

(4) この時期の全真教について包括的に扱ったものとして、窪徳忠『中国の宗教改革――全真教の成立――』(法蔵館、一九六七)、蜂屋邦夫『金代道教の研究――王重陽と馬丹陽――』(汲古書院、一九九二)・『金元時代の道教――七真研究――』(汲古書院、一九九八)、張広保『金元全真道内丹心性学』(生活読書新智三聯書店、一九九五)などがある。

(5) ただし『道枢』は「死生尽道因天地」(十七左)に作る。

(6) 小異はあるものの、「由我」「由天」の部分については『道蔵』に収められる『悟真篇』の諸注釈本は全て同じである。ただし夏元鼎『紫陽真人悟真篇講義』のみ「知由命也由天」(八左)に作る。

(7) 真行・真功については、窪徳忠前掲書、一四九～一五〇頁にまとめられている。また功行には、三千功・八百行が必要とされるという考え方も全真教をはじめとして内丹文献に散見される。例えば、王重陽『重陽全真集』巻十「述懐」「八百行成双樹果、三千功満一声雷」(九左)など。

(8) 一例を挙げれば、王重陽『重陽全真集』巻一「問竜虎交媾」に「莫問竜児与虎児、心頭一点是明師。无調神定呼交媾、心正精虔做煦熙」(八右)という。また本書第Ⅰ部第二篇第二章を参照。

(9) 白雪・赤水については、胡孚琛主編『中華道教大辞典』(中国社会科学出版社、一九九五)による。

(10) なお『修真十書』巻五十三にも同書を収める。

(11) ただし信については李道純『中和集』『瑩蟾子語録』(道蔵第七二九冊)にも見られる。李道純は張伯端以下の内丹道の系譜を引きながらも、早くから旧南宋領で全真教を標榜した人物。禅宗の思想の摂取についても積極的で、こうした中で信の問題がやはり浮上したものであろう。

(12) 一例を挙げれば、大慧宗杲『大慧普覚禅師語録』(大正蔵第四十七冊)巻二十三「示妙円道人」に、「直下信得及、只這信得及処。便是超生死越苦海底消息」(九〇九下)と見える。また禅宗における信の問題については、柳田聖山「看話禅における信と疑の問題」(日本仏教学会編『仏教における信の問題』、平楽寺書店、一九六三)を参照。ここでは信・疑の問題と絡んで「大憤志」が取り上げられていることも注意される。

(13)「自家亦有如此公案、更数他別人珍宝作甚麼」(『盤山語録』第十六条、八左)。

(14) 例えば馬丹陽は「師言、学道者、不須広看経書、乱人心思、妨人道業。若河上公注道徳経、金陵子注陰符経、二者時看亦不妨。亦不如一切不読、貲盧都地養気、最為上策」(『丹陽真人語録』、十右)といい、尹志平も「今人有深解経文、而不知其本者、執着古人言語、反成迷惑」(『北遊語録』巻四、十一右)という。

(15)「身影」への忌避は、王重陽や七真の詩詞の中では、馬丹陽にのみ見られる特徴的な語のようである。これは上に見た「幻軀」という言葉とも関係してこよう。「身影」の語は『洞玄金玉集』巻一「和道友韻」(二十一右)・「述懐」(二十五右)・巻二「和平涼府戸判耿朝列」(十三左)・「聯珠」(十五右)・巻四「述懐」(十二左)に見える。

(16) 蜂屋邦夫は、『重陽立教十五論』が後出した可能性を指摘している(蜂屋邦夫[一九九二]前掲書、二十～二十一頁)。

(17)『長春子磻渓集』巻五に見える詞は次のとおり。「要離生滅。把旧習、般般従頭磨徹。愛欲千重、身心百錬、錬出寸心如鉄。放教六神和暢、不動三屍顛蹶。事猛烈、仗虚空一片、無情分別。　関結。除縲紲、方遇至人、金口伝微訣。頓覚霊風、吹開魔陣、形似木彫泥捏。既得性珠天宝、勘破春花秋月。恁時節、鬼難呼、唯有神仙提挈」(十九右-左)。『鳴鶴余音』巻五では「魔陣」を「魔障」に作る。あるいは『鳴鶴余音』の方がよいかもしれない。

(18) 蜂屋邦夫(一九九八)前掲書、一九〇頁を参照。

(19)「師曰、祖師在崑崳山日、長春師父従之已三年、時年二十三。祖師以丹陽師父宿世功行至大、常与談論玄妙、以長春師父功行未至、令作塵労、不容少息。一日祖師閉戸、与丹陽論調息法。師父窃聴於外、少間推戸入、即止其論。師父内思之、調息為妙、則吾之塵労事、与此正相反。自此之後、有暇則力行所聞之法」(尹志平『北遊語録』巻二、九右)。これについては蜂屋邦夫(一九九八)前掲書、一四二頁を参照。

(20)「俺与丹陽同遇祖師学道、令俺重作塵労、不容少息。与丹陽黙談玄妙、一日閉其戸、俺窃聴之、正伝穀神不死調息之法、久之推戸入、即止其説。俺自此後塵労事畢、力行所聞之法、行之雖至、然丹陽二年半了道、俺千万苦辛、十八九年猶未有験」(『北遊語録』巻三、七右)。

(21) 蜂屋邦夫（一九九八）前掲書でも「効果が目に見えなくとも陰功が積み重なっていくのだという教えは、確かに「道友」たちにとって大きな励ましになったことであろう」（一九二頁）と述べる。

(22) 「聖人設教、於天下後世、惟欲人去妄復性、而不使情欲乱於中、使其心得其平常、為入道之本」（『北遊語録』巻二、十二左）。また尹志平は別に「平常即真常也」（『北遊語録』巻一、三左）ともいう。

(23) 本書第Ⅰ部第二篇第二章を参照。

(24) なお、上述のとおり、尹志平は『北遊語録』巻四で「聖賢の提挈」に対して禅宗から批判があったことを述べている。ただし彼はこれに続いて、王処一の言を引き、無為を気取っていた道士が役人に打ち殺された逸話を挙げる（「玉陽大師曽説、一道人不肯修持、云我打無為。顚狂自縦、惹起官魔棒死。当時待打無為、却被無為倒打死」、十二右-左）。ここに全真教のいう無為や禅宗の説く真空では対応しきれない乱世下にあった当時の現実への認識が見られるとすれば、「聖賢（神仙）の提挈」の背後には更に深刻な現実への問題意識があったと考えられるかもしれない。

第三篇　元代の全真教における性命説とその諸相

第一章　『還丹秘訣養赤子神方』と『抱一函三秘訣』について

――内丹諸流派と全真教の融合の一様相――

はじめに

金の王重陽により開かれた全真教は、現在でも道教において大きな位置を占める。この全真教は禅宗の影響を大きく受けている点に特色を持つが、全真教に先行してやはり頓悟を重視した一派があった。北宋の張伯端から始まる内丹道の一派である。両派は南宋の滅亡を機に融合していき、後世、張伯端の一派は南宗、これに対して王重陽以下の全真教は北宗と呼ばれるようになる。

もっとも全真教に前後し、宋代に展開した内丹の流派は張伯端以下の内丹道に限られるわけではない。例えば許明道『還丹秘訣養赤子神方』（道蔵第一一二冊。以下『養赤子神方』と略記）には張天罡から始まる系譜が掲げられており、全真教や張伯端以下の内丹道とはまた別の系統の存在が知られている。(1)しかし全真教が流行していく中、張伯端の影響を受ける内丹道を除き、こうしたほかの内丹道諸流派がその後どのような歴史をたどったのかについてはほとんど解明されていないといってよい。

ところで本章で取り上げる『抱一函三秘訣』（道蔵第三三一冊）は、元代に全真教の道士金月巌により編纂されたものである。実は従来指摘されてこなかったが、『抱一函三秘訣』は『養赤子神方』を基に張伯端以下の内丹道の教説を加えて作られたことを指摘できるように思われる。またこの改変についても金月巌自身ではなく、南宋の道士、蕭応叟の周辺でなされたと考えられる。つまりこの『抱一函三秘訣』の編纂は幾つかの内丹道の流派が複雑に絡み合う中で全真教へと融合していく歴史的経緯を反映しているのではないか。

本章では、『養赤子神方』と『抱一函三秘訣』、そして蕭応叟の『元始無量度人上品妙経内義』（道蔵第四十三−四十四冊。以下『度人経内義』と略記）の三書を手掛かりとして、宋・金から元にかけての全真教を取り巻く、いわゆる南宗をはじめとする諸流派の消長の一端を明らかにすることにしたい。

一　『養赤子神方』について

一・一　『養赤子神方』に見える伝授について

まず許明道『養赤子神方』について取り上げる。

『養赤子神方』は千六百字弱から成る短い内丹書で、当時隆盛していた張伯端以下の内丹道とは別の系譜を取ることが既に注意されている。本書が記された経緯については許明道の序文が簡潔に記しているので確認しておく。

僕昨自淳熙年間、出遊方外、遍参高人、慕久視長生之道。偶経由襄郢間、至随州桐栢山、得遇真師。姓彭名夢蘧、字伯玉、郢州人也。是於淮瀆廟中、炷香、跪受金液還丹之道。先生除図像外、並是口伝心受、不曽書之竹帛。僕聞近世学道之士、往往被異名旁道之惑、而成大丹者鮮。遂不辞譴責、以先生之道、分列条目、以示後学、為進道根基、脩之庶可速成也。

（許明道『養赤子神方』序、一右-左）

私はかつて淳熙年間（一一七四～一一八九）から方外に出遊し、広く高徳の人の下に参じ、久視長生の道を敬慕していた。たまたま襄州（今、湖北省襄陽）・郢州（今、湖北省鍾祥）の間を経て随州（今、湖北省随州）の桐栢山に至ったところ、真師に出会うことができた。師の姓は彭、名は夢蘧、字は伯玉、郢州の人である。そこで淮瀆廟において香を上げ、拝跪して金液還丹の道を伝授された。先生は図像を使う以外は、全て口伝と心授により、それらを文字に著したことはなかった。だが聞くところでは、近世、道を学ぶ者たちはしばしば傍門外道に惑わされ、大丹を成し遂げる者は少ないという。そこで天譴を顧みず、先生の道を項目ごとに分けて後学に提示し、道を進む基礎とした。願わくは、これを修養して速やかに道を成就せんことを。

ここでは、許明道が淳熙年間に各地を雲遊した後、随州の桐栢山にて彭夢蘧より金液還丹の道を授かったこと、また彭夢蘧は図像を用い、口伝や心授により道を伝授するだけで、文字に表すことがなかったが、最近、傍門に惑う人が多いので本書を著したことが述べられる。ここに見える「不辞譴責（譴責を顧みない）」というのは、当時、内丹の秘伝を書物などの形で公開することは禁忌とされていたにもかかわらず、天譴を懼れず公開したということを意味する。(2)この『養赤子神方』の撰述はちょうど内丹道においてもようやく出版化や公開へと進みつつある時期に当たることは注意しておいてもいいだろう。

彭夢蘧と許明道の属する系譜については、『養赤子神方』の末尾に列挙されている「修真伝派」が参考になる。原文のまま挙げると次のとおりである。

張天罡、字子正、蜀人
彭夢蘧、字伯玉、蜀人
蕭応叟、字潤清、三山人
許子微、字明道、山西人
林元鼎、字正夫、三山人
（「修真伝派」、六右-左）

ここに彭夢蘧と許明道の名前があることから、従来、これは『養赤子神方』の師承関係を記したものであるとされてきた(3)。しかしこれは若干注意を要するようである。

張天罡および彭夢蘧については資料が乏しく、どのような人物であったか不明である。しかしその次に挙げられる蕭応叟は『度人経内義』を残しており(4)、冒頭にある宝慶二年（一二二六）の上表から蕭応叟が上清大洞玄都三景法師、また観復子とも称し、南宋理宗期頃に活躍した道士であったことが分かる(5)。また蕭応叟『度人経内義』の巻末には、やはり上に名前が挙がる林元鼎による「内義丹旨綱目挙要」が付されている。そこでは「門人梅巌林元鼎正夫述」と記され、また蕭応叟を観復先生と呼んでいることから蕭応叟と林元鼎は師弟関係にあったことが分かる。

一方、『養赤子神方』「修真伝派」では蕭応叟が許明道の前に置かれている。これは蕭応叟が立場上、許明道より上にあったことを示していると考えられる。となれば可能性としては、彭夢蘧と蕭応叟は兄弟弟子で、場合によっては後に改めて許明道が蕭応叟の下に師事したか、もしくは許明道より先に蕭応叟が彭夢蘧に師事した兄弟弟子のような関係が考えられよう。もっとも、『養赤子神方』や『度人経内義』には許明道が蕭応叟に師事したという記載はなく、また許明道が彭夢蘧に師事した淳熙年間から蕭応叟が『度人経内義』を著した宝慶二年までは最低でも四十年近くが経っている。断定はできないが、こうしたことから蕭応叟が彭夢蘧と同世代であったというよりは、ここでは後者の、蕭応叟が許明道と兄弟弟子の関係であった可能性が高いように思われる。これを踏まえ、以下、『養赤子神方』の内容について検討していこう。

一・二　『養赤子神方』の内丹説

『養赤子神方』は「神室」「刻漏」「時晷」「追二炁」「会三性」「簇五行」「進火」「温水」「脱胎」「神化」の全十章から成るが、その功法は三段階に大きく分けることができる。すなわち、①神室において薬物を生成する段階、②進火・温水により薬物を身体に巡らせ、聖胎を創造する段階、そして③聖胎を身体より出し、堅固にする段階である。以下、この三つの段階に従い、その内容を簡単に確認していくことにしよう。

①神室において薬物を生成する段階

『養赤子神方』は神室を極めて重視する。それは「万神聚会之府、修煉金丹之要（全ての神が集まる場所であり、金丹を修錬する要所）」（「神室」、一左）であるからである。この神室は、心腎・肝肺の間、脾臓の近く、絳宮（陰鼎）と黄庭（陽炉）の間にあり、上には絳宮（陰鼎）が、下には黄庭（陽炉）が位置する。その僅かな部位が神室であり、「玄関枢紐」とされる。[6] ここに「天地未判之炁」を薬物として「天地杳冥恍惚之時」に凝神すると「真神」が化生する。真神は真種子とも呼ばれ、その要点は口訣によるという。[7]

②進火・温水および聖胎を創造する段階

次に進火・温水という神室でできた薬物を身体に巡らせる作業を行う。この薬物の運搬に当たっては、二十四山を用いた細かい指示がなされる。(8) 注意しなくてはならないのは、その際、刻漏（水時計）を「修真之要妙」（二右）、時晷（日時計）を「修真之至要」（二左）と呼び、この二者に従わねばならないことである。その理由は次のとおりである。

若不識刻漏、則時晷不正、則神室中或隆冬酷暑、盛夏厳霜、致四季不調、五律錯綜、造化乖戻、丹亦難造。（「刻漏」、二右-左）

もし刻漏を知らなければ、時晷は不正確となり、神室の中が、冬の盛りに酷暑となったり、盛夏に極寒となったりし、四季は不調で五律は混乱し、造化は不正常となり、丹もまた錬成し難い。

若不識時晷、造化難明、丹亦難造。（「時晷」、二左）

もし時晷を知らなければ、造化は明らかに難しく、丹もまた錬成し難い。

この背後には、修行者の身体が造化のあり方に対応しており、それを再現することで道に回帰しようという思考があると思われる。刻漏と時晷という術語はそれを象徴的に表したものであろう。

進火・温水とは、先に神室でできた薬物を正中線（おそらくは任脈と督脈に相当するであろう）に従って巡らせることである。各部位は二十四山で表され、同時に一日十二時に相当する。

進火とは陽火を進めることである。まず冬至の夜に陽火（金火ともいう）を神室から出し、壬から始まり、（督脈に沿って）子・丑・寅の三時を駆け上がる。寅の次の甲で金火は神室に入り、卯の間は陽火を進めることなく「住火」を行う。その後、辰から再び進火を行い、巳の末まで至ると、金火は髄海、すなわち脳に到着し、陽火は極まり、その後、温水の作業を行うことになる（以上、「進火」）。

温水とは陰符を巡らせることである。巳の次の丙から始まり、[9]陰符（金水ともいう）を午・未・申と下ろしていくが、申の次の庚に至ると、陰符は「双関鵲橋」からまた神室に入り、次第に玄珠が兆すという。玄珠は金丹であろう。庚の次の酉時では陰符を巡らせることはせず、「沐浴」を行う。その後、戌から亥まで再び陰符を巡らせ、元の位置に戻す（以上、「温水」）。

「温水」の後半は、この作業の次の段階について説く。すなわち、以上の進火・温水の作業により一日に一粒ずつ金丹を服用すると、一年で還丹ができる。一年は三百六十日であるが、その内、住火・沐浴を行う卯酉の二時を省くと三百日、つまり十箇月となり、人が赤子を産むように十月で還丹ができる。そのためこれは聖胎とも呼ばれる。

任督二脈に沿って陽火・陰符を巡らせるという行法は鍾呂派や南宗にもある程度、類似した功法が見られる。例えば鍾呂派を代表する内丹書の『秘伝正陽真人霊宝畢法』（以下『霊宝畢法』と略記）「肘後飛金晶第五」では錬成した気を督脈に沿って上昇させることが指示される。[10]張伯端以下の内丹道の内丹法については根拠となる『悟真篇』自身が全篇にわたり詩訣で説かれるため解釈しにくいが、代表的な『悟真篇』の注釈者である翁葆光『紫陽真人悟真直指詳説三乗秘要』（以下『三乗秘要』と略記）「悟真直指詳説」に金液還丹の段階として、やはり督脈に沿って上昇した気が泥丸から下ってくることが記される。[11]これらに比べると『養赤子神方』の記述は全般的に平明な印象を与えるほか、二十四山による説明や温水という他派には見られない術語を用いている点、また卯酉二時において住火・沐浴する際の神室の強調が特徴的である。これらは張天罡以下の内丹説の一つの特徴と見ることができるだろう。

③聖胎を身体より出し、堅固にする段階

最後に行うのが、先に作った還丹＝聖胎を修行者の身体から出す段階である。ここに至って錬成された還丹は、あたかも実際に赤子を産み出すように記述される。これは次のように指示されている。

脱胎者、乃前聖胎既就、未可出室、更於室中、行脱胎工夫。謹存聖胎於髄海中、不過両太陰甲子、直待天門忽開、如霹靂一声、則聖胎脱出。（「脱胎」、五右－左）

脱胎とは、前で説いた聖胎が既に完成していても、まだ神室を出ることができない時、さらに神室で脱胎の修行を行うことである。慎重に聖胎を髄海（脳）の中に移すが、それは二箇月を越えることなく、[12]天門が突然開くのを待ち、もし雷鳴がひとたび響けば、聖胎は身体の外へ出るだろう。

ここでは、これまでに作り上げた聖胎を出すために、「脱胎」という作業を行うよう指示される。具体的には聖胎を神室から出すために髄海、つまり頭部へと移すと、やがて天門、つまり頭頂から雷鳴とともに聖胎が身体の外へと抜け出るという。

しかし身体から「産み落とされた」ばかりの聖胎は赤子のように脆弱であるため、鍛錬が必要である。これを述べるのが最後の「神化」である。

神化者、乃前聖胎出体、未可遠離。恐逢尸障。初離一歩十歩、一百里、一千里、千万里、然後巡行三界、透石貫金、倶無碍障、去住在我、不在乎天。（「神化」、五左–六右）

神化とは、前に見た聖胎が身体より出てはいるが、まだ身体から遠くへ離れることはできない。それは尸障（不慮に尸解してしまう障害か）に遭遇することを恐れるためである。最初は身体から一歩から十歩ほど離れることから始め、それが百里、千里、千万里になれば、その後、三界を巡り、金石に出入りしようとも全く障害なく、その行き来は全て自分によるのであって天に指示されるところではない。

最初は元の身体から僅かな距離しか行動できないものの、まずは一歩から十歩といった短距離から始め、やがて百里、千里、万里という具合に順次、訓練していく。こうして聖胎を堅固にしていくとやがて三界のどこであれ完全に自由自在な存在となるという。これが『養赤子神方』の究極の目標であり、本書が『還丹秘訣養赤子神方』、すなわち「還丹を運らせる秘訣および赤子（＝聖胎）を養うすばらしい方法」と呼ばれる所以である。

『養赤子神方』に見られる天門からの聖胎を出す作業は、鍾呂派の中心的な文献である『鍾呂伝道集』（『修真十書』巻十六）をはじめとする諸書にも見られるものである。一例を挙げれば、

呂曰。内観以聚陽神、錬神以超内院、上踊以出天門、直超而入聖品。（「論魔難」、二十二左）

呂は言う。「内観により陽神を凝集させ、神を錬って内院を超え、上へと駆け上り、天門より陽神を出すと、すぐさま聖品へと超えゆくことだろう。」

とある。ここに見える内観とは魔障と呼ばれる出胎の前に現れる幻覚を観照することで、陽神とは聖胎を指す。鍾呂派は頓悟や真性の獲得など性功について説かず、陽神を錬成することで有限の存在である肉身を超脱することを主張し、あわせてこうした聖胎を生み出すことができないとして禅宗の坐化や道家の尸解などを批判する。(13) 他方、『養赤子神方』には内観などの功法が見えないといった違いはあるとはいえ、やはり性についての教説が見えず、聖胎の錬成を最終目的とし、また後述するように導引を行う道教徒や禅宗に対する批判も見える。つまり両者の基本的なあり方は聖胎の錬成を目指すという点で一致すると見られ、広い意味で鍾呂派の影響下にあると考えてよいように思われる。事実、『養赤子神方』の「脱胎」および「神化」には、それぞれ「雲房曰はく」として鍾離権の詩二首が引かれる。(14) ここで鍾離権の詩訣を引用し、自説の根拠としていることは、本書の立場を表明していると見てよいだろう。

以上、『養赤子神方』の内丹説について見てきたが、次に元代、全真教徒である金月巌により編纂された『抱一函三秘訣』を見ていくことにしよう。従来全く指摘されてこなかったが、『抱一函三秘訣』は『養赤子神方』と深い関係にあると思われるからである。

二　『抱一函三秘訣』について

二・一　金月巌と金蓬頭について

『抱一函三秘訣』は元に編纂されたと思われる全真教文献で、「嗣全真正宗金月巌編・嗣全真大痴黄公望伝」と記されている。このほかにも同じく金月巌編・黄公望伝とされるものとして『道蔵』には『紙舟先生全真直指』（以下『全真直指』と略記）・『抱一子三峰老人丹訣』（道蔵第一三四冊。以下『三峰老人丹訣』と略記）の二書が収められているのが確認される。

編者の金月巌については、経歴をはじめ一切不明である。他方、黄公望は全真教徒であると同時に呉鎮・倪瓚・王蒙と並ぶ元末四大画家の一人とされる人物である。簡単にまとめておくと、[15] 黄公望（一二六九～一三五四頃）、号は一峰、また大痴とも号する。もともと胥吏であったが、江浙等処行中書平章であった張閭の誣告事件に累座して数年間獄中にあり、延祐年間（一三一四～一三二〇）の末年に獄より解かれ、入道した。具体的にいつ師事したのかは不明だが、全真道士の金蓬頭の弟子であったとされ、現在残る金蓬頭像の図巻には黄公望の賛が見える。[16]

おそらく黄公望の師の金蓬頭は金月巌と同一人物と考えられる。[17] 両者が時期的に符合することに加え、『抱一函三秘訣』以外、『全真直指』『三峰老人丹訣』の二書とも金月巌の名前が黄公望と並んで記され、その関係の深さが推測されるためである。

金蓬頭については、趙道一『歴世真仙体道通鑑続編』（以下『続編』と略記）巻五に「金蓬頭伝」が、また明初に活動した第四十四代天師張宇初（一三六一～一四一〇）による『峴泉集』（道蔵第一〇一八－一〇二一冊）巻四にも「金野庵伝」がある。『続編』によって金蓬頭についてまとめれば以下のとおりである。金蓬頭（?～一三三五）、永嘉の人。名志陽、号野庵。いつもざんばら髪（蓬頭）に一髻を結っていたため蓬頭と呼ばれる。全真教第七代掌教李志常（一一九三～一二五六。字浩然、号真常子）の下の李月渓に師事し、燕・趙・斉・楚に遊び、また李志常からも道を学ぶ。後、袁州（今、江西省）の顚軍子に師事。武夷山（福建省）・竜虎山（江西省）を歴遊し、元統癸酉歳（一三三三）に武夷山にある南宗第五祖白玉蟾の故居である止止庵に住す。至元丙子歳（一三三五）に坐解。

『峴泉集』所収の「金野庵伝」は『続編』とほぼ同文であり、張宇初は『続編』を見ていた可能性が高い。ただし注意されるのが、『続編』と異なり、ここでは李月渓を後世南宗五祖とされる白玉蟾の弟子としている点である。(18) 李月渓についてはこれ以外に記録が残らないので詳細は不明だが、張宇初はあるいは何か基づくところがあったのかもしれない。ともあれ、金蓬頭自身、旧南宋領の永嘉の出身であり、白玉蟾の故居に住まうなど、南宗に対する造詣が深かったであろうことが窺われる。また『峴泉集』に従うならば、金蓬頭の師である李月渓は、全真教および張伯端以下の内丹道の双方の流れを汲む人物であり、金蓬頭も入道時からその影響を受けていたということになる。伝記には金蓬頭が月巌を名のったという記載は見当たらないが、あるいは月巌の月字は月渓に由来するかもしれない。いずれにせよ、金月巌が金蓬頭と同一人物であるとするならば、「嗣全真正宗」を名のる金月巌が、張伯端以下の内丹道の影響を多分に受けた『抱一函三秘訣』を伝えたことをうまく説明できることになろう。

二・二　『養赤子神方』と『抱一函三秘訣』の類似性

以下に『抱一函三秘訣』の内容を確認していくに当たり、『養赤子神方』との異同を明らかにする形で進めていくことにしたい。まず両書の類似点について見ていこう。

『抱一函三秘訣』は、冒頭、「伏羲先天始画之図」およびそれに付された解説から始まり、以下、図を交えながら、「明人身受胎之後」「文王後天八卦之図」と解説・「明人身受胎之始」「明神室」「明刻漏」「明五行採取其薬」「生成図説」「旡数物理体用論」「金液還丹異名説」「無極図説」「温養赤子神方金液還丹直指」「火候要旨」「脱胎神化」と続く。

これらの章名を見ただけでも、「明神室」「明刻漏」「明五行採取其薬」「脱胎神化」と、『養赤子神方』の「神室」「刻漏」「簇五行」「脱胎」「神化」との近似性が注意され、実際、内容的にもそれらは対応している。また「温養赤子神方金液還丹直指」は『養赤子神方』、すなわち『還丹秘訣養赤子神方』という書名そのものとの関連性を強く感じさせる章名である。

しかし何といっても注目されるのが、『抱一函三秘訣』「火候要旨」の口訣に『養赤子神方』の「進火」「温水」と共通する文章を多数含むことである。『抱一函三秘訣』「火候要旨」の内容は大きく前後二つに分かれる。前半は火候を十二時に分けて説明し、それぞれに十二消息卦を配当する。また後半部は「入室図」の後に置かれ、炁の運行を改めてもう一度説明する。

前半の十二消息卦による火候の説明は『養赤子神方』に見えないものである。その内、寅・卯・巳・申・酉・亥の各時には口訣が付されているが、この六時は、神室に薬物を入れ（寅）、「住火」し（卯）、その後、陰符の運行を始め（巳）、また入室して（申）、沐浴し（酉）、元の位置に戻り、再び「一陽復生」する（亥）という重要な場所にそれぞれ相当する。注意されるのは、卯酉二時を除き、寅・巳・申・亥の各時の口訣には全て『養赤子神方』にほぼ対応する文章が存在することである。寅時の口訣を挙げよう。

口訣。従壬上起火、一挙二時、神凝息定、炁無出入。寅末至甲、金火逼逐至於神室、其丹漸結。

（『抱一函三秘訣』「火候要旨」、二十三左）

口訣。壬から火を起こし、一度に二時駆け上がり、神は集中し、息は安定して、炁は出入することがなくなる。寅末から甲に至り、金火が神室へと駆け込むと、丹は次第に結ぼれることであろう。

これは、『養赤子神方』の次の部分に相当する。

従壬上起火、一挙三時、其息並無出入。自子歴丑、至寅末甲上、金火逼逐入室、其丹漸結。

（『養赤子神方』「進火」、四右-左）

壬から火を起こし、一度に三時駆け上がれば、呼吸は全く出入することがなくなる。子から丑を経て、寅末、甲へと至り、金火が駆け込み、入室すると、丹は次第に結ぼれることであろう。

一見して両者の類似性は明らかだろう。これは進火の作業の最初に当たり、二十四山の最後の癸で陽火を起こし、子・丑・寅の三時を駆け上がって寅より神室へと火を導き、丹を結ぶ段階である。『抱一函三秘訣』に「二時」とあるのは「三時」の誤りだろう。紙幅の関係からここで全てを示すことはできないが、ほかの巳・申・亥の各時の口訣についても対応する文章が見られる。また『養赤子神方』の「進火」と「温水」にはそれぞれ一箇所ずつ口訣が含まれ、これらは本来、許明道が内丹を伝授される際、彭夢蘧から授かったものと思われる。これらについても巳・亥の二時に該当する部分が見られる。

ただし卯酉二時の口訣については『養赤子神方』にはっきりとした対応部分を見いだし得ない。だがここに見える「金砂優游」の語を含む類似の文章は「火候要旨」の後半でも卯酉の説明の際、割注の形で繰り返されており、これも何か口訣に相当する重要な文言であったのかもしれない。

また「入室図」の後に置かれる「火候要旨」の後半部は炁の運行をもう一度述べたもので、これは全文にわたり、『養赤子神方』の「進火」「温水」の文章とほぼ同文である。その他、「脱胎神化」にも「訣に曰はく」として『養赤子神方』と同文が見える。なお『抱一函三秘訣』「明神室」「明刻漏」にも『養赤子神方』の「刻漏」「時晷」と共通する文章が断片的に見られる。

以上、両者の文章の類似性から『抱一函三秘訣』が『養赤子神方』の文章を踏まえて作成されたことは明白であろう。また『抱一函三秘訣』の「火候要旨」前半部を中心に見られるように、両書に口訣が共通するという事実は、当時の内丹道において書籍化されていく際、伝授で用いられた口訣が一つの核となっていることを示していよう。

二・三　『抱一函三秘訣』に見える南宗の影響

一方、『抱一函三秘訣』には、『養赤子神方』と直接的に余り関係を持たないと思われる章も存在する。すなわち「伏羲先天始画之図」説・「明人身受胎之後」「文王後天八卦之図」説・「明人身受胎之始」「生成図説」「旡数物理体用論」「金液還丹異名説」「無極図説」、そして章名こそ類似するものの内容的には「温養赤子神方金液還丹直指」も『養赤子神方』から逸脱する内容となっている。

これらの章を見るとまず気付くのは、いずれも『養赤子神方』に見られない、性に関する言説が多く見られる点である。例えば「温養赤子神方金液還丹直指」には「曩劫不壊之物、乃自己本来面目、是謂性（過去の劫より壊れることのないものこそ自己の本来の面目であり、これを性という）」と見える。これはもともと『六祖大師法宝壇経』行由に「不思善、不思悪、正与麼時、那箇是明上座本来面目（善を思わず、悪をも思わない。正にこの時、どのようなものが恵明上座《あなた》の本来の面目《すがた》なのか）」（三四九中）とあるように、禅宗に由来する教説である。

内丹道では北宋に活動した張伯端の『悟真篇』を一つの画期として、内丹の錬成と禅宗の頓悟との関係が大きく議論されるようになった。実際、『抱一函三秘訣』が『悟真篇』の影響を受けていることは明白で、「旡数物理体用論」には『悟真篇』の序文と詩訣八首の引用が見られ、「明五行採取其薬」「無極図説」「火候要旨」にもそれぞれ一首ずつ『悟真篇』の詩訣が引用されている。また「明刻漏」の末尾の「如是謂之追二炁於黄道、会三性於元宮、攅簇五行、合和四象、方謂薬物就矣（こうしたものを『二炁を黄道に追ひ、三性を元宮に会し、五行を攅簇し、四象を合和す』といい、こうして初めて薬物が完成するという）」（七左）という文章も『悟真篇』の序文を踏まえる。[19]

他方、『養赤子神方』における性への言及は「三性者、乃元気、元精、元神（三性とは、元気・元精・元神である）」（「会三性」）の一箇所だけであり、その内容はいわゆる精気神の三宝を指すにすぎない。本来、仏教に批判的な鍾呂系の内丹法であった『養赤子神方』が、頓悟を積極的に取り入れるいわゆる南宗の影響下で改変されたことを示していよう。

しかし頓悟を重視する張伯端以下の内丹道の影響を受けたために、両者の間には看過できない論理的な齟齬も見られる。上述のとおり、『養赤子神方』「神室」と『抱一函三秘訣』「明神室」の間には密接な関係があると考えられるが、『養赤子神方』には次のような文章がある。

雖神室若存若亡、守法事属両得。若一向万境倶忘、諸縁頓息、神属陰静、此乃禅伯之流也。若専心守一、不能応物、又成十種仙人、則一向不行、前功並失、為導引之士也。若識神室、守法有度、存亡有拠、不属有无、両得之則帰泰定之府矣。

（『養赤子神方』「神室」、一左―二右）

神室は「存するが若く亡するが若し」とはいうものの、その方法を行うというのはその双方を得ることにある。もしひたすら万境を忘却し、あらゆる縁がやんでしまえば、神は陰静な状態になってしまい、それでは禅師の類いとなる。もし一心に守一を行い、外物に対応することができず、やはり十種の仙人になってしまうならば、全く何も行わなかったかのようにそれまでの功夫は全て失われ、導引を行う先生となってしまう。もし神室を理解し、功法を適切に行い、存亡に基づくところがあり、有無どちらにも偏らず、両方を保つことができれば、泰定の府に帰することだろう。

上で述べたとおり、『養赤子神方』は極めて神室を重視する。ただしこの際、神室に対しては「若存若亡」でなくてはならない。まず修行者は万境を忘却してあらゆる縁を絶つようなことがあってはならない。これでは神が陰静な状態になってしまい、「禅師の類い」となるからである。また逆にひたすら守一すれば外界に対応することができない。これは『首楞厳経』にいう「十種の仙人」にとどまるのであり、さらにはそれまでの功夫の甲斐なく「導引を行う先生」になる。すなわち「禅師の類い」が万境を忘却する「亡」に、「導引を行う先生」があくまで守一に囚われる「存」に相当し、神室に対しては存亡に偏らないあり方が求められるのである。こうした聖胎の錬成による禅宗や道教の別派への批判は、先に見た鍾呂派の主張に極めて類似するものである。なお「泰定」は『荘子』庚桑楚篇に見える語で、道のあり方に沿った心が安定した境地を指す。

一方、この箇所を受けると思われる『抱一函三秘訣』「明神室」では、論旨がかなり変更されている。いささか読みにくい文章であるが、仮に意味を取ればおおよそ以下のとおりとなろう。

其中謂之神室、如修錬金錬還丹者、先存神室中、乃本来之性。故謂之鉛。夫存神室中、便須忘也〔謂先存後亡〕。如是曰静〔存自己本来在乎神室、謂之本也〕。物来則意動陰生〔如是不静則本者也〕。其或以避物誘〔全動不意〕、但只専守一物、物来則不応。[20] 此乃守神之法也。若夫諸縁頓息、万慮頓忘、物来不応、雖曰静定、奈何属陰。此乃枯坐禅伯之流也。如斯二者、一有一無、[21] 倶是第二義。

（『抱一函三秘訣』「明神室」、五右。〔　〕内は割注。以下同じ）

その中を神室といい、金液還丹を修錬する者が、まず神室の中に存するものが本来の性である。それゆえこれを鉛という。（修行者は鉛を）神室の中に存し、そして忘れなくてはならない〔先存後亡についていう〕。このようであることを静という〔自己の本来の性を存するのは神室であり、それを本という〕。外物がやってくれば意念が動き、陰が生まれる〔このようになれば静つまり本ではない〕。ある者は外物の誘惑を避けようとして〔全ての動について考えない〕、一物に専念することにより、外物がやってきた場合、それに対応することがない。これは守神の法である。もしあらゆる縁がやみ、全ての思慮が一挙になくなってしまえば、外物がやってきても対応することなく、それを静定といったところで、陰であることはどうしようもない。これは枯坐にふける禅師の類いである。こうした二種類の者たちは、かたや有、かたや無であり、共に第二義のあり方に堕している。

ここには上の『養赤子神方』に見える存亡・静・陰・諸縁頓息・応物・専守一物（ここでは専心守一）・禅伯之流など、幾つかの鍵となる語が共通するにもかかわらず、性を強調する文章であるがゆえに論旨が改められているのが確認される。

以下に内容を確認しておこう。まず神室に「本来之性」（鉛）を「存」し、その後「忘」、つまり静の状態にすることが求められる。これは割注では「先存後亡」とされる。問題は『養赤子神方』と同じく外物への対応である。この時、意念が動き、陰が生じるが、一物を専守し、外物に対応できない「守神の法」に従う者たちがいる。他方、あらゆる縁を絶ち、全ての思慮がなくなってしまえば、外物に対応できないとして、そうした連中を「枯坐にふける禅師の類い」だと批判する。つまりこの文章の主旨は、『養赤子神方』のように性功を「亡」として否定するのではなく、禅宗のように性を修めつつも、「守神の法」を行ったり、単なる枯坐にとどまる「禅師の類い」であったりしてはならないというのである。

ここにいう「枯坐にふける禅師の類い」とは、やはり当時の禅宗への批判と見ることができる。ただし、となれば『抱一函三秘訣』は『養赤子神方』のような単純な批判ではなく、性に関する教説を禅宗より摂取しつつ、同時に「枯坐にふける禅師の類い」を批判することとなり、いささかややこしい。この部分に以下のような問答が付されていることは興味深い。

或曰。如来則禅伯之流、何同為神室之用。
答曰。有如釈迦達摩普化者、豈非金液還丹之道歟。普化謂臨済、小廝児、只具一双眼。豈非臨済、只得其性宗者乎。前云、先存後亡、物来則応物、便帰源也。其不自見而得常応常静、不被物誘、卓然円明。

（『抱一函三秘訣』「明神室」、五左）

ある人は言う。「如来は禅師の類いであるにもかかわらず、どうして我々同様に神室のはたらきを完成させることがあるのでしょうか。」

答えて言う。「釈迦・達摩・普化といった者たちは、どうして金液還丹の道でないことがあろう。（だが）普化は臨済に『小廝児、只だ一双の眼を具すのみ』と言っている。これはつまり臨済はただ性宗だけを手に入れた者だったということでなかろうか。前の箇所で先存後亡と述べたのは、何か外物がやってくればその外物に対応し、そして本源に帰するのだ。それは自ら姿を現さずに常に万物に対応しつつ、常に静なる状態であり、外物に誘惑されることなく、何ものからも超然として円明なる状態となるのである。」

ここでの疑問は、如来は「禅師の類い」であるはずだから、どうして道家と同じく「神室のはたらきを完成させる」

こと、つまり神室のはたらきを理解し、金丹を修することができるのかという問題である。これに対する答えは、釈迦・達摩・普化は金液還丹の道を修めていたためというもので、むしろ金丹を修養する内丹道こそが仏教の本旨にかなうことを主張しているのである。文中の臨済（?〜八六七）と普化の問答は『臨済録』勘弁（大正蔵第四十七冊五〇三中）に見えるもので、ここでは狂顚で知られる普化が、臨済が性宗しか修めていないことを批判する文脈で引用されている。釈迦・達摩・普化が金丹を修めていたという言説は、張伯端以下の内丹道にしばしば見える。(22)

またここの「前の箇所で先存後亡と述べた」というのは、その前の引用文中に見える割注「先存後亡についていう」の部分を指そうが、となれば『養赤子神方』を改変した文章にまず注記（「先存後亡についていう」）が施され、その後それを受けてこの問答が付け加えられたという作成の経緯が浮かび上がってくる。つまり仏教を否定する『養赤子神方』は、現行の形に改変されるに当たって「本来の性」など従来見られなかった要素が加えられ、この際、その思想上の矛盾が意識され、それを調停するため問答が加えられたと考えられる。

以上、『抱一函三秘訣』が『悟真篇』の性命説に影響を受けて改変されたことを見てきた。ところで『抱一函三秘訣』には張伯端以下の内丹道や初期の全真教には見られない概念も見られる。例えば、「明人身受胎之後」「明人身受胎之始」「無極図説」「温養赤子神方金液還丹直指」に見える「空炁金胎」という概念がそれである。実はここに『養赤子神方』を改変し、『抱一函三秘訣』が制作された一つの手掛かりが潜むように思われる。最後に『抱一函三秘訣』の改変は誰によりなされたか、空炁金胎を中心にその経緯に迫ることにしたい。

三　蕭応叟『度人経内義』と『抱一函三秘訣』

三・一　金月巌による『抱一函三秘訣』の編纂

『抱一函三秘訣』の改変は誰によって行われたのか。『抱一函三秘訣』には「全真正宗金月巌編・嗣全真大痴黄公望伝」と記されるが、おそらくその主要な改変はこの両者によるものでは共にない。

上述のとおり、金月巌編・黄公望伝として『道蔵』に収められるものとしては、『抱一函三秘訣』以外に『全真直指』『三峰老人丹訣』の二書がある。

『抱一函三秘訣』はこれまで確認してきたとおり、鍾呂派系統の聖胎の錬成を最終目的とする『養赤子神方』の内丹理論を基礎として、そこに張伯端以下の内丹道の影響が見られた。これに対して『三峰老人丹訣』は陰神を鬼仙、陽神を天仙と呼び、やはり陽神の錬成を目指しており、その内丹説は『鍾呂伝道集』など鍾呂派の内丹法と共通する要素を色濃く備える。ただしそこには『養赤子神方』に見られるような進火・温水による金丹の錬成の説明が見られず、同時に『悟真篇』だけでなく、全真教の祖師たちの詩詞を引いて性に関する教説を取り込んでいるのが確認される。すなわち『三峰老人丹訣』は鍾呂派の内丹法に軸足を置き、また全真教と張伯端以下の内丹道の融合期に成立した書であると思われる。(23)

一方、『全真直指』は、王重陽や七真たちによく見られる「性停則命住、命住則丹成（性が安定すれば命は定まり、命が定まれば丹は完成する）」（二右）という表現が見られるなど、その教説は全真教初期の教説と基本的に共通するが、(24)

南宗の文献は見えず、他の二書とはかなり様相を異にする。

ここで注意したいのは、これら三書では比較的大きな南北二宗の思想的な差異が放置されたままになっているにもかかわらず、編者の金月巖がこれらの丹書の思想的な内容を調停した形跡は見られないということである。もっともそれでもこれら三書には共通点もある。共に性に関する教説が見られるという点である。だがもし金月巖が性に関する教説を取り込むために『養赤子神方』を改変したと仮定しても、その根拠となる張伯端や全真教の祖師たちの引用に偏りが見られ、三書の間の統一がとれていないという問題が残る。もちろん編纂の時期の違いなどの条件を考慮することも可能だろうが、むしろ『抱一函三秘訣』の改変は既に金月巖以前に行われており、金月巖によるこれら三書に対する編纂はあくまで小規模なものにとどまると考えた方が穏当だと思われる。

三・二　『度人経内義』と空炁金胎

では改めて『抱一函三秘訣』の改変は誰によって行われたのか。結論からいえば、これはおそらく蕭応叟の周辺で行われたのではないかと思われる。

蕭応叟には『度人経』の注釈書である『度人経内義』が残る。『度人経内義』の上表には宝慶二年（一二二六）の年号が見え、二巻に分けて印行されたという。蕭応叟の活動時期についてもこの時期ということになろうが、上述のとおり、「修真伝派」では許明道より先に置かれていることから淳熙年間頃まで蕭応叟の活動時期は遡る可能性がある。『度人経内義』にはしばしば『悟真篇』の引用が見られるが、この間に張伯端以下の内丹道の影響を受けるようになったのかもしれない。『度人経内義』が著されたこの頃は、ちょうど白玉蟾らが大々的に出版を通じて『悟真篇』などを顕彰し、活動していた時期であった。

『度人経』は元始天尊所授の古霊宝経に属する経典で、宋代においても真宗や徽宗が序を記すなどあつい尊崇を受けた[25]。『度人経内義』の注釈は二つに分かれる。まず先行する北宋・陳景元『元始無量度人上品妙経四註』（道蔵第三十八―三十九冊）によりつつ経文を注釈した部分、そして内丹理論による解釈を付した「内義」である。現在残る『度人経』の注釈中、全面的な内丹による解釈は本書をもって嚆矢とする。

では蕭応叟の基づく内丹法とはどのようなものであったのだろうか。蕭応叟が張天罡の系譜に属することから予想されるとおり、蕭応叟の内丹法は基本的に『養赤子神方』と共通する。事実、『度人経内義』巻二には『養赤子神方』と酷似する文章が見られ[26]、ここからやはり蕭応叟が同様の内丹法を実践していたことが窺える。またこうした文章の近似性は、許明道と関係の深い蕭応叟が『養赤子神方』を直接見ていた可能性を示していよう。

『度人経内義』の内丹説が『養赤子神方』と共通し、両者に類似の文章が見られるということは、当然、『抱一函三秘訣』の文章とも共通することになる。では『度人経内義』と『抱一函三秘訣』の関係はどう捉えるべきなのだろうか。ここで注意されるのは『度人経内義』には『抱一函三秘訣』に見える「空炁金胎」という言葉が確認されるということである。

空炁金胎という語は蕭応叟の創出したものか、それとも何かよるところがあるのか不明だが、管見の及ぶ限り、『度人経内義』が初出のようである。ここでは経文「混洞赤文、无无上真」に付された『度人経内義』の文章を見ることにしよう。

内義曰。……夫道者、无形无体、則先天一炁是也。而化生万物、実天地造化之本。修金丹者、体循造化、以虚无自然、先天純精真一之炁、名曰空炁金胎、生金母而作丹基。夫純精真一之炁、父母未交之前、与混沌同体。道徳経曰……在経故曰混洞。因父母媾精之始、此炁欻然感附、強名曰神、謂之陽精、喩為銀礦。是元神也、蔵在坤宮〔両腎間〕。故謂之性。乃我本来面目。未生之前謂之陰金、已生之後謂之陽鉛。是為五金之母。天地万彙、未有不因此炁而能成立者也。道徳経曰。……真一子彭真人叙参同契曰。……因日用妙化発生之炁運帰中宮、而為丹母。

（『度人経内義』巻三、三右）

内義にいう。……そもそも道とは形も実体もなく、先天の一炁である。そしてこれが万物を生み出すのであり、まことに天地造化の根本である。金丹を修養する者は造化に従い、虚無自然・先天純精の真一の炁を空炁金胎と名付け、それにより金母を生み出して丹基を作る。かの純精真一の炁は、父母がまだ交わる前においては混沌と同体である。『道徳経』にいう、……経典では、それゆえ混洞という。父母が交わった時、最初にこの炁がたちまち感応して賦与されることから、強いて神と名付け、それを陽精といい、銀鉱に例えた。これが元神である。それは坤宮〔両腎の間〕に蔵される。だからこれを性という。それがすなわち我が本来の面目である。生まれる前の状態を陰金といい、生まれた後を陽鉛という。これが金属の母である。天地の全てのものは、この炁によらずに成立するものはない。『道徳経』にいう。……真一子彭真人は『参同契』に序文を書いていう。……日常のあらゆるはたらきを生み出す炁が巡り、中宮に帰することで丹母となる。

内容をまとめておくとおおよそ次のようになろう。すなわち道は無形無体であり、先天の一炁により万物を化生するのであり、内丹を修錬する者はこれに従わねばならない。空炁金胎とは虚無自然・先天純精真一の炁であり、父母が交わる前は混沌と同体であるが、父母が交媾するとこの炁がたちまちそれに感応して賦与され、神となる。これは陽精・銀鉱・元神とも呼ばれ、両腎の間に蔵される。またこれは性であり、本来の面目でもある。この炁こそ天地万物を生み出すものであり、これを中宮に巡らせると丹母となるという。

問題はこれをほぼ引き写す形で『抱一函三秘訣』「明人身受胎之後」「明人身受胎之始」に同文が見られるということである。やはり全てを挙げる紙幅の余裕はないが、「明人身受胎之始」の冒頭部分を確認しておこう。

> 先天空炁金胎者、乃虚無自然之体、純粋真一之精。父母未媾之前、此物与混洞同体。道経曰。……。因父母姤精之始、霊炁倏然感附、強名曰神。（『抱一函三秘訣』「明人身受胎之始」、四右）
>
> 先天の空炁金胎とは、虚無自然の本体であり、純粋真一の精である。父母がまだ交わる前においては、これは混洞と同体である。『道経』にいう。……。父母が交わった時、最初に霊炁がたちまち感応して賦与されることから、強いて神と名付ける。

ここではまず空炁金胎が「虚無自然」「純粋真一」という『度人経内義』に見える言葉により説明される。「父母未媾之前」以下は『度人経内義』とほぼ同文であり、省略した『道徳経』についても共に首章の同じ箇所を引用する。なお『度人経内義』の「蔵在坤宮（両腎間）」以下の文章についても「明人身受胎之後」にほとんど同文が見える。省略した『道徳経』『周易参同契』の引用文も同じく共通する。

当然、両者の間には微細な文字の違いを交えるが、その中で見逃せないのは『度人経内義』の「父母未交之前、与混沌同体」の句を『抱一函三秘訣』「明人身受胎之始」では「父母未媾之前、此物与混洞同体」に作る点である。『度人経内義』のこの句の直後に「在経故曰混洞」とあるように、ここは『度人経』の経文の「混洞」を「混沌」と結び付けて解釈した箇所である。つまりここで『抱一函三秘訣』が『度人経』にしか見られない「混洞」という語句を不用意に交えていることは、これが『度人経内義』を用いて作られたことの何よりの証左となろう。

それにしてもここでどうして空炁金胎という概念が用いられているのだろうか。この背景には気一元論的・生成論的なあり方を取る内丹法と、『悟真篇』の影響により導入された唯心論的な性説の思想上の矛盾が存在していると思われる。

上の『度人経』の文章では修行者が造化のあり方に従うべきであるとして空炁金胎が持ち出され、それは万物を生成する本となる炁であると同時に人体に賦与されると神・性へと変化するとされていた。つまりここではそれが物質的基盤としてだけではなく、神・性という意識の根源性を同時に兼ね備えたものと考えられ、生成論と唯心論の接合が目指されているのである。こうした考え方は基本的に唯心論的立場に立つ仏教では厳しく否定されるものである(27)。だがそれにもかかわらず蕭応叟が空炁金胎を両者の根源に措定したのは、内丹理論と性に関する教説を両立させ、性命を共に修めるためにはこれが不可避の論理であったからだと見ることができよう。

『抱一函三秘訣』には『度人経内義』の影響が濃厚に見られることから、金月巌の編纂に先立ち、その主要な改変はまず蕭応叟の周辺で行われた可能性が高い。おそらくここで『抱一函三秘訣』が作られた目的は、『養赤子神方』を基に蕭応叟の説く性功を取り入れた内丹理論を体系的に提示することにあったのだろう(28)。特に『抱一函三秘訣』はこの部分を「明人身受胎之始」「明人身受胎之後」の二つの文章に分割して整理し、「伏義先天始画之図」説・「文王後天八卦之図」説と合わせて「明神室」の前に置く。「明神室」が『養赤子神方』の冒頭に置かれる「神室」と関係の深い文章であることを考えれば、ここには巻頭で内丹と性功を共に修養する理論的根拠を空炁金胎という概念を用いながら提示しようという意図があったと思われる。

まとめ

本章で見てきたとおり、元の全真教徒である金月巌による『抱一函三秘訣』はもともと南宋・許明道『養赤子神方』を踏まえて成立したものである。

許明道の属する張天罡に始まる流派は張伯端以下の内丹道とは独立していたと考えられ、『養赤子神方』の内丹説は基本的に鍾呂派の影響下にあり、最終的に聖胎の錬成を目指すものであった。この『養赤子神方』の『抱一函三秘訣』への主要な改変は、許明道と近い位置にあった蕭応叟の周辺で行われたと考えられる。蕭応叟は『度人経内義』を著す段階で、当時流行していた張伯端以下の性命説の影響を受けており、『抱一函三秘訣』でも性に関する言説や、蕭応叟独自の空炁金胎といった概念などが確認される。

一方、金蓬頭と同一人物と考えられる金月巌は全真教の正統を名のっていたが、彼は当時の南北宗融合の時代にあって同時に旧南宋領の地域でも活動しており、こうしたことから全真教とはかなり思想的に異なるものの、おそらくは既に改変されていたであろう『抱一函三秘訣』の原型となる書物を受け取り、編纂することとなった。張天罡以来の内丹道はこうして南宗や全真教に接触する中で消えていったのだろう。だが同時にこうした重層的な流れの中で、部分的ではあるが、口訣は一つの核として各文献に受け継がれているのを見ることができる。

このように現在伝わる全真教文献の中には、先行する内丹諸流派の吸収や融合といった歴史的経緯を経て成立したものが含まれている。今後こうした文献の発掘と再点検は当時の内丹道や様々な流派の複雑な影響関係やその消長に光を投げかけることになると考えられよう。

以上、本章では、全真教と張伯端以下の内丹道が融合するに当たって、それが両者による単純な合流ではなく、そこには幾つもの流派が複雑な過程を経て融合していったことを示した。[29] 全真教は南宗をはじめとするこうした他の内丹道との融合により変容したとされる。常盤大定はそれを「堕落」と呼んだが、本書第Ⅰ部第一篇でも確認してきたように、いわゆる南宗においても全真教と同様に、禅宗の性説を受容し、それをめぐって様々に思索が深められていたのであった。では、常盤大定のいう「堕落」とはいかなるものであったのか。最後に、次章では、変容したとされる全真教がどのような教説を取っていたのか、性命説を中心に考えてみることにしたい。

注

（1）任継愈編『中国道教史』［増訂本］（中国社会科学出版社、二〇〇一）第十四章を参照。

（2）当時の内丹道における伝授と出版の問題については本書第Ⅰ部第一篇第二章を参照。なお『養赤子神方』の最後にはやはり、本書をみだりに公開・伝授すると天譴が下るという当時の内丹道の伝授における禁忌が述べられる（「神化」、六右）。

（3）注（1）前掲書参照。また張崇富「『度人経内義』的性情説」（『西南民族学院学報』哲学社会科学版第五期、西南民族学院、二〇〇三）もこれを受ける。

（4）『度人経内義』については野村英登「天尊受肉――宋代における『度人経』の秘教的解釈について――」（『東洋大学中国学会会報』第十集、東洋大学中国学会、二〇〇三）、および張崇富前掲論文を参照。

（5）なお上清大洞玄都三景法師の称号から蕭応叟は最上位の大洞部道士に相当する位階に達していたと考えられる。小林正美「天師道における受法のカリキュラムと道士の位階制度」（同『唐代の道教と天師道』第二章、知泉書館、二〇〇三）、また酒井規史「南宋時代の道士の称号――経籙の法位と「道法」の職名――」（『東洋の思想と宗教』第二十五号、早稲田大学東洋哲学会、二〇〇八）を参照。後述するとおり、蕭応叟は張伯端『悟真篇』の影響を受けるが、張伯端からの道統を掲げて活動した白玉蟾や弟子の留元長が同様の称号を名のっており、蕭応叟と同じ位階にあったことが注意される。

（6）「且神室者、在心之北、腎之南、肝之右、肺之左、脾之旁、上有絳宮、曰陰鼎、下有黄庭、曰陽炉。是為上下釜、其中径寸虚无、乃心腎之間、為之神室、為玄関枢紐。玄妙哉、奇妙哉」（「神室」、二右）。

（7）「夫追二炁者、乃天地未判之炁、搏竜虎始姤之精、為大丹薬物。憑天地杳冥恍惚之時、否泰之機括、至斯時可以凝神於室中、俟天地之符信一至、則真神化生、為真種子也。要妙在口訣」（「追二炁」、三右-左）。

（8）二十四山とは、戊己を除く十干と十二支、乾坤艮巽の四卦を合わせ、二十四方位を表したものを指す。

（9）原文は「自内上運符」（「温水」、四左）に作るが、二十四山の配列から見て「内」は「丙」に作るべきであろう。なお『抱一函三秘訣』「火候要旨」の該当箇所も「丙」に作る。

（10）鍾呂派の内丹説については石田秀実『気流れる身体』（平河出版社、一九八七）を参照。ただし玉液還丹や金液還丹で説かれる津液の咽法や金液煉形といった具体的な功法は『養赤子神方』に相当するものは見当たらない。

（11）『悟真篇』の内丹法については吾妻重二「『悟真篇』の内丹思想」（同『宋代思想の研究』第Ⅱ篇第二章、関西大学出版部、二〇〇九）、また本書第Ⅰ部第一篇第一章第三節などを参照。

（12）「太陰甲子」については不明。「太陰」は月を、「甲子」は干支の組合せ、ひいては暦を指すことから、ここでは「両太陰甲子」をしばらく「二箇月」と訳しておく。『抱一函三秘訣』「脱胎神化」には、「両太陰甲子」の対応箇所は見えないが、同章に「多則百日、少則六十日、聖胎可出」（二十七右）とある。

（13）例えば、『霊宝畢法』には「或出入不熟、往来無法、一去一来、無由再入本軀、神魂不知所在、乃釈子坐化、道流之尸解也」（巻下「超脱」第十、十一左）とある。

（14）これらの詩は、鍾離権の詩を集めた『破迷正道歌』（道蔵第一三三冊）には見当たらない。しかし当時、鍾離権や呂洞賓の詩詞は詩訣・丹訣として道士たちの中で広まっていたようで、ここに見える詩は李簡易や白玉蟾らのいわゆる南宗系統の内丹書に若干の文字の異同を交えながら散見される。

（15）黄公望の生平については湊信幸「黄公望略伝（上）」（『東京国立博物館紀要』第十九号、東京国立博物館、一九八四）を参考にした。

（16）金蓬頭像は卞永誉『式古堂書画彙考』巻二十三に収める。

（17）陳兵も金蓬頭が金月巌と同一人物である可能性を指摘している（陳兵『道教之道』［宗教文化叢書］、今日中国出版社、一九九五、八十四～八十五頁）。また金蓬頭の活動については郭樹森「全真道伝入江西及其蕃衍」（『江西社会科学』第九期、一九九六）も参照。

（18）「月渓、白紫清徒也」（『峴泉集』巻四「金野庵伝」）。

（19）「須要洞暁陰陽、深達造化、方能追二気於黄道、会三性於元宮、攢簇五行、和合四象、……始得玄珠成象、太乙帰真」（『紫陽真人悟真篇註疏』序、十四左-十五右）。なお『養赤子神方』の「追二炁」「会三性」「簇五行」各章は『悟真篇』のこの文章を意識して書かれた可能性があるかもしれない。『養赤子神方』には基本的に『悟真篇』の影響は見られないが、『悟真篇』の影響を受ける蕭応叟と許明道が近い関係にあることを考えれば、許明道も『悟真篇』を知っていた可能性はある。

（20）原文は「物来則応」。『養赤子神方』の該当箇所では「若専心守一、不能応物」に作ることから、ここでは「応」の上に「不」を補った。直後の「枯坐禅伯之流」も「物来不応」に作る。

（21）原文は「二有一無」。『養赤子神方』の該当箇所では「不属有无」に作ることから、ここでは「二」を「一」に改めた。

（22）例えば周無所住『金丹直指』「或問」、翁葆光『三乗秘要』「神仙抱一之道」など。後者に見える「並化」は「普化」の訛伝であろう。その他、『悟真篇』の影響を強く受ける趙友欽『仙仏同源』「即非心神第五」（『道書全集』、中国書店、一九九〇）にもその例が見られる。

（23）全真教と張伯端以下の内丹道の接触は南宋滅亡前から始まっていたが、本格的な融合は南宋滅亡後以降であろう。

（24）初期の全真教の内丹説については、張広保『金元全真道内丹心性学』（生活読書新智三聯書店、一九九五）、蜂屋邦夫『金代道教の研究――王重陽と馬丹陽――』（汲古書院、一九九二）・『金元時代の道教――七真研究――』（汲古書院、一九九八）などを参照。「性停命住」の語は、王重陽『重陽全真集』巻十一要蛾児詞（十八左）、馬丹陽『漸悟集』巻下南柯子詞「遇真人」（四右）・無夢令詞（五左）、譚処端『譚先生水雲集』巻中神光燦詞「贈趙先生」（六右）などに見える。

（25）真宗序は『元始無量度人上品妙経四注』（道蔵第三十八-三十九冊）に、徽宗序は『霊宝無量度人上品妙経符図』（道蔵第

六十七冊）に残る。また『太上洞玄霊宝無量度人上品経法』（道蔵第四十七―四十八冊）の御注は徽宗の政和御注とされる。

(26)「内義曰、八節八卦入室運符進火、以冬至之日子時為首起火、神存在腎。陽火運行、其神随逐而進。腎中、根也。神室、蔕也。自根至蔕、根蔕相連、結胎成果矣。一挙三時、自子至寅未住、金火逼逐至神室。其丹漸結、応冬至立春節、坎艮卦。卯時沐浴、辰時進火、至巳未住。金火逼逐至髄海、応春分立夏節、震巽卦。陽火至極、午時運符、至申未住。金水推運、従双関鵲橋入室、玄珠漸兆、応夏至、立秋節、離坤卦。酉時沐浴、戌時運符、至亥未住。真炁帰元、一陽来復、応秋分、立冬節、兌乾卦。……」（『度人経内義』巻二、二十六左―二十七右）。ここでは『養赤子神方』『抱一函三秘訣』と異なり、内丹の運行を十二支のみで説明し、経文の「八節之日」を踏まえて八節や八卦と関連付けている。なお傍線部は『養赤子神方』「進火」「温水」と同一の箇所を示す。

(27) 気一元論的造化論のあり方を取る儒道二教に対し、唯心論的な仏教がしばしば対立してきたことは、小野沢精一他編『気の思想』（東京大学出版会、一九七八）などで指摘されている。またこの問題をめぐる儒仏間の激しい応酬については荒木見悟『儒教と仏教』［新版］（研文出版、二〇〇一）を参照。

(28) その他、『抱一函三秘訣』に見える先天易の説に注目するものもあるが（朱伯崑「従太極図看易学思惟的特徴」、『中華易学』第十六巻十一期、一九九六）、これについてはまた別の機会に考えてみることにしたい。

(29) 本書第Ⅱ部第一章で取り上げる陳朴が、元朝期に南宗の系譜に関係付けられていく過程についても参考になろう。

第二章　趙友欽・陳致虚の性命説について
――いわゆる「全真教の堕落」をめぐって――

はじめに

全真教を「新道教」と呼ぶのは、常盤大定『支那に於ける仏教と儒教道教』（東洋文庫、一九三〇）に始まる。趙友欽、またその弟子の陳致虚は、その常盤大定以来、元を代表する道士として、注目されてきた。論点は二つ。全真教南北宗の系譜を一つに結び付けたこと。もう一つは、それにより彼らが「全真教の堕落」をもたらしたことである。前者については、彼らに先駆けて、南宋末、李簡易や蕭廷芝といった旧南宋領の道士たちにより南北宗の系譜が既に結び付けられていたことが論じられている(1)。本章で問題になるのは後者である。

常盤はいう、「元来、全真教の長所は、禅定に因りて識心見性の根本義を体得するにあり。古来の金丹道はこゝに至りて純化し浄化して、健全なるものとなれり」（七〇〇頁。以下同じ）と。このように仏教を判断基準として王重陽の全真教を評価した後で常盤は、こう続けている。「然るに、趙友欽の『仙仏同源』以後に至りては、金丹を表として、之に見性の意義を加へ、達磨の西来は、金丹によりて得道せんが為なりとの奇説を為せるは、主客を顚倒せるものなり。」そして、趙友欽以下のいわゆる全真教の変容について常盤は「全真教の堕落」であると批判するのである。

その後、一九四一年、日本との戦争下、陳垣は常盤大定とは独立して、全真教に真大道教と太一教とを合わせ、これらは北宋の「遺民」たちにより成立したとして「新道教」と呼んだ（『南宋初河北新道教考』、中華書局、一九六二〔一九四一年七月脱稿〕）。注意されるのは、陳垣の議論はむしろこれら諸派の社会的な活動に力点があり、教団の拡大に伴う俗化が指摘されることはあっても（巻二第十一「末流之貴盛」）、常盤大定のように趙友欽や陳致虚の登場による思想的後退は考えられていないということである。戦後、常盤と陳垣の二つの「新道教」という概念は窪徳忠『中国の宗教改革――全真教の成立――』（法蔵館、一九六七）へと受け継がれる。窪は陳垣のいう教団の俗化とともに、全真教が張伯端以下の内丹道と接触したことでその傾向が変化したとしており（一九七頁）、常盤の趙・陳による「全真教の堕落」という評価は基本的に受け継がれているといえよう。他方、中国では、一時期、唯物史観により全真教は低い評価が与えられたが、改革開放以来、陳垣の「新道教」という概念が復活している(2)。結局、「新道教」とはその背後に様々な歴史的経緯を背負った概念であり、これ自体十分に検討する必要があろう(3)。

ところで常盤大定や窪徳忠は趙・陳に全真教の変化を見、その後の全真教については触れない。これはその変質が現在に至る全真教の方向を大きく規定し、その後大きな本質的な変化はなかったと考えているためであると思われる。一方、中国では陳致虚『上陽子金丹大要』（以下『金丹大要』と略記）を「元代内丹名著」とするなど(4)、その扱いには大きな違いがある。しかし、やはり明清期の道教を停滞期とする見方があり(5)、その直前に当たる元代を代表する道士である趙友欽や陳致虚について検討する意味は小さくないと思われる。

これまで趙友欽と陳致虚については個別に論じられてきたが(6)、こうしたことから本章では趙友欽と陳致虚の性命説をまとめて点検し、常盤大定により「奇説」といわれたその背後の意識について迫まることにしてみたい。なお性命説とは、性と命を共に修養する「性命双修」という全真教において重視された考え方をめぐる議論を取り扱うものである。

一　趙友欽・陳致虚の著作について

趙友欽、号縁督子、鄱陽（今、江西省）の人。南宋末咸淳辛未年（一二七一）六月八日生まれ、明・洪武元年（一三六八）羽化した。趙姓が示すように南宋宗室ゆかりの出自で、友字を輩行とする漢王房十二世に当たるとされる。[7] 丘処機下宋徳方の道統を継ぐという張模に師事する。だが陳銘珪らにより既に指摘されているように、趙友欽、そして弟子の陳致虚も合わせて、その教説は、王重陽の全真教より、むしろ張伯端以下の内丹道、すなわちいわゆる南宗の教説といってもよいものである。[8] また特筆すべきは天文に通じ、『革象新書』を著したことで、そこでは月の満ち欠けを調べるために、天井からつり下げた球体をピンホールから観察するといった天文・光学的実験を行っており、科学史からの関心が高い。

弟子の陳致虚は、字観吾、廬陵（今、江西省吉安）の人、上陽子と号す。至元二十七年（一二九〇）に生まれる。金螺山道院に隠棲し道教の修行を修めていたが、四十歳の時、趙友欽に出会い、後に青城丈人から秘訣を授けられたという。その後、功行を積むために『金丹大要』を著し、多くの弟子を教導した。このため彼の名声は揚がり、元朝から来聘を要請されるも、時すでに元末の混乱期であったため、陳致虚はこれに応じることなく羽化登仙したという。[9]

さて、性命説を点検するためには趙友欽の『仙仏同源』および陳致虚の『金丹大要』を中心に取り上げることとなる。ここで簡単に二書について説明しておけば、趙友欽の『仙仏同源』は、道仏、特に教内丹と禅宗の同一を説くもので、もと六十巻であったのを趙友欽自身が十章に編纂し直したものである。各章はそれぞれ「道言」「仏語」として道教・仏教文献を引用した後、「縁督子曰はく」として自説を展開する形をとる。また各章の初めに概略が付され、その末文は必ず「豈不動世人之疑心（どうして世間の人々の疑念を引き起こさずにいられようか）」といった一文で締めくくられる。これが端的に示しているとおり、出家や外護の問題などについて逆説的・挑戦的な言辞を弄する内容となっている。趙友欽『仙仏同源』については『道書全集』（中国書店、一九九〇）の『金丹正理大全諸真玄奥集成』巻八所収本を用いる。

一方、陳致虚の『金丹大要』は、『仙仏同源』が基本的に道教と仏教の二教の関係だけであるのに対し、儒教を含めたより広範な内容を扱ったものとなっている。ところで、この『金丹大要』は、少し版本上の問題を抱えている。すなわち、陳致虚は『金丹大要』巻一「金丹大要序」で自ら『金丹大要』の構成について触れており、そこでは十巻本と述べている。だが、正統道蔵本（道蔵第七三六―七三八冊）は十六巻から成り、『上陽子金丹大要図』（道蔵第七三八冊）・『上陽子金丹大要列仙誌』（道蔵第七三八冊）・『上陽子金丹大要仙派』（道蔵第七三八冊）が別行する。これに対し、『蔵外道書』第九冊所収『金丹正理大全』（嘉靖戊戌年［一五三八］序）本ではそれらが「金丹大要序」のとおりに十巻本として収められていることが分かる。このためここでは『蔵外道書』所収本を底本として用いることにする。[10] なお以下の引用は、特に断らない限り、趙友欽は『仙仏同源』、陳致虚は『金丹大要』からのものである。

次に出版年に注目すると、趙友欽の『仙仏同源』には、趙友欽と陳致虚の序のほかに、陳致虚の弟子の車蘭谷による序（一三三七）が付される。『金丹大要』は巻一「金丹大要序」の末尾に「至順辛未（一三三一）仲秋紫霄絳宮上陽子陳観吾序」（十一左）とあり、巻頭にも欧陽天璹の至元元年（一三三五）の序が付されている。また陳致虚『太上洞玄霊宝無量度人上品妙経註』（道蔵第四十五―四十六冊）には陳致虚による至元丙子年（一三三六）の序が見られるほか、趙友欽の『仙仏同源』もほぼこの時期の作品とされる。[11] こうして見てくると、彼らの著作が、趙友欽と陳致虚が出会った一三三〇年前後に相継いで出版されていることに気付く。正確な理由を特定することは難しいが、少なくともこの背景には、全真教との論争を経て、また儒教に比べても、元王室から圧倒的に優遇されていた仏教の存在があると思われる[12]。またこの時期、江南地域では李道純の影響を受け、苗善時らが看話禅のような極めて性功に傾斜した活動をしていることも注意されてよいかもしれない[13]。

こうした状況の中、趙友欽は『仙仏同源』を著し、道教と仏教が等しいことを主張する。これはむしろ極めて禅宗を意識していた結果であると思われる。例えば、彼は『仙仏同源』の自序で、道教側では劉海蟾や張伯端、また仏教側では傅大士の偈を引用し、禅宗と内丹が一つであることや三教は一家であることを説き、「以此論之、仙仏超凡入聖之道、未始有異。特執空之人、不能深悟其旨爾（こうしたことからこれについて論じるならば、道教と仏教の凡俗を超え、聖なる境地に至る道はいまだ同じでなかったことはない。ただ空に執着している者たちだけが、深くその旨を理解できていないだけだ）」（『仙仏同源』趙自序、三右）と述べている。ここでいう「執空之人」とは禅宗の者を指す。また、弟子の陳致虚には次のように見える。

吾之説此者、非但為汝諸人提拈起。亦使叢林禅僧、天下一切人誦此金丹大要。

（『金丹大要』巻十「見性成道」、五左）

私がこれを説くのは、そなたたちのためだけに取り上げるのではない。叢林の禅僧たちや天下のあらゆる人々にこの『金丹大要』を誦読させるためなのだ。

このように趙友欽と陳致虚は共に禅宗を非常に意識していた。こうした中、趙友欽は、常盤大定のいう「達磨の西来は、金丹によりて得道せんが為なりとの奇説」を説く。

二　趙友欽と陳致虚の性命説

二・一　達磨はなぜ中国に来たのか

まず常盤大定により「奇説」とされた趙友欽の説を確認しておこう。

禅宗初祖の達磨は、なぜ中国に来たのだろうか。達磨は一般に中国にその素地があることを知り、大乗仏教を広めるために中国にやってきて二祖の慧可（四八七～五九三）を得たとされる。しかし、趙友欽によれば、逆に中国に「大乗の気象」があったために、彼自身が大乗の道を成就せんものとしてはるばるやってきたのだという。趙友欽は、「達磨始則得法東来、終則成道西帰（達磨は最初、法を得て東へとやって来て、最終的に成道して西へと帰った）」（「具足法財」第三、十三左）と述べ、その証拠が今も残るという。趙友欽はいう。

即今真洲長蘆、見有達磨修道家具尚在。但世人莫識何者為神州赤県之大乗。其長蘆修真之遺像哉。所以今之学者、不知達磨長蘆下来用工処、但見其功成之後、於少林面壁九年、倶学無為打坐、以図成仏、如何有成。故南岳譲禅師磨磚作鏡之譏。[14]（「具足法財」第三、十三左－十四右）

現在、真洲（今、江蘇省）の長蘆寺には、達磨が修道した際の家具が今でも残っているのを見ることができる。しかし世間の人々は神州赤県の大乗とはいかなるものか理解していない。それは長蘆寺で達磨が修行した名残なのだ。それゆえ今の修行者は、達磨が長蘆寺で修行したということも知らず、ただその修行が完成した後、少林寺で九年間にわたって壁に向かって坐禅したことを見るだけで、彼と同じように無為を学ぼうとして打坐し、仏になろうとしたとしても、どうして成就することがあろうか。それゆえに南岳懐譲禅師が煉瓦を磨いて鏡を作るという批判があるのだ。

達磨といえば晩年、少林寺で面壁九年の功を積んだことが有名である。だが、これは性功に相当するだけであり、修行の半面でしかない。実は達磨は少林寺に移る前、真洲の長蘆寺で命功、つまり内丹の修行を積んでいたのである。こうして達磨は中国に来て初めて「大乗の道」を得ることができた。これが有名な公案である「達磨西来の意」を踏まえるのはいうまでもない。常盤大定が「奇説」という所以である。なお最後に見える南岳懐譲（六七七～七四四）の「磨磚作鏡の譏り」については次項で見ることにしよう。

こうして見ると、趙友欽の「奇説」とは、内丹、つまり命功を積んだ後で、頓悟、つまり性功を併せ修める、いわゆる「先命後性」の修行を考えていたことが分かる。(15)「先命後性」は、伝統的にいわゆる全真教南宗の功法とされるものである。(16)趙友欽はまた修行の順序を農事に喩えており、金丹を錬らずに坐禅にいそしむのは、種まきもしていない者がいきなり収穫を望むようなものだという。それは性功のみを修めた頑空にすぎない（「即非坐禅」第四、十八右－左）。

ところで趙友欽は、達磨の有名な面壁九年の功について、

及其潜修黙煉、玄珠已得、聖胎已円、然後絶俗始効達磨之面壁、謂之抱一。（「混俗」第九、四十右）

ずっと修錬を続けてゆき、玄珠を獲得し、聖胎が完成してから、達磨の行った面壁の功を行う。これを抱一という。

と述べる。この達磨面壁を「抱一」と呼んでいるのは重要な手掛かりを我々に与える。趙友欽の修行論は基本的に、張伯端再伝の弟子翁葆光のそれと等しいと思われるのである。翁葆光については既に論じたのでここでは詳述しないが、簡略にいえば以下のとおりである。[17] 翁葆光の内丹説は元・戴起宗によりまとめられた『紫陽真人悟真直指三乗秘要』（以下『三乗秘要』と略記）にまとまって見られ、そこでは金丹の錬成、金液還丹、そして九転金液大還丹という三段階から成る功法が考えられている。またこれは『陰符経』に基づき、「強兵戦勝之術」「富国安民之法」「神仙抱一之道」の三つに相当するとされる。この際、翁葆光は達磨の面壁九年の功を「夫九転者九年也。九乃陽之極数也（九転とは九年のことである。九とは陽の最大の数である）」（十左）として九転金液大還丹の段階に結び付け、これを「神仙抱一之道」と呼ぶ。この背後には『陰符経』という道教経典により整理することで、性功を道教の内部に取り込もうとする意図があったと考えられる。これに対し、趙友欽が翁同様、達磨面壁を「抱一」と呼び、これを金丹の錬成の後に位置付けていることは、趙友欽が翁葆光とよく似た修行の階梯を考えていることを示唆しているように思われる。また『仙仏同源』の「道言」には『悟真篇』翁葆光注が頻出することもこれを補強しよう。

ほかにも趙友欽は、釈迦や禅宗の祖師たちが尸解などの奇跡を起こしたことを性命双修の結果と見るが、これもやはり翁葆光と同様である。例えば、趙友欽は仏教側でも命功を究めることで奇蹟を起こした者たちの例として次のように述べている。[18]

如釈迦已入涅槃、而復起為母説法、達磨已葬、而隻履西帰、普化振錫入棺、而杳無踪跡。此形神倶妙[19]、与道合真。

（「即非心神」第五、二十四右）

それはあたかも、釈迦が既に涅槃に入っていたが再び起き上がって母親のために説法し、達磨が既に埋葬されていたのに片方の履物を持ってインドへ帰り、普化が錫杖の音を響かせて棺桶に入ったがまったく行方が知れなくなったようなものだ。これらは「形神倶妙にして、道と真を合す」（『清静経』左玄真人頌）という境地であったからだ。

ここに見えるような釈迦や達磨の死後の奇跡譚は『景徳伝灯録』などに見えるものである。普化は臨済義玄と同時代の人物で、癲狂で知られた禅僧。やはり『景徳伝灯録』巻十に伝がある（二七〇中）。これに対し翁葆光は、同じく釈迦・達磨・普化を取り上げている。文章に錯脱があるように思われるが、仮に解釈すれば、おおよそ次のとおりである。

昔如来涅槃後、自湧金棺於空中、化三昧火。既焚其身矣、因母哭而不已、又現金身空中、為説半句偈者、亦斯道也。昔達磨面壁九年。既入滅矣、又携隻履西帰。普化焚身巨焔[20]、形既然矣、而鐸声猶撼於空中。若此之輩流、未易該挙。倘非性命双円[21]、形神倶妙、孰能如是。

（『三乗秘要』神仙抱一之道、十一右）

昔、如来が涅槃に入った後、自然と金棺が空中に浮かび上がって、三昧の火に包まれた。その身体を焼いてしまったのに、母親が泣きやまないことから、また金色の身体を空中に出現させ半句の偈を説いてやったというのも、またこの道（＝神仙抱一の道）である。昔、達磨は壁に向かって九年もの間、坐禅した。達磨は入滅してしまったのに、また片方の履物を持ってインドへ帰った。普化は巨大な焔でその身を焼き、身体は燃えてしまったものの錫杖の音がはっきりと虚空に響き渡った。このような者たちを全て取り上げるのは難しいが、もし性功と命功が共に円満に成し遂げられ、形神倶妙でなければ、一体誰がこのようなことを成し遂げられようか。

こうした仏教側に命功を見いだすのは、翁葆光以下、いわゆる南宗の人々の中に散見され、例えば、南宋末の李簡易や周無所住の著作などにも確認できる。[22] これは、性功を道家側に引き寄せたことと表裏をなしている。禅宗に否定的であった鍾呂派と異なり、性功を肯定的に取り上げる以上、南宗では、全員ではないにせよ、禅宗の主要人物については評価せざるを得ないからである。また禅宗の祖師たちの伝記の中には、道教と通底するような奇跡譚が散見される。性功しか修めないはずの禅宗の祖師たちがどうしてこうした奇跡を起こすことができたのか。趙友欽が「奇説」を説いた背景には、これをどう解釈するかについて、特に気に基盤を置く世界観を持つ道教側からの要請が存在しており、それを受けて翁葆光ら先行する南宗の説を発展させたと考えることもできよう。なおここで陳致虚についても見ておくと、陳致虚も師説を受け、やはり同様の考え方をしていたことが見て取れる。一例を挙げれば、陳致虚は「是以達磨下功于長蘆、隠于少林修煉（そこで達磨は長蘆寺で修行し、少林寺に隠棲して修錬した）」（『金丹大要』巻十「見性成道」、三左）と述べており、趙友欽の「奇説」と全く同じである。

『金丹大要』の中には、こうした「奇説」から更に一歩あゆみを進めたものも見受けられる。例えば、釈迦が「有為法」（ここでは命功の意）を述べたのと同じく、老子も有為を説いたとして次のように述べる。

昔者神人商容以有為之法欲授老子、乃先示以柔弱之道、遂因吐舌。老子即悟曰、舌柔歯剛、此是有為之法也。

昔、神人の商容は老子に有為の法を授けようとして、まず柔弱の道を示し、そこで舌を出した。老子は即座に悟って、「舌は柔らかく、歯は硬い。これが有為の法なのだ」と言われた。（巻十「見性成道」、七左）

これはもともと前漢・劉向『説苑』敬慎篇に見える話で、歯が抜けた後でも舌が残ることから老子が柔弱の尊さを理解する説話である。ところがここでは老子が有為の法、すなわち内丹を学んだ話となっている。もちろん、『老子』に見える有為は命功を意味する語ではないことはいうまでもないだろう。

二・二　南岳懐譲はなぜ煉瓦を磨いたのか

しかし、ここに疑問が生ずる。そもそも禅の祖師たちはどうして内丹＝命功を知ることができたのだろうか。

実は趙友欽は、釈迦から迦葉へ、そして達磨を経て今に至るまで師資相伝してきた伝法自体が、金丹、すなわち命功の伝授だったと考える。今の禅者たちはこれを理解していないとして、趙友欽が持ち出すのが、上述の南岳懐譲による「磨磚作鏡の譏り」という言葉である。これは唐代の禅僧、南岳懐譲と馬祖道一のいわゆる南岳磨磚の故事に基づいている。これは『景徳伝灯録』巻五「南岳懐譲章」などに見えるもので（二四〇下）、『仙仏同源』「即非坐禅」第四「仏語」（十七左）にも引かれる。その内容をごく簡単に紹介しておけば、次のようなものである。日がな坐禅している馬祖に対し、懐譲が坐禅をしてどうするのかと問うと、馬祖は仏になるためだと答えた。ある日、懐譲は煉瓦を馬祖の庵の前で磨き始めた。馬祖が煉瓦を磨いてどうするのかと尋ねると、懐譲は鏡を作るのだと答えた。馬祖は言う、「煉瓦を磨いてどうして鏡ができましょう。」懐譲は言う、「坐禅をしてどうして仏になれるのか。」

この南岳磨磚の故事は、坐禅をしても即それが悟りに結び付くわけではないという禅宗における修と証の微妙な相即関係を説くものということができよう。一方、次の部分を読めば「磨磚作鏡の譏り」という言葉で趙友欽が意味するところが見えてくる。

今人在講座下、片時之間、一言半句、欲求大悟、与仏斉肩、万無此理。当知世尊密語、不敢妄形紙筆。故曰不立文字。凡公案之言語大者、(23)蓋入室密旨、不可特書、但指当時一語之契、或委曲借喩而言耳。此亦黄葉止児啼之餞。世人参不透、返執性由自悟、命仮師伝之説。却云、坐禅観静、以図見性成仏。虚度歳月、不能成功。宜乎馬祖磨磚作鏡之誚。是皆不得師旨、而去道遠矣。（「苦求師伝」第一、三左―四右）

今、人々は講座の下で、僅かな間に一言半句でもって大悟し、仏のようになろうと考えているが、万に一つもそうした道理はない。世尊の密語とは、みだりに文字に表せないということを理解しなくてはならない。だから不立文字というのだ。そもそも公案という言葉が偉大なのは、入室の密旨というものはことさらに書き表せず、その時の一言の下の契悟を示すには、詳細に比喩を使っていうしかないからだろう。これはまたおなかが空いて泣く子を葉っぱであやすようなものだ。世の中の人々はこうしたことを理解しきれず、逆に「性は自らに由りて悟り、命は師伝を仮る」という説に執着している。そしてかえって坐禅や止観により見性成仏するのだといい、むなしく歳月を費やし、成就することができない。馬祖に対して懐譲が煉瓦を磨いて鏡を作ろうとした批判も当然だ。これらは全て師伝を得ておらず、道から大いに離れているのだ。

今の人々は一言半句でもって大悟しようとしているが、万に一つもその可能性はない。なぜそういうのかといえば、趙友欽は、不立文字とされる「世尊の密語」が内丹の伝授であり、上の南岳磨磚の故事も馬祖が命功の存在を知ったという機縁として理解しているからである。そして彼は、「性由自悟、命仮師伝」という説に囚われてむなしく悟りを追い求めている人々は、あたかも坐禅だけで見性成仏しようとしている馬祖と等しいという。頓悟はあくまで命功の後に行われるべきであり、坐禅に励む誰もがまずはきちんと金丹の錬成について伝授されるべきなのである。

では、一般の人々が囚われているという「性由自悟、命仮師伝」の説とは何か。この説は、もともと張伯端『悟真篇』後序に出るもので、全真教南北宗で広く受容された考え方である。(24) 内丹はそれが道を開示する重大な術であるがために、一般に軽々しく漏らすことが禁じられてきた。みだりに伝授すると天譴が下るとされ、このため内丹では一般に象徴的表現を取り、いわゆる丹訣により書き表された。これを理解するには師から直々に口訣を受けるしかなく、師は弟子の資質を見極め、こうして術の秘匿性は守られるのであった。「命は師伝を仮」りねばならないのである。一方、性功については本来語ることができぬものであり、自らの頓悟によるしかない。このため「性は自らに由りて悟る」ものとされる。そしてそれゆえに逆に性功は堂々と書物に書き表されても構わない。このように言葉で語り得る命術は道に根ざすがゆえに軽々しく漏らしてはならなかったために出版が抑制され、一方、不立文字であるはずの性法はそうした抑制を受けなかったというのは奇妙な逆説ではある。(25) 上で趙友欽は「性由自悟、命仮師伝」の説に人々が縛られているが、禅宗にも伝灯により命功が受け継がれてきているのであり、これはみだりに文字に表すことができないので、不立文字というのだと述べていた。しかし、内丹が秘密とされたのは、むしろそれが語られ得るからであったのである。

一方、そもそも南岳磨磚の故事は、坐禅をしても即それが悟りに結び付くわけではないという禅宗における修と証の微妙な相即関係を説くものである。それは、坐禅を積み重ねていけば、やがて頓悟できるとする漸修的思考法への批判である。あるいは修行者たちの坐禅により仏になろうという有所得の思考を厳しく否定したものということもできよう。だが、ここにはまた同時に頓悟の絶対性に至るためには、何の見返りもなくではあるが、それでも坐禅にいそしむしかないという逆説的な関係がある。つまり、そこには禅宗における修行の位置付けや頓漸についての内省があるといえるだろう。頓漸の問題は、また全真教南北宗の融合期に散見される問題でもあった。[26] 結局、このように見てくると、趙友欽は、従来の禅宗や全真教における修・証や頓・漸の議論を直接受けることなく、命術を強調するために、独特な形で「性由自悟、命仮師伝」説を持ち出しているということができよう。

「磨磚作鏡の譏り」というこの言葉は陳致虚の文章にもたびたび登場するので、少し補足しておく。例えば、陳致虚は次のように詠う。

馬祖磨磚作鏡児、笑他兀坐要何為。若還認得西江水、許汝一尊仏出時。
（『金丹大要』巻五「醒眼詩」第四十八首、十一左）

煉瓦もて馬祖は鏡を作らんと、可笑しや兀坐し何をかなさん。西江の水の味をば知るならば、かしこき仏の出づやその時。

詩中の「西江水」については、馬祖が龐居士（龐蘊。?～八〇八）に与えた「一口吸尽西江水」の語を踏まえよう。[27] だが陳はこれを『悟真篇』の「薬在西南是本郷」（『紫陽真人悟真篇註疏』巻三、七言四韻第十四首）や「蟾光終日照西川」（同巻四、絶句第十首）などの句と絡めて、金丹の錬成と見る（『金丹大要』巻一「金丹大要序」、三左）。つまり馬祖は金丹の錬成により初めて成仏したと考えられているのである。[28]

結局、「磨磚作鏡の譏り」で、趙友欽と陳致虚が主張しているのは、禅宗にも本来命功が存在するはずだという強い確信である。だがその一方で趙友欽・陳致虚は最終的に性功を否定することはないとはいえ、結局性功を修めるにはどうすればいいのかについては最後まで触れることはない。例えば、趙友欽は「若果是識神言語機巧、則人人已具、何用更修（もし意識や言葉の巧みさならば、人は誰しも持っているのであって、どうして更に修行しなくてはならないのか）」（「即非心神」第五、二十四左）と述べ、そこに積極的な価値を認めないのである。

二・三　趙友欽と陳致虚の性命説

では趙友欽や陳致虚は道仏、性命の関係をどう捉えていたのか。趙友欽はいう。

釈家一大蔵教、他説有為之道、特著空之人、莫之識耳。如老子之無為無不為、与蓮経之諸有所作、常為一事、有以異乎。……悟真篇云、無為之道、斉物為心、雖顕秘要、終無過咎。所以祖師備言之、而世人備聞矣。有為之道、則祖師罕言之、而世人罕聞矣。是以世人止知有彼岸之玄、止知心之悟空、不知性之不空。……止知無為而不知有為之法、止知夢幻泡影、而不知甘露掣電。（「有為」第八、三十一左―三十二左）

仏教の大蔵の教説では、有為の道を説いているが、空に執着する者がこのことを知らないだけだ。『老子』の「無為にして為さざるなし」といったことは、仏教経典の「諸有の所作は、常に一事の為なり」（『禅源諸詮集都序』巻下）というのと異なることがあろうか。……『悟真篇』には「無為の道は、斉物を心と為す。秘要を顕すと雖も、終に過咎無し」（『悟真篇』後序）という。それゆえ祖師たちはつぶさに語り、世の人々もそれについてことごとく知っている。しかし有為の道については、祖師たちはほとんど語ることがなかったので、世の

　人々もほぼ聞いたことがないのである。このため世の人々は彼岸という玄妙な境地があることや、心で空を悟るのだということについて知っているだけで、性の不空の側面については知らない。……ただ無為について知っているだけで有為の法については知らず、ただ夢幻にしてうたかた（のような無為）を知っているだけで、甘露にして稲妻（のごときはたらきを持つ有為の法）については知りはしないのだ。[29]

ここでの『悟真篇』後序の引用文は本来、「性由自悟、命仮師伝」の説の元となった箇所で、内丹と異なり、性功についての文章は公開しても天譴がなく、自ら悟ることが可能だということを述べるものである。しかしここでは、性功についての文章は公開されているから世間では性功については比較的よく知られているのに対して、内丹を錬成する命功については余り知られていないと論理が続く。趙友欽はこれを不空と呼び、空と対置させている。この不空は、趙友欽に散見される概念である。彼はこれを有為とも呼び、『華厳経』巻十二「菩薩十無尽蔵品」に「是有為法、是無為法」（大正蔵第九冊四七五下）とあることなどにより、仏教でも有為を説くとする（「有為」第八「仏語」、三十一右）。もちろん仏教でいわれる有為はこうした内丹の錬成とは直接には関係のないものである。いずれにせよ、こうして趙友欽は仏道二教は空・不空、無為と有為から成る性命双修の修行体系を説くと考えている。

　こうした空・不空、無為と有為から成る体系は陳致虚も踏襲している。例えば、陳致虚は「無為有為之道、即金丹之大道也（無為と有為の道こそ金丹の大道である）」（『金丹大要』巻四「須知七事章」第八、十三左）と述べ、また趙友欽が『仙仏同源』巻八「有為」で「道家以妙有真空為宗（道教は妙有と真空を根本とする）」、「釈氏以妙空不空為宗（仏教は妙空と不空を根本とする）」と述べるのを引用し、道家が傍門外道に、また禅家が頑空に陥ることを戒めている（巻二「精気神説」、十二左―十三右）。

結局、趙友欽と陳致虚の教説は次のようにまとめられよう。すなわち、趙友欽の教説は基本的に翁葆光の説を踏まえ、発展させたものであり、有為・無為、空・不空から成る性命双修を説く。また「道仏は同源である」ことから、仏教も同じく性命双修を説くとされる。しかしおそらくは当時の禅の隆盛を踏まえ、最終的に趙友欽や陳致虚の力点は命功の強調にある。このため、「磨磚作鏡の譏り」に見られるように禅宗における伝法までが内丹術の伝授とされるに至る一方で、世間で広く知られているので「性は自悟に由る」、つまり修行者自ら悟ればよいとして最後まで性功についてはほとんど触れられないまま放置されているのである。

ところで趙友欽や陳致虚は丘処機下のいわゆる北宗の系譜を名のるが、では彼らは北宗をどう捉えているのだろうか。北宗は性功を非常に重視するとされるからである(30)。

これを考えるに当たり、『仙仏同源』「即非坐禅」第四に見える次の文章は興味深い。趙友欽は「挙動処先言性命、煉丹処不暁半分。圜中若坐数春、無丹怎朝玉京（何かしようとする際、まず性命について語ろうとも、錬丹について半分も理解できていない。［こんな調子ならば］圜中で坐して何回春を迎えたとしても、丹も錬成できず、これでどうして玉京に向かうことができよう）」という馬丹陽の詞を引き（「即非坐禅」第四「道言」、十六左）、これを踏まえて次のようにいう。

今道家亦多不得正伝、遽学坐圜者、及出圜者、与不坐時一般、略無有異於昔、返致尫羸何也。

（「即非坐禅」第四、十九右）

今日、道教を信じる者たちの中には正伝を得ていない者が多く、いきなり坐圜を学んだ者が、圜堵から出る段になっても圜堵に入る前と同じで、ほとんど以前と変わることがなく、逆に自らを弱らせるようなことをするというのはどういうことだろうか。

「坐圜」とは、一切の外界との接触を絶った圜堵と呼ばれる所で、ひたすら打坐に打ち込む功法を指す。これは北宗の文献に散見され、全真教北宗内で広く行き渡っていたと思われるものである。実はこの直前で趙友欽は禅宗批判を行っており、ここでは圜堵を行っている道家の者たちが正伝を得ていないとするだけではなく、これを禅観などに類する行法と見なしているようである。趙友欽は馬丹陽も圜堵を批判しているとするが、馬丹陽自身も王重陽の喪が明けた後、圜堵に籠もって修行しており、これは性功に傾く北宗の批判につながりかねない。(31)

本節では趙友欽の「奇説」の点検から始まって趙友欽と陳致虚の性命説までをたどってきた。上述のとおり、趙友欽は南宋宗室ゆかりの出自を持つ。いわゆる南宋の「遺民」たる趙友欽が説いた教説は命功に傾き、北宋の「遺民」である王重陽の全真教とその方向性を反対にする。常盤大定はここに「堕落」を見たわけだが、では彼らが説いたのは、単に命功の強調に終始する「世間の人々の疑念を引き起こ」すだけのものだったのか。彼らは一体どうしてこうした主張をしたのか。その背後の意識をたどるため、以下に節を改めて考えてみることにしよう。ここで趙友欽と陳致虚の違いが明らかになってくる。

三　陳致虚による命功の復権

三・一　機根と頓漸論について

陳致虚は、道には「立談」と「心授」があるといい、儒道仏三教と機根の問題について説明している（『金丹大要』

巻四「須知七事章」第八)。これは、上述の「性由自悟、命仮師伝」説とも絡んでくると思われるので、確認しておこう。本来原文を示すべきではあるが、紙幅の関係から簡単にまとめておけば以下のとおりである。

まず、儒教については、君臣・父子・兄弟・夫婦・朋友といった「綱常之道」が「立談」できるものであり、「心授」によらないという。「心授」されるのは、『中庸』に「天命之謂性。率性之謂道」といわれる道であり、孔子が「一貫」(『論語』里仁篇)と述べたものである。「綱常之道」とは国において行われ、子供でも学ぶことができるが、『中庸』に説かれる道とは注釈がどれだけ書き表されても及ばないもので、聖人君子が行うとする。

次に道教だが、丹砂や水銀を使って丹薬を錬成すること、すなわちいわゆる外丹や錬丹術については凡夫でも行うことができ、「立談」が可能だという。しかし「無為・有為の道」である「金丹の大道」は「心授」によらねばならず、上士や至人が可能であるという。

最後に、禅宗について。「坐禅の道」とは頑坐・守性・持斎であり、これらは「立談」することができ、「心授」するものではない。だが、正法眼蔵・涅槃妙心・直指人心といった「見性成仏之道」、すなわち「一乗の道」は「心授」によるのであり、利根上智以上の根機が必要だという。なお陳致虚のいう見性成仏という言葉は少し注意が必要で、ここではほぼ性命双修と同義に使われていることを押さえておこう(32)。そして霊鷲山における拈華微笑の故事や、六祖慧能の伝法——これが内丹の伝授を指すことは上で見たとおりである——は「立談」ができないことを表しているとする。

以上を要約すれば、このようになろう。陳致虚はいわば三教斉同型の三教論の立場をとり、儒道仏三教はそれぞれ本来、性と命、無為と有為の双方を内包しているとする。これらは「立談」ではなく「心授」によるしかない。なぜなら「道不可以立談。可立談者非大道也(道は立談できない。立談できるものは大道ではない)」(十四右)からである。そして「心授」は聖人君子・上士至人・利根上智といった者、すなわち利根の者のみ可能だというわけである。

ところで上で見た「性由自悟、命仮師伝」説は陳致虚の文章にも散見されるが、一見すれば、語り得ない「心授」と言説による「立談」はそれぞれ自悟と師伝に相当するのではないかと思われる。しかし詳細に見てみると、陳のいう「心授」「立談」と、「性由自悟、命仮師伝」説との間には違いがある。すなわち自悟しなくてはならない性と師伝による命は、共に「心授」の中に含まれ、「立談」はそれ以外の取るに足らないものとされているのである。

一方で機根の問題は、頓漸の問題と関連して興味深いことを示している。すなわち陳致虚のいう頓漸と、従来の頓漸の議論にはねじれがあるのである。性命説が、性功が頓悟・禅宗に、命功が漸修・内丹と結び付けられていることは上でも少し述べた。この頓漸は、また機根の利鈍と関係している。基本的に頓悟と関係する性功は利根的であり、漸進的な修行法である内丹、つまり命功は鈍根的なのである[33]。これに対し、陳致虚のそれは儒道仏それぞれに利鈍を見て取る。つまり、儒道仏三教それぞれに「心授」と「立談」があり、利根の者のみに許された「心授」は更に性と命、自悟と師伝を包含しているのである。

これは何を意味するのだろうか。前節で確認したとおり、趙友欽や陳致虚の教説においては、命術が非常に強調されている。これは従来の図式からいえば、漸法に分類され、鈍根とされるものである。ところが陳致虚に至ると、儒道仏三教において性功だけでなく、命功もまた等しく利根の者のみが行い得るものとして、それまでの図式から離れて命功に積極的な役割を担わされる。こうして見てくると、陳致虚は命功を鈍根の者たちが行うべきものという考え方から解放したと見ることもできよう。

ただし、こうした利鈍の問題は趙友欽には見えない。陳致虚にはもう一つ趙友欽に見えない問題がある。道と術の問題である。最後に陳致虚の道と術をめぐる議論を見ることにしよう。

三・二　道と術について――「吾が術は小伎にあらず」――

道と術の問題は古来より見られるものだが、これを修と証、また修行とその成就の関係へと拡大させて考えるならば、これは宗教現象に関する普遍的な議論であるともいえる。全真教についていえば、それは北宋に活動した南宗の祖、張伯端に一つの淵源を求めることができよう。彼は『悟真篇』序で「性法」（頓悟）と「命術」（内丹）の相補的な関係を説いている。これに対して五祖・白玉蟾は弟子の彭耜から内丹が術か道かと問われた際、道と術を体用の関係と捉え、「金丹の術」を道の位置にまで引き上げた。白玉蟾は「心」という概念を強調したことが指摘されているが、ここには内丹に性功を取り込み、命術から解放する意図があったと思われる[34]。

では陳致虚は道と術の関係についてどう考えているのか。陳致虚は『悟真篇』の序文で次のように述べている。

形以道全、命以術延。此語尽備金丹之説。……深斯道者、則道為体、術為用。仮術以成其道者、猶借良智以安其国。然吾所謂術、則非小伎也。乃天地陰陽造化生生之道也。如順則生物生人者、是後天地之道也。逆則成仙成仏者、是先天地金丹之道。此所謂術者也。……三教一家、実無二道。天台紫陽真人悟真篇詞詩歌章明示金丹之術、以全久視之道。故真人自序云、黄老悲其貪著、乃以修生之術順其所欲、漸次導之。

（『悟真篇三註』［以下『三註』と略記］陳致虚序、九右―十左）

「形は道を以て全し、命は術を以て延ぶ。」この言葉に金丹の説は尽きている。……この道を深く体得するものは、道を体とし、術を用とする。術を借りて道を成し遂げるのは、ちょうど賢良な人材で国家を安泰にするようなものだ。だが私のいう術とは、くだらない技（小伎）ではない。それは天地陰陽の造化により万物が生み出されていく道なのである。この造化のあり方に従えば、物や人が生み出されるわけであり、天地により生み出された後のあり方である。このあり方を顚倒させれば、仙仏となるわけであり、天地の生み出されるその先へと帰りゆく金丹の道なのである。これがここでいう術なのだ。……三教は一家であり、決して二つの道があるわけではない。天台の紫陽真人（張伯端）の『悟真篇』の詞詩歌章は金丹の術を明らかにし、不老長生の道を完全なるものにした。それゆえに紫陽真人は自序で「黄老 其の貪著を悲しみて、乃ち修生の術を以て其の欲する所に順ひ、漸次之を導く」といわれたのだ。

陳致虚は白玉蟾と同じく、道と術が体用の関係であるとして「金丹の術」を道に結び付けている。しかし、「金丹の術」はどうして道を名のることができるのだろうか。それは、それが生生不息たる天地の造化に根ざしているからである。同時に注目しておくべきは、張伯端の『悟真篇』序を取り上げ、「漸次」的に道へと導きゆく術としての側面を強調していることである。一般に頓法に対し、漸法であることは鈍根的と見なされるが、この点について陳は触れることなく、こうして金丹の術を「小伎に非ず」というのである。陳致虚は白玉蟾と同じく内丹を道と関連させるが、その目的は命術の強調にあり、方向性は一八〇度異なっているといえよう。また玄陽子欧陽玉淵という弟子に与えた書の中でも、同じく「先哲曰、形以道全、命以術延（先哲は「形は道を以て全し、命は術を以て延ぶ」と述べている）」といい、道と術を主・用という関係で捉え、術を道と結び付けている（巻六「与玄陽子欧陽玉淵」）[35]。その他、巻三「金丹妙用章」第一でも、金丹は道であり、単なる「法術」ではないという。

陳致虚の文章の中にこうした道と術の議論が頻出するのは、趙友欽以来の命功・命術の強調の一方で、従来、命術が鈍根的とされてきたことに対するバランスを取るものと見ることができるかもしれない。陳はいう。

後言金丹之道為黄老之術、不知聖人所伝乃金丹之道。脩仙作仏之大事、非術也、是道也。非得真師口伝、安有天生而自会者耶。（巻七「世人皆得」、二十二左）

後に金丹の道は黄老の術であるといい、聖人が伝える金丹の道であることを理解していない。仙になり、仏となる大切な事柄は、術ではなく、道である。真師の口伝を得ることなくして、どうして生まれながらにして自分で会得できる者などいようか。

陳致虚は術を道と結び付け、それが聖人により伝えられたものであるという。これはまた上の陳致虚の説に従えば、「心授」であり、「立談」できぬものであろう。しかし、ここではやはりそれが言明可能な口伝と関係付けられている。これは従来の図式に従えば、命術であり、根器の低い者たちが行う漸法に相当するものであった。だが陳致虚は、それが道に根ざすという術への全面的な信頼を背景に、命術を称揚するのである。

最後に、陳致虚には南宗で共通して見られる滲漏や習漏という概念が、精の不泄という身体的な内容へ変化しているように思われることを付け加えておきたい(36)。本書第Ⅰ部第一篇第一章第一節で確認したように、滲漏や習漏は死という現実をどう取り扱うかという問題と深く関係していると同時に、頓悟漸修の論理を成り立たせるために必要な概念でもあった。陳致虚が師である趙友欽の説を受け、頓悟を重視しない立場に立つことを併せて考えれば、従来のような滲漏や習漏という思考の変容は、頓悟漸修的発想から、むしろより単純な漸修的思考への変化を示すものとみなすことができるかもしれない。陳致虚による術と道の結び付けは、こうした変化と連動していると思われる。

まとめ

「達磨西来の意は如何。」その解釈をめぐり、常盤大定により「奇説」とされた趙友欽や陳致虚の教説は、翁葆光の教説を受け継ぎ、発展させたものである。そこでは性急ともいえる命功の強調が見られる一方で、性功の位置付けが極めて不十分である。しかし陳致虚の性命説を点検すると、それまでの性命説で見られた性功と命功に頓と漸、利根・鈍根を結び付けるあり方とは異なり、命功も性功同様に利根の者が行い得るとし、術を道の位置まで上昇させていることが理解できる。

荒木見悟は、頓と漸の問題についてそれらが「すべての時代に通じる宗教的主体性確立の一様式を指示するものである」と述べ、[37]頓・漸がそれぞれ共に宗教的な必然性に根ざすことを強調している。となれば、張伯端による性功の取り込みという歴史的経緯の果ての命功への回帰は、頓悟を説く禅宗と異なる漸修的なあり方を指向するものであり、また人倫・政治へと傾斜する朱子学などと合わせて、当時の宗教的な棲み分けを示唆しているといえるかもしれない。

本章冒頭で見たとおり、明清代の道教はめぼしい展開がなかったと記述される。そうした中、明代、陳致虚の著作はたびたび出版される。[38]ならば問題は、やはりこうした「奇説」がなぜ説かれねばならなかったか、そしてそれがなぜ後世受容されたかということについてもう一度積極的な意味を考える必要があるということであろう。本章で示した命功への回帰はその答えの一端にすぎない。それは趙・陳により「堕落」したとされた明清期の全真教、また道教をもう一度新たに見直そうとする一つの試みでもある。

注

（1）横手裕「全真教の変容」（『中国哲学研究』第二号、東京大学中国哲学研究会、一九九〇）・「全真教と南宗北宗」（野口鐵郎他編『道教の生命観と身体論』［講座道教・第三巻］、雄山閣出版、二〇〇〇）を参照。

（2）例えば、任継愈編『中国道教史』［増訂本］（中国社会科学出版社、二〇〇一）では、「河北新道教」の呼称が復活している（六七〇頁）。

（3）「新道教」という概念をめぐる諸問題については、本書第Ⅰ部序章を参照。

（4）任継愈編『中国道教史』、上海人民出版社、一九九〇、五三三頁。

（5）例えば、任継愈編『中国道教史』［増訂本］、八一七～八一八頁を参照。また卿希泰編『中国道教史』第四巻（四川人民出版社、一九九五）でも明後期から清代にかけて道教が衰退したと見る。

（6）趙友欽を科学史から取り扱った論文は多いが、著作や事跡を総合的に検討したものとしては新井晋司「趙友欽の生涯」（田中淡編『中国技術史の研究』、京都大学人文科学研究所、一九九八）が、また内丹思想を扱ったものとしては、野村英登「趙友欽の内丹思想」（『東方宗教』第一〇〇号、日本道教学会、二〇〇二）がある。陳致虚の専論としては、李遠国「試論陳致虚的金丹大道」（『中国道教』第一期、中国道教協会、一九九一）、周冶「上陽子陳致虚生平及『金丹大要』的丹道思想（『宗教学研究』第四期、四川大学道教与宗教文化研究所、二〇〇一）・「道本陰陽、順凡逆仙――解析陳致虚丹道思想的理論基礎」（『宗教学研究』第三期、四川大学道教与宗教文化研究所、二〇〇三）、何乃川・詹石窓「論陳致虚的積功累行詩」（『道韵』第五輯、中華大道出版、一九九九）、野村英登「玄珠綺想――道教錬金術と宝珠信仰――」（『東洋大学中国学会会報』第九号、東洋大学中国学会、二〇〇二）などがある。

（7）『四庫全書総目提要』巻一〇六、子部・天文算法類『原本革象新書』。新井晋司前掲論文によれば、趙友欽は南宋の遺民としての意識を強く持っていたとする。

（8）系譜は、宋徳方下より、李珏、張模、趙友欽、陳致虚と続く。陳銘珪は丘処機から陳致虚まで既に五伝していることからその教説に変化が起きたと見、横手裕は宋徳方や李珏の伝記を考証し、その伝授について疑問を唱えている。陳銘珪『長春

道教源流』(厳一萍編『道教研究資料』第二輯、芸文印書館、一九七四)、二六八頁、および横手裕(一九九〇)前掲論文、二十九頁参照。

(9) 陳致虚の伝記は明・王圻『続文献通考』巻二四三や、清・王建章編、真吾清嵐増訂『歴代神仙史』(続道蔵第一冊)巻五などに見える。なお後者は基本的に『三註』陳序および『金丹大要』巻六「与復陽子欧陽玉田全陽子周草窓」による。

(10) なお『道書全集』所収本は蔵外道書本の重刊本のようで、若干の錯脱がある。

(11) 新井晋司前掲論文によれば、『仙仏同源』は一三三四年から一三三六年の間に著されたと推測されている。

(12) もっとも順帝期、一三三四年以降になると、文帝期と違い、仏教政策は引き締めへ向かうとされる(野口善敬『元代禅宗史研究』、禅文化研究所、二〇〇五、二三〇頁)。また全真教も決して至元年間の仏道論争により一挙に衰退したわけでもなく、例えば高橋文治「武宗カイシャンと苗道一」(同『モンゴル時代道教文書の研究』、汲古書院、二〇一一)は、文宗朝下、一三三一年に苗道一が再び全真教掌教となり、武宗の庇護を受けて活動していたことを論じている。

(13) 李道純や弟子の苗善時の活動については、横手裕「看話と内丹――宋元時代における仏教・道教交渉の一側面」(『思想』第八一四号、岩波書店、一九九二)を参照。もっとも陳致虚『金丹大要』には李道純『中和集』の引用が見られ、陳致虚は即座に李道純らに対して批判的というわけではない。ただし引用は全て『中和集』からのもので、陳致虚が『瑩蟾子語録』を見ていたかは定かでない。『瑩蟾子語録』は『中和集』に比べ、禅宗的な要素が強く、「其文与中和集相表裏」と評される(『瑩蟾子語録』巻六混然子王道淵後序、二十八左)。

(14) 「磚」は原文では「碍」に作るが、意に従って改めた。

(15) 野村英登前掲論文「趙友欽の内丹思想」にも同様の指摘がある。

(16) 例えば、王沐『悟真篇浅解』(中華書局、一九九〇)などを参照。ただし実際には張伯端は性命の相補的な関係を考えており、命功から性功という順番は固定的なものではない。もともと禅僧であり、後に金丹を修養した三祖薛道光はそのよい反証となろう。これについては本書第Ⅰ部第一篇第一章を参照。

(17) 本書第Ⅰ部第一篇第一章第三節を参照。

(18) こうした例は、「長生不死」第十（四十四右）にも見える。
(19) 「倶」は原文では「供」に作るが、意に従って改めた。
(20) 「普」は原文では「並」に作る。この箇所は、『悟真篇注釈』巻下では「普陀既投身於巨焰」（二右）に作ること、またこの箇所が内容的に『仙仏同源』の普化の記事と一致することから、「並」は「普」の転訛と見てよいであろう。
(21) 道蔵本は「非」字を欠くが、『道蔵輯要』奎集所収の翁葆光『悟真篇直指詳説』「神仙抱一之道」（輯要六一一二）により補った。
(22) 本書第Ⅰ部第一篇第一章第四節を参照。
(23) 「語」は原文では「悟」に作るが、意に従って改めた。
(24) 「性由自悟、命仮師伝」説、およびその出版との関係については、本書第Ⅰ部第一篇第二章を参照。
(25) 性功に傾く全真教北宗において、当初から出版が大規模に行われていたことはこうしたこととも関連するかもしれない。なお末木文美士は『碧巌録』の解説において、禅宗が不立文字を説きつつも大量の著作を著したことに対し、「言語と言語否定の緊張関係」の哲学的意義を指摘している（末木文美士編『碧巌録』上、岩波書店、二〇〇一、八頁）。
(26) 横手裕（一九九〇）前掲論文では、北宗の牛道淳や、南宗の李道純・牧常晁といった道士たちに頓漸の議論が見えることを指摘している。
(27) この語は『景徳伝灯録』巻八「龐居士章」（二六三中）などに見られる。
(28) このように見てくると、底本の『金丹正理大全』本『金丹大要』巻八に、瞿曇仏から始まって釈迦や達磨を経て懐譲・馬祖、そして黄竜誨機に至る禅の伝灯が、道教の系譜と並んで記されているのは偶然ではないと思われる（十四右－十五左）。この系譜は道蔵本には見えない。黄竜誨機は呂洞賓と問答を交わしたとされる禅僧で、この問答は『嘉泰普灯録』巻二十八（卍続蔵第七十九冊四三六下）に見える。
(29) 『金剛経』に「一切有為法、如夢幻泡影、如露亦如電、応作如是観」とあるのを踏まえよう。
(30) いわゆる北宗の教説については、蜂屋邦夫『金代道教の研究――王重陽と馬丹陽――』（汲古書院、一九九二）・『金元時代の道教――七真研究――』（汲古書院、一九九八）、また本書第I部第二篇第二章などを参照。

(31) 馬丹陽の圜堵での修行については蜂屋邦夫（一九九二）前掲書、二七三頁以下に詳述されている。なお趙友欽が引く詞は現在、馬丹陽のものとして残る詞の中には見えない。

(32)『金丹大要』巻七「見性成仏」参照。陳致虚はここで、認識や知覚の「性」を本性と取り違えず、我々の中にある本性をきちんと理解することを「即心是仏」と呼び、これを取り違えることを「心不是仏」と呼ぶ。しかし本性を理解しただけでは不十分であり、その真性や仏すら四大の仮合により仮初めに出来上がったものである（「非心非仏」）。よって、その上に造化のはたらきを理解しなくてはならない。陳致虚はこうした性命双修的あり方を「見性成仏」と呼んでいる。

(33) 例えば、元朝初期に活動した牧常晁『玄宗直指万法同帰』は、性功に傾く全真教（北宗）を仏教（禅宗）と同様、「頓修」であるとする一方、内丹については「其存形養命之術、乃聖不得已、於第二雲頭捺下一門、蓋引漸修之士也」（巻三、七左）と述べている。

(34) 本書第I部第一篇第一章第一・二節を参照。

(35) 先哲については不詳。『太清玉碑子』（道蔵第五九七冊）に見える葛洪と鄭思遠の問道中、鄭思遠が「神以道全、形以術延」（一右-左）と答えていることや、『呂帝文集』「黄鶴賦」に「上徳以道全形、乃純乾之未破。下徳以術延命、乃撅坎之已成」（輯要五四六五）などとあるのと関係するか。

(36) 例えば、『金丹大要』巻六累行「与西陽子張性初」に見える「無漏真人」の解釈など。なおこれは基本的に趙友欽にも共通するように思われる。趙友欽は、「長生不死」第十で「滲漏」を「保精愛気、不肯妄泄」と結びつけており（四十三右-左）、その解釈は極めて身体的なものとなっている。

(37) 荒木見悟『仏教と儒教』［新版］、研文出版、一九九三、一六九頁。

(38) 例えば、『金丹大要』は『道蔵』『道蔵輯要』に収められるほか、明代『金丹正理大全』に収録され、『道書全集』の一部として重刊された。また清代、陶素耜編『道言五書』にも節略されて収められている。

補論一　内丹とカニバリズム

――食人・嬰児・房中術――

はじめに

南宋末から元初にかけて江南で活動した道士、李道純に「試金石」（『中和集』巻二）という短い文章がある。これは、当時存在した様々な道術を上品から下品まで整理した一種の教相判釈なのだが、その中で房中術を批判する箇所がある。

御女房中、三峰採戦、食乳対炉、女人為鼎、天癸為薬、産門為生身処、精血為大丹頭。鋳雌雄剣、立陰陽炉、謂女子為純陽、指月経為至宝、採而餌之、為一月一還、用九女為九鼎、為九年九返。令童男童女交合、而採初精、取陰中黍米為玄珠。……如此邪謬、謂之泥水丹法、三百余条。此大乱之道也、乃下品之下邪道也。

（十二左―十三右）

女を抱いて房中術を行い、（二つの乳房と恥丘の）三つの峰で戦をし、母乳を吸って炉に向かい、女性を鼎とし、初潮を薬とし、女性器を万物を生み出す根源とし、精液と経血を大丹頭（霊薬ができる基となる結晶体）とする。

雌雄の剣を鋳造し、陰陽の炉を造り、女性を純陽であると考え、月経を至宝であるとして、これを採取して服用し、一月に一度の還元を行うこととしている。九人の女性を九つの鼎に見立て、九年かけて九回行う錬成だとする。童男童女を交わらせて初めての精液を採り、陰中の黍米《きびつぶ》を取り玄珠とする。……こうした邪悪な誤謬は泥水丹法といわれるが、これら三百余条は大いに人倫を乱す道であり、下品の中でも一番下に属する邪道である。

また、次に「下品の中でも中に属する外道」として八十四家の陰陽交合の方法、三十六種類の房中術があるといい、次のような実例が挙げられている。

用胞衣為紫河車、錬小便為秋石、食自己精為還元、捏尾閭為閉関。夫婦交合、使精不過、為無漏。採女経為紅円子。（十三右-左）

胞衣《えな》を紫河車とし、小便を錬成して秋石とし、自分の精液を飲むことを還元とし、尾閭穴を按摩することを閉関とする。夫婦が交わって精液を漏らさないことを無漏とし、女性の経血を紅円子としている。

経血や精液の服用、尿の精製、童男童女の交接、複数の女性との性的関係、そしてそれらに施される様々な神秘的解釈。ここで挙げられている「河車」「還元」「紅円子」などはもともと外丹で使われていた術語で、おそらくはそれぞれ、鉛化合物、水銀（Hg）と酸化水銀（HgO）間の可逆反応、丹砂（酸化水銀）を指し、後に内丹でも使われるようになったものである。「秋石」は、淮南王劉安が錬成したという伝説の金石薬。「黍米」「玄珠」は、内丹と外丹を問わず、共に究極の霊薬、すなわち「金丹」の別名として使われる。「無漏」はもともと仏教用語で、一切の煩悩を消滅させた境地のこと。これは、後に内丹の術語としても使われるようになった。不明な語も多いが、彼らは自分たちの行っている房中術をこのような用語で装飾していたのである。

特にこの最後に挙げられている、次の事例に注目しておきたい。

或以五金八石修錬為丸、令婦人服之、十月後産肉塊為至薬、採而服之。（十三左）

ある者は、五種類の金属と八種類の鉱物を調合して丸薬を作り、婦人に服用させ、十月後産まれた肉の塊を至上の霊薬として服用している。

陰惨極まりない記述であるが、房中術の流派の多さや記述の具象性から、李道純が見聞した中に実際にこうした術を行っていた者たちがいたことはほぼ間違いない。それにしても、そもそもどうしてこのような術が横行したのだろうか。単に性的な満足を追究するだけならばもっと簡単な方法はたくさんあったはずである。となれば、おそらくそこには何らかの論理が働いていたと考えるべきだろう。

本論では、傍門外道と批判されたこうした房中術の論理がどうして生まれたのか、特にこの最後の記述を中心に、しばらくその思考をたどってみることにしたい。

上で挙げた「試金石」を書いた李道純は、おそらくは南宋が滅びた一二七九年から一三〇〇年頃にかけ、江南で活動した道士である。系譜としては、北宋に活動した張伯端以下の、後世いわゆる全真教南宗と呼ばれる内丹道の一派に属し、南宋寧宗期に活動した五祖・白玉蟾の再伝の弟子に当たる。この南宗に属する内丹道の一派は、簡単にいうと、鍾呂派といった先行する内丹道が禅宗を主とした仏教に批判的であったのに対し、むしろ積極的に頓悟や見性を取り入れていこうとしたところに特色がある。(1)

一　内丹道と「造化」の秘密

さて、一般に内丹の登場は、外丹の流行に伴う薬禍がその原因であるといわれる。しかし、冒頭の文章のように、内丹が隆盛したといわれる宋代以降も、外丹術を含む多くの傍門が隆盛していた。こうしたことから外丹と内丹の関係については、道教研究における一つの大きな争点となっている。

だが、外丹と内丹が共に「造化の機を奪う」ことで成立している点では両者は共通する。(2)「造化の機を奪う」とは、天地創造の秘密を解き明かすことにほかならない。これに当たって内丹や外丹に従事する術者たちは、『易』や陰陽五行思想をもって立ち向かった。当時、これらは世界を記述する原理であると観念されたからである。これを初めて錬丹術において取り入れたのが、後漢・魏伯陽による『周易参同契』である。この書物は、十二消息卦を用いて錬丹術を説明するなどの体系化がなされている。

こうした書物はいわゆる丹訣の形で書かれるのが普通であり、象徴的な表現に満ちている。俗人に「天機を漏らす」ことを避けるため、それらは聖なるものとして隠喩に満ちた詩詞の形式で表されたのである。(3)例えば、外丹で使われる代表的な薬材の水銀は「姹女」、鉛は「金公」（鈆は鉛の異字体）と表現される。これが、様々な解釈の余地を残し、冒頭のような傍門の氾濫に拍車を掛けたことはいうまでもない。しかし、その象徴性のために『参同契』は、外丹から内丹へと時代が移ってもその地位を保ち続けた。

隠喩で記されているのは、全真教南宗の初祖・張伯端による『悟真篇』でも同様である。『悟真篇』は『参同契』と並び、非常に尊崇された代表的な内丹書である。以下、李道純の時代の内丹について『悟真篇』を中心に見ていこう。

著者の張伯端は、いわゆる「性命双修」を説いたとされ、頓悟といった「性功」の重要性を説いた。だが、その内丹説においてはやはり「造化の機を奪う」ことを強調する点では変わることはない。もちろん、天地、すなわち陰陽が和合することにより万物が生み出されるといった生成論的思考は、仏教から見れば厳しく退けられるべきものではある。しかし、例えば、もと禅僧であり、後に内丹道に転向した三祖・薛道光（一〇七八～一一九一）のように、仏教の唯心主義的なあり方に従いきれない者も少なからず存在したようで、内丹道はその一つの受け皿になった面があるように思われる。彼らにとって、この余りに自明で「生生不息」たる現象は、必死にその秘密を解明しようとした造化の秘跡そのものであった。

『悟真篇』には次のように詠う。

道自虚無生一気、便従一気産陰陽。陰陽再合成三体、三体重生万物昌。

（『紫陽真人悟真篇註疏』［以下『註疏』と略記］巻五、七絶第三十六、十四左）

道が虚無から一気を生ずると、一気から陰陽が生まれる。陰陽が再び交わって（天地人の）三つとなり、その三つが更に様々な物を生み出して万物はいよいよ栄えていく。すなわち、虚無から始元の一気が生まれ、さらに陰陽、天地人が生まれ、これらが万物を生み出すという。これに対して、注釈者の陳致虚（一二九〇〜？）は次のように注解を付けている。

道生一気、一気生形、形中又含始気、是為先天真一之気也。此先天気順則為人、逆則為丹。逆則男子懐胎、順則女人有孕。（『紫陽真人悟真篇三註』巻三、九左）

道は一気を生み、一気は形質（身体）を生み出す。（だから我々の）身体の中にもまた始元の気が含まれている。これが先天真一の気である。この先天の気は、（造化のはたらきに）従えば人を生み出し、それを反転させれば丹を生み出す。（造化のはたらきを）反転させれば男子が懐胎し、それに従えば女性が妊娠する。

つまり、造化のはたらきに従えば、子を産み、人をなすことができる。しかし、我々の性行為が造化のからくりを再現した秘跡だとしても、やはりそのままでは凡俗のそれと何ら変わることがない。そこでその造化のはたらきを奪取してそれを遡及することにより、金丹を手に入れることができる、すなわち神仙になることができると考えられたのである。

興味深いのは、こうした顚倒したあり方により、内丹の修行者は男子の身でありながら懐胎するとされることである。では道士が男の身でありながら嬰児を孕む――この「男子懐胎」は一体どうしてなされるのか。

二　金丹の錬成と嬰児の出産

ここで、『悟真篇』の代表的な注釈者である翁葆光により簡単に内丹の修行の階梯を整理しておくと、おおよそ次の三段階に分かれる。[4] 金丹の錬成、金液還丹、そして九転金液大還丹である。

まず金丹の錬成である。中国医学では五臓はそれぞれ五行に配当されており、その五臓の気は、中でも心臓すなわち火＝離卦（☲）と、腎臓すなわち水＝坎卦（☵）へと収斂される。簡略にいえば、離卦の中爻は陰であるため、陽爻を坎卦（☵）の中爻から補塡する、つまり☲＋☵→☰とすることで純陽＝金丹へと至るとするのである。これらは外丹の用語でいえば、鉛と水銀に配当され、この二者が結合することで金丹が生み出される。鉛と水銀（汞）が取り上げられるのは、鉛汞法と呼ばれる代表的な外丹術の技法が存在したからである。

なお、離卦と坎卦にはそれぞれ男と女という象意があるため、離卦に配当される鉛は「金公」、坎卦の水銀は「姹女」という比喩が施され、この結合の結果生まれる金丹は、この両者の交合により産まれた「嬰児」ともされる。外丹において、炉鼎——かまどと金丹を錬成する反応炉——は、この中で、陰陽の交合により万物を産出する「造化の機」を盗み、それを再現するために欠かせない装置であった。この意味で炉鼎は一つの小宇宙であり、同時に比喩の上で一つの子宮であった。[5] 内丹では炉鼎は術者の身体自身に例えられ、そこで修行者は嬰児を妊娠する（図5）。

しかし、これで終わりではない。この「化学の結婚」により産まれた嬰児を体外へと出し、神仙の世界へと飛翔することが目指される。この段階は「金液還丹」と呼ばれ、嬰児を体外へと出す「出胎」という作業が行われる（図6）。このとき体外に「産み落とされる」のは、現実の出産と同じ十箇月間に例えられる。[6] こうして神仙の世界へと逆に産

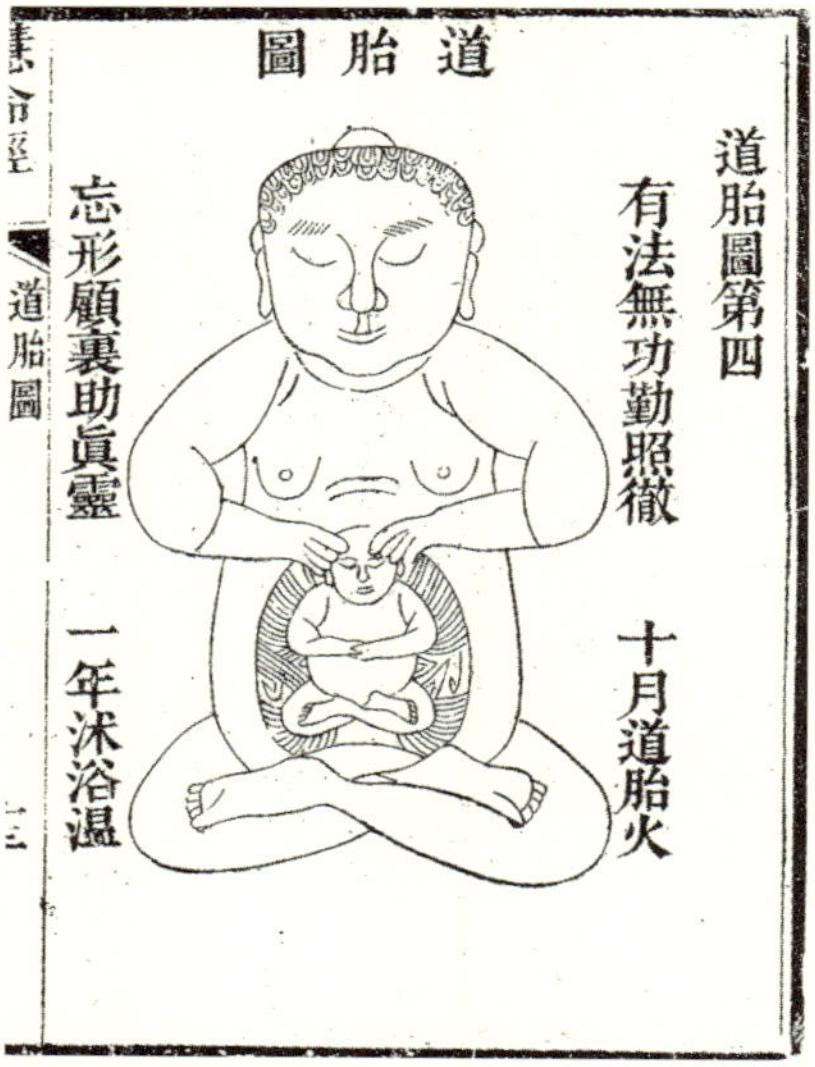

図5（上）・**図6**（下）　清・柳華陽『慧命経』(1794) より。「道胎図」（**図5**）では修行者が「懐胎」するところが、「出胎図」（**図6**）ではその胎児を体外へと産み出すところが描かれている。

みだされた嬰児は、もはや飢えや渇き、寒さや暑さなど何ものにも惑わされない存在となり、その後初めて南宗の強調する性功の修行を行うという。これは、達磨の「面壁九年の功」になぞらえられる。この段階は「九転金液大還丹」と呼ばれる。

以上を簡単にまとめておけば、結局、内丹という具体的な瞑想法は、万物から五行（五臓）、そして陰陽（坎離・心腎・鉛汞）、一（金丹・嬰児）へという生成論的遡上という理論化がなされているのである。

なお、ここで補足しておくと、伝統的に南宗の中には一人で修行を行う清修派と呼ばれる一派のほかに、修行に当たって性行為に近いことを行ったとされる一派が存在したとされる。これは、上述の五祖・白玉蟾や李道純とはまた異なる系譜を持つ一派で、採接派、または陰陽双修派などと呼ばれる。そして、ここで取り上げた翁葆光や陳致虚などがこれに当たるとされる。

問題となるのが、最初の金丹の錬成の段階である。理論的に、鉛＝離卦（☲）の中爻（翁はこれを「己の陰汞」と呼ぶ）に、水銀＝坎卦（☵）の中爻（「陽丹」「真一の気」などと呼ばれる）を補塡するのは上と同じだが、これは実は男性修行者＝離卦（☲）が女性＝坎卦（☵）と性的関係を持つことを意味しているという。(7)

確かに張三丰「無根樹道情」（『張三丰先生全集』「玄要篇下」〔輯要七七三五〜七七三七〕）に見えるように、後世、陰陽双修の必要性を明確に説く者は存在する。だが、翁葆光は、「喩陽夫陰妻之義、非人間夫妻也（陽夫陰妻の比喩の意味するところは、人の世の夫妻ではない）」（『註疏』巻二、七律四韻第五首、一左）と述べ、所々で「房中御女の術」を否定している。こうしたことから見て即座に彼らが房中術的な行法を取っていたかどうか、その修辞が隠喩に満ちていることも手伝って、現在のところ筆者には判断が付かない。ただ考えてみれば、後々内丹道においてこうした性的技法を是認し、陰陽派が伝統的に承認されていくようになるのは、陰陽の交媾から成る「造化の機」を何とか再現しようとする道士たちの一つ願望の現れであったのかもしれない。

ところで、道教で根本経典とされた『老子』には、神話的ともいえるような赤子についての比喩が見える。

徳之厚、比於赤子。蜂蠆虺蛇不螫、猛獣不拠、攫鳥不搏。　（『老子』第五十五章）

徳を深く内に蓄えている様子は、ちょうど赤ん坊のようなものである。毒虫も刺すことがなく、猛獣もつかみ掛かることがなく、猛禽も爪に掛けようとすることがない。

ここでは、実際には極めて弱小な存在である赤ん坊が、逆に道を体現した存在として何ものにも傷つけられることがないことが描かれている。ほかにも『老子』には、人間の元初の状態であり、道を体得した存在として嬰児がモチー

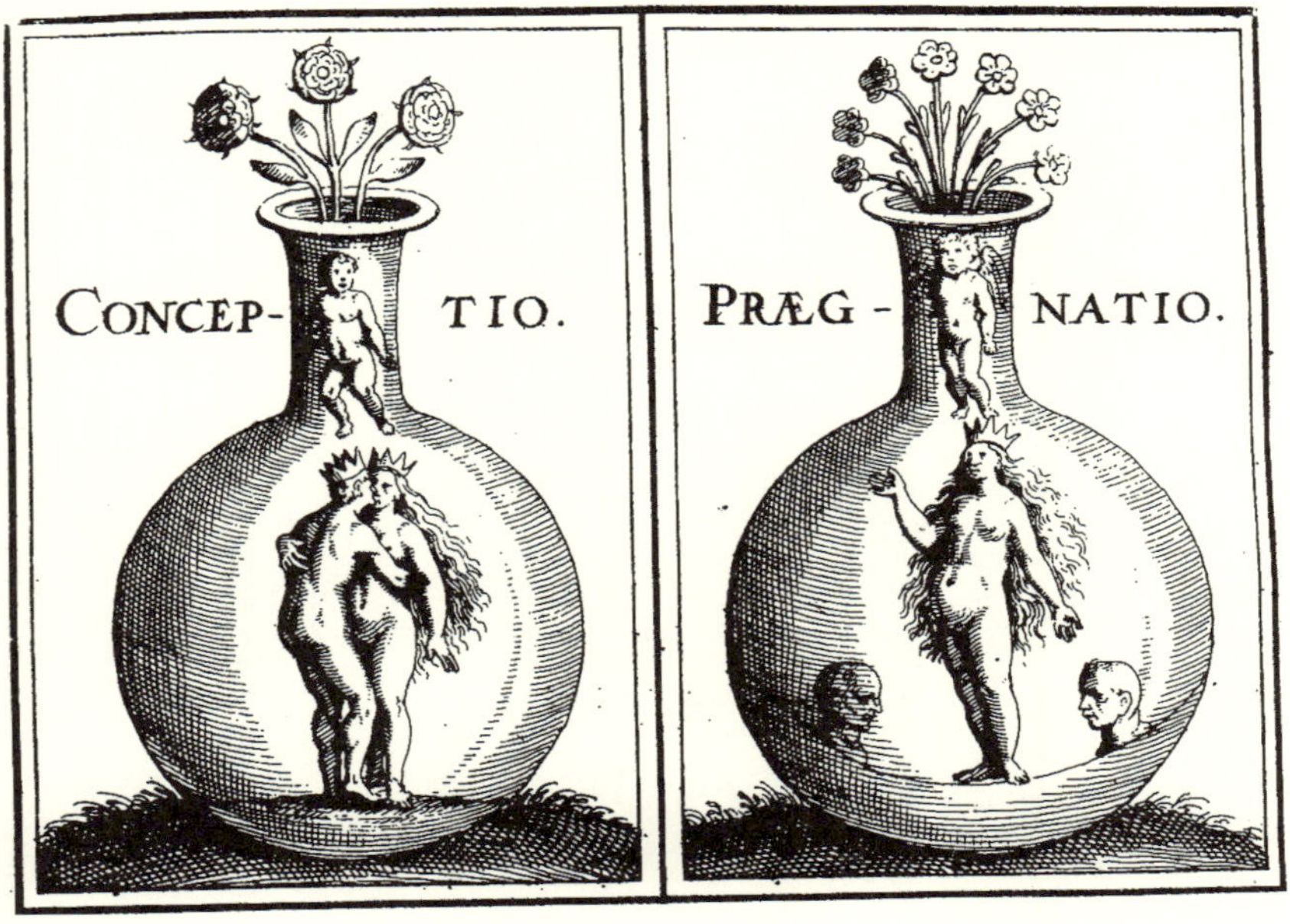

図7　ヨハン・ダーニエール・ミューリウス（Johan Daniel Mylius）『黄金の解剖学（*Anatomia auri*）』（1628）より。フラスコの中の王（硫黄）と王妃（水銀）が交わり、妊娠（化学反応）する様子が描かれる。中国の錬丹術では鉛と水銀が重視されたのに対し、ヨーロッパでは水銀と硫黄が中心であった。

フとして散見される。

古代道家から道教への変転については、まだまだ解明すべき点も多いが、面白いことに、嬰児を道士自らの体内で生み出そうという瞑想法が六朝期以降、登場してくる。内丹における「男子懐胎」、嬰児の創造もまた明らかにこうした『老子』の嬰児のモチーフを引きずっている。よく知られたことだが、仏教では、女性は悟りを開くことができないとして「変成男子」という考え方を発展させた。だが道教ではむしろ生成論的思考から、女性性を指向したのである。

三　霊薬の出産、あるいはカニバリズム

ところで、術を施された女性が飲まされた「五種類の金属と八種類の鉱物を調合して作られた丸薬」とは、具体的にどういう

物であったのか。

この原文である「五金八石」は、外丹文献によく見られる五種類の金属と八種類の鉱石の薬材を指す。一般に「五金」は「金・銀・銅・鉄・鉛」の五種類の金属を指し、「八石」とは、例えば『抱朴子』内篇「論仙篇」では「丹砂・雄黄・雌黄・石留黄・曽青・礬石・磁石・戎塩」を指すという。(8) また、翁葆光は「五金八石」と並んで、「朱砂・水銀・黒鉛・白錫・黄丹・雄黄・雌黄・砒霜・粉霜・曽青・胆礬・秋石」(『註疏』巻二、四右)などの薬材を挙げ、それらは内丹で追究される金丹を生み出し得ない、後天的な代物であるとして一括して批判している。この内、雄黄・雌黄が『抱朴子』の「八石」と重複することからも分かるように、文献によりその内容には出入がある。いずれにしても、ここでいう「五金八石」とは、おおよそこうした一群の鉱石薬を指していると考えてよいだろう。

忘れてはならないのは、「五金八石」に含まれたり、あるいはその周辺に見られたりする、雄黄・雌黄や水銀などの鉱物は堕胎薬としても用いられたということである。明・李時珍の『本草綱目』巻四主治「産難」の項には、胎児を堕ろす場合に用いられる様々な薬材の中に雄黄・雌黄や水銀が記されている。こうした薬材が原因となり、胎児が正常に発育せず、肉塊として産み出されたと考えるのは難しいことではあるまい。その一方で、水銀が「姹女」と呼ばれ、外丹術で重要な位置を果たしたことについては上で見たとおりである。

こうして見てくると、女性に薬物を与えて十月で肉塊を産ませ、それを霊薬として服用したという冒頭の事例の背後に、一体どういう思考があったのかおぼろげながら理解できてこよう。つまり、彼女が産んだのは、形而上の嬰児だったのである。

すなわち、外丹あるいは内丹の象徴体系でいえば、その女性は霊薬たる「嬰児」を産み出す「河上の姹女」、すなわち河上に立つ乙女であった。それも並の乙女ではなく、霊薬を生み出す聖処女だったはずである。一方、記載はないものの術者の道士自身が「金公」（鉛）、すなわち奼女の霊的な夫の役目を果たしたのだろうか、彼女は、文字どおり霊薬を生み出す炉鼎としてその嬰児を宿した。また本草書にも記される水銀などの「五金八石」を服用することにより嬰児は加工され、かくして彼女は外丹書や内丹書においていわれる比喩そのままに十月かかって霊薬を出産したのである。

ただし、注意しなくてはならないのは、本来ならば形而上的に産み出さるべき嬰児が形而下に、つまり現実に産み出されているということである。上述のとおり、陳致虚は「（造化のはたらきに）従えば人を生み出し、それを反転させれば丹を生み出す」と述べた。本来の造化のあり方を反転させ、道へと回帰するはずであったものが、ここではもう一度、順・逆が顚倒し、混乱しているのである。

さて、最終的にはこの「嬰児」は、霊薬として服用される。これは人肉嗜食《カニバリズム》の一種と見てもよかろう。中国にはカニバリズムの根深い伝統があるとされる。中国におけるカニバリズムの問題については、桑原隲蔵が早くから取り上げている。(9) 桑原は、史料に見える人肉を食べる行為を幾つかに整理分類しているが、その中で「医療の目的で人肉を食用する場合」を挙げている。中でも目に付くのが、父母の篤疾を救うという孝の実践として、自らの股肉をそいで薬とするという事例である。これは、唐の開元年間（七一三～七四一）の医師・陳蔵器の『本草拾遺』（佚）に始まるという。また桑原はこのほかにも、林千之という地方官が、ある道士の言を信じて療養のため多くの童男童女の肉を求めたという記事を取り上げている。

問題は、これらの人々がなぜ人肉に薬効を認めたかということである。かつてJ・ニーダムらは、冒頭で見た、尿より精製される「秋石」の流行は、その中に性ホルモンが含まれたからだという説を提唱した。その後の実証研究によりこの説は否定されたが、(10) 基本的にこうした「仙薬」の利用は、経験的な薬理作用の発見というより、むしろこれまで見てきた形而上的思惟が背後に存在していたからであるように思われる。いずれにせよ、嬰児を霊薬として服用する背後には、中国のカニバリズムの意識と伝統が濃厚に存在していたといえるだろう。

まとめに代えて

本論では、李道純「試金石」に見える房中術の記事をめぐり、その背後にある思考を追ってきた。もっとも、道教の一切経典である『道蔵』は、こうした房中術関連の文章を基本的に入蔵させることなく、現在我々はこうした文章をほとんど目にすることはできない。しかし批判者側からの僅かな例ではあるが、ここに見えるように比喩としての妊娠や出産が時として混線し、外丹、内丹と房中術の幾重にも絡み合う錬金術的思考が存在していたことが理解できよう。

房中術や陰陽双修派の文献は分量が限られている上に隠喩に満ち、まだまだ解明が進んでいない領域である。だが最終的にこれは、宗教者が人を愛するということはどういうことなのかという問い、すなわち聖と俗の奇妙な結合、天上と地上の愛の葛藤の問題につながっていくに違いない。伝統的な双修派の言説に抗いつつ、こうした関係を解明することは魅力的な挑戦となろう。

それにしても、本論で見てきた事例はカニバリズムという観点から見て、産まれてくる肉塊をどこまで「人」として意識していたのだろうか。李道純の「試金石」は常識的な視点からこれを傍門に分類するが、こうした問題を切り開くためにも、我々は「試金石」自体がどのような「石質」であったのかを問うていくべきなのかもしれない。

これに絡んで最後にもう一つだけ話をしておきたい。それは、ここには術者側からではなく、嬰児を産み出した女性の側から見た、もう一つの物語があるはずだということである。

すなわち、彼女は「姹女」として、つまり、霊薬となる胎児を産み出す聖処女として連れて来られたはずだ。一体、彼女はどうして選ばれ、術を施されたのか。またどういう気持ちで聖なる胎児を十月も身籠もり、出産し、そしてその人ともつかぬ肉塊である「霊薬」の饗宴を眺めたのか。それとも、あるいは彼女も饗宴にあずかることもあったのだろうか。

術者と彼女の魂は救われたのか。救われたとすれば、一体どういうレベルで救われたのだろうか。

注

（1）全真教南宗については、本書第Ⅰ部第一篇第一章および補論二を参照。
（2）山田慶兒「紫金の光——中国錬金術における科学と宗教——」（同『本草と夢と錬金術と』、朝日出版社、一九九七）・三浦國雄「造化の奪取」（同『不老不死という欲望』、人文書院、二〇〇〇）参照。
（3）内丹における隠喩の利用や口伝などの問題については、本書第Ⅰ部第一篇第二章を参照。
（4）翁葆光注は『註疏』を用いた。
（5）山田慶兒前掲書参照。
（6）例えば、『悟真篇』巻五、七絶第二十七の翁葆光注には、「金液還丹所以有象者、蓋自冬至住一陽火、逐陽而生金液之質、夏至進陰火、剝至十月、還丹始熟。脱胎神化為純陽之仙。豈不使神鬼驚愕而賓伏哉」（三左）とある。ここでは、還丹（＝嬰児）は十月かかってその姿を現し始め、最終的に「脱胎」して「純陽之仙」になると説明されている。
（7）秋岡英行「翁葆光の内丹思想」（『中国学志』大有号、大阪市立大学中国学会、一九九九）参照。
（8）王明『抱朴子内篇校釈』（中華書局、一九八五）「論仙篇」、注一三五、三十五頁参照。
（9）「支那人間に於ける食人肉の風習」（『桑原隲蔵全集』第二巻、岩波書店、一九六八）。

（10）　この論争の経緯については、島尾永康「本草の化学」（同『中国化学史』〔普及版〕第十章、朝倉書店、一九九五）が詳しい。

補論二　日本における全真教南宗研究の動向について

附：全真教南宗研究文献目録略

はじめに

改革開放以来、中国における全真教南宗研究は、気功ブームも手伝って目覚ましい発展を遂げ、王沐『悟真篇浅解』（中華書局、一九九〇）や陳兵による江南道教の広範な研究（陳兵一九八五・一九八六）などに代表される優れた成果を上げてきている。こうした中、一九九九年には、福建省武夷山において全真教南宗に関するシンポジウム「武夷山中国道文化学術研討会」が開かれ、(1)その成果が「金丹派南宗研究」特集として『道韻』第五～七輯（中華大道出版、一九九九）にまとめられた。これは質・量共にそれまでの全真教南宗研究の一つの白眉と評してよいものであった。

ただそこでは、日本の研究を含め、ほとんど海外の研究は参照されていない。もちろん言語的な障壁や中国における研究事情なども考慮しなくてはいけないとはいえ、この事実には、改めて日本の中国研究の認知度の低さを見せ付けられる思いであった。こうしたことから、二〇〇五年五月、筆者は中国浙江省天台で開かれた「天台山曁浙江区域道教国際学術研討会」の席上、「日本全真教研究簡介」を発表し、中国語で日本の全真教南宗研究の動向を紹介した。(2)

中国における全真教南宗研究は、特にこのシンポジウムが開かれた一九九九年以降、論文数の増加が目覚ましい。

一方、日本ではこのシンポジウムで発表された論文についてもいまだ総括されておらず、また一九九四年、吾妻重二が『悟真篇』研究史をまとめて以来、日本の全真教南宗研究に限っても全面的に検討がなされていない現状にある。こうしたことから、二〇〇五年の中国での発表原稿に若干手を加え、日本における全真教研究の動向として改めてここにまとめておくことにしたい。もっとも、本来ならば中国・韓国、それに欧米の研究動向を踏まえ、全真教南宗研究についての全面的な概括をすべきところではあるが、最後に目録略を付することでまずはその代わりとしておきたい。

全真教南宗とは、北宋の張伯端から始まり、南宋にかけて展開した内丹道の一派である。この一派は南宋末から元にかけて展開し、金朝に王重陽により成立した全真教とやがて融合していった。その背後には、この両派が共に八仙として有名な鍾離権や呂洞賓の流れを汲むと主張したことが一つの原因として考えられようが、後世になると張伯端以下の一派は南宗、王重陽以下の一派は北宗と呼ばれるようになった。この全真教南北宗の呼称は明初の宋濂まで見当たらず[3]、当初から自派を北宗・南宗と呼んだという事実は今のところ確認されていない。張伯端以下の内丹道はその当時、自派を「金丹道」と称することが多かったようで、こうしたことから研究者によっては同派を金丹派南宗・紫陽派等とも呼ぶが、本論では張伯端の影響を受け活動した人々を緩やかに南宗と呼び、取り扱うことにしたい。

ここで最初に日本における全真教南宗研究の大きな流れを概観しておく。なお以下に取り上げる論文は、全て本論末に付した「全真教南宗研究文献目録略」による。

まず戦前の先駆的な研究としては、常盤大定一九三〇を挙げるべきだろう。これは儒道仏三教の概論であり、その中で全真教南北宗についても取り上げられている。戦後になると、窪徳忠や蜂屋邦夫などの北宗を中心とする全真教研究が本格化していく一方で、南宗研究は今井宇三郎や宮川尚志などを中心に先駆的な研究が行われていった。八〇年代以降になると、冒頭でも述べた王沐一九九〇や陳兵一九八五・一九八六などに見られるような中国の研究の目覚ましい進展を受けて、日本でも内丹研究は隆盛を迎え、それまでの周辺的な研究は内丹技法の解明、中国思想史への位置付けなど本質的なものへと変化してくる。(4)

本論では二〇〇五年五月までの日本における全真教南宗研究を、主として一九八〇年代以降の論文を中心に、一・「張伯端と『悟真篇』について」、二・「翁葆光について」、三・「白玉蟾について」、四・「白玉蟾以降の道士たち」、五・「『周易参同契』と「太極図説」」という五つの項目に分けて概観する。もっとも、論文間の同じ論点やその文脈をある程度、抽出しようと努めてはいるとはいえ、本論の性質上、多岐にわたる論点はそのままにしてある。また、論述の形式として論文の時代順ではなく論点ごとに取り上げているため、論文によっては複数回触れている。このため、重複や、また筆者の能力に起因する遺漏も少なくないと思われる。その他、筆者自身の文章も取り上げている以上、時に個人的な見解に偏ることも少なくないだろうことをあらかじめ断っておきたい。それでも、本論が、全真教南宗、ひいては道教研究にいささかでも寄与するところがあれば望外の喜びである。

一　張伯端と『悟真篇』について

一・一　張伯端の著作の書誌的問題について

まず、『悟真篇』研究について見ていくことにしよう。

『悟真篇』の専門研究は、宮川尚志一九五四を嚆矢とする。これは、清・劉一明による『悟真篇』の注釈書である

『悟真直指』（蔵外道書第八冊）に基づいて『悟真篇』を分析したものであるが、その中で南宗の系譜についても概観している。その後、今井宇三郎一九六一では張伯端から白玉蟾に至る南宗の系譜を本格的に取り扱い、続いて今井宇三郎一九六二では張伯端の『悟真篇』の内丹思想について検討している。すなわち、坎離顚倒・五行攅簇により真鉛・真汞を説き、真鉛を真汞に点化することで乾卦をなすが、これが丹田において金丹を作り出す過程であり、ここに『悟真篇』の中心思想があるとする。

しかし、『悟真篇』研究は、長らくこうした内丹説をはじめとする中心的な問題には至らず、むしろどちらかといえばまず書誌を中心に進められたように見受けられる。すなわち、『悟真篇』は、各版本によりそれぞれ詞詩の順序には大きなばらつきがある。このため、この順序を整理することで、原形がつかめるのではないかという考えから、上述の今井一九六二で元・戴起宗『紫陽真人悟真篇註疏』（以下『註疏』と略記）と金丹正理本『悟真篇』の対照が行われて以来、『悟真篇』の各版本の『悟真篇』詞詩の順序の整理が行われたのである。

例えば、柳存仁一九七七は、『紫陽真人悟真篇三註』（以下『三註』と略記）等の諸本を比較検討している。これは『悟真篇』についての劄記風の中国語論文だが、張伯端の事跡から諸版本まで幅広く検討しており、創見に富む。福井文雅一九八七ｂでも修真十書本『悟真篇』と他の諸版本との比較がされるほか、今井以来、『註疏』が底本とされ、『悟真篇』の「禅宗歌頌」については考察してこなかったことを指摘する。つまり、修真十書本のように後ろに「禅宗歌頌」が付されている姿が本来の『悟真篇』の形態であり、その後の元朝の陳致虚の段階になって『悟真篇』が金丹書としてのみ理解されることにより、別行につながったという。続いて宮澤正順一九八八は曽慥『道枢』（道蔵第六四一－六四八冊）巻十八所収の『悟真篇』との比較を行った。(5)

こうした経緯を踏まえ、吾妻重二一九八八は、『道蔵』と『道蔵精華』所収の『悟真篇』計八本全てを対照した上で思想的な分析を行っており、従来の『悟真篇』研究を集大成した観がある。所掲の『悟真篇』諸本の詞詩の対応表は極めて有用である。こうした『悟真篇』の詞詩の配列の調査の結果、吾妻は、夏元鼎『紫陽真人悟真篇講義』が古形を保っている可能性を指摘している。しかし、元末には『悟真篇』に関する三十以上の注釈があったとされ[6]、これは現在残る版本からの暫定的な作業であることは注意しておかねばならない。また、松下道信二〇〇四では、『悟真篇』は当初、抄本の形で広まったのであり、当時の書物の流通形態や、またこれと絡んで当時の道教の伝授はどうであったかという文化史の角度からの解明の必要性を提言している。

最後にその他の張伯端の作とされる『金丹四百字』『玉清金笥青華秘文金宝内錬丹訣』（以下『青華秘文』と略称）・『奇経八脈』について吾妻一九八八に基づいて整理しておく。まず『金丹四百字』については、現在残るものとしては、淳祐辛丑年（一二四一）の黄自如による注釈が最も早く（『金丹四百字註』道蔵第七四一冊）、当時から一応張伯端のものと考えられていたようである。一方、『青華秘文』は明代に出現したものであり、張伯端の著作でないことを論証している。その他、吾妻は『奇経八脈』についても明・李自珍の『本草綱目』に載せられているものであり、慎重な取り扱いを提言している。

一・二　性命説および儒教との関係について

さて、吾妻一九八八は上で見たとおり、『悟真篇』諸本の関係について網羅的な調査を行った後で、内丹技法の解明、そして「性命兼修」について論じている。内丹技法は、翁葆光注によりつつ、「心腎交合」による金丹の錬成と金液還丹の段階から成る、いわゆる小周天法に近い行法を吾妻は想定している。また、道仏融合の前提の下、この命功は自然と性功と連接しており、最終的には空の境地が目指され、かくして「性命兼修」が達成されるという。なお、吾妻は一般にいわれる「性命双修」という言葉ではなく、『歴世真仙体道通鑑』巻四十九張用成伝に見える「性命兼修」という言葉を使う。「性命双修」とは、簡単にいえば、禅宗の悟りといった性功と内丹の錬成という命功を共に修める円満な修行を指し、現在でも全真教で重視される重要な概念である。一般に「性命双修」は張伯端が説いたとされるが、吾妻が「性命兼修」の語を用いるのは、張伯端自身の文章に「性命双修」という語が出ないということによる。すなわち、これは史料に密着し、後世作られたイメージを解体しようという戦略の現れであろう。吾妻により日本の『悟真篇』研究は、思想・内丹技法の解明へと一歩を踏み出したといえよう。

ところで、性命説の背後には、当然、道教と仏教、特に禅宗との関係が存在している。こうした中、鈴木健郎一九九六は、まず『老子』および道教・仏教を大きく、生成論・存在論・認識論といった幾つかの分析概念で整理した後、『悟真篇』における前半の丹訣と後半の「禅宗歌頌」の思想的な不連続性を分析している。鈴木健郎二〇〇三・二〇〇四に見られるように、こうした分析概念への還元や、体系性の抽出への志向は鈴木の際立った特長である。

松下道信二〇〇〇もこうした不連続性を受け継ぐ。松下二〇〇〇は、張伯端から始まり白玉蟾後学までの南宗の性命説の展開について論じたもので、全体で四章から成る。その内、第一章は次のとおり。すなわち、『悟真篇』の三教一致論は、三教が性功・命功・世俗の教化というそれぞれ持ち分を担当するというものであり、そこから道仏二教の相補的なあり方とその背後に退く儒教という図式が導き出される。しかし、『悟真篇』を大きく二分する内丹と禅宗の二者は思想的緊張をはらまざるを得ない。これに対して、『悟真篇』に頓悟漸修的要素を見て取り、これが張伯端の中で、内丹と禅の連接を可能にしていたと見る。しかし、道教から見れば禅宗という他者が依然としてそこに残ったままであり、『悟真篇』を中心に南宗が展開する限り、それとどう対峙するかという挑戦が後世の道士たちには突き付けられたのであり、これが白玉蟾や翁葆光の登場につながったとする。

さて性命説の性については『悟真篇』では基本的に仏教に割り当てられているが、「性命の学」という呼称は当時、朱子学を指す名称でもあり、また張伯端が現れた時代は、正に朱子学胎動の時代でもあった。特に『青華秘文』の中に張載（一〇二〇〜一〇八七）の「気質の性」という語が現れるのは、『青華秘文』の真偽問題と絡んで、従来注目されている。

三浦國雄一九九三も吾妻一九八八に従い、『青華秘文』そのものは明代以降のものとするが、張載の気質変化論と、張伯端の『悟真篇』に見られる「煉化説」により[7]、聖人になり、成仙するといった自己変革については、方法は違うけれども時代の共通基盤から現れたものと考える。つまり、安易な影響関係を設定してその関係を論ずるのではなく、三浦はこの時代性に注目しているのである。その他、三浦は道教の「神」と儒教の「性」の関係などの問題を指摘している。こうした道教と儒教間の心性論の関係については今後、更に進んで研究する必要があろう[8]。

ところで、『悟真篇』をはじめとする内丹文献は、その性質上、極めて象徴的表現に富む。こうした象徴の背後の水脈を一つ一つたどることは、豊かな思想的淵源を掘り起こすことになるかもしれない。三浦國雄二〇〇〇は、「黄婆」という語について『老子』に見える「沖気」にその淵源を求め、『老子』と『易』のそれぞれに見える生成論を比較しつつ、『周易参同契』や『悟真篇』における「黄婆」のあり方を探ったもの。「黄婆」とはいわゆる遣り手婆のことだが、内丹の述語としては竜虎、つまり鉛と汞（水銀）を結び付ける玄妙な働きを指す。また、野村英登二〇〇二bでは、陳致虚に見える「玄珠」について、仏教の摩尼宝珠から内丹道における金丹への流れを描いている。

以上、張伯端の『悟真篇』をはじめとする著作、性命説、また儒教との関係などについて見てきたが、吾妻に、中国・日本および欧米の『悟真篇』研究の回顧と展望があることを補足しておきたい（吾妻重二一九九四a）。これは『悟真篇』とその周辺に関する年表や一九九四年当時までの『悟真篇』関連の日中欧米文献リストが付されている。

また上の三浦國雄一九九三でも述べたが、張伯端を取り巻く時代性の問題については依然として課題が多い。これについても、吾妻一九九四aは程頤や王銍との関係など幾つかの問題点を指摘しており、依然として示唆に富む(9)。

二　翁葆光について

次に翁葆光について触れることにしたい。翁葆光は、次節に見る白玉蟾とは別系統に属する、張伯端再伝の弟子である。生卒年その他詳細については一切不明だが、『悟真篇』注釈史上の重要人物であることでも知られる。

秋岡英行一九九九は、翁葆光の内丹思想を主に『紫陽真人悟真直指詳説三乗秘要』（以下『三乗秘要』と略称）に基づき、整理したもの。『三乗秘要』「悟真直指詳説」には修錬に先立って丹室や壇を築くことを記す箇所があるが、翁葆光の後学の竜眉子や明・陸西星（一五二〇〜一六〇一または一六〇六。字長庚、号潜虚）に基づいて、当時これらは内丹を行うに当たっての儀式として捉えられていたという解釈が目を引く。翁葆光は伝統的に陰陽派とされるが、秋岡には陰陽派の文献である『金丹真伝』（蔵外道書第二十五冊）に関する論文もある(10)。

松下二〇〇〇第三章は、南宗の命功の側面について論述したもの。翁葆光『三乗秘要』に従い、陽神の錬成について概観した後、「鬼仙」をめぐり、例えば、『鍾呂伝道集』では禅宗の達磨や慧能は陰神しか出せないという批判に対して、翁葆光は達磨をはじめとする仏教側にも陽神を出すといった命功の側面を見いだすなど、いわゆる鍾呂派の仏教への対応との違いを明らかにした。また、南宗では「性命双修」と「形神倶妙」をほぼ同義に扱うが、両者の違いについても触れている。鍾呂派の文献は基本的に肯定的に南宗をはじめとする内丹道に受け継がれたといえようが、仏教、とりわけ禅宗についての位置付けは少なからず異なっている。なお、鈴木二〇〇三も鍾呂派と『悟真篇』および白玉蟾の内丹思想の違いについて整理している。

ここで鍾呂派について少し触れておこう。いわゆる鍾呂派とは、八仙の鍾離権と呂洞賓の所説に基づくとされる内丹道の一派で、『秘伝正陽真人霊宝畢法』（以下『霊宝畢法』と略称）『鍾呂伝道集』『西山群仙会真記』等の書物が残る。その内、『鍾呂伝道集』と『西山群仙会真記』については、坂内栄夫が丁寧に分析している。[11] すなわち、三十六洞天の一つ、西山という場所に注目し、ここに住む道士たち、ただし従来、西山と深い関係を持つ許遜を直接は信仰しない集団により、これらの書物は北宋期後半には成立していたとし、『鍾呂伝道集』の内丹理論とその淵源について追い掛けている。また、石田秀実一九八七も『霊宝畢法』『鍾呂伝道集』などに基づき、内丹技法を図示・整理し、中国伝統医学との関係について検討している。欧米ではバルドリアン＝フセインによる『霊宝畢法』と曽慥『道枢』に関する研究があり、福井文雅が紹介している。[12]

さて、もう一度、翁葆光に戻ろう。野村英登二〇〇二aは、『悟真篇』の性命説の分析に絡んで、禅宗歌頌をはじめとする仏教的な「悟り」をより細かく分析・検討する必要を強調する。具体的には翁葆光注の分析を通じて、南宗の仏教受容に際してそれらを「錬金術」、すなわち内丹的に読み替えたのだという。彼のいう「錬金術」的な読み替えは、その後、金丹としての摩尼宝珠のイメージについての一連の論考につながる（野村英登二〇〇二b・c）。

なお最後に少し補足しておくと、元・戴起宗『註疏』の記述によれば、『悟真篇』薛道光注は翁葆光の誤りだとされている。今井一九六二以来、日本では基本的にこの見解に従うが、こうした中、楊立華二〇〇二では、薛道光注は実在したという説を唱えており、今後の議論が注目される。

三　白玉蟾について

白玉蟾は、南宗の大成者として早くから注目を浴びてきた。白玉蟾には大量の著作が残ることもあり、議論はその生卒年や行状の解明、内丹思想・雷法という幾つかの分野に展開してきているといえよう。以下これらを順に点検していくが、その前にまずは大量に残る白の著作の書誌の問題を見ておくことにしたい。

三・一　白玉蟾の書誌研究について

白玉蟾の書誌については、横手裕一九九六が最も詳しい。横手は、彭耜により四十巻から成る全集が編纂された後、明初の臞仙本から王重宇本へ、そして現在の道蔵精華本である周本源本までの流れと、また、それに影響を与えた唐冑本・何継高本・道蔵全書本の系譜を明らかにしている。その他、『道蔵』所収の白の著作についても個別にそれぞれ調査している。例えば、『修真十書』巻六所収『雑著指玄篇』についてのコメントなどは非常に示唆に富む。白玉蟾の文献の使用に当たっては、今後、この書誌学的研究を基礎として進められるべきであろう。

ところで、日本における中国文学・思想研究では、一九九〇年代より、フランスのロジェ・シャルチェ等の影響により書物の文化史の角度からの研究が進んできた。これは、従来の目録学や科学技術史的な視点と異なり、書籍や出版一般のあり方とその変遷、またそれが社会や学術のあり方といかなる関係を持つのかという点のほか、また特に心性（mantarité）の解明に焦点を当てるものである。小島毅は、南宋という出版化の大きな時代の流れの中にあって朱子学の定着における書物の役割を強調しているが、こうした研究手法を意識的に導入したものである(13)。

しかし、白玉蟾の場合には事情はそれ程簡単ではなく、従来の師授意識の超克があって初めて出版が利用できたのではないか。松下二〇〇四は、南宗を白玉蟾中心にこうした書物の文化史の観点から捉え直したものである。一般の書物とは違い、『悟真篇』の伝授には誓いを立てるなど厳格な要求があり、南宗では特に張伯端の「三伝非人」の故事によりこれが意識され、実際に道士たちの書物の伝授を律していた。こうした中、白玉蟾は「修仙辨惑論」で張伯端の「三伝非人」の故事を取り上げ、むしろ心伝や口授を刊行することは「天授」であり、人々を救うことになるとした。こうした意識の変化により南宗では出版の利用が初めて可能となったとする。

三・二　白玉蟾の生涯について

さて、白玉蟾はこうした資料の多さも手伝い、行状や事跡を明らかにしようとする研究は早くから行われた。今井宇三郎一九六三は白についての先駆的研究であり、その中では簡単に行状について触れられているだけだが、その後、白の事跡についての専論として宮川尚志一九七八が登場する。横手一九九六は、上で述べた書誌学的調査に続き、宮川を大きく輔翼し、当時の江南道教との関わりを考察している。

白玉蟾の生涯の中でやはり焦点となるのは、生年であろう。白玉蟾の生年については、彭翥「神仙通鑑白真人事蹟三条」（精華十一二）の一一三四年説と、白の弟子の彭耜「海瓊玉蟾先生事実」（同）に基づく一一九四年説の二説が従来、行われてきた。任継愈編『中国道教史』等が一一九四年出生説を取るのに対し、[14] 近年、中国では一一三四年出生説に立つ研究者が散見されるようである。この根拠となっているのは、白玉蟾の「謝仙師寄書詞」（『雑著指玄篇』）に見える「幾近桑楡之年」（六右）や、「水調歌頭」（『修真十書』巻四十一『上清集』）自述十首の「雖是蓬頭垢面、今已九旬来地、尚且是童顔」（三右）などの語句である。「九旬」とは、九十歳を指す。

前者の「桑楡之年」については、今井一九六三以来既に注目されていたものである。このため今井は一一三四年出生説を取るが、宮川と横手はどちらも一一九四年出生説を採用している。宮川は劉克荘『後村先生大全集』巻九十五「王隠君六学九書」に見える「(白玉) 蟾尤夭死」という記述を引いて、「桑楡之年」を比喩として読もうとし、横手はこれを受け、全体的な整合性などから一一九四年出生説の立場に従う。結局、問題は白の直弟子の彭耜と明初の彭翥の文章のどちらが信用できるかということと、白の文章全体の整合性との兼ね合いということに尽きるだろう。

なお、中国では、これら日本の議論をよそに白の生卒年をめぐって熱い議論が交わされている。こうした中、王尊旺・方宝璋二〇〇三は白の生卒年や事跡について先行する諸説を整理し、一一九四年出生説を支持している。全体として宮川・横手両説の範囲を大きく超えるものではないように思われるが、先に挙げた「水調歌頭」自述十首の「九句」の句は道蔵本のみに見え、同治戊辰(一八六八)重鐫『白真人集』(すなわち道蔵精華本)には見えないことを指摘し、版本学の立場から解明しようとしている点などが興味を引く。その他、白と朱熹との交遊の有無、白の仙化の時間と地点についても先行論文を点検し、朱熹との交遊はなかったであろうとし、また断言はできないものの、白は一二二九年、盱江で死んだ可能性が高いとしている。なお、横手一九九六では、一二二九年以降も白が活動していたという記事が散見され、卒年が確定できないとしている。

三・三　内丹と雷法

次に思想面であるが、白玉蟾には南宗ではそれまで見えなかった「心」の思想が登場することは任継愈編『中国道教史』などでつとに指摘されている(15)。松下二〇〇〇第二章は、それが『悟真篇』以来南宗に突き付けられた、禅宗とどう対峙するかという南宗内部の問題と関連すると見る。すなわち、白はこれに対して、三祖・薛道光の位置付けおよび「無極図説」等を使い、仏教に配当される「心」を内丹の側に補うことで、その問題を解決したとする。

また、やはり「心」の位置付けをめぐっては、鈴木二〇〇三では松下二〇〇〇に基づき、白玉蟾の内丹説の中では禅が本体的生成論と解釈される傾向、内丹が非実体化される傾向が生じざるを得ず、その緊張関係の間にあって、体系性を損ねない形で「心」が位置付けられていると分析する。また、万物から気、そして道＝空という、存在論・生成論的遡源に内丹が、また道＝空から気、そして万物へという往還の内、道から気へという造化の過程に雷法がそれぞれ位置付けられ、明示的ではないが、これにより内丹と雷法が整合的な体系を形作っていると考えているようである（鈴木二〇〇四）。松下二〇〇〇が南宗全体のコンテクストを重視するのに対し、鈴木二〇〇四は白の思想の、内丹と雷法を架橋する体系性の分析に特徴を持つが、この雷法については、彼に先行するものとして、ミシェール・ストリックマン一九七五、松本浩一一九七九、また上述の横手一九九六がある。特に鈴木二〇〇四は、横手一九九六に多くを負う。

ストリックマン一九七五は、徽宗期に登場した林霊素と神霄派の活動についての論文。その中で、白玉蟾が神霄派においても重要であり、内丹からだけではなく雷法からの研究の必要性を指摘している。松本一九七九は、徽宗期の宗教政策を細かく検討し、民間の呪術であった雷法が次第に北宋から南宋にかけて成立し、各教派に取り込まれていく様を描いている。特に白については、雷法の教理的確立の役割を果たしたことが示唆されている。横手一九九六は、上述のとおり、書誌および行状について触れた後、霊宝派・正一派・浄明派との交流、その他、白玉蟾が活動した当時の各流派について詳細な実態を解明している。

四　白玉蟾以降の道士たち

陳兵一九八五・一九八六では、幅広く当時の江南の道士たちの活動が取り上げられている。白玉蟾以降の南宗研究については、陳兵が取り上げた個々の道士たちのいわば点をそれぞれ線で結び、深化させる形で研究が進められてきたといえるかもしれない。以下、それぞれの道士の活動時代順に見ていくことにしよう。

松下二〇〇〇第四章は、周無所住と李簡易について論じる。『悟真篇』に見える三教の関係は、道仏の相補的な関係とその背後に退く儒教という関係であった。こうした中、白は仏教に配当される「心」の側面を内丹に見いだし、また翁葆光に見えるように本来、性功に傾くとされる仏教にも命功の側面を見るようになる。こうした道仏の差異が極めて近接する中で、周無所住は、神・心を強調することで禅と内丹の一致を説き、一方、李簡易は再び陽神の錬成という命功重視の立場へと回帰したとする。

森由利亜二〇〇〇は、道仏の差異が解消に向かうこうした流れの下、牧常晁・李道純に至ると、三教や性命説の根底に無極・太極を置き、『悟真篇』とは違って、儒教を三教論の中心に位置付けるようになるという。ただし、森は、牧常晁に比べ、李道純の三教一致論の方がより整合性が高いと見る。興味深いのは、この裏には宋代士大夫が自己修養に深い関心を払っていたという事実があったからこそ、道教の側も太極の議論などを利用することができたという指摘である。森はここに儒道の交渉の跡を見て取り、また、こうして儒道仏三教のどれについても、それらを修行による「本来性」の探求として捉える視点が定着してきたという。

李道純については横手裕一九九〇で既に分析が行われている。この横手一九九〇は、前半が李道純の内丹思想の分析、後半が道統説の形成という二つの部分から成る。前半は、李道純の内丹思想について、精・気・神という段階的な修養論や漸教・頓教などの教説についての全面的な考察を行い、また全真教南北宗双方からの影響や同時代の牛道淳・牧常晁・蕭廷芝などとの比較をしている。また後半では、李簡易・蕭廷芝・柯道沖（号淵嘿道人）・劉志玄（字天素、号清渓道士）・謝西蟾・陳致虚といった道士たちの道統説を細かく点検する。その結果、常盤大定以来、南北宗の道統を結び付けた人物として陳致虚が挙げられていたのに対し、李簡易「混元仙派之図」や、また特に蕭廷芝「大道正統」（『道徳真経三解』巻首に所収）の段階で既に南北宗の道統を結び付ける理論が見られるという。

横手裕二〇〇〇は、基本的に横手一九九〇の道統説を概説したもの。なお、焦点の蕭廷芝「大道正統」について、横手が一三二〇年刊行とするのに対し、三浦秀一は干支を一旬繰上げ、一二六〇年とする（三浦秀一二〇〇三、三十六頁、注十三）。松下道信二〇〇三は全真教南宗の専論ではないが、一部、松下二〇〇〇を踏まえ、南北宗の関係について素描し、李道純など、横手一九九〇で取り上げられた道士たちが頓漸の議論をしているのは頓悟頓修的立場に立つ北宗と頓悟漸修的立場の南宗の接触より生じたという見通しを立てている。

一方、その後の元朝の南宗道士たちの活動についてはさほど研究が進んでいるとはいえない状況である。とりわけ江西で活動した陳致虚などは明代、王陽明（一四七二～一五二八）にも影響を与えるなど、大きな存在であるといえようが、まだ全面的な考察はなされていない。なお、李道純以降、南宗の人々も全真を名のるようになっており、陳致虚は馬丹陽・宋徳方以来のいわゆる北宗の系譜を自称する。しかし、実際には陳致虚は南宗の功夫、とりわけ翁葆光の枠組みを襲っており、ここでは南宗の影響下にあるものとして取り上げることとする。

ところで、陳致虚の師である趙友欽は、天文・光学に関する実験を多く行ったため、科学技術史からの関心が高い。新井晋司一九九八は、趙友欽の生涯についての詳細な伝記と考証。陳致虚『上陽子金丹大要列仙誌』（道蔵第七三八冊）

縁督真人伝に基づき、趙友欽の生年を一二七一年に確定し、彼の生平事跡のほか、『革象新書』の成書年代など著作の問題を解明している。こうしたことにより、新井は、国家学問としての天文学ではなく、いわば在野で活動した趙友欽の活動から、官民双方を視野に入れたより立体的な元代の天文学に肉薄しようとする。

これに対して、野村二〇〇二cは『仙仏同源』に基づき、趙友欽の内丹説について分析を加えている。彼は、つとに常盤大定により「奇説」と評された趙友欽の「達磨の西来は金丹により成道せんがため」（常盤一九三〇、七〇〇頁）という説こそ逆に趙友欽の内丹説の核心であり、それは仏教の摩尼宝珠が金丹と同一視されたためであるとして、その淵源を翁葆光まで遡って追い掛けている。野村二〇〇二bについては、上述した。陳致虚の仏教解釈において、やはり金丹が宝珠として捉えられていることを強調するものである。

以上、基本的に南宗の系譜に従ってこれまでの研究を一通り概観してきた。なお、道士や仙人の伝記は往々にして神秘化される傾向にあるため、南宗の系譜におけるそれぞれの師承伝授関係については詳細な検討が加えられてきている（例えば今井一九六一・横手一九九〇など）。ただし、事実のレベルとはまた別に、この系譜が成立するに当たってその背後の意識がどうであったかなど、より深いレベルでの検討が必要であることをここで指摘しておきたい。

例えば、張伯端『悟真篇』後序では、三度ふさわしくない人物に内丹を伝授し、そのたびに天譴にあったため、これ以降、口を開くことはあるまいと述べられている。みだりに内丹を人に伝授することを禁止する、いわゆる「三伝非人」の故事の基となる箇所である。一方、そこには張伯端が師から授かった「異日有与汝解韁脱鎖者。当直授之、余皆不許（ある日、そなたのために縄をほどき、鎖を解く者が現れるだろう。その者だけに伝授し、そのほかの者は全て許可してはならない）」（『註疏』巻八、二十三右）という謎めいた予言が挿入されており、(16) また後に二祖とされる石泰の伝記には、これと呼応するかのように後に大守の怒りを買った張伯端が流刑に処せられた際、石泰の取り成しにより罪を免れたことが記されている。[17] つまり、石泰の伝記は「三伝非人」の故事と絡んで、自らの伝授の正当性を主張するものとなっているると見るべきであろう。[18] たとえこの伝授が史実であったとしても、それは石泰に連なる同派の顕彰を経ているだろうことを我々は押さえておかねばならない。また他の師授関係についても同様の検討が必要であろう。

五　『周易参同契』と「太極図説」

最後に、上で取り上げなかった『周易参同契』と「太極図説」の二書に関する問題について、ここで南宗と関連する範囲で補足しておきたい。後漢・魏伯陽『周易参同契』は「丹経の王」と称され、『悟真篇』と並んで非常に尊崇された書である。これは南宗とは若干ずれるものの、宋代の『参同契』の解釈や出版には南宗の人々が深く関係していることが指摘されている。[19] また、「太極図説」については、五代の道士、陳摶から儒教側へ伝授されたという伝承を持つ一方、白玉蟾以降の南宗の書物に散見されることが注意される。

まず取り上げるべきは、今井宇三郎の宋代易に関する研究であろう。[20] 今井論文については、上でも何篇か取り上げたが、彼の真骨頂はむしろ易学にあるといってよい。また今井は十三種の版本により彭暁『周易参同契分章通真義』（以下『通真義』と略称）の校本を作成している。[21] その他、漢易研究者である鈴木由次郎には、兪琰『周易参同契発揮』（道蔵第六二五―六二七）に基づく『周易参同契』の訳注がある。[22]

さて、この『参同契』に、道仏二教に批判的であった朱熹が晩年、空同道士鄒訢という仮名まで用いて接近したのは、一つの謎といってもよい。この謎に対して、吾妻重二は次のような答えを出している。[23] すなわち、邵雍（一〇一一～一〇七七）は自然界の構造の把握への志向が強すぎて、人間の主体性が失われてしまいかねず、一方、程頤は自然界への志向が欠落している。これに対して、朱熹が晩年『参同契』に接近したのは、人間及び自然界の構造を「象数」という秩序により定立しようとした点にあるとする。

しかし、吾妻論文では朱熹がどうして『参同契』に接したかという目的意識は理解できたが、彼の著した『周易参同契考異』（道蔵本は『周易参同契』に作る。道蔵第六二三冊。以下『参同契考異』と略記）の具体的な制作意図までは論じられていない。吾妻論文でも指摘されるように、従来、朱熹の『参同契考異』はその名前の割に考異の部分が少ないことは知られていた。これは一体何を意味するのか。

欽偉剛はこれに対し、例えば『悟真篇』「読周易参同契」等に現行の『参同契』の文章の引用がないことなど幾つかの事実を指摘した上で、他の『参同契』諸版本との綿密な調査から、朱熹が『参同契考異』で行ったのは、純然たる文字の考異ではなく、従来南宗を中心に伝播していた彭暁『通真義』の先天易学による改訂であったとする。(24)そして、この『参同契考異』が流通することにより、『道枢』に見られるようなそれまで通行していた『参同契』に関係する諸本は消滅し、また朱熹以降の『参同契』の各版本も、『参同契考異』の影響下に成立したという。また、『道蔵』所収『通真義』本には、「鼎器歌」と「明鏡図訣」の間に建陽（今、福建省）の鮑仲祺による文章があり、朱熹『参同契考異』等による校勘を経ている旨が書かれていることから、現行の『通真義』は、一般に彭暁注が成立したとされる九四七年当時の原貌を保っていないという。欽論文は、現行の彭暁『通真義』を古形と見る通説への挑戦的な内容であるといえよう。

ところで、小柳司気太・武内義雄・松山直蔵等の先行研究を踏まえ、今井宇三郎の段階で、陳摶から周敦頤への太極図伝授については根拠に乏しいことが既に論じられていた。(25)これを受けて、吾妻重二一九九四bは、従来の陳摶伝授説を改めて点検する。すなわち、太極図は、道教や仏教の影響下で成立したものではなく、周敦頤自身のものである。ただし、第二位の三重の坎離図は唐末から宋代にかけて内丹理論において流行したものであり、限定的ではあるが道教からの影響が見られる。しかし、思想的淵源としてはやはり『易』繋辞伝と正義、また五行思想にあるのであり、全体としては周敦頤自身の思想に基づくものであるとする。また、後世、太極図がむしろ逆に道教や仏教にはるかに大きな影響を与えたとし、吾妻重二一九九五では儒道仏のそれぞれの分野における「太極図説」の影響下にあると思われるもの、例えば道教側では白玉蟾の「無極図説」以下について点検している。

なお、「太極図説」の陳摶伝授説については、李申『話説太極図――「易図明弁」補』（知識出版社、一九九二〔後に『易図考』北京大学出版社、二〇〇一〕）でも否定されている。李申の論文の内、第一章「『周氏太極図』源流」については、『占いの創造力――現代中国周易論文集――』（池田知久等編訳、勉誠出版、二〇〇二）に馬淵昌也による日本語訳と解説があり、吾妻一九九四b・一九九五との関係についても論じられている。

おわりに

以上、いささか煩雑になった嫌いはあるが、近年の日本における南宗研究について概観してきた。

ところで、上では取り上げなかったが、三浦秀一が、許衡・呉澄・宋濂を中心とする心学の流れを描くに当たって、白玉蟾『道徳宝章』・李道純『道徳会元』など南宗の『老子』注を多用し、また金・元の全真教を大きく取り上げていることを付け加えておこう（三浦秀一二〇〇三）。ここでの主眼は全真教にないため本論では取り上げなかったが、とはいえ、そこには従来の儒教研究の枠組みにとどまらない、より広い角度から研究を進めようという姿勢が見て取れるだろう。すなわち、これまで見てきた南宗研究の背後には、中国思想の中心に位置付けられてきた儒教研究や、仏教研究におけるこれまでの見方を突き崩し、より大きな視点から当時のあり方を記述しようという大きな流れが共通して存在しているのである。

実は、こうした流れは武内義雄や荒木見悟などにより、既にその方向性が切り開かれてきたものであった[26]。例えば、武内は朱子学が説く理の思想に華厳教学からの影響を見、荒木は「本来性」と「現実性」という二項対立により、唐代の宗密から朱熹・王陽明へ、すなわち禅や円覚思想から朱子学、さらに陽明学へという大きな流れを描き、それまでの儒教研究や仏教研究という教派の枠組みにとらわれた研究から抜け出ようとしたのであった。

荒木はこの「本来性」と「現実性」を論じる際、しばしば「頓悟頓修」と「頓悟漸修」という禅の用語を用いている。このように見てくると、松下二〇〇〇が「頓悟漸修」という言葉で『悟真篇』を位置付け、そこから白玉蟾など後世の南宗の人々を論じようとするのは、これまで等閑視されてきた全真教をこうした中国思想史の大きな流れに位置付けようという作業であったと捉えることもできる。他方、三浦國雄一九九三は張伯端と張載が活動した時期に、儒道に共通する自己変革への機運を見るが、こうした儒教内部の運動が朱子学や「太極図説」といった形で結実したからこそ、後に森二〇〇〇が指摘するように、李道純の段階で「本来性」を儒教側に見いだすことになるのだともいえよう。このように日本における全真教南宗研究では、単に道教研究の内部にとどまらず、中国思想史の関連分野への位置付けが進められてきた。

ここで少し考えてみれば、基本的に道教が信仰されていない日本では、既存の儒仏両教の研究との関係が問題として浮かび上がることになり、道教研究自体が三教交渉論的な視点をどうしても取りやすかったといえるかもしれない。またこれに加えて、具体的な要因として、南宗は張伯端の『悟真篇』を中心に展開し、『悟真篇』は内丹と禅宗の悟りとの補完を説いたことも関係していよう。現時点では筆者は、『悟真篇』は、その成立に当たって禅宗の性説を批判的に摂取した朱子学と同時代的な問題意識を共有していたことが背景にあったと考えているが、いずれにせよ、こうしたことも研究を三教交渉論に導きやすかった一因となっただろうと思われる。

とはいえ、こうして見てくると、吾妻一九九四bにおける太極図陳搏伝授説の点検は、道教から儒教へと、太極図の由来を取り戻すものであると捉えられなくもなく、一見逆の流れのように見えるかもしれない。だが、太極図の陳搏伝授説自体が黄宗炎（一六一六～一六八六）など明清以降の儒者たちにより説かれたものであり、これもやはり彼らのドグマを突き崩す作業であったことが理解できよう。もちろんこれは日本だけの問題ではない。吾妻と李申一九九二が独立してほぼ同じ結論にたどり着いたことに象徴されるように、こうした後世作られた物語に対して批判的・実証的な研究が、日中を問わず、要請されているということであろう。

ただし、残された課題も少なくない。例えば、張伯端と宋代禅や儒教との関連、白玉蟾と理学や心学との関係、全真教北宗への影響とその思想的な差異、また元朝の道士たちの活動や思想の検討など問題は山積している。またこうした問題の一部については中国で既に議論が始まっていることから見ても、冒頭でも述べた一九九九年のシンポジウムをはじめ、近年の中国における目覚ましい業績の検討やその総括は緊急の課題であろう。本論はもともと日本の全真教南宗研究の紹介を目的として準備されたため、基本的に日本以外の論考については触れていないものの、端々で触れたように、日本の南宗研究は中国・欧米などからの絶え間ない刺激を受けている。下に日本以外の中国・韓国・欧米の研究論文目録略を付しておいたが、これらを含めた全体的な研究史の検討についてはまた他日を期したい。

注

（1）　このシンポジウムについては、尹志華（「'99武夷山道文化研討会召開」、『中国道教』第五期、中国道教協会、一九九九）、および加藤千恵に報告がある（「一九九九武夷山中国道教南宗文化研究討論会」報告記」、『東方宗教』第九十五号、日本道教学会、二〇〇〇）。

（2）このシンポジウムについては、韓松濤（「天台山暨浙江区域道教国際学術研討会綜述」、『宗教学研究』第二期、四川大学道教与宗教文化研究所、二〇〇五）、および山田明広に報告がある（「天台山暨浙江区域道教国際学術研討会参加報告記」、『東方宗教』第一〇七号、日本道教学会、二〇〇六）。天台は南宗初祖の張伯端ゆかりの地ということもあり、全真教南宗研究が発表の一角を占めた。また浙江古籍出版社より本シンポジウムの論文集を出版予定とのことである（補記：後に、連暁鳴主編『天台山暨浙江区域道教国際学術研討会論文集』［浙江古籍出版社、二〇〇八］が出版された。なお同書に収める松下「日本全真教南宗研究簡介」は、本論の基となったものではあるが、中国語版を利用する際には、筆者の校閲を経た「促進中日道教学術之交流――日本全真教南宗研究簡介」［朱越利主編『理論・視覚・方法――海外道教学研究』、斉魯書社、二〇一三］を参照されたい）。

（3）『宋学士文集』「翰苑別集」巻九「送許従善学道還閩南序」を参照。

（4）こうした歴史的な概括は、吾妻一九九四において『悟真篇』研究史についていわれたものと基本的に共通する。

（5）宮澤はこれ以外にも『道枢』に関する論考を多数発表しており、それらは『曽慥の書誌的研究』（汲古書院、二〇〇二）にまとめられている。また宮澤には、麥谷邦夫・金正耀との共著『道枢一字索引』（松香堂、二〇〇二）がある。『道枢』所収の内丹書は、通行本との異同があるものや、現在見られないものも多く、この『索引』は当時の内丹の実像を明らかにする上で非常に有用であろう。

（6）張士弘「紫陽真人悟真篇筌蹄」（『三註』）を参照。

（7）築基・煉精化気・煉気化神・煉神還虚という一連の過程を三浦は煉化説と呼ぶ。

（8）なお、鍾呂派と南宗における「神」と「性」の異同については松下二〇〇〇第三章を参照。

（9）程頤と王筌の問題については、張広保二〇〇一第六章でも取り上げられている。

（10）秋岡英行「『金丹真伝』の内丹思想」（『東方宗教』第八十八号、日本道教学会、一九九六）。

（11）坂内栄夫「『鍾呂伝道集』と内丹思想」（『中国思想史研究』第七号、京都大学文学部中国哲学史研究会、一九八五）。

（12）Farzeen Baldrian-Hussein, *Procedes Secrets du Joyau Magique; Traite d'Alchimie Taoiste du XIe siecle*, Les Deux Oceans, Paris, 1984、福井文雅「養生思想に関する欧米の研究」（坂出祥伸編『中国古代養生思想の総合的研究』、平河出版社、一九八八）。

（13）小島毅「思想伝達媒体としての書物――朱子学の「文化の歴史学」序説――」（宋代史研究会編『宋代社会のネットワーク』、汲古書院、一九九八）、同「朱子学の伝播・定着と書物」（『アジア遊学』第七号、勉誠出版、一九九九）等を参照。

（14）任継愈編『中国道教史』（上海人民出版社、一九九〇）［後、『中国道教史』［増訂本］、中国社会科学出版社、二〇〇一］。また、卿希泰編『中国道教史』第三巻（四川人民出版社、一九九三）も参照。なお、全真教南宗に関する部分は共に陳兵による。

（15）注（14）を参照。

（16）註疏本は「与」字を欠くが、三註本・修真十書本に従い、「汝」の前に「与」を補う。

（17）『歴世真仙体道通鑑』巻四十九「石泰伝」を参照。

（18）松下二〇〇四第三章参照。

（19）欽偉剛「朱熹と『参同契』テキスト」（『中国哲学研究』第十五号、東京大学中国哲学研究会、二〇〇〇）［後、同『朱熹与『参同契』文本』、巴蜀書社、二〇〇四］を参照。

（20）今井宇三郎『宋代易学の研究』（明治図書出版、一九五八）。

（21）今井宇三郎「『周易参同契分章通真義』校本」（『東京教育大学文学部紀要』第五十七号、東京教育大学文学部、一九六六）。

（22）鈴木由次郎『周易参同契』［中国古典新書］（明徳出版社、一九七七）。

（23）吾妻重二「朱熹『周易参同契考異』について」（『日本中国学会報』第三十六集、日本中国学会、一九八四）［後、同『朱子学の新研究』、創文社、二〇〇四、第二部第二篇第二章「『周易参同契考異』の考察」］。

（24）注（19）欽偉剛前掲論文。

（25）注（20）今井宇三郎前掲書。

（26）武内義雄『支那思想史』（岩波書店、一九三六）、荒木見悟『仏教と儒教』（平楽寺書店、一九六三）〔後、同『仏教と儒教』〔新版〕、研文出版、一九九三〕。

全真教南宗研究文献目録略

凡　例

一、二〇〇五年までに発表された全真教南宗に関連する学術論文およびそれに準ずる文献を、日本語・中国語・韓国語・欧米語の順に挙げる。

一、概説書の中で全真教南宗について触れている場合や紹介記事等については省略した。

【日本語論文】（五十音順）

秋岡英行　一九九九　翁葆光の内丹思想（『中国学志』大有号、大阪市立大学中国学会）

吾妻重二　一九八八　『悟真篇』の内丹思想（坂出祥伸編『中国古代養生思想の総合的研究』、平河出版社）〔後、同『宋代思想の研究』第Ⅱ篇第二章、関西大学出版部、二〇〇九〕

一九九四ａ　張伯端の『悟真篇』の研究史と考証（『東洋の思想と宗教』第十一号、早稲田大学東洋哲学会）〔後、同『宋代思想の研究』第Ⅱ篇第三章〕

一九九四ｂ　太極図の形成（『日本中国学会報』第四十六集、日本中国学会）〔同『朱子学の新研究』第一部第一篇第一章、創文社、二〇〇四〕

一九九五　周敦頤「太極図・図説」の浸透と変容（『関西大学文学論集』第四十四巻）〔同『朱子学の新研究』第一部第一篇第二章〕

新井晋司　一九九八　趙友欽の生涯（田中淡編『中国技術史の研究』、京都大学人文科学研究所）
石田秀実　一九八七　『気流れる身体』、平河出版社
今井宇三郎一九六一　道家南宗の系譜について（『漢魏文化』第二号、漢魏文化研究会）
一九六二　悟真篇の成書と思想（『東方宗教』第十九号、日本道教学会）
一九六三　金丹道教研究――南宋の道士白玉蟾の思想――（『東京教育大学文学部紀要』第四十二号、東京教育大学文学部）
鈴木健郎　一九九六　内丹の技法と思想――『悟真篇』の例――（『東京大学宗教学年報』第十四号、東京大学文学部宗教学研究室）
二〇〇三　白玉蟾の内丹説（『東方宗教』第一〇二号、日本道教学会）
二〇〇四　白玉蟾の雷法説（『東方宗教』第一〇三号、日本道教学会）
ストリックマン，M・一九七五　宋代の雷儀――神霄運動と道家南宗についての略説――（『東方宗教』第四十六号、日本道教学会）
常盤大定　一九三〇　『支那に於ける仏教と儒教道教』、東洋文庫
野村英登　一九九九　煉丹術としての仏教解釈――『悟真篇』解釈をめぐって――（『東洋大学大学院紀要』第三十五集、東洋大学大学院）
二〇〇二ａ　全真教南宗の仏教受容に関する一考察――翁葆光の内丹思想を例として――（『東洋大学中国哲学文学科紀要』第十号、東洋大学文学部）
二〇〇二ｂ　玄珠綺想――道教錬金術と宝珠信仰――（『東洋大学中国学会会報』第九号、東洋大学中国

学会）
二〇〇二c　趙友欽の内丹思想（『東方宗教』第一〇〇号、日本道教学会）
福井文雅　一九八七a　全真教の『般若心経』受容について（秋月観暎編『道教と宗教文化』、平河出版社）［後、同『般若心経の歴史的研究』、春秋社、一九八七］
一九八七b　『悟真篇』の構成について（『東方宗教』第七十号、日本道教学会）［後、同『道教の歴史と構造』［増補修訂］、五耀書房、二〇〇〇］
松下道信　二〇〇〇　全真教南宗における性命説の展開（『中国哲学研究』第十五号、東京大学中国哲学研究会）［本書第Ⅰ部第一篇第一章に相当］
二〇〇三　不老不死の霊薬を求めて――外丹と内丹に関する一考察――（増尾伸一郎・工藤健一・北條勝貴編『環境と心性の文化史』上、勉誠出版）
二〇〇四　白玉蟾とその出版活動――全真教南宗における師授意識の克服――（『東方宗教』第一〇四号、日本道教学会）［本書第Ⅰ部第一篇第二章に相当］
松本浩一　一九七九　宋代の雷法（『社会文化史学』第十七号、社会文化史学会）［後、同『宋代の道教と民間信仰』、汲古書院、二〇〇六］
三浦國雄　一九九三　気質変化考（『日本中国学会報』第四十五集）［後、同『朱子と気と身体』、平凡社、一九九七］
二〇〇〇　黄婆論（野口鐵郎他編『道教の生命観と身体論』［講座道教・第三巻］、雄山閣出版）
三浦秀一　二〇〇三　『中国心学の稜線――元朝の知識人と儒仏道三教――』、研文出版

宮川尚志　一九五四　劉一明の悟真直指について（『岡山大学法文学部学術紀要』第三号、岡山大学法文学部）
　　　　　一九七八　南宋の道士白玉蟾の事蹟（内田吟風博士頌寿記念会編『東洋史論集――内田吟風博士頌寿記念』、同朋舎）
宮澤正順　一九八八　『道枢』悟真篇と張平叔の『悟真篇』について（『中国学研究』第七号、大正大学中国学研究会）［後、同『曽慥の書誌的研究』、汲古書院、二〇〇二］
森由利亜　二〇〇〇　近世内丹道の三教一致論（野口鐵郎他編『道教と中国思想』［講座道教・第四巻］、雄山閣出版）
横手　裕　一九九〇　全真教の変容（『中国哲学研究』第二号、東京大学中国哲学研究会）
　　　　　一九九六　白玉蟾と南宋江南道教（『東方学報』第六十八冊、京都大学人文科学研究所）
　　　　　二〇〇〇　全真教と南宗北宗（野口鐵郎他編『道教の生命観と身体論』［講座道教・第三巻］、雄山閣出版）

【中国語論文】（ピンイン順。なお連名の場合は論文の表記順に従う。）

曹在松　一九九九　内丹学在宋代思想史上之意義（『宗教学研究』第二期、四川大学道教与宗教文化研究所）
陳進国　二〇〇一　李道純的〝三教融合〟思想及其以〝中和〟為本的内丹心性学（『中国道教』第五期、中国道教協会）
陳利華　二〇〇一　朱熹与道教与武夷山的情結（『南平師専学報』第一期、武夷学院）
陳　兵　一九八五　金丹派南宗浅探（『世界宗教研究』第四期、中国社会科学院世界宗教研究所）［後、同『道教

之道』〔宗教文化叢書〕、今日中国出版社、一九九五〕
一九八六　元代江南道教（『世界宗教研究』第二期、中国社会科学院世界宗教研究所）〔後、同『道教之道』〔宗教文化叢書〕、今日中国出版社、一九九五〕
一九九〇　白玉蟾生平考略（『気功』第五期、浙江科技出版社）
一九九〇　白玉蟾内煉思想簡論（『気功』第八期、浙江科技出版社）
陳全林　二〇〇四　『周易参同契注釈・悟真篇注釈』、中国社会科学院出版社
陳　霞　一九九九　金丹派南宗内丹修煉与栄格精神分析（『道韻』第五輯、中華大道出版社）
陳遵沂　一九九九　道教的幾次変革与南宋白玉蟾金丹派南宗的歴史作用（『福建道教』第三期、福建省道教協会）
鄧紅蕾　一九九五　李道純「真常之道、悟者自得」的道教教育思想探微（『道教文化研究』第一輯、書目文献出版社）
段致成　二〇〇三　試論金丹派南宗張伯端之「内丹」思想与「禅宗」的関係（『鵝湖月刊』第三三三期、財団法人東方人文学術研究基金会&鵝湖月刊社）
二〇〇四　試論金丹派南宗張伯端的内丹思想与鍾呂金丹派的関係（『国立台北商業技術学院学報』第六期、国立台北商業技術学院）
丁貽荘　一九八九　従『参同契』到『悟真篇』（『社会科学研究』第二期、四川省社会科学院）
符穎・符和積　二〇〇五　白玉蟾生卒年歳疑（『中国道教』第四期、中国道教協会）
蓋建民　二〇〇五　金丹派南宗内外丹合修思想探微――兼論南宗在羅浮山的伝播――（『香港及河南道教研究』、中華書局）

蓋建民・黄凱旋　一九九九　白玉蟾丹道養生思想発微（『道韻』第五輯、中華大道出版）

戈国竜　二〇〇〇　道教内丹学中「順逆」問題（『世界宗教研究』第四期、中国社会科学院世界宗教研究所）［後、同『道教内丹学探微』、巴蜀書社、二〇〇一］

二〇〇〇　論「性命先後」与「性命双修」（『宗教哲学』第二十四期、中華民国宗教哲学研究社）

二〇〇一　従性命問題看内丹学与禅之関係（『宗教学研究』第二期、四川大学道教与宗教文化研究所）［後、同『道教内丹学探微』、巴蜀書社、二〇〇一］

二〇〇一　道教内丹学中的「性命先後」問題弁析（『中国哲学史』第四期、中国社会科学院哲学研究所、中国哲学史学会）

二〇〇二　論内丹学「性命双修」的思想（『宗教学研究』第一期、四川大学道教与宗教文化研究所）

二〇〇二　論内丹学中的陰陽交媾（『世界宗教研究』第一期、四川大学道教与宗教文化研究所）

二〇〇四　明心見性与内丹学的性命双修（李四竜主編『哲学・宗教与人文』、商務印書館）［後、同『道教内丹学溯源――修道・方術・煉丹・仏学』、宗教文化出版社、二〇〇四］

郭　健　二〇〇二　先性後命与先命後性――道教南北宗丹学研究（『宗教学研究』第二期、四川大学道教与宗教文化研究所）

郭樹森　一九九九　全真道伝入江西及其蕃衍（『道韻』第七輯、中華大道出版）

郭　武　一九九四　白玉蟾対金丹派南宗思想的総結和発展（『道教文化』第五巻第九期、道教文化雑誌社）

一九九九　金丹派南・北宗思想比較研究（『道韻』第六輯、中華大道出版）

樊光春　一九九一　張伯端生平考辨（『中国道教』第四期、中国道教協会）

方宝璋　一九九九　南宗源起北地浅説（『道韻』第五輯、中華大道出版）
費丹凝　一九九九　白玉蟾生平繋年考略（『道韻』第七輯、中華大道出版）
何敦鏵　一九九九　関於「先命後性」幾個問題的論述（『道韻』第七輯、中華大道出版）
　　　　一九九二　白玉蟾生平事迹初探（『中国道教』第一期、中国道教協会）
　　　　一九九九　関於道教金丹派南宗第五祖白玉蟾幾箇問題的探索（『世界宗教研究』第四期、中国社会科学院世界宗教研究所）
　　　　二〇〇一　武夷山古代道教文化探略（『福州師専学報』第一期、福州師範高等専科学校）
　　　　二〇〇四　白玉蟾学道修煉的一生（『上海道教』第二期、上海市道教協会）
何乃川・詹石窓　一九九九　論陳致虚的積功累行詩（『道韻』第五輯、中華大道出版）
賀聖迪　一九九七　趙友欽的大型光学実験及其思想（『上海道教』第一期、上海市道教協会）
胡孚琛　一九九九　内丹学南宗入室修煉理事挙要（『道韻』第五輯、中華大道出版）
孔令宏　一九九七　張伯端対鍾呂内丹思想的継承和発展（『道韻』第一輯、中華大道出版）
　　　　二〇〇〇　朱熹思想対道教的影響（『孔子研究』第五期、中国孔子基金会）［後、同『朱熹哲学与道家・道教』、河北大学出版社、二〇〇一］
　　　　二〇〇二　『宋明道教思想研究』、宗教文化出版社
　　　　二〇〇二　李道純的道教心性哲学思想（『浙江大学学報』人文社会科学版第四期、浙江大学）
加藤千恵　一九九九　「胎」的思想――『悟真篇』的源流（『道韻』第六輯、中華大道出版）
蔣朝君　二〇〇二　李道純易学与丹道旨趣探微（『道韻』第十輯、中華大道出版）

津　昕　一九九九　止止淪桑（『道韻』第五輯、中華大道出版）
楽愛国　一九九九　白玉蟾及其門人的「三教合一」与朱熹理学（『道韻』第五輯、中華大道出版）
李明権　一九八八　論『悟真篇』的道禅合流傾向（『宗教学研究』第四期、四川大学道教与宗教文化研究所）
李　申　一九九四　気質之性源于道教説（『道家文化研究』第五輯、上海古籍出版社）
李遠国　一九九〇　南宗陰陽双修法簡介（『気功与科学』第六期、広東省気功科学研究協会）
一九九一　試論陳致虚的金丹大道（『中国道教』第一期、中国道教協会）
一九九一　性命双修的得道要途（『上海道教』第一期、上海市道教協会）
一九九九　南宗内丹学与雷法（『道韻』第五輯、中華大道出版）
一九九九　白玉蟾生平事跡考略（『道韻』第七輯、中華大道出版）
二〇〇〇　陳楠与神霄派（『中国道教』第三期、中国道教協会）
連鎮標　一九九九　彭耜与南宗・老学（『道韻』第五輯、中華大道出版）
二〇〇一　彭耜其人其事考（『宗教学研究』第一期、四川大学道教与宗教文化研究所）
連鎮標・連宇　二〇〇〇　彭耜与『道徳真経集注』（『中国道教』第二期、中国道教協会）
柳存仁　一九七七　張伯端与『悟真篇』（吉岡義豊博士還暦記念論集刊行会編『吉岡博士還暦記念道教研究論集——道教の思想と文化』、国書刊行会）
一九九三　朱熹与『参同契』（鍾彩鈞主編『国際朱子学会議論文集』、中央研究院中国文哲研究所籌備処）
劉仲宇　一九九七　関於趙友欽（縁督）問題的書簡（『上海道教』第一期、上海市道教協会）
一九九九　神霄道士王惟一雷法思想探索（『道韻』第五輯、中華大道出版）

劉固盛　一九九九　試論白玉蟾対老子学説的解釈与発揮（『道韻』第五輯、中華大道出版）
二〇〇二　道教南宗対老子学説的解釈与発揮（『宗教学研究』第二期、四川大学道教与宗教文化研究所）
二〇〇三　論張伯端的老学思想（『華中師範大学学報』人文社会科学版第三期、華中師範大学）
劉国樑・連遥　二〇〇五　新訳『悟真篇』、三民書局
劉延剛　二〇〇四　白玉蟾的三教合一思想及其宗教調適性（『宗教学研究』第二期、四川大学道教与宗教文化研究所）
劉　直　一九九九　『周易』与丹道源流（『道韻』第六輯、中華大道出版）
一九九九　琴心三畳舞胎仙――内丹学「和」「琴」釈義（『道韻』第七輯、中華大道出版）
盧国竜　一九九八　『道教哲学』、華夏出版社［特に下篇三・四章］
一九九九　『悟真篇』的丹道淵源（『道韻』第六輯、中華大道出版）
二〇〇三　濁世佳公子蟾宮謫仙人――白玉蟾的求道之旅及帰隠之郷（『中国道教』第四期、中国道教協会）
呂錫琛　二〇〇三　簡論白玉蟾的内丹心性思想（『上海道教』第二期、上海市道教協会）
毛麗娅　二〇〇四　試論道士陳楠的丹道思想及其時代特徴（『四川師範大学学報』社会科学版第一期、四川師範大学）
毛慶耆　二〇〇〇　白玉蟾和蟾仙解老（『暨南学報』第一期、暨南大学）
孟乃昌　一九八九　説中国煉丹術内外丹之聯系（『上海道教』第一・二期、上海市道教協会文化研究室）
一九八九　説中国煉丹術内外丹之聯系（続）（『上海道教』第三・四期、上海市道教協会文化研究室）

一九九〇　説中国煉丹術内外丹之聯系（再続）（『上海道教』第一・二期、上海市道教協会文化研究室）
一九九〇　説中国煉丹術内外丹之聯系（続完）（『上海道教』第三・四期、上海市道教協会文化研究室）
［以上の四篇の中でも、特に（再続）が南宗について触れている］

牟鍾鑒　二〇〇四　張伯端和他的『悟真篇』（『東南文化』二〇〇四増刊第一期、南京博物院東南文化雑誌社）

潘雨廷　一九九四　論李道純及其著作（附：杜道堅王玠）（『中国道教』第二期、中国道教協会）

卿希泰　一九八八　関於紫陽派形成問題芻議（同『道教文化新探』、四川人民出版社）
一九九九　紫陽派的形成及其伝系和特点（『道韻』第五輯、中華大道出版）
一九九九　『続・中国道教思想史綱』、四川人民出版社［特に第三章第三節で李道純について触れている］

任林豪・陳肖岐　一九八九　道教南宗考略（『中国道教』第一期、中国道教協会）

申喜萍　一九九八　李道純的三教合一思想研究（『宗教学研究』第四期、四川大学道教与宗教文化研究所）
二〇〇三　試析李道純的美学思想（『宗教学研究』第三期、四川大学道教与宗教文化研究所）
二〇〇三　元代道教三教合一思想特徴研究（『宗教哲学』第二十期、中華民国宗教哲学研究社）

孫克寛　一九七七　元代南儒与南道（同『寒原道論』、聯経出版社事業公司）

孫亦平　一九九九　張伯端「道禅合一」思想述評（『道韻』第五輯、中華大道出版）
二〇〇〇　笑指武夷山下 白雲深処吾家（『世界宗教文化』第二期、中国社会科学院世界宗教研究所）

唐明邦　一九九九　南宗丹道与易卦精蘊――浅談『悟真篇』（『道韻』第六輯、中華大道出版）

汪伯英　一九九九　『金丹四百字』注（張広保編『超越心性――二〇世紀中国道教文化学術論集』、中国広播電視出版社）

王家祐　一九八七　論李道純的内丹学説（同『道教論稿』、巴蜀書社）
王錦光　一九八四　趙友欽及其光学研究（『科技史文集』第十二輯、自然科学史研究所、上海科学技術出版社）
王　沐　一九九〇　『悟真篇浅解』、中華書局
　　　　［不明］　『悟真篇研究』道教知識叢書之七、中国道教協会
王育成　一九九九　明孤本『宝善巻』南宗金丹派資料述論（『道韻』第六輯、中華大道出版）
王婉甄　一九九九　李道純三教合一思想之研究（『宗教哲学』第二十期、中華民国宗教哲学研究社）
　　　　二〇〇五　李道純性命双修之内丹功法研究（『三清青年学術論文集』、自由出版社）
王尊旺　一九九九　白玉蟾行踪考（『道韻』第七輯、中華大道出版）
王尊旺・方宝璋　二〇〇三　也談白玉蟾生卒年代及其有関問題――兼談近年来有関白玉蟾問題研究（『世界宗教研究』第三期、中国社会科学院世界宗教研究所）
呉　洲　一九九九　金丹派南宗与禅宗関係漫議（『道韻』第六輯、中華大道出版）
蕭進銘　一九九九　解知与証知――王弼与張伯端老学詮釈方法的比較研究（『道韻』第六輯、中華大道出版）
謝金良　一九九九　地方志中的白玉蟾生平簡歴（『道韻』第六輯、中華大道出版）
　　　　一九九九　榕城南関白真人廟及其遺存文物（『道韻』第七輯、中華大道出版）
　　　　二〇〇一　白玉蟾的生卒年月及其有関問題考弁（『世界宗教研究』第四期、中国社会科学院世界宗教研究所）
許寿霖　一九九五　再論張伯端師承劉海蟾（『宗教学研究』第三期、四川大学道教与宗教文化研究所）
　　　　一九九七　張伯端若干歴史問題弁偽――兼向厳振非先生請教（『宗教学研究』第二期、四川大学道教与

宗教文化研究所）
許　穎　二〇〇四　従『悟真篇』看張伯端「帰根復命」的宗教実践（『東岳論叢』第二期、山東社会科学院）
厳振非　一九八八　杜光庭和張伯端（『中国道教』第四期、中国道教協会）
一九九二　『悟真篇』成書地点考証（『中国道教』第四期、中国道教協会）
二〇〇四　張伯端考（『東南文化』二〇〇四増刊第一期、南京博物院東南文化雑誌社）
楊立華　一九九九　性命先後（『中国哲学史』第三期、中国社会科学院哲学研究所、中国哲学史学会）
一九九九　論金丹南宗的性命観（『宗教学研究』第三期、四川大学道教与宗教文化研究所）
二〇〇二　『悟真篇』薛注考（『世界宗教研究』第二期、中国社会科学院世界宗教研究所）
葉明生　一九九九　試論「瑜伽教」之衍変及其世俗化事象（『仏学研究』、中国仏教文化研究所）
尹志華　一九九九　論白玉蟾的道教思想（『道韻』第七輯、中華大道出版）
曽召南　二〇〇一　白玉蟾生卒及事迹考略（『宗教学研究』第三期、四川大学道教与宗教文化研究所）
詹石窓　一九八九　『南宋金元的道教』、上海古籍出版社［特に第三章第四節で李道純について触れている］
一九九七　詩成造化寂無声——武夷散人白玉蟾詩歌与艮背修行観略論（『宗教学研究』第三期、四川大学道教与宗教文化研究所）
一九九七　『悟真篇』易学象数意蘊発秘（『道家文化研究』第十一輯、生活・読書・新知三聯書店）
一九九七　李道純易学思想考論（『道家文化研究』第十一輯、生活・読書・新知三聯書店）
二〇〇〇　『南宋金元的道教文学研究』、上海文化出版社
二〇〇一　金丹派南宗之成立及其詞詩論要（『道教与文化学術研討会論文集』、台湾国立歴史博物館）

二〇〇二　竜眉子的還丹理論与『周易』関係考（『道韻』第十一輯、中華大道出版）

詹石窓・林鳳燕　一九九九　白玉蟾詩詞論要（『道韻』第七輯、中華大道出版）

張広保　一九九四　元後期江南全真道心性論研究（『道家文化研究』第五輯、上海古籍出版社）

一九九五　後期江南全真道性命双修心性論（同『金元全真道内丹心性学』、生活・読書・新知三聯書店）

二〇〇一　『唐宋内丹道教』、上海文化出版社

張　欽　一九九七　『青華秘文』「心」論浅析（『宗教学研究』第一期、四川大学道教与宗教文化研究所）

張思斉　一九九九　試論紫陽真人詞的宗唐因素（『道韻』第六輯、中華大道出版）

一九九九　論丘処機対金丹派南宗的継承発展及其文学表達（『道韻』第七輯、中華大道出版）

張沢洪　一九九九　論白玉蟾的科儀法術（『道韻』第七輯、中華大道出版）

二〇〇四　論白玉蟾対南宋道教科儀的創新——兼論南宗教団的雷法（『湖北大学学報』哲学社会科学版第六期）

張振国　二〇〇〇　張伯端内丹修煉実践（『福建道教』第三期、福建省道教協会）

二〇〇一　『悟真篇導読』、宗教文化出版社

二〇〇一　張伯端和他的『悟真篇』（『世界宗教研究』第二期、中国社会科学院世界宗教研究所）

二〇〇四　『悟真篇』絶句中的火候論（『中国道教』第四期、中国道教協会）

浙江省気功科学研究会文献委員会編　一九九一　『道家気功南宗丹訣釈義』、浙江科学技術出版社

鍾肇鵬　一九九六　論精気神（『道家文化研究』第九輯、上海古籍出版社）

周　冶　二〇〇一　上陽子陳致虚生平及『金丹大要』的丹道思想（『宗教学研究』第四期、四川大学道教与宗教

　　　　　　　文化研究所）

　　　　二〇〇三　道本陰陽、順凡逆仙——解析陳致虚丹道思想的理論基礎（『宗教学研究』第三期、四川大学道教与宗教文化研究所）

朱越利　一九九九　金丹派南宗形成考論（『道韻』第六輯、中華大道出版）

荘宏誼　二〇〇三　北宋道士張伯端法脈及其金丹思想（黎志添主編『道教研究与中国宗教文化』、香港中華書局）

【韓国語論文】

이재봉［李ゼボン］　二〇〇三　장백단의 내단사상에 관한 연구［張伯端の内丹思想に関する研究］（『大同哲学』第二十号、大同哲学会）

【欧文論文】

Arai, Shinji　1996　“Astronomical Studies by Zhao Youqin,” *Taiwanese Journal for Philosophy and History of Science*, no.8 vol.5-1

Baldrian-Hussein, Farzeen　1976　“Chang Po-tuan,” In Herbert Franke, ed., *Sung Biographies*, vol.I, Wiesbaden: Franz Steiner Verlag. (Munchener Ostasiatische Studien, 16,1)

Berling, Judith A.　1993　“Channels of Connection in Sung Religion: The Case of Pai Yu-ch’an,” in Patricia Buckley Ebrey and Peter N. Gregory eds., *Religion and society in T’ang and Sung China*, University of Hawaii Press

Cadonna, Alfredo　2005　"Cio che non e sogno all'interno del sogno. Una nota sul Mengshuo del Maestro taoista Bai Yuchan," in M. Scarpari, and T. Lippiello, eds., *Caro Maestro. Scritti in onore di Lionello Lanciotti per l'ottantesimo compleanno*, Venezia: Cafoscarina

Cleary, Thomas　1986　*The Inner Teachings of Taoism by Chang Po-tuan*, Boston: Shambala

1987　*Understanding Reality: A Taoist Alchemical Classic by Chang Po-Tuan with Concise Commentary by Liu I-Ming*, Honolulu University Press

Davis, Tenney L., and Chao Yun-ts'ung　1939　"Chang Po-tuan of T'ien-t'ai, his Wu Chen P'ien, Essay on the Understanding of the Truth. A Contribution to the Study of Chinese Alchemy," *Proceedings of the American Academy of Arts and Sciences* 73

1940　"Four Hundred Word Chin Tan of Chang Po-tuan," *Proceedings of the American Academy of Arts and Sciences* 73

1940　"The Secret Papers in the Jade Box of Ch'ing-hua," *Proceedings of the American Academy of Arts and Sciences* 73

1940　"Three Alchemical Poems by Chang Po-tuan," *Proceedings of the American Academy of Arts and Sciences* 73

Davis, Tenney L., and Ch'en Kuo-fu 陳国符　1942　"Shang-Yang Tzu, Taoist Writer and Commentator on Alchemy," *Harvard Journal of Asiatic Studies*

Fu, Daiwie　1996　"Crossing Taxonomies and Boundaries: A Critical Note on Comparative History of Science and Zhao Youqin's 'Optics'," *Taiwanese Journal for Philosophy and History of Science*, no.8 vol. 5-1

Kaltenmark, Maxime 1971-72, 1972-73 "Religion de la Chine, année 1971-1972," *Annuaire de l' École Pratique des Hautes Études*, Ve Section, Sciences Religieuses 80-81［pp.71-74で『悟真篇』が取り上げられている］

Robinet, Isabelle 1989 "Original Contributions of Neidan to Taoism and Chinese Thought," in Livia Kohn, ed., *Taoist Meditation and Longevity Techniques*, Center For Chinese Studies The University of Michigan

Tortchinov, Evgueni A. 1994 *Chzhang Bo-duan*（*Zhang Bo-duan*）. *Glavy o prozreniji istiny*（*Wu zhen pian*）, St. Petersburg: St. Petersburg Centre for Oriental Studies, 1994

Volkov, Alexei 1994 "Zhao Youqin and his calculation of π," *Historic Mathematica*

1996 "Science and Daoism: An Introduction," *Taiwanese Journal for Philosophy and History of Science*, no.8 vol.5-1

1996 "The Mathematical Work of Zhao Youqin: Remote Surveying and the Computation of π," *Taiwanese Journal for Philosophy and History of Science*, no.8 vol.5-1

Wong Shiu Hon 1978 "Tzu-yang chen-jen wu-chen p'ien shih-i," in Etienne Balasz and Yves Hervouet, eds., *A Sung Bibliography*（*Bibliographie des Sung*）, Hong Kong: The Chinese University Press

Ⅱ

神道と内丹思想

――吉田神道における内丹説の受容について――

第一章　『陳先生内丹訣』の内丹説とその伝授について

はじめに

天理大学附属天理図書館吉田文庫には『太上老君説常清静経』が二部収められている。一つは写軸一巻から成り、もう一つは吉田兼雄（後、良延。一七〇五～一七八七）の奥付を持つ江戸期の写本一種である。『太上老君説常清静経』（以下『清静経』と略記）は六百字弱から成る短いもので、道教で極めて尊崇される経典である。金・王重陽の開創による全真教では儒教の『孝経』、仏教の『金剛経』と並んで重視され、また現在でも早課（道観で行われる毎朝の誦経）で読誦される。正確な成立時期は分からないが、五代の道士杜光庭による注釈が残り、唐末には成立していたと考えられている。問題はこの吉田文庫所蔵の『清静経』の後ろには『修真九転丹道図』が付されていることである。

美麗な彩色図を持つこの『修真九転丹道図』は本邦の吉田文庫にのみ伝わるもので、前田繁樹により紹介された後、石田秀実により『修真九転丹道図』が、『道蔵』に収められる陳朴撰『陳先生内丹訣』（道蔵第七四三冊。以下『内丹訣』と略記）と深い関係にあることが指摘された(1)。

この『内丹訣』は、『修真十書』巻十七『雑著捷径』にも泥丸先生陳朴伝として『翠虚篇』の名で収められること が知られるが、『翠虚篇』を著したのは南宗第四祖の陳楠であり、陳朴ではない。石田はこのいわゆる偽『翠虚篇』と『内丹訣』、そして当該の吉田文庫所蔵『清静経』（『修真九転丹道図』）を点検し、偽『翠虚篇』に「九転金丹秘訣」という題名が冒頭に記されていることから、『内丹訣』が『九転金丹秘訣』という書題で整理され、その後、全真教南宗の活動に伴い、陳楠の『翠虚篇』と混同されるようになったこと、また『道蔵』に所収されることとなった『内丹訣』や『九転金丹秘訣』（偽『翠虚篇』）には本来『修真九転丹道図』のような彩色された図が付されていた可能性があることを指摘する。また石田はその上で『修真九転丹道図』は南宗の系統において明代頃までにまとめられ、これが吉田神道へと伝えられたと推測している。

『修真九転丹道図』に見られるような吉田神道における道教思想の受容は非常に重要な問題であるが、『内丹訣』自体についてもまだ十分に解明されたとはいえない状況にある。本書が吉田神道においてどのように受容されたかという問題と同時に『内丹訣』自体に対する検討も欠かせないだろう。

『内丹訣』に見える内丹説については謝正強「『陳先生内丹訣』研究」（『宗教学研究』第四十八号第三期、四川大学道教与宗教文化研究所、二〇〇〇）があるほか、張広保『唐宋内丹道教』（上海文化出版社、二〇〇一）、一〇五～一〇七頁、李顕光『混元仙派研究』（中国社会科学出版社、二〇〇七）、六十～六十七頁でも陳朴が取り上げられている。ただし『内丹訣』の内丹説が鍾呂派や、その後登場する全真教南宗とどのような関係にあるのかについては十分検討されたとは言い難い。そこで本章では、まず『内丹訣』の内丹説を整理した後、それが鍾呂派および全真教南宗の内丹説や教説とどのような関係があるのか、またそれら諸派との関係の中で、『内丹訣』が伝授されていった過程について若干の所見を述べることにしてみたい。

なおここでは『内丹訣』を底本とし、問題がある場合は『九転金丹秘訣』（すなわち『修真十書』所収偽『翠虚篇』）により校訂する。

一　吉田文庫所蔵『清静経』の構成

最初に吉田文庫所蔵『清静経』の構成を見ておこう[2]。

『太上老君説常清静経』（吉田四七―一九九）は写軸二巻から成る。第一巻の構成を順番に記せば、以下のとおりである。

①日月図の下、円圏の中に趺坐した老人の図。

②『太上老君説常清静経』

③『静坐不動口訣』　文中に見える張子陽《ママ》と玉蟾は、南宗初祖の張伯端と五祖白玉蟾であろう。張子陽のいう「始知我命不由天」は、張伯端の『悟真篇』に見える。

④二人の老人が互いに向かい合って趺坐している姿。

⑤『入室趺坐』

⑥倚子の上で趺坐した老人の姿。

⑦『修真九転丹道図』　これは第一転から第九転までから成り、『九転金丹秘訣』に見える第一転歌から第九転歌の口訣とほぼ同文である。なお第九転には口訣がないが、第九転歌に付された解がその代わりに置かれている。

第二巻は、第三転歌が佚脱するものの、『九転金丹秘訣』の第一転歌から第九転歌が記され[3]、全編にわたり、そこで詠われる修行者の様子が彩色豊かな図で描かれている。形式としては第一転から第九転までそれぞれの歌の下に坐功している修行者が描かれ、三尸が消滅する（第三転）・聖胎が完成する（第四・五・六転）・太陽の精を受ける（第五転）・月の英華を採り、流星のごとく飛去する（第六転）・赤と黒の胎気が頭頂より現れる（第七転）といった各段階に応じた特徴が描き込まれている。また修行が完成する最後の第九転では、修行者は立ち上がり、雲に乗って昇天する姿が描かれる。

また第一転歌から第八転までは、それぞれ坐功する修行者の左側に、修行中に現れる体内の情景が描かれている。ただし最後の第九転だけは別で、解に見える孫思邈（?～六八二）が薬を施し、許遜が蛟竜を斬って万民を救ったという情景が描かれる。そして最後に麒麟に乗り、昇天する修行者を、仙楽を奏でる神仙たちの一行が出迎える場面で第二巻は終わる。

内容から見て、巻一の⑦『修真九転丹道図』に見える口訣は、巻二の詩文および図と一続きのものであり、『道蔵』所収の『内丹訣』もしくは『九転金丹秘訣』に相当すると考えられる。ここでは巻一の⑦と巻二の両者を合わせて『修真九転丹道図』と呼ぶことにする。

この『修真九転丹道図』の後半部の巻二の図には、『内丹訣』の第一転から第九転までの内丹歌が記されているほか、図中に書き込みがある。『修真九転丹道図』には、『内丹訣』に見える「望江南」詞およびその注は見られないが、図中の書き込みは「望江南」やその注の一節が混じったものである。この書き込みが当初から存在していたとすれば、図が作られた段階で、既に『内丹訣』に見える「望江南」とその注釈が備わった段階であったことが分かる。

なおここでは全体の題目として『清静経』とされているが、一般には第一巻冒頭に置かれる②単独で『清静経』と呼ばれるものである。『吉田文庫神道書目録』はこの『清静経』の題目をもって全体の書名と見たのであろう。ちなみに本書と並んで吉田文庫に収められる『清静経』（吉田四七―一五三）もまたこの巻軸二巻の写本であり、純粋な『清静経』ではない。これは冊子の形式をとり、同じものが二部合冊され、その内の一つは吉田兼雄の奥付を持つ。ただし本書は共に図が省略され、訓点が付されている。

その他、⑤『入室趺坐』は前半が七字句から成るのに対し、後半部は不揃いとなっている。実はこの後半部は、陳沖素『陳虚白規中指南』（道蔵第一一四冊。以下『規中指南』と略記）の後序の後半部の文章とほぼ同一である。

陳沖素については、『規中指南』後序に「武夷昇真玄化洞天真放道人、虚白子陳沖素序」とある以上のことは分からない。『規中指南』には、南宗の初祖の張伯端の『悟真篇』や『金丹四百字』、二祖石泰の『還源篇』、三祖薛道光の『還丹復命篇』、五祖白玉蟾や李簡易といった南宗の人々の詩文を主としながらも、馬丹陽や譚処端といった北宗の詩文を交えて引用する。こうしたことから、おそらく陳沖素は元朝期に活動した南宗系統に属する人物であろうと考えられる。

二　『陳先生内丹訣』の序文について

次に『修真九転丹道図』の基となったと思われる『内丹訣』について確認していこう。

まず序文を見ておく。『内丹訣』の序文は大きく三つの内容から成り、最初に陳朴の経歴、次に『内丹訣』の伝授の経緯、そして最後に本書の構成が記される。

冒頭には「先生名朴、字冲用、唐末五代初人也（先生は、名は朴、字は冲用、唐末五代初の人である）」（一右）とあり、五代の戦乱を避けて、蜀の青城大面山に隠居し、鍾離権から道を授かり、呂洞賓と同師であることが述べられる。また陳朴は才気に恵まれ、徳が高く、長きにわたり徳行を積んでおり、「今不知其幾百歳（今、彼が何百歳であるか分から）」（一右）ず、時に世間に現れては歌や酒を楽しみとしたという。陳朴はこれに従う限り、唐末五代初頭の人物ということになる。

記事が具体性を帯びるのは、陳朴による『内丹訣』の伝授まで下る。元豊戊午年（一〇七八）、陳朴は南都の宋城（今、河南省）に遊び、高齢だった張方平に接気術を授け、寿命を一紀延ばした。また陳朴を知る者は少なかったが、淮南野叟という人物が、底のない土罐を携えて市に出入りしている陳朴を見て彼の非凡さを見抜き、師事するようになる。陳朴はその至誠なることを憐れみ、内丹訣を授けた。それがこの『陳先生内丹訣』だという。

最後に、『内丹訣』の構成が以下のように記される。

先生内丹之訣、直指玄関、九転成道。毎一転先述短歌、又託意於望江南、欲後来学方外之道者易暁也。（一左）

陳先生の内丹についての訣は、玄関をずばり指し示し、九転することで道に到達する。一転ごとにまず短歌を記し、またその主旨を「望江南」に書きとどめているのは、将来、方外の道を学ぶ者の理解しやすいようにと考えたからである。

実際に『内丹訣』は一転から九転から成り、一転ごとに最初に短歌が、続いて「望江南」詞が置かれ、最後に詳細に丹法の内容を説く口訣が置かれる。ただし修行が完成する第九転に口訣がないことは上述したとおりである。

補足しておけば、陳朴が接気術を授けたという張方平は『宋史』列伝第七十七や『宋元学案』巻三に伝が見える。張方平（一〇〇七〜一〇九二）は北宋・応天宋城の人で、字は安道、楽全居士と号する。西夏との和平を説き、神宗の時には王安石の新法に反対し、蘇洵（一〇〇九～一〇六六）や軾（一〇三七～一一〇一）・轍（一〇三九～一一一二）と交流した。なお序文で「張方平宮保」と記されるのは、哲宗の時に太子の補導を行う太子太保に任ぜられたからであろう。張方平の著作としては『楽全集』四十巻が残る。巻末に付された王鞏による「行状」によると、張方平は専ら六経と『史記』『漢書』を読んでいたが、暇な時には「老彭の導養の術」を楽しみ、『楞伽経』『維摩経』などの仏典に親しむといった三教一致論者であったようである。(4)『楽全集』には陳朴の名前は見えないようだが、道士の名前が散見され、張方平が道教に対して理解があった人物であったことが窺われる。また陳朴が授けた接気術とは、どうやら一種の房中術を指すようである。(5)

注意しておきたいのは、序文で具体的な年号や地名が登場するのが『内丹訣』が淮南野翁という無名の人物に伝授される北宋の元豊年間（一〇七八～一〇八五）まで下るということである。この元豊年間は、後に南宗の祖とされる張伯端が『悟真篇』を著した時期であり、また前後していわゆる北宋五子が活動する道学の胎動期でもある。これが何を意味するかについてはもう一度後で考えることにしたい。

三　鍾呂派と全真教南宗における「形神倶妙」

さて序文によると、陳朴は鍾離権の弟子で呂洞賓と同門ということになる。

ここで鍾離権と呂洞賓について秦志安『金蓮正宗記』巻一や趙道一『歴世真仙体道通鑑』巻三十一・巻四十五に見える伝で確認しておくと、鍾離権は漢の京兆咸陽（一説に燕台［今、河北省］の人）、呂洞賓は唐の蒲坂県永楽鎮（今、山西省。一説に東平［今、山東省］の人）で、鍾離権に師事したとされる。ここに見られるように鍾離権と呂洞賓の活動時期には大きな開きがある。この漢を五代の後漢とする見方もあるが、[6] この時代には既に鍾呂二仙が伝説的な人物と捉えられていたことに注意しておきたい。鍾呂派の文献として代表的なものとしては『秘伝正陽真人霊宝畢法』(以下『霊宝畢法』と略記)、『鍾呂伝道集』や呂洞賓の弟子の施肩吾による『西山群仙会真記』(施肩吾撰・李竦編。以下『会真記』と略記)、『修真太極混元図』(施肩吾伝・蕭道存撰。道蔵第一一六冊)があるほか、曽慥『道枢』にも節略されたものが数書、収録されている。その教説は一般に鍾呂内丹道・鍾呂派などと整理される。

宋代の道書には上記以外にもしばしば鍾呂二仙の名前が冠された著作や詩詞が見受けられるが、これらがどこまで本人のものなのかについては十分留意する必要がある。鍾離権や呂洞賓は後に八仙として数えられていくことに見られるように、当時、鍾離権や呂洞賓を尊崇する風潮が広まりを見せており、彼らの名前を借りて自説を展開しようとした場合があると思われるからである。結局、鍾呂派とは現在の研究者による整理概念なのであり、その虚実については慎重に判別する必要性があると思われる。

そうした中、上の鍾呂派の文献で注意される主張の一つに禅宗への批判があると考えられる。[7] 概略を説明すると、鍾呂派では形・気・神の順番に修行を進め、陽神を錬成し、身体から超脱することを目指すが、これにより修行者は肉体への出入が可能となり、最終的に肉体を捨てて仙界に昇ることができる。他方、禅宗の徒たちは「神」(精神的修養)は修めていても、形・気に関する修行を積んでいないので陰神しか錬成することができず、最終的にまた輪廻するというのである。陽神は、また聖胎・嬰児などとも呼ばれる。

一方、張伯端が『悟真篇』を著すと、彼の下に北宋から南宋へかけて、後に南宗と呼ばれる内丹道の一派が形成されていく。内丹の修養(命功)と同時に頓悟(性功)の必要性をも説く張伯端の教説は「性命双修」としてまとめられていき、南宋以降になると「性命双修」が『清静経』に見える「形神倶妙」と併置される例が散見される。[8] そこでは内丹を錬り、最終的に陽神を完成させる命功が「形」に、頓悟する性功が「神」に配当される。

この「形神俱妙」という言葉は『霊宝畢法』『会真記』にも見られるものの、当然のことながら、ここに頓悟といった性功の要素は含まれない。しかし張伯端以下の内丹道ではやがて呂洞賓の弟子の劉海蟾から張伯端へ伝授がなされたと考えられるようになり、こうした思想的な差異を包含しながらも鍾呂から張伯端に至る系譜が確立されていく。なお王重陽の全真教、いわゆる北宗でも独立して鍾呂からの系譜が説かれており、当時の鍾呂二仙に対する尊崇のあつさを窺うことができる。

ところで『内丹訣』にもやはり「形神俱妙」という言葉が見られる。しかしここでは鍾呂派の文献に見えるように仏教徒を批判するのでも、また南宗のように頓悟の必要性を説くのでもなく、別の問題が意識されているように思われる。以下、それを確認していくことにしよう。

四　『陳先生内丹訣』と「形神俱妙」

『内丹訣』における「形神俱妙」の用法について見る前に、まず『内丹訣』の内丹説の構造を押さえておこう。これについては『九転金丹秘訣』の冒頭に、一転「降丹」・二転「交媾」・三転「養陽」・四転「養陰」・五転「換骨」・六転「換肉」・七転「換五蔵六府」・八転「育火」・九転「飛昇」と整理されているのが要を得ているが（一右）、ここで簡単に点検しておくことにしたい。

まず第一転だが、胆中には天一の真水もしくは気が蔵され、「性命之根元（性命の大本）」（三右）とされる。そのため修行者は舌下の二つの竅を閉ざすことで胆中の精気と内通させ、左右の二経絡を通じてそれを脳へと運び、また泥丸でそれを一つにした後、十二環（喉）・夾脊・尾閭へと下し、最終的に心臓から胆へと戻すという作業を行う。

第二転では、九の付く日（九日・十九日・二十九日）の正午に、九息分の閉息を九回行うと、心から丹田へと熱い気が下る。なお「望江南」詞には「心腎始交通（心と腎が初めて通じ合う）」（七右）とあり、丹田が腎宮と捉えられ、『九転金丹秘訣』はここから第二転を「交媾」としたのだと思われる。

第三転では、六の付く日（六日・十六日・二十六日）の子時に、六息分の閉息を六回行う。三転歌の注によるとこれにより丹が丹田から左脇へと移動するという。また続けて、月末の子時に右手で尾閭を、左手で頭頂をさすると、心腎の気が胸部と腹部の間で交わり、[9] 丹気が激動し、五臓が火のごとく熱くなる。これを育火といい、丹は自然と左脇から丹田を越えて右脇へと移動する。また「望江南」詞とその注によると、この第三転の段階で聖胎が現れるが、その姿はまだはっきりしないという。

第四転では、やはり六の付く日の子時に、鼻息を閉ざし、真気が満ちてくるのを待つ。やがて丹気が舌竅より出てきたら、その華池神水を心へ送る。すると神火が激動し、五臓が熱くなり、汗をかき、四肢がくつろぐ。これを三回繰り返すと内丹は右脇から丹田に下る。また第四転が終わった段階で陰陽が共に十分になり、聖胎がそれにより魂魄を備え、出入が自在になるという。なお、『内丹訣』二転歌初句の注では第二転を「養陽」、第三転を「養陰」としているが（六右）、四転歌の注には「三転養陽、聖胎生魂、四転養陰、聖胎生魄（第三転では陽を養い、聖胎は魂を生じ、第四転では陰を養い、聖胎は魄を生ず）」（十二右）とあり、少し混乱があるようである。上述のとおり、『九転金丹秘訣』の冒頭では第三転を「養陽」、第四転を「養陰」とする（一右）。

第五転以下では、これまでのような体内の「内之陰陽（内なる陰陽）」を養成するのとは異なり、「外之陰陽（外なる陰陽）」を養う作業に移る（十七右）。第五転では九の付く日に太陽に向かって座り、鼻から太陽の気を九九八十一口、心へと取り込み、体内の真陽と交わらせる。

第六転では、毎月十五夜満月の日の子時に、月に向かって座り、鼻から月の気を八八六十四口、丹田へと取り込み、体内の真火と交わらせる。第六転の「望江南」詞には「陽砂換骨陰消肉（陽砂は骨を変化させ陰〔粉〕は肉を消す）」（十八右）という一句があり、注によると太陽の気で凡俗の骨が仙骨に、月の気で凡俗の肉が仙肌に変化することを意味しているという。(10)

第七転では、身体の内外の気から成る真なる陰陽を体内で交わらせ、「奪天地造化之功（天地の造化のはたらきを奪取し）」（第七転口訣、二十三左）、それを四肢へと行き渡らせる。これを千日間にわたり続けることで、五臓が変化し、凡俗の食べ物を受け付けなくなる。こうして内外共に凡俗の身体から神仙の身体へと変化する。

第八転では修行者は体内で真火を錬成していくが、あたかも胎児の臍帯（臍の緒）のように、修行者の臍中に地帯というものが現れる。すなわち真火の錬成中に丹火によって五臓が傷つくことがあるため、地帯を華池（口）へとつなぎ、気息を内通させるのである。すると丹田の真水が湧き起こり、九日で重楼十二環（喉）まで至り、火毒を防ぐことになるという。その後は九日目の夜子時に閉息し、神水を泥丸から夾脊、そして丹田に巡らせ、第八転は終わる。後述するが、ここで修行者自身が嬰児のイメージで捉えられていることに注意しておきたい。

以上で全ての修行が果たされたわけだが、最後の第九転では更に世俗の人々を救うことが求められ、三千の功行を積んでようやく神仙として迎えられる。こうして『内丹訣』の修行は完成する。このように『内丹訣』の内丹説は、体内外の陰陽の錬成や呼吸の数など観念的な体系を取る。だがその一方で修行が進むに従い、便通の減少や頭髪が薄くなること、また陰茎の収縮といった、修行者の身体的変化について記されていることも注意される。(11)これは、修行の際に現れる熱感などと同様、実際に現れる身体的現象なのかもしれないが、あるいは修行者の身体が次第に嬰児の状態に近づいていくことの証であると考えられていると捉えることもできよう。

この『内丹訣』に見られる内丹説が鍾呂派のものと異なる傾向を持つことについては、既に指摘されている。[12] 確かに臓器の中でも胆が重視されることや、内丹を巡らせる経路などかなり独特な感じを受ける。中でも問題となるのは、鍾呂派で重視される聖胎の錬成が第四転で完了してしまい、第五転以降、「造化のはたらき」を奪取する功夫が求められることである。こうした「造化のはたらき」を奪取するとして日月の英華を取り入れるという考え方も鍾呂派には見られないものである。鍾呂派でも造化を説くが、むしろそこには心腎交配に「造化の機」を見、天地創造のありを修行者の身体に照応させようという思考があるように思われる。この点について、ここでもう少し鍾呂派および南宗の教説との違いをはっきりさせるために「形神倶妙」という言葉に注目しておきたい。

『内丹訣』には「形神倶妙」の語は三箇所見える。まず第六転の「望江南」詞の注釈である。その「粉換肉肌砂換骨、凡胎換尽聖胎霊（[陰] 粉は肉肌を、[陽] 砂は骨を変化させ、凡胎はすっかり変化し、聖胎は霊妙になる）」（二十右）という句には、

魂化合神、魄化合気。清浄一体之中、形神倶妙、与道合一也。（二十右）

魂は変化して神と一つになり、魄は変化して気と一つとなる。清静な一体となった存在の中では、形質と神は共々霊妙であり、こうして道と合一する。

とあり、また末句の「飛挙似流星（流れ星のように飛翔する）」（二十右）には、次のような注釈が付されている。

学道之士、能全其神、未能換形、則為形所累、故出神則身不動、尸解則形不去。丹成六転、換尽凡形而成仙質、形神倶妙、神之所向、形亦随之、上昇九霄如星之快也。（二十右）

道を学ぶ者は、自らの神（精神）を完全にすることができても、形質を変化させることができなければ、身体に阻まれることとなり、それゆえ出神してもその身は動かず、尸解しても遺体はそのままとなる。丹が六転するまで至れば、凡俗の身体を全て変化させて仙人の身体となり、形質と神は共々霊妙にして、神が行くところには身体が従い、流星のごとくすばやく天上に昇ることだろう。

ここでは、神を修養すると同時に、肉体に対する錬成をもが要求されている。これまで体内での修養に終始していたのが、第五・六転の段階では日月の精華を体内へと取り入れ、「与天地造化通流（天地の造化に通じる）」（十九左）ことで、肉体を錬成することが求められるのである。これにより、凡俗の肉体は霊妙な神仙のそれとなり、「神が行くところには身体が従」い、出神・尸解の後も肉体がそのまま放置されるということがなくなる。『内丹訣』ではこれが「形神倶妙」と呼ばれる。つまり鍾呂派の内丹説と比べれば、出神のための形・気の錬成ではなく、肉体自身を仙質へと変えていくところに焦点があるのである。

なおこの箇所の直前の句「形魄豈能停（身体はどうして残ろうか）」（十九左）に対して「日中無影也（日中無影となる）」（十九左）と注されているのも、肉体自身の改変を説くこの文章にあっては、極めて示唆的である。「日中無影」は太陽が南中する時に影が消えることで、白日昇天や尸解と関係が深い語である。(13) これを太陽が南中する際、頭上に太陽が来ることで影が見えなくなることだとする現代的解釈もあるが、ここでは実際に修行者の身体が霊妙になり、影が消えることが考えられていると思われる。実際、第七転の望江南詞の首句「形透日、七転任飛騰（身体は透き通り、七

転して自在に飛翔する）」（二十二右）の注には、

七転之後、形神倶妙、内腑外形、皆為仙器。日中遊行、形影通明、色如紅玉、飛挙騰空、縦横任意也。（二十二右）

七転した後、形質と神は共々霊妙となり、内臓も外面も共に仙器となる。太陽の下を歩けば、姿も影も透き通り、その色は紅玉のようで、天空に駆け上がるのは自由自在となる。

とある。上述のとおり、第五・六転で修されるのは「換骨」「換肉」であり、第七転は「換五蔵六府」である。そのためここでは骨肉・内臓全てが霊妙な「仙器」となるのであり、それが「形神倶妙」とされるのである。

また実質的に修行が完成する第八転では、修行者に地帯と呼ばれる臍の緒のようなものができることや、八転歌に「周行胎息養嬰児（胎息を巡らせて嬰児を養う）」（二十四左）とあることなどから見て、この時のイメージは、術者自身が嬰児、すなわち聖胎そのものになっているといえるように思われる。鍾呂派の文献では錬成した胎児を頭頂より出す作業が求められるが、『内丹訣』ではそれに相当するような功法は記されない。既に第七転までで凡俗の肉体が消失している以上、陳朴の内丹説ではあらためて出神する必要がないのだろう。事実、これを裏付けるように『修真九転丹道図』第八転図ではそれまでと異なり、修行者の頭頂より飛び出す聖胎が描かれていない。

以上、「形神倶妙」という語を中心に『内丹訣』に見られる特徴を確認してきたが、このように見てくると同一の語句を用いながらも、禅宗批判をした鍾呂派、逆に頓悟に力点を置く南宗、そして肉身そのままに超脱を図る陳朴の教説という具合に三者三様の違いとなって現れていることを見て取ることができよう。

しかしそれでも疑問が残る。陳朴は鍾離権の弟子であり、呂洞賓と同門であるとされるからである。ではこうした教説の差異はどのように考えたらよいのだろうか。最後にこの点について考えておこう。

まとめ

ここでもう一度『内丹訣』に付された序文に戻りたい。

『内丹訣』の序文では、陳朴が唐末五代初頭の人であるといい、鍾呂二仙との関係が述べられた後、北宋・元豊年間の記事へと飛躍する。そこでは張方平の名前が見えるほか、本書が著されたいきさつなど記事が具体的になっていることが注意される。そもそも仮に唐が滅亡した九〇七年に陳朴が生まれたとすれば、元豊戊午歳（一〇七八）には既に百七十一歳を数えることになる。鍾呂信仰の高まりと南宗の勃興という時代背景を考えれば、こうした時代の飛躍は、むしろ陳朴の内丹説がこの頃、次第に鍾呂派に関連付けられていくようになった可能性を暗示しているように思われる。鍾呂派と明らかに異なる内丹説であるにもかかわらず、第二転歌および第五・六転の「望江南」詞注文に呂洞賓詩が引かれていることも、両者を結び付ける作為と見ることができるのではなかろうか。

『内丹訣』および『九転金丹秘訣』、すなわち偽『翠虚篇』が収められる『修真十書』は、共に制作年代が分からない。時代を確定する手掛かりとしては、宋・鄭樵（一一〇四～一一六二）の『通史』巻十九芸文略第五に書名が著録されていることと、李簡易『玉谿子丹経指要』冒頭に付された「混元仙派之図」に陳朴の名前が見えることが参考になろう。

「混元仙派之図」に記される系譜はいささか錯綜しており、理解しづらいところがあるが、その冒頭には、正陽真人の下、王鼎真人・成都真人・純陽真人・王老真人・耳珠真人と並んで陳朴真人の名前が見える。正陽真人と純陽真人がそれぞれ鍾離権と呂洞賓を指すことは間違いないだろうから、ここでは陳朴が呂洞賓と共に鍾離権から伝授を受けた兄弟弟子の関係にあることになり、『内丹訣』の序文の内容と一致することになる。つまり少なくとも「混元仙派之図」が著された頃には既に陳朴は呂洞賓と並ぶ人物として知られていたことが分かる。『玉谿子丹経指要』には、李簡易の景定五年（一二六四）の自序があり、また巻末には伝人の王珪による至正十四年（一三五四）の文章が付されるので、この頃までには現在見られる『内丹訣』の序文ができていた、少なくともそれが書かれる条件が整っていたと推測してもいいように思われる。

また『修真九転丹道図』を見ておくと、『静坐不動口訣』に張伯端や白玉蟾といった南宗の祖師の言葉が引用されるほか、本章でも指摘したとおり、『入室趺坐』にはやはり南宗系統の『規中指南』の序文が雑揉しており、『内丹訣』がその後、南宗系統の人々により伝授されてきたことを示していると考えられる。こうしたことは、『内丹訣』が『修真十書』に収められる時に南宗第四祖陳楠の『翠虚篇』と混同されたこととも無関係ではあるまい。つまり、本章で見てきたとおり、陳朴の内丹説はその思想的な違いを超えて、鍾呂派と南宗の人々により重層的に形成・伝授されてきたことを示していると思われる。

このように『修真九転丹道図』は、神道における道教文献の受容という点のみならず、内丹の形成や伝授といった点でも興味深い位置を占めているといえるだろう。本章では、『内丹訣』の内丹説とその伝授について検討してきたが、次章では、『内丹訣』に基づく『修真九転丹道図』が、吉田神道においてどのように受容されたかという問題の検討に移ることにしよう。

注

（1）前田繁樹「吉田文庫所蔵の『修真九転丹道図』について」（日仏コロック、於パリ、一九九一、口頭発表）、石田秀実「陳朴内丹説資料覚書」（宮澤正順博士古稀記念論文集刊行会編『東洋――比較文化論集――宮澤正順博士古稀記念』、青史出版、二〇〇四）。

（2）吉田文庫所蔵『清静経』については、本書第Ⅱ部資料を参照。

（3）第一転歌から第九転歌は、『内丹訣』と『九転金丹秘訣』では若干の文字の異同があるが、『修真九転丹道図』は第七転歌の冒頭の「七転身飛」を「七転飛身」に作るといった微細な違いを除き、『九転金丹秘訣』とほぼ同じである。

（4）「所読書専於六経読史、但観太史公記、班固漢書、以為猶足以伝信也。暇時頗楽老彭導養之術、閲仏典楞伽浄名、而得其理。毎曰、儒之誠明、道之正一、釈之定慧其致一也。君子之道求諸己以正性命而已矣」（『楽全集』附録「行状」）。

（5）彭暁『周易参同契通真義』巻上「是非歴蔵法章」第二十七の注には「復有対境接気、房中之術、屈伸握固、閉気咽津、因茲気乱神疲、魂傷魄痺……豈得見於清澄乎」（二十一右）とあり、また『古文竜虎経註疏』（道蔵第六二〇冊）巻下「火記不虚作章」第三十三の疏にも「復有対境接炁、行房中補養之術、男女相交、作人元大丹之法、気血将盛、返至禍患、棄腐形骸、化成灰土」（二十左）と見え、いわゆる房中術に類する術であったようである。李顕光はここでいう接気術を「煉気」ではないかと疑うが（李顕光前掲書、六十二頁）、陳朴がこうした房中術の知識に通じていた可能性は考慮しておいてもよいだろう。

（6）朱越利「托名呂洞賓作詩造経小史」（鄭開編『水窮雲起集』、社会科学出版社、二〇〇九）を参照。

（7）禅宗への批判は、『霊宝畢法』『鍾呂伝道集』『西山群仙会真記』『修真太極混元図』蕭道存序・『道枢』巻十「華陽篇」などに共通して見られる。また第Ⅰ部第一篇第一章を参照。

（8）例えば『紫陽真人悟真篇註疏』巻八西江月の翁葆光の注に「若能兼以識心見性、遣其幻妄、以広神通、則性命之道双円、形神倶妙則斯道愈弘矣」（八右）とある。正確には「性命双修」という用語ではないが、「性命双修」に類似する語句と「形神倶妙」が併記される例は南宗の文献に散見される。

（9）「心腎之気交於中鬲」（十一左）。『九転金丹秘訣』では、「中鬲」を「中膈」（九左）に作る。
（10）「採日一年之後、其陽砂内純、入於髄中換其凡骨、内生仙骨。……採月華納於丹田、結為陰粉。採月華一年之後、其陰粉内化入於肉中、換其凡肉、以養仙肌」（十八左）。
（11）第三転の望江南詞の注に、「三転之後、陽気充足、四体毛髪、皆自退落、以其陽毒衝落也」（九左―十右）、また「三転功成、内陽数足、陽既盛、故陰亀短縮、至於腸胃、亦自微縮。一月之中、大小便共無十次、位入地仙、道成無漏」（十右）と見える。
（12）例えば、張広保および謝正強前掲論文など。
（13）「日中無影」については吉川忠夫「日中無影――尸解仙考――」（吉川忠夫編『中国古道教史研究』、同朋舎、一九九二）参照。

第二章　吉田神道における道教の影響について

――『北斗経』と内丹説の関係を中心に――

はじめに

神道は、道教が中国においてそうであるように、一般に日本の「固有の宗教」であるとされる。『日本書紀』神代巻や『古事記』にまとまった記述が見えるように、神道は天照大神をはじめとする日本独自の神々を中心とした信仰体系を持つ。また現在でも日本各地には数多くの神社が存在し、それぞれの地域に深く根ざしつつ、その信仰は人々の生活に深く浸透しているといえよう。

吉田神道は、吉田兼倶（一四三五～一五一一）の創唱に始まる。吉田家はもともと卜部姓を称し、記紀神話（『古事記』『日本書紀』に見られる神話）に登場する天児屋根命に始まるとされる、代々朝廷の神祇を掌る一族であった。この一族からは『徒然草』の作者として文学的に名高い兼好法師（一二八三？～一三五二以降）や、『豊葦原神風和記』などを撰述した僧慈遍などが輩出している。

兼倶が活動したのはちょうど応仁の乱（一四六七～一四七七）の時期に当たり、その混乱の中で彼は従来の家学を再構築する形で新しい教説を打ち立てた。もともと確たる教説を持たなかった神道では仏教の伝来により、日本の神々を仏教の諸仏や天人の仮の現れ（権現と呼ばれる）と見る本地垂迹説が登場した。これに対し、鎌倉時代に登場した伊勢神道は「神道五部書」と呼ばれる教典群を生み出し、神道の主体性を取り戻す教説を打ち立てた。兼倶はこうした考え方を更に推し進め、本地垂迹的な思考から脱却し、神道中心の教説を建立しようとした。彼の教説は唯一神道または元本宗源神道と呼ばれる。現在でも京都大学の裏に鎮座する吉田神社には、彼の教説に基づく八角形の特異な様式の建物を見ることができる。これは大元宮と呼ばれ、天神地祇八百万の神々、すなわち日本の全ての神々を祀ることを目的に建立されたものである。彼はこの大元宮を中心として、仏教のくびきから脱し、全ての神々を一元的に捉える教説を構築しようとしたのである。

兼倶の没後も、吉田家からは清原宣賢（一四七五～一五五〇）や梵舜（一五五三～一六三二）といった逸材が登場し[1]、吉田神道は江戸時代を通じて大きな影響力を維持し続けた。なお江戸時代には、幕府は体制教学として朱子学を採用し、山崎闇斎（一六一九～一六八二）により唱道された垂加神道などの儒教的解釈を交えた神道説が登場する。またやがて『万葉集』や『日本書紀』など日本の古典作品に対する文献学的研究に基礎を置き、神道本来の精神への復帰を説く国学が生まれてくると、吉田神道は依然として仏教や陰陽五行思想などの異国の学説の影響を強く受けているとして批判にさらされていくことになる。

吉田神道がこうした仏教などの諸思想の影響を受けているだけではなく、教理の核心部分においても道教、とりわけ『北斗経』の影響が強く見られることは既に指摘されている[2]。一方、近年、吉田神道に伝えられてきた文献中には『北斗経』だけではなく、『修真九転丹道図』という内丹文献が存在していることが指摘された[3]。『修真九転丹道図』は五代の道士とされる陳朴の『陳先生内丹訣』などと密接な関係を有する内丹書である。では吉田神道において『北斗経』と『修真九転丹道図』の両者の関係はどのように理解されていたのか。本章ではこうした問題を足掛かりにして、吉田神道における内丹文献の受容について概観し、最終的に全真教との接点はどうだったのかについて示すことにしたい。

一　吉田神道と『北斗経』

一・一　吉田兼倶と『北斗経』

まず先行研究に基づき、吉田神道における『北斗経』の位置について確認しておこう。

吉田神道の教理教説を体系的に述べたものとしては、『唯一神道名法要集』（以下『名法要集』と略記）が挙げられる。本書の奥書には「万寿元年（一〇二四）七月七日　唯一長卜部兼延」と見え、兼延がその撰者に擬せられる。兼延は始祖平麿の曽孫で平安時代の人物だが、実際には兼倶が兼延に仮託したものとされ、文明十六年（一四八四）十一月の吉田社斎場所、大元宮創設の頃に撰述されたと考えられている[4]。

『名法要集』は、元本宗源神道・唯一神道が表に現れた顕露教と、表に現れることのない隠幽教から成ると説く。この顕露教は『先代旧事本紀』『古事記』『日本書紀』に基づき、また隠幽教は三部神経に基づくという。ここで一般に流布し人々に知られている顕露教よりも、その背後にある隠幽教に価値が置かれていることはいうまでもない。この隠幽教の所依経典である三部の神経については次のように記されている[5]。

問。三部神経者何哉。

答。天元神変神妙経、地元神通神妙経、人元神力神妙経。是云三部神経。

問。此等経者、神明宣説歟、聖人所説歟、如何。

答。天児屋根命〔春日大明神是也〕神宣也。後世、北斗七元星宿真君、降而写漢字為経。是云三部神妙経。

問う。「三部の神経とは何ですか。」

答える。「天元神変神妙経・地元神通神妙経・人元神力神妙経である。これを三部神経という。」

問う。「これらの経典は、神が説かれたものですか、それとも聖人の説いたものでしょうか。いかがでしょう。」

答える。「天児屋根命〔春日大明神のことである〕による神宣である。後世、北斗七元星宿真君が降臨して漢字に著し経典とした。これを三部神妙経というのだ。」

天地人三元の経典から構成される三部の神経は、天児屋根命の神宣であるという。天児屋根命は、邇邇芸尊〔瓊瓊杵尊とも記される〕の天孫降臨の際、随伴して降臨したとされ、天照大神の神勅により宮中の祭祀を司るとされた神である。すなわちここでは、この三部の神経は天児屋根命以来の血統を標榜する吉田家が代々伝えてきたものであるとして、自らとその教義の正統性を説いているのである。春日大明神は奈良の春日大社の祭神のことで、この中には天児屋根命が含まれる。ところでここに見える三部神経は明応六年（一四九七）以前に兼倶の手により成立していたとされるが、(6) 問題はこれが北斗七元星宿真君により、後世、漢字で経典として記されたと述べられている点である。

実際に『名法要集』の中には『北斗経』の引用が見られる。以下の文章は、神道が「真道」とも呼ばれていることについての問答である。(7)

問。何不謂神道、謂真道哉。
答。神者、善悪邪正、一切霊性之通号也。所謂為明純一無雑之真元神、謂之真道者也。『北斗元霊経』云、「真者、正也、直也、化也、聖也。霊通而妙明」、謂之真者也。「天無真、万物不春。地無真、草木不根。人無真、不能御神。」〔已上文〕

問う。「どうして神道といわずに、真道というのでしょうか。」

答える。「神とは、善悪邪正全ての霊性の総称である。いわゆる清明・純一にして不純なものが混じっていない真元の神であり、それを真道という。『北斗元霊経』には、『真とは正なり、直なり、化なり、聖なり。霊通して妙明なり』といい、これを真という。（また）『天　真無ければ、万物　春ならず。地　真無ければ、草木根づかず。人　真無ければ、神を御するあたはず』（という。）〔以上、引用文〕」

上の『名法要集』に見える『北斗元霊経』の引用文は、吉田家に伝わる玄陽子徐道齢集注・乾陽子徐道玄校正『太上説北斗元霊本命延生妙経』からのものである。これは基本的に『道蔵』に収められる玄陽子徐道齢集注・乾陽子徐道玄校正『太上玄霊北斗本命延生真経註』（道蔵第五二七―五二八冊。以下『北斗経』徐注と略記）に基づくもので、ここに見える引用文は巻一の経文「如此沈淪、不自知覚、為先世迷真之故、受此輪迴（このように溺れた状態にあるのは、自覚しておらずとも、前世から真理より遠ざかっているがゆえなのであって、そのためこうした輪迴に陥っているのだ）」（巻一、九左―十右）の注釈である。『道蔵』にはこの『北斗経』徐注以外に、無注本『太上玄霊北斗本命延生真経』（道蔵第三四一冊）、傅洞真注『太上玄霊北斗本命延生経註』三巻（道蔵第五二九冊）、崆峒山玄元真人注解幷頌『太上玄霊北斗本命延生真経註解』三巻（道蔵第五二八冊）が収められている。傅洞真については五代から北宋にかけて活動した人物と推測されるも、傅洞真注本・玄元真人注本共にその成立は元明時代に降るとされる(8)。吉田家で伝習される『北斗経』は基本的に『北斗経』徐注本を中心にするが、『名法要集』には一部、傅洞真注を踏まえた解釈が見られ、吉田家の『北斗経』注も純粋に徐道齡の注を書写したものではなく、出入があることが指摘されている(9)。

このように『名法要集』では唯一神道としての純粋性をうたいつつ、同時にその教理の根幹の部分に『北斗経』の影響が見え隠れしている。ではこうした他教の影響を兼倶自身はどう考えていたのか。『名法要集』の末尾に見える「不可要異邦之教法事」では次のように述べている。

右。唯一者、神明之直伝、一気開闢之一法也。大織冠仰云。吾唯一神道者、以天地為書籍、以日月為証明。是則純一無雑之密意也。故不可要儒釈道之三教者也。然雖為如此、為唯一之潤色、為神道之光華。広存三教之才学、専極吾道之淵源者、亦有何妨哉。

右。唯一神道とは、神明の直伝であり、一気により天地が開闢して以来続く法である。大織冠は次のようにおっしゃった。我が唯一神道とは、天地を書籍とし、日月をその証明とする。これは純一にして不純なものの混じることのない秘旨である。それゆえに儒仏道の三教を必要としないものなのである。だがそうであるとはいえ、それらは唯一神道を潤色するものであり、神道を光り輝かせるものである。幅広く三教の才能や学問を取り入れ、我が道の淵源をひたすら究めようとすることに、何の妨げがあろうか。

ここに見える大織冠とは藤原鎌足（六一四〜六六九）が授かった冠位のこと。これは当時の冠位制度の中の最高位であり、また鎌足自身の異称でもある。鎌足は、後に天智天皇となる中大兄皇子を助けて大化の改新に大きな役割を果たした人物である。このため彼は藤原姓を賜り、後世、吉田家の基礎を築いた重要人物として仰慕された。ここでは鎌足の言葉として、神道は純一であり、本来、儒道仏の教説を借りる必要はないが、神道を翼賛するために三教を参考にするのは差し支えないという。もっとも仏教的な解釈を交える両部神道からの脱却を図ろうとしていた唯一神道が、逆に道教的な影響を受けるというのは一つの皮肉ではある。(10)

以上、吉田神道において本質的に『北斗経』が極めて根深い位置を占めていることが理解できよう。『北斗経』徐注本の巻五には多くの符を載せるが、江戸時代、吉田家はこうした符を各地の神官に授けていたことが知られている。その背景には吉田家内部における『北斗経』の学習があったと思われる。次にこれを確認しておこう。

一・二　吉田神道における『北斗経』の受容

吉田神道における伝授は基本的に秘伝の形をとり、またその書籍は門外不出とされ、代々世襲で伝えられた。現在、その旧蔵書のほとんどは天理大学附属天理図書館に吉田文庫として収められる。(11)

吉田文庫には複数の『北斗経』や関連文書が残るが、これは吉田家において『北斗経』が熱意を持って研究されたことを示していよう。中でも最も重要なものとしては天文九年（一五四〇）一月二十四日の日付の吉田兼右（一五一六～一五七三）の識語を持つ『北斗経』が残り、兼倶の自筆本と推測されている。(12)このほか、吉田文庫に収められたものを天理図書館『吉田文庫神道書目録』に基づいて列挙すれば、(13)

・『太上説北斗延生真経』（吉田四七―一五二）　兼右筆写本を兼雄が筆写（享保十一年［一七二六］六月二十三日）
・『太上説北斗延生真経集註』（吉田四七―一九〇）　兼右奥書本を梵舜が筆写（元和四年［一六一八］）

・『太上説北斗元霊延生真妙経』（吉田四七―一五四）　兼敬筆写・兼雄奥書
・『太上説北斗元霊延生真妙経』（吉田四七―一五九）　兼敬筆写

の四部が見える。また『北斗経』に基づく儀礼の次第書も複数見られる。

・『唯一神道北斗七元神法次第』（吉田四二―三九六）　兼右筆写・兼雄奥書
・『唯一神道北斗七元神法次第』（吉田四二―一五二）　兼右本の書写本。江戸初期。
・『北斗行法次第』（吉田四二―四一四）　梵舜筆写・兼雄奥書
・『北斗行法次第』（吉田四二―四八七）　兼雄奥書（宝暦十一年［一七六一］九月三日）
・『北斗七元神法略次第』（吉田四二―二八七）　兼敬筆写（元禄十二年［一六九九］二月）

この内、『唯一神道北斗七元神法次第』については兼倶の作ともされる。(14)続く幾つかの抄本は、それを抄写したものである。その他、『北斗祭五行祭等神供条々』（吉田四五―二八）など、北斗祭をはじめ、五徳祭・五行祭など九種の祭祀の神供を簡単な図入りで説明したものもある。

ここで『北斗経』や儀式次第書の中に吉田兼敬の抄写本が数本含まれていることに注目しておきたい。吉田兼敬（一六五三〜一七三一）は、江戸時代中期に活躍した吉田家の当主。寛文五年（一六六五）に幕府により発布された「諸社禰宜神主法度」により神道界における独占的地位を保証されることにより、それ以降の吉田家が大きな権力を保持する基礎を固めた人物である。この兼敬の筆による上記の『北斗経』（吉田四七―一五九）には細かい訓点が付され、非常に深く研究した跡が見られる。また彼には複数の『北斗経』注の抜き書きが残る。これも列挙しておこう。

・『北斗経』（吉田四七―一四六）　兼敬筆写・兼雄奥書
・『北斗経抜書』（吉田四七―一四八）　兼敬筆写（元禄十二年［一六九九］五月十一日）
・『北斗経覚書』（吉田四七―一五一）　兼敬筆写（元禄十一年［一六九八］五月）

『北斗経』（吉田四七―一四六）は、表紙に「ホクトキヤウ」と見え、これが示すように、ほぼ全篇片仮名で北斗呪などを記す小部の冊子本である。『北斗経抜書』（吉田四七―一四八）は、『北斗経』を中心とした雑然とした抜き書き。巻頭に元禄十二年五月十一日の日付が見える。具体的には巻二の北斗七元君および巻四の『北斗経』の応験の箇所、また巻五の発炉・復炉以下、五十五種の符についての簡単な筆記が見られるほか、北斗七星・輔星の図や、日本で流行した類書である『拾芥抄』、そして後述する『修真九転丹道図』の一部などが雑然と記されている。『北斗経覚書』（吉田四七―一五一）は巻一から巻四にわたり、徐道齢の注釈を抜き書きしたものである。表紙に元禄十一年（一六九八）五月の日付がある。

その他、『道教覚書』（仮題、吉田四七―一四七。兼敬筆）も実は『北斗経』注の抜き書きである。『道教覚書』という書名が付けられているが、本書にはもともと書名が付されておらず、天理図書館で吉田文庫が整理される時に暫定的に付けられたものである。

『道教覚書』について少し詳しく見ておくと、本書は六紙をつなぎ合わせた写軸一巻から成る。ただしつなぎ合わせの順序に錯乱が見られ、整理してみると、『北斗経』徐注巻一と巻二の注文に相当する部分を中心に抜き書きしていることが確認される。この抜き書きは一部を除き、『北斗経覚書』と基本的に重複しない(15)。例えば『北斗経覚書』の冒頭では、「三災」から「一切厄」まで『北斗経』徐注巻二に見える北斗七元君の持つ二十四種類の応験全てを抜き書きしている。これは一方の『道教覚書』の第三紙に「応験事　廿四　重而可注也」とあるだけで、全く触れられていないという事実と対応していると思われる。『道教覚書』の作成の時期や経緯については同書より判断できないが、以上の事実から『道教覚書』は『北斗経覚書』と前後して作られたものと考えてよいだろう。この『道教覚書』と『北斗経覚書』については後でもう一度取り上げる。

上述のとおり、『北斗経覚書』には元禄十一年五月、『北斗経抜書』には元禄十二年五月の日付が見えることから、吉田兼敬は元禄十一年から十二年にかけて『北斗経』に高い関心を持っていたことが窺われる。また『北斗七元神法略次第』にも元禄十二年二月の日付が記される(16)。

兼敬がなぜこの頃に『北斗経』に関心を持っていたのかは興味深い問題であるが、これについては他日に譲り、ここではその兼敬が同時に『修真九転丹道図』を部分的に筆写している事実に注目しておきたい。『修真九転丹道図』は吉田家でやはり伝習された内丹文献である。次に吉田神道における『北斗経』と内丹説の関係について見ていくことにしよう。

二　『北斗経』と内丹説

二・一　吉田文庫所蔵『清静経』と『修真九転丹道図』

吉田文庫には現在、『太上老君説常清静経』（以下、『道蔵』所収『清静経』と区別するため、吉田本『清静経』と略記する）が二本収められている。一つは巻軸二巻から成り、全篇にわたり、彩色図が施される（吉田四七―一九九）。もう一方の吉田本『清静経』（吉田四七―一五三）はこの巻軸二巻の写本で、図は全て省略されている。これは同内容のものが二部合冊されており、前半部には吉田兼雄の奥書が見られる。後半に合冊されているものもおそらく江戸期、吉田兼雄の活動前後の時期のものであろう。

問題は、この吉田本『清静経』が、本来の『清静経』以外に『修真九転丹道図』をはじめとする幾つかの文章が一体となった複合的なものであるということである。ここで吉田本『清静経』の具体的な構成を記しておくと、本書は順に『清静経』『静坐不動口訣』『入室趺坐』『修真九転丹道図』の四つの部分より成る。字数から見ると、『清静経』が六百字弱、『静坐不動口訣』は約四百三十字、『入室趺坐』は約二百三十字の短い文章である。これに対して、分量から見ても中心的な位置を占めるのが、字数二千五百字を超える『修真九転丹道図』である。

吉田本『清静経』の内容を簡単に説明しておくと以下のとおりである。[17]『清静経』は道教における重要経典の一つで、全真教においても『孝経』や『金剛経』と並び重視された。『静坐不動口訣』は、修行を行う際の打坐の仕方を具体的に述べたもので、いわゆる南宗の張伯端や白玉蟾といった祖師たちの名前が見えることが注意される。また『入室趺坐』は、打坐の際の心身や呼吸のあり方や身中の造化の機を理解すべきことを説く。後半には元・陳沖素『陳虚白規中指南』後序の一部が混入している。陳沖素は元朝期、武夷山で活動した南宗系統の道士である。

最後の『修真九転丹道図』の内容は、内丹の錬成に加え、日月の精華を取り込んで「奪天地造化之功（天地の造化のはたらきを奪取）」して形神倶妙になり、併せて徳行を修めることで修行者の肉身そのままに仙人になることを目指すものとまとめることができる。これは陳朴『陳先生内丹訣』、および泥丸先生陳朴伝『翠虚篇』（『修真十書』巻十七

『雑著捷径』）と密接な関係があることが知られている。[18] なお『修真十書』所収『翠虚篇』は、南宗第四祖陳楠の『翠虚篇』とは無関係であり、巻頭に見える「九転金丹秘訣」が本来の書名であった可能性が指摘されている。[19]

また陳朴の内丹説や『修真九転丹道図』では、内丹の錬成に当たって胆臓に気が蔵されるとしている点や、内丹を左脇や右脇などに巡らせる経路を説くなど、鍾呂派や南宗の功法との大きな違いが見受けられる。これはもともと鍾呂派や南宗とは異なる系統に属するものが、鍾呂派、そして鍾呂二仙の道統を標榜する南宗の勢力が拡大するに従って、宋から元にかけて次第に鍾呂派の系譜に関連付けられたと考えられる。[20] また全体を通して南宗の影響が色濃く見られることを考えると、吉田本『清静経』の祖本は、一組のものとして南宗の人々の手により編纂、伝授されてきた可能性を考えてもいいかもしれない。

ところで、上述のとおり、『修真九転丹道図』に見られる内丹法は、全真教や、いわゆる後世南宗とされる張伯端以下の内丹道の内丹法とはかなり内容を異にし、主流の内丹法であったとは決して言い難い。しかし吉田家においてはまずはこの『修真九転丹道図』による内丹法が伝授されていたようである。吉田文庫には全真教や南宗の内丹文献がほぼ見られない一方で、『清静経』（吉田四七—一五三）の合冊本は両部とも細かく訓点が打たれ、非常に熱心に研究した形跡が見られるからである。

問題は、吉田家においてこの『修真九転丹道図』は『北斗経』と近い位置にあったことが窺われるということである。では吉田家において両者はどんな関係にあったのだろうか。

二・二　吉田神道における『北斗経』と『修真九転丹道図』

吉田家において『修真九転丹道図』は『北斗経』と近い位置にあったと考えられる。これは『北斗経』の学習に熱心であった吉田兼敬から見て取れる。

まず兼敬には『静坐不動口訣』（吉田四七―一五〇。以下、吉田本『清静経』所収の『静坐不動口訣』と区別するために兼敬本『不動口訣』と略記）が残る。これは実際には、吉田文庫所蔵『清静経』の内、『静坐不動口訣』と『入室趺坐』、そして『修真九転丹道図』の冒頭の「第一転行持口訣」までを書写したものである。本書の書誌を記しておくと、縦約二十九㎝×横約二十一㎝、十葉墨付四葉余紙六葉の仮装本袋綴である。『修真九転丹道図』は本来、第九転まであることから、あるいは第二転以下も筆写する予定であったのかもしれない。文字も余り丁寧に書写されているとはいえず、手元の控えという感を与える。その一方で、この兼敬本『不動口訣』には所々に訓読や返り点が施されており、十分に読み込まれ、学習された跡が窺われる。

また上述したとおり、兼敬筆『北斗経抜書』（六右）にも、『修真九転丹道図』第一転行持口訣の一部の抜き書きが見られる。こうしたことから既に兼敬が『北斗経』と『修真九転丹道図』を中心とする内丹説の双方に通じていたこと、また両者の親近性が分かるが、ここでは兼敬本『不動口訣』の見返しに描かれた図に注目しておきたい。

兼敬本『不動口訣』の見返しには、大きく紫微垣の北極五星と四輔の図が描かれている（図8）。すなわち上には四星が描かれ、その上には「四輔」の注記がある。また四輔の下には五星が一列に配され、一番上の星に「紐星」と記される。「紐星」とは北極星を指そう。そして図全体の下には「北辰／北極　天枢《スウ》」と記されている。その他、また右上には「入泥丸宮煉気殻」という文字が見られる。ここで考えておきたいのは、内丹書であるこの兼敬本『不動口訣』の見返しにはこうした内丹的な文言とともに、なぜ北極五星四輔図が大書されているのかという問題である。

『北斗経』ではどうして本経により延生することができるのかという理由を説くために、もともと北極星の周囲を回る北斗が北極星と同一視されることがあったようである。例えば『北斗経』には「老君曰、北辰垂象、而衆星共之

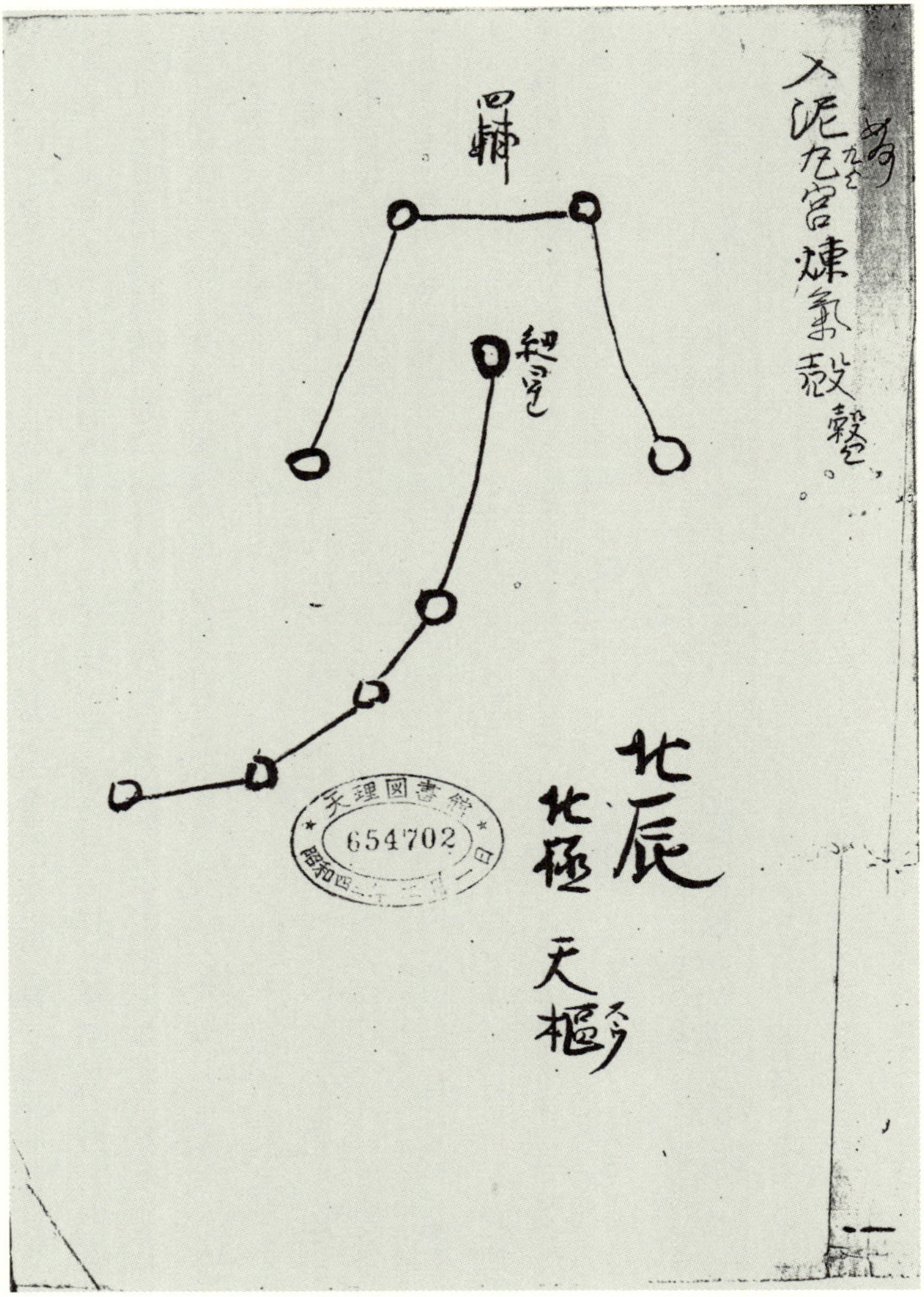

図 8　「北極五星四輔図」（兼敬本『不動口訣』見返し。天理大学附属天理図書館蔵）

（老君は『北辰 象を垂れ、衆星 之に共《むか》ふ』といわれた）」（『北斗経』徐注巻二、十二左）といい、そこでは北極星と北斗に区別は付けられていない。この部分の徐道齢注には次のようにある。

北辰者、北帝也。一名北極、亦号太辰。故辰極為天心、以正万物、北極為天枢、以居其中、不動為炁之主、故衆星環繞而帰嚮之。或言、北辰垂象一句、北之一字、恐是此字指北斗而言、庶与上下章旨貫通也。

（『北斗経』徐注巻二、十二左）

北辰とは北帝である。一名を北極といい、また太辰とも号する。それゆえに星々の極地を天心とし、これにより万物を正すのであり、北極を天の枢軸とし、その中心に位置し、不動であることから炁の主とし、それゆえにもろもろの星々はその周りを巡り、付き従うのである。ある者は、「北辰 象を垂る」の一句に見える「北」という文字について、おそらくこの一字は北斗を指して述べているのだろうといい、前後の章の意味を貫通させようとしている。

ここでは、前後の文脈から経文中でいう北辰とは北斗を指すという説を紹介している。つまり『北斗経』では北斗を北極、あるいは北辰と同義であると見なしているのである[21]。またこれは天の中心にあることから、天枢とも呼ばれる。もちろん紫微垣の中心に位置する北極五星や四輔と、北斗七星が即座に同じものでないことについては、兼敬も理解していたと思われる。事実、『北斗経抜書』には一般的な北斗七星と輔星が大きく描かれている（二左―三右）。いずれにせよ、ここでは兼敬が記す「北辰／北極　天枢」は全て北斗と関連する言葉でもあることに留意したい。また『北斗経』徐注巻五には北斗七星や輔弼二星など五十五種の符が並ぶが、その最初には尊星・帝星として北極星の符が置かれ、『北斗経』における北極星と北斗七星の位置の近さが窺われる。

徐道齢の注釈の内容をもう一度確認しておくと、『北斗経』では北斗が北極と同一視され、全ての星々を従えることと、更に進んで北斗が「炁之主」であると議論が拡大され、北斗の根源性を示すことに主眼が置かれた文章になっている。ここで注意しておきたいのは、これが『北斗経』と、一気を理論的基盤に持つ内丹説を架橋する内容でもあるということである。このように見てくると、ここに兼敬筆『不動口訣』という内丹書の見返しに、北極五星と四輔が大書されている理由があると見て差し支えあるまい。なお上に挙げた徐道齢の注釈は『北斗経覚書』にそのまま抜き書きされている（四右）。

ここで考えておきたいのは、『北斗経』に付された徐道齢の注釈の性格である。次に『北斗経』徐注について見ていくことにしよう。

二・三　『北斗経』徐道齢注と内丹説の関係について

吉田家に伝わる『北斗経』注が『北斗経』徐注五巻に基本的に従うことについては既に述べた。ここで道蔵本と吉田家本の違いに注意しつつ、徐道齢注を見ておくと、幾つかの特徴が見られる。

まず全体を通じて仏教的な要素が濃厚に見られることである。例えば、注釈中に引用される仏教経典として『四十二章経』、『金剛経』や『消災経』（唐・不空撰『仏説熾盛光大威徳消災吉祥陀羅尼経』、大正蔵第十九冊）などが挙げられ、仏道混淆的な状況下での撰述が予想される。(22) ちなみに吉田家に伝えられる徐注本は、道蔵本より更に仏教的な注釈が多く見られることが指摘されている。(23) 一方で『大学』『中庸』『孟子』の引用が見られるなど、徐道齢注には儒教的な要素も見られる。特に朱子学が広がりを見せるこの時代にあって、中には「性即理」という朱子学的な解釈をそのまま襲う部分も見られる[24]。

また道教経典の引用としては『玉枢経』が多用される。徐道齢は『玉枢経』四註本、すなわち『九天応元雷声普化天尊玉枢宝経集註』二巻の刊行に深く関与していることが知られる[25]。その他、引用が見られるものとしては『度人経』があるほか、『太上元始天尊説北帝伏魔神呪妙経』（道蔵第一〇五三―一〇五四冊）、『雲笈七籤』巻三十八「九真帝君九陰混合縦景万化隠天訣」、『太上飛行九晨玉経』（道蔵第一九五冊）、『北斗治法武威経』（道蔵第五七九冊）などに基づいて、北斗七元君の諱や姿、そのはたらきなどを整理している（巻三、一右―十二右）。

内容上の特徴としては「知止」の強調が挙げられる。「知止」は『大学』第一章に見える語で[26]、また『老子』第四十四章「知足不辱、知止不殆、可以長久」などにも見られる。ここでは巻二の経文「大聖北斗七元君、能解地網厄（大聖北斗七元君は、地網の災厄を消すことができる）」（巻二、九右）に付けられた注釈を見ておこう。

> 世人不思富貴貧賤乃命分已定、却不安分、不知止、違天命、悖気数、作非法以犯国法、棄性命、以喪身命。其地網天羅之厄、豈能逃也。人能安分懐刑、保身守道、更能礼斗朝真、則自無此厄也。（『北斗経』徐注巻二、九右―左）
>
> 世の人々は、富貴や貧賤といった「命分（天命による、人のあるべきところ）」が既に定まっていることに思い至らず、逆に自分のあるべきところに安住せず、そこにとどまることを知らず、天命に背き、本来あるべき気のあり方から外れ、違法なことを行って国法を犯し、性命を打ち捨て、身命を損なっている。そんなことでどうして天地を覆い尽くす災厄からは逃れることができようか。人は、自分の「命分」に安住し刑罰を恐れて、我が身を安全に保って道に従い、その上、さらに北斗を礼拝して神々に拝謁することができれば、おのずとこうした災厄はなくなるのだ。

ここでいう「知止」とは自分の「命分」に安んじることであり、それは天命による所与の富貴・貴賤といった社会的なあり方のことにほかならない。また直前の経文「大聖北斗七元君、能解天羅厄（大聖北斗七元君は、天羅の災厄を消すことができる）」（巻二、八左）の注にも「但能不越五常、明立三綱、更誠心澄慮以朝斗真、則永得延生而入仙道也（だが五常を守り、はっきりと三綱を打ち立てることができた上に、心を誠にして想念を澄ませ北斗の神々に拝謁すれば、いつまでも長生きして仙真の道に入ることができる）」（巻二、九右）と見える。結局、ここでは自分の「命分」や三綱五常といった封建的な社会倫理を守ることが「知止」とされているといっていいだろう。つまり彼らは一方で封建的な社会体制に従いつつ、一方でそこに生じる様々な矛盾を解決するために北斗にすがるのである(27)。

しかし徐道齢の注釈を特徴付けるのはこれだけではなく、何よりその内修的な性格にある。既に指摘されていることだが、宋代以降、符籙派の道書は、当時流行した内丹説に基づき解釈されていく(28)。例えば一世を風靡した神霄派や、その影響を受ける清微派、また浄明道などにおいても、外面的に符籙を用いる際にはまず内修が必要であることが強調されている。内修はまた内錬とも呼ばれる。内修の定義は明確ではないが、おおよそ内丹理論に基づく内面的な修錬とまとめることができよう。

徐道齢の注釈も正にこうした時代の思潮を反映しており、『北斗経』の解釈には内修的な解釈が多く見られる。ただしもう少し細かく見てみると、そこには次のような論理が存在しているように思われる。すなわち北斗は造化・陰陽のはたらきを司っているのであり、それが術者をはじめとする人や物、森羅万象にまで貫徹している。このように北斗は根源的であるからこそ人は北斗を礼拝せねばならないという思考である。例えば徐道齢はこのようにいう。

斗為天地之準縄、斗乃陰陽之陶冶、生物生人、運水運火。故成四季、令万霊振十方冠三界。自三清昊天玉枢之尊、復有如北斗功徳之大也耶。人人頂戴北斗、而不知身属於斗。（『北斗経』徐注巻二、二十一左）

北斗とは天地の準則であり、陰陽による創造であり、万物を生み、人を生みだし、水火を巡らせる。このため四季が生じ、人々により世界を豊饒にしつつ、三界の上に位置している。三清や昊天、玉枢といった諸尊の中で、北斗の功徳ほど大きなものはあろうか。人々は北斗を頭に頂きながら、その身が北斗に従属していることを知らない。

また上でも見たとおり、北斗は北辰と同一視され、「旡之主」でもあった。一方、人が延生をするためには、北斗が司るこうした気や陰陽のはたらきにのっとって修行者自身の修養が同時に必要であるとされた。このため、例えば『太上三十六部尊経』（道蔵第十八―十九冊）「太清境黄庭経」などを引用し、五臓の精を錬成して丹を作り、気を錬成して神にし、長生し仙界に入る必要性が説かれるのである。(29) もっともこうした内修を説くことは、修行者自身の中に根源性を求めてしまうことになり、北斗を礼拝する意味がなくなってしまうことにつながりかねない。このためもあってか、徐道齢の解釈に内丹的な解釈は散見されるものの、体系だって内丹法を説くには至っていない。

とはいえ徐道齢の注には、いささか断片的な形ではあるが、神・気といった術語を使い、内丹理論が示されることは数多く見受けられる。例えば巻一「為無定故」（八右）の注は以下のとおりである。

夫定者乃入道之要路、延生之捷径也。定者正也、身若不正、豈能入道、心若不正、豈能延生。延字之義、亦従正、従之。又定者静也、向也、止也、決也。水定則不流、地定則不陥、心定則万慮息、身定則万事止、性定則旡霊、

神定則炁清。而定非静不能成也。（巻一、八右）

そもそも定とは入道の重要な道であり、寿命を延ばす近道である。定とは正であり、もし身が正でなければ、どうして道に至ることができよう。もし心が正でなければ、どうして寿命を延ばすことができよう。延という文字の意味は、やはり「正」と「之」という字から成る。また定とは静であり、向であり、止であり、決である。水が定まれば流れず、地が定まれば陥没することなく、心が定まればあらゆる想念は止み、身が定まればあらゆる物事は止み、性が定まれば炁は霊妙になり、神が定まれば炁は清らかになる。だが定が静まらねば成し遂げることはできない。

本来、経文の「為無定故」は、衆生がいつまでも輪廻を繰り返して尽きることがない、くらいの意であろうと思われる。だがここでは『大学』第一章の「止まるを知りて而して后に定まる有り、定まりて而して后に能く静かに、静かにして而して后に能く安し」を踏まえた注釈となっており、心・身・性・神の安定により気が霊妙になることを説く。この箇所は『道教覚書』にも抜き書きされているが、『静坐不動口訣』がやはり静坐における定力の必要性を説いており(30)、内容上の関係を注意してもよいかもしれない。その他、徐注には北斗の存思法や、『黄庭経』に見える五臓神の存思法なども見える(31)。

ところで、実はこうした存思法に関する文章をはじめ、ここで論及または引用した徐道齢の注釈はほぼそのまま吉田兼敬の『北斗経覚書』『道教覚書』に見られるものである。『北斗経覚書』『道教覚書』が一連の『北斗経』のノートであることは上で述べた。もちろんこの抜き書きは個人的な資料であり、即座に意識的に著された著作とは異なり、どれほどまで兼敬の関心の全体像を反映しているかについては注意が必要である。それでもある程度の兼敬の関心の所在を示していると見ることは可能であろう。

本来、ここで『北斗経覚書』『道教覚書』の抜き書きの詳細な検討をすべきではあるが、紙幅の関係からここでは内容の簡単な説明にとどめておきたい。『道教覚書』は巻一から十三条、巻二から八条の合計二十一条、『北斗経覚書』は、巻一から三条、巻二から二十七条、巻三から三条、巻四から四条の計三十七条が抜き書きされている。抜き書きされた内容としては、まず『北斗経』の中心を占める北斗七元君の応験に関する部分が全般にわたり抜き書きされているほか、太上老君に関する基礎的な知識が抜き書きされている。内修的な注釈も多く引かれ、特に存思に関する部分は全て記録されている。また上でも指摘した『消災経』などによる仏教的な解釈や、「性即理」という朱子学的な命題を説く箇所、「知止」に関する注釈の箇所についても引かれている。またこれに加えて『名法要集』に見える『北斗経』の引用箇所もそのまま抜き書きされている。このように見てくると、兼倶以来の吉田神道の教説に従いつつも、『北斗経』徐注そのものに対しても兼敬の理解はかなり忠実であったことが見えてくる。

『北斗経』徐注は符籙による北斗への祈願や礼拝を主眼としており、体系的に内丹法が語られることはないものの、そこには内修的な解釈が通底している。となれば吉田家において徐注に従い、『北斗経』を丹念に読めば読むほど内丹理論を理解する必要に駆られずにはおられなかっただろうし、またその実践の必要性が認識されたであろう。こうして吉田家において『修真九転丹道図』はやはり必要なものとして『北斗経』と共に学習されたのだと考えられるのではなかろうか。また『修真九転丹道図』の内丹法は決して南宗や全真教で行われていたようないわゆる主流であった内丹法ではないが、一方で徐道齢の『北斗経』注では即座に内丹説が十全の形で開陳されることはない。こうしたことから両者は矛盾することなく併存していたのではないかと思われる。

三　吉田神道における内丹文献

以上、吉田神道の教説上、大きな位置を占める『北斗経』徐注は内修的な解釈に基づくものであり、これが『修真九転丹道図』の学習へとつながったであろうことを見てきた。ところで上でも述べたとおり、『修真九転丹道図』の内丹説は基本的に全真教や南宗のものとは異なる系統のものである。では吉田家は全真教について全く知識を持たなかったのだろうか。最後に吉田文庫に残る幾つかの蔵書目録から、そこに見える書籍を通して彼らの全真教や道教に対する理解を瞥見しておくことにしたい。

現在、吉田文庫には基本的に『北斗経』や『清静経』関連の文献を除けば、明版の『刪補性命圭旨定本』五巻（吉田九四-五四）や、和刻本の涵虚子『臞僊活人心法』三巻（吉田九三-五三）が収められているぐらいで、ほとんど道教関係の文献を収録しない(32)。しかし実際には、決して彼らが道教的な知識・書物に接することがなかったかというとそうではない。これは吉田文庫に残る蔵書目録をひもとけば分かる。

現在、吉田文庫には二十数種類の蔵書目録が残る。記録された時期や背景が不明であったりするものも多いが、これらの蔵書目録は吉田家に伝えられる蔵書がどのようなものであったかという一つの指標となり得るものということができよう。

吉田家の蔵書目録の多くは、家学の記紀などを中心とする和書を記録したものである。そうした中で、漢籍だけを載せるものに『漢籍目録』（仮題、吉田九三-二〇）がある。これは大冊の仮装本袋綴で十三葉から成る。上下二段各十一行または十二行で書名を記し、ごくまれに撰著者名を付す。合計五九六条の内、重複分などを除けば、合計五九四部となる。[33] 残念ながら制作時代や著録者は共に不明であるが、吉田文庫の漢籍類を著録した目録の中で、分量的にこの『漢籍目録』を超えるものは他に見られないようである。

ところでここで注目されるのが、吉田文庫に数点残る臼井接伝《つぐみち》の書籍目録である。臼井接伝（一六六八～一七〇五）は、姓は平、臼井氏、名は竹烝、太常宗と号す。金地堂春磨の子。京都祇園社神楽座に勤仕していたが、神道の考究に熱心で、吉田家に出入りし、吉田兼敬から一時期、大いに信頼を受けた。最終的に宝永二年（一七〇五）に破門されるが、それまでは吉田神道の門人として活動しており、吉田家と極めて近い位置にいた人物である。[34]

臼井接伝の書籍目録の中で最も充実したものとしては『歴覧書目』（吉田〇一－六）・『電覧書籍目録』（吉田〇一－一〇）があり、『和漢書籍目録』（吉田〇一－八）がこれらに次ぐ。[35] これらは和書と漢籍を共に記したもので、『歴覧書目』（吉田〇一－六）の表紙には、「自延宝甲寅二年（一六七四）三月廿二日／至元禄己巳二年（一六八九）八月朔日／歴覧凡四百八十三部也／臼井接伝（花押）」と記されている。ただし実際には同書には和書・漢籍合わせて五七六部の書名が記され、四八三部というのは著録される漢籍の部数にほぼ相当するようである。[36] 一方、表紙に「金地堂　平接伝」の自署を持つ『電覧書籍目録』には和漢書四百弱部を収める。その末尾には「右　自延宝二歳次（一六七四）甲寅三月／廿二日至元禄二歳次（一六八九）己巳／四月廿二日〔自是以来所電閲之／書目別書之〕」（三十一右。〔 〕内は割注）と記され、時期がほぼ重複していることが分かる。ここで、これら臼井接伝の目録と、上述の『漢籍目録』を照合してみると、書名に若干の違いはあるものの、『歴覧書目』の漢籍四八三部の内、四三八部までが、『電覧書籍目録』では漢籍二五八部の内、二〇六部が重複している。また『和漢書籍目録』は全一四六部中、漢籍は九十部を占め、その内、七十二部が重なっている。[37] 臼井接伝と吉田家の関係に加え、こうした内容上の近似性を考えれば、ここで取り上げる『漢籍目録』もまた吉田家に所蔵された漢籍文献の傾向、特に兼敬の頃の蔵書を反映したものと捉えて問題ないといえるだろう。[38]

『漢籍目録』の分類は基本的に四部分類に準ずる形式をとる。ここで暫定的に四部分類により整理しておくと、経部は『孝経』以下七十六部、史部は『史記』以下四十三部、子部は『五行大義』以下一九九部、集部は『文選』以下二七八部が収められる。なお更に子部は大雑把に諸子類・道家類・仙伝類・医家類・地理類などにまとめて分類されているようで、また集部には本来、子部仏家類や叢書類に分類されるものを含む。また最後は未分類のものを一括して記しているようである。

目録の内容については様々な角度からの分析が可能だろうが、ここでは道教、特に内丹道や全真教との関係について検討することにしよう。以下、上の分類に従い列挙しておくと、まず子部諸子類では『広成子』『老子』『関尹子』『列子』『荘子』『抱朴子』などの道家系の書名に混じり、『瑩蟾子』が見えることが注意される（四右）。瑩蟾子は元初に活躍した李道純の号。李道純は旧南宋領で活動した道士の中で早くから全真を称した人物で、著書に『瑩蟾子語録』が残る。また王弼らの『老子』注に混じり、『白玉蟾老子経註』が見えることも目を引く（五右）。これは、白玉蟾『道徳宝章』に当たる。

道家類では『大（太）上感応編（篇）』以下、『清静経』や『黄庭経』などのめぼしい道教経典が十三部並ぶ。[39]ついで『悟真編（篇）』から『規中指南』まで内丹文献を中心とした書名が記される。具体的に書名を挙げておくと、『悟真編』『続悟真編』『全真活法』『青華秘文』『金丹語録』『参同契』『無上秘要』『規中指南』となる。この内、『無上秘要』（道蔵第七六八―七七九冊）は魏晋南北朝頃に成立したとされる大部の類書だが、これを除くその他の書物は全て内丹に関するものである。

まず『悟真編』『続悟真編』は、北宋・張伯端の『悟真篇』とその後ろに付される「禅宗歌頌」のことであろう。

『青華秘文』は正式には『玉清金笥青華秘文金宝内煉丹訣』といい、やはり張伯端に仮託されるものである。『全真活法』は、李道純の主著『中和集』巻三の一部である。『金丹語録』は不明。魏伯陽の撰とされる『参同契』は内丹・外丹を問わず、錬丹術の必読文献とされた。『規中指南』については、上述の元・陳沖素『陳虚白規中指南』のことで、『入室趺坐』と関係する。また本書は吉田文庫にも、断片的な筆写本が収められている（吉田九九―一一〇）。

またこれに続き、『列仙伝』以下、『消揺墟引』まで十数部、仙伝を中心とした道教関連文献が並ぶ。[40]ここに見える『有像列仙伝』は『有象列仙全伝』（蔵外道書第三十一冊）のことであろう。『有象列仙全伝』九巻は王世貞輯・汪雲鵬校、万暦二十八年（一六〇〇）の汪雲鵬の後序がある。早くから日本に舶来され、訓点が打たれた上で覆刊され、大いに流通した。吉田文庫にも慶安三年（一六五〇）九月六日京都藤田庄右衛門板を収めることを確認することができる（吉田九二―一九）。巻八には王重陽以下、馬丹陽・孫仙姑・譚処端・劉処玄・丘処機・郝大通・王処一の七真の伝が収録されている。また『消揺墟引』（『消揺墟』〔道蔵第一〇八一冊〕のことであろう）にも馬丹陽の伝がある。これは洪自誠『仙仏奇踪』の神仙の伝記部分に相当する。

その他、目録の最後に著録される未分類のものの中には、譚景昇『化書』（十一右）、李道純『中和集』（十一右）、洪自誠『長生詮』（十二左、道蔵第一〇八二冊）・同『無生訣』（十二左）が見られる。『長生詮』『無生訣』はやはり『仙仏奇踪』の一部で、特に『長生詮』は道教経典や全真教・南宗の祖師たちの抜き書きの形をとるものである。

このように『漢籍目録』の中には『規中指南』などの南宗系統の道書に加え、全真を称した李道純の著作の存在が確認される。もっとも即座に、王重陽をはじめとする全真教文献が吉田文庫に収められているわけではなく、目録に名前が見える李道純の著作も現在、吉田文庫の中には残らない。その理由の一つとしては、吉田家における知識の継承が伝授を中心とする形態であったために、従来から伝承してきた『修真九転丹道図』以外の内丹文献に余り高い価値を見いださなかったためかもしれない。結局、内丹文献の受容の状況から見てみると、吉田神道には体系的に全真教を受容した形跡はなく、その影響は限定的なものであったといえるだろう。

まとめ

吉田兼倶により創唱された吉田神道は、唯一神道と呼ばれ、登場以来、江戸時代を通じて大きな影響力を持っていたが、その教理中には『北斗経』の影響が指摘されてきた。吉田家における『北斗経』の解釈は基本的に徐道齢の注釈に基づくものであり、それは当時の多くの符籙派の道書と同様に内修的な解釈、すなわち内丹的な理論に基づいている。一方、吉田家にはこの『北斗経』と同時に吉田本『清静経』が伝えられていた。これは実際には『修真九転丹道図』という内丹文献を中心とした複合的なものである。

例えば熱心に『北斗経』を学んだ、江戸時代中期の吉田家当主である兼敬は『北斗経』に関する複数の抜き書きや覚書を残しているが、その理解は徐道齢の注に忠実である。これは必然的に内丹説の理解の必要性を感じずにはいられなかったであろうことが予想される。事実、兼敬は吉田本『清静経』の一部を抄写した兼敬本『不動口訣』を残しており、内丹説を深く学習した形跡が窺われる。また兼敬本『不動口訣』には、北極五星と四輔が大書されるなど、『北斗経』との位置は極めて近い。すなわち、兼敬に端的に現れているように、吉田家において『修真九転丹道図』は吉田神道に欠かせない『北斗経』儀式を支える必須のものと理解されていたと考えられる。ただし『修真九転丹道図』に見える内丹説は、陳朴『陳先生内丹訣』に基づいており、全真教や南宗のものとはかなり内容的に異なるものである。

吉田文庫に残る『漢籍目録』を見てみると、吉田家はある程度まとまって道教関係の文献に接していたことが見て取れる。しかし内丹関係に限って見てみるならば、『規中指南』などまずはいわゆる南宗文献が多く、全真教関係では李道純の『中和集』などにとどまる。すなわち吉田家の中には内修的解釈を持つ『北斗経』や『修真九転丹道図』という内丹文献を基盤として、僅かではあるが全真教への扉は開かれていたといえようが、それでもやはり吉田神道への全真教の影響は限定的なものであったと考えられる。

それにしてもなぜ吉田家で伝承されたのは『修真九転丹道図』であったのだろうか。吉田家における『修真九転丹道図』の受容はおそらく兼倶の時代を大きく遡ることはないだろうと思われるが、兼倶の頃に意識的に選ばれたのか、それともたまたま舶来したものが使用されただけなのか。これについてはまた他日に譲ることにしたい。

注

（1）清原宣賢は兼倶の三男であったが、明経博士であった清原宗賢の養子となったため、清原姓を名乗った。なお宣賢の子兼見（一五三五～一六一〇）は再び吉田家嫡流に養子入りした。梵舜は兼見の子。

（2）西田長男『日本神道史研究』第五巻・中世編（下）（講談社、一九七九）、出村勝明「吉田神道の道教的要素――「神祇道霊符印」を中心として――」（同『吉田神道の基礎的研究』［神道史研究叢書十七］、臨川書店、一九九七）第三章第一節、菅原信海「吉田兼倶と『北斗元霊経』」（牧尾良海博士喜寿記念論集刊行会編『儒・仏・道三教思想論攷――牧尾良海博士喜寿記念』、山喜房仏書林、一九九一）、坂出祥伸・増尾伸一郎「中世日本の神道と道教――吉田神道における『太上玄霊北斗本命延生真経』の受容――」（酒井忠夫・福井文雅・山田利明編『日本・中国の宗教文化の研究』、平河出版社、一九九一）を参照。

（3）石田秀実「陳朴内丹説資料覚書」（宮澤正順博士古稀記念論文集刊行会編『東洋――比較文化論集――宮澤正順博士古稀

記念』、青史出版、二〇〇四）。

（4）出村勝明前掲書、第一章第二節「唯一神道名法要集の成立」を参照。

（5）以下、『名法要集』は大隅和雄編『中世神道論』（岩波書店、一九七七）所収吉田家文庫蔵自筆本『唯一神道名法要集』を用いた。なお〔 〕内は割注。以下同じ。

（6）出村勝明前掲書、九十三頁。

（7）日本語では、神道と真道とは同音である。

（8）三浦國雄「若杉家本『北斗本命延生経』について」（『東方宗教』第一二三号、日本道教学会、二〇一四）に『北斗経』諸注の成立年代に関する学説がまとめられている。

（9）菅原信海前掲論文参照。これを受け、坂出祥伸・増尾伸一郎前掲論文は兼倶が「独自の『北斗経』を〈創出〉した」（六十四頁）という。

（10）両部神道は仏教、特に密教の教説により解釈された神道説。吉田兼倶は『名法要集』で両部神道を元本宗源神道以前の議論であると位置付けている。

（11）吉田神道の関係文書の天理図書館への入蔵の経緯については、松下「天理図書館所蔵吉田文庫的道教文献簡介」（『上海道教』第二期、上海市道教協会、二〇一三）を参照。

（12）同書は天理図書館編『天理図書館稀書目録（和漢書之部）第三』〔天理図書館叢書第二十五輯〕（天理大学出版部、一九六〇）に収録されている。

（13）天理図書館編『吉田文庫神道書目録』〔天理図書館叢書第二十八輯〕（天理大学出版部、一九六五）。なお（ ）内は吉田文庫の整理番号である。

（14）菅原信海前掲論文参照。

（15）重複するのは『道教覚書』計二十一条、『北斗経抜書』計三十七条の全五十八条の内、三箇所のみである。

（16）なお末尾には、さらに宝永三年（一七〇三）九月七日にも北斗儀礼を行ったことが記されている。

(17) 本書第Ⅱ部資料を参照。

(18) 石田秀実前掲論文参照。

(19) 石田秀実前掲論文参照。

(20) 本書第Ⅱ部第一章を参照。

(21) また「北斗経題辞」にも「或曰、北斗即北極、北辰之象」（一左）という文章が見える。

(22) 三浦國雄前掲論文では、『北斗経』の成立に絡んで、道仏二教の複雑な交渉の存在を指摘している（八頁）。

(23) 菅原信海前掲論文参照。

(24) 「先儒推原来歴、謂由太虚有天之名、由炁化有道之名、天之所賦曰命、命即令也、人之所受曰性、性即理也」（巻一、十八右-左）。

(25) 三浦國雄は、徐道齢が扶乩により『玉枢経』の注を作成した可能性を指摘している（「『玉枢経』の形成と伝播」、『東方宗教』第一〇五号、日本道教学会、二〇〇五）。

(26) 三浦國雄「『北斗本命延生経』徐道齢注の諸問題」（吾妻重二編『文化交渉学のパースペクティブ――ICIS国際シンポジウム論文集』［関西大学東西学術研究所研究叢刊五十二］、関西大学出版部、二〇一六）を参照。なお同氏からは、このほかにも『北斗経』について様々なご教示を得た。ここに記して感謝の意を示したい。

(27) その他、巻一の経文「為無定故」の注釈でも、『大学』『孟子』および『玉枢経』により「知止」が親や君に仕えることと関係付けられている。

(28) 例えば、任継愈編『中国道教史』［増訂本］（中国社会科学出版社、二〇〇一）十六章「宋元符籙派道教」を参照。

(29) 例えば、「太清境黄庭経云、人以精為母、以気為主、五臓各有精、精中生気、五臓各有気、気中生神、神能生寿、長生保命、錬精為丹、養気為神、真仙上聖、修真養気、自然而然、内真外応、有作必成、自凡入聖」（巻一、十五右）。その他、『道教覚書』には抜き書きされていないが、徐道齢自身の文章としては「如人能以心神時時昇入泥丸、則真霊不散而得長生也」（巻三、十六右）、「如人朝真奉斗、念念不息、水火得摂錬、神炁結胎、則可与高上玉皇為臣為使矣」（巻三、十七左）といった文章が見られる。
(30) 例えば、『静坐不動口訣』には「須是坐静、若不坐静、定力難全」という。
(31) 巻三・十三左、巻四・十四左―十五右。
(32) 吉田文庫に見える道教文献については松下前掲論文を参照。
(33) 重複は三部（明・焦竑『焦氏類林』、明・王鏊『震沢長語』、明・陸樹声『清暑筆談』）。ただし、九葉表には付箋に記された『焦氏類案』が混入しており、もともと同葉に見える『焦氏類林』に代わり、『焦氏類案』が位置していたかもしれない。ここでは『焦氏類案』を含めて計算している。
(34) 井上智勝『吉田神道の四百年――神と葵の近世史――』（講談社、二〇一三）、一七〇～一七一頁を参照。また寺田貞次『京都名家墳墓録』（村田書店、一九八一）に臼井接伝の墓誌銘が見える（「臼井接伝墓」、三五三頁）。
(35) その他、臼井接伝の目録には『新撰和書目録』（吉田〇一―七）がある。
(36) 欄外に記された書名も含む。なお本書には和書を中心に七十一部の書名を記した紙が二枚付されているが、ここでは含めていない。その他、目録内での重複や各目録中の微細な表記の違いなどから同定が難しい場合も多く、ここでは初歩的な調査であることを断っておきたい。
(37) なお『和漢書籍目録』は、『呉子』『孫子』『尉繚子』『六韜』『三略』『司馬法』『大宗問対』を『七書』としてまとめるが、ここではそれぞれ別の書籍として扱った。
(38) なお臼井接伝の目録は『漢籍目録』に見える道書をある程度収録するが、それ以上の道書を記していない。
(39) 書名を列挙すれば、以下のとおり（五右―左）。『大上感応編』『清静経』『胎息経』『黄庭経』『護命経』『消災経』『定観経』『洞古経』『玉枢経』『陰符経』『大清経』『玉皇本行経』『霊宝経』。通行する書名との微妙な異同が見られるが、これらは全て『漢籍目録』に記されるとおりの表記である。次注も同じ。なおここに見える『清静経』が、吉田本『清静経』のような複合的なものかについては不明。
(40) 具体的に列挙すれば、以下のとおり（五左―六右）。『洞天集』『雲笈七籤』『列仙伝』『続仙伝』『有像列仙伝』『集仙伝』

『応験記』『十二真君伝』『神仙感遇伝』『道教霊験記』『方外志』『香案牘』『墉城集仙録』『洞仙伝』『続神仙伝』『神仙伝』『万神圭旨』『消揺墟引』。ただしこの中には『雲笈七籤』や、『万神圭旨』すなわち『性命圭旨』など仙伝に属さないものも含まれている。

補記　本章は、もともと全真教と他宗教との関係についての専輯号である『全真道研究』第四輯（斉魯書社、二〇一五）上に「浅談道教対吉田神道的影響――以『北斗経』与内丹学説的関係為中心的考察」として中国語で発表されたものである。中国人の読者を想定しているため、一部、神道に関する基本的な説明があることをお断りしておく。

資料

天理大学附属天理図書館 吉田文庫所蔵『太上老君説常清静経』

吉田文庫所蔵『太上老君説常清静経』解題

天理大学附属天理図書館

はじめに

天理大学附属天理図書館蔵吉田文庫には、『太上老君説常清静経』（以下『清静経』と略記）が二部収められている。吉田四七―一九九と吉田四七―一五三である。

吉田四七―一九九は、全篇にわたり美しい彩色図を豊富に収める二巻から成る巻子本である。一方の『清静経』（吉田四七―一五三）はこの巻軸二巻の写本で、図は全て省略されている。吉田四七―一五三は同内容のものが二部合冊されており、前半部には吉田兼雄の奥付が見られる。後半に合冊されているものも、おそらくは江戸期、吉田兼雄の活動した前後のものであろう。ここでは仮に吉田四七―一九九を巻子本、また吉田四七―一五三をそれぞれ兼雄本・無名氏本と呼んでおく。

『清静経』は六百字に満たない短い経典である。これは道教において非常に重視された経典であり、現在でも早課で読誦されるものである。経典の成立には議論があるが、唐末には既に存在していたと考えられている。だがここで取り上げる吉田文庫所蔵『清静経』は、実は『清静経』だけから成るものではなく、『清静経』の後ろに『修真九転丹道図』をはじめとする文章や図が付された複合的なものである。

後述するように、吉田文庫所蔵『清静経』の中でも最後に置かれる『修真九転丹道図』は、『道蔵』に収められる『陳先生内丹訣』等の内丹書と密接な関係を有する。つまり本書は、吉田神道における道教文献の受容という意味で興味深いものであるばかりではなく、内丹道の資料としても極めて重要なものであるといえよう。また全巻にわたり彩色が施され、美術的な価値も高いと思われる。こうしたことから、ここに吉田四七一一九九を翻刻の上、公刊し、研究者の便に資することにしたい。

一　吉田文庫所蔵『清静経』の構成

まず吉田文庫所蔵『清静経』（吉田四七一一九九）の構成を記しておく。なお以下の図の番号は、本資料所掲の図の番号による（四四九～四五五頁）。

吉田四七一一九九は二巻から成る。上巻は⑴『太上老君説常清静経』・⑵『静坐不動口訣』・⑶『入室趺坐』・⑷『修真九転丹道図』の四篇の文章が収められる。またこれに混じって、冒頭、⑴の前に日月図の下、円圏の中に趺坐した老人の図（**図上①**）、⑵と⑶の間に二人の老人が互いに向かい合って趺坐している姿（**図上②**）、⑶と⑷の間に机を横に置き、椅子の上で趺坐した老人の姿（**図上③**）がそれぞれ描かれる。

下巻は『九転金丹秘訣』（『修真十書』所収泥丸先生陳朴伝『翠虚篇』）の第一転歌から第九転歌が記され、そこで詠われる修行者の様子が全篇にわたり彩色豊かな図で描かれている。ただしその内、第三転歌は佚脱している。図の形式は第一転から第八転まで共通しており、それぞれの歌の下に坐功している修行者の姿が描かれている（**図下①a～⑧a**）。ここで簡単に確認しておけば、［第一転］机を前に趺坐する（**図下①a**）・［第二転］瞑目し趺坐する（**図下②a**）・

［第三転］右手で尾閭を左手で頭頂をさすり、三戸が消滅する（図下③a）・［第四転］聖胎が身体から自由に出入し（これは第六転まで共通する）、光が部屋に満ちる（図下④a）・［第五転］太陽の精を受ける（図下⑤a）・［第六転］月の英華を採り、流星のごとく飛去が可能となる（図下⑥a）・［第七転］赤と黒の胎気が頭頂より現れる（図下⑦a、口絵一参照）・［第八転］円圏の中に坐す修行者の口に、胎息あるいは「地帯」であろうか、もや状のものが出現する（図下⑧a）といった特徴が見られる。また修行者の左側の図（図下①b〜⑧b）は、修行の各段階で出現する体内の情景を『九転金丹秘訣』に見える文章に従い図示したものである。

修行が完成する最後の第九転では、これまで座っていた修行者が初めて立ち上がる（図下⑨a）。続いて唐代の医師、孫思邈が人々に薬を施し（図下⑨b）、晋・許遜が蛟竜を斬って万民を救ったという情景が描かれる（図下⑨c）。これは昇仙するには人々へ徳行を施すことの必要性を示していると思われる。こうして功行共に円満になった修行者はようやく麒麟に乗って昇天できるに至り（図下⑨d）、仙楽を奏でる神仙たちの一行に出迎えられることになる（図下⑨e・⑨f）。

内容から見て、上巻の⑷『修真九転丹道図』に見える口訣は、下巻の詩文および図と一続きのものであり、後述する『道蔵』所収の『陳先生内丹訣』もしくは『九転金丹秘訣』に相当すると考えられる。ここでは上巻と下巻の両者を合わせて⑷『修真九転丹道図』と呼んでおく。

二　吉田文庫所蔵『清静経』の内容

吉田文庫所蔵『清静経』は四つの文章から成る。以下、その内容を概述する。

(1)『清静経』については既に幾つかの解説がなされている。[1] 内容は、人は本来清静（清浄に同じ）な存在であり、欲を捨てて心・神を清静にすることで空無常寂たる境地に至り、さらにその空無常寂たる境地すらも超えて最終的に道に至るというものである。その成立には議論があるところだが、五代・杜光庭による注釈が残ることから、少なくとも唐末には成立していたと考えられている。全真教においては開祖の王重陽により儒教の『孝経』、仏教の『般若心経』、道教の『道徳経』と並んで重視された。注本は多数残るが、本書に収められるものは、杜光庭注本から侯善淵注本、そして『道蔵輯要』張輯の『太上玄門功課経』所収本に連なる系統の版本に属する可能性が指摘されている。[2]

(2)『静坐不動口訣』では、まず修行を初めて行う際の打坐の仕方が具体的に述べられる。また打坐するに当たっては静でなくては定力が不完全になるといい、脚や身体が麻痺するまで坐すと真気が現れ、背脊から泥丸宮に入り、脳から下へ降るという。その後、意により精気神を和合・交媾させ、さらに温養していくと「一点子」が現れる。南宗五祖・白玉蟾のいう「一粒如黍米（その一粒は黍つぶのようだ）」というのがこれであるとするが、これは一般に金丹を表す表現である。またこの段階を「煉気成神」とし、さらに抱一することでその状態を深め、最終的に肉体を捨て俗世から離れ、仙界へと昇るという。

注意されるのは、ここに張紫陽と思われる人物や白玉蟾の名前が見えることである。北宋に活動した張伯端に端を発する内丹道の一派は、内丹の修養と同時に頓悟の必要性を強調し、やがて金の王重陽により開かれた全真教と融合していく。後世、張伯端は全真教南宗初祖、また白玉蟾は南宗第五祖とされる。また具体的に誰であるかは不明だが、ここには併せて「師曰はく」として『六祖大師法宝壇経』行由の言葉が引用されている。禅宗と親和的であるのは南宗を含む全真教の特徴である。また気を背脊から泥丸へ上げた後、またおそらくは任脈に沿って降すという経路も南宗の内丹説に見られるものと同一であり、(4)『修真九転丹道図』の内丹説との違いが見られる。ただし全体的に見て、打坐の具体的な方法や「静」を強調することで、冒頭の(1)『清静経』と、後半の(4)『修真九転丹道図』をつなぐものと見ることができるかもしれない。

(3)『入室趺坐』の前半は基本的に七言詩の形をとっており、「二」「裏」「意」「至」および「黄」「芳」「防」がそれぞれ押韻している。また後半は元・陳沖素『陳虚白規中指南』の後序の後半に相当する。陳沖素については、巻下の後序より武夷山を中心に活動したであろうこと以外、その詳細については分からないが、『陳虚白規中指南』が北宗とされる馬丹陽の詩詞を交えつつも、南宗の文献を中心にしていることから、元朝期に活動した南宗系統の道士であったと思われる。内容としては、前半は趺坐における呼吸や意について詠ったもので、後半は人の身体には造化を司るものがあることを述べた上で、それを理解し、静を本とし、定を基礎とすると、やがて天機が応じ、規中・胎息・薬・火が自然と現れ、道を成就するという。

(4)『修真九転丹道図』は、その分量から見て本書の中心をなしていると考えてよい。またこれは『道蔵』に収められる二つの書物との関係が指摘されている[3]。陳朴『陳先生内丹訣』（以下『内丹訣』と略記）、および『修真十書』巻十七『雑著捷径』の泥丸先生陳朴伝『翠虚篇』である。この両者は基本的に同一の内容である。『修真十書』所収本は、書名に南宗第四祖陳楠の『翠虚篇』の名が冠されているが、実際には『翠虚篇』とは無関係であり、おそらくは南宗が隆盛する中で、陳楠と陳朴の両者が混同され、陳楠の『翠虚篇』の書名が付されたものと考えられる。『修真十書』に収めるいわゆる偽『翠虚篇』は冒頭に「九転金丹秘訣」と記されていることから、ここではこれを『九転金丹秘訣』と呼んでおく。なお『修真九転丹道図』の文章は、『内丹訣』よりも『九転金丹秘訣』の文章に近似する。

『内丹訣』および『九転金丹秘訣』は、共に第一転から第九転までから成り、それぞれに七言から成る内丹歌、望江南詞、そして口訣が置かれる。ただし最後の第九転は内丹歌のみで望江南詞および口訣はない。また内丹歌と望江南詞にはそれぞれ注が付されるが、『内丹訣』では本文が分章された上で注が施され、『九転金丹秘訣』は解として一括されている。なお『内丹訣』『九転金丹秘訣』共に図はない。

これに対して『修真九転丹道図』は上巻に第一転から第八転までの口訣が、また口訣がない第九転には内丹歌に付された解が代わりに置かれている。第一転から第八転までが「行持口訣」とされるのに対し、第九転のみ「口訣」の二字が見えないのはこのためだろう。下巻は、佚脱したとおぼしき第三転を除き、第一転から第九転まで内丹歌が置かれ、彩色された図がそれらに配される。

『修真九転丹道図』に見える功法は基本的に『内丹訣』に共通する。[4] ここでその内容を簡単に説明すれば、内丹の錬成に加えて日月の精華を取り込むことで「形神倶妙」になり、さらに徳行を修めてこの肉身そのままに仙人になることが目指されるとまとめることができる。特に日月の精華を体内に取り込むことは「造化のはたらきを奪取」することと呼ばれ、この功法の中心をなしている。

ところで『内丹訣』の序文によれば、陳朴は鍾離権に師事し、呂洞賓と同門であるといい、いわゆる鍾呂派に属する人物とされる。だが鍾呂派や南宗では日月の精華を体内へと取り込むといった功法は見当たらない。むしろこうした功法は両派においては否定されており、例えば鍾呂派では「後世因以採日精月華、取天地正炁、誤也（後世、こうしたことから太陽や月の精華を求め、天地の正炁を採取しようとすることは誤りである）」（『西山群仙会真記』巻一「識法」、三右）と見え、また南宗においても張伯端『悟真篇』の序文には「服七耀之光（日月や五星の光を服用すること）」は、「皆易遇難成（出会いやすいものの成就するのは難しい）」功法として否定されている（『紫陽真人悟真篇註疏』序、十四右）。また『入室趺坐』に引用が見られる『陳虚白規中指南』巻下「薬物」でも、「日精月華」は「皆譬喩（全て比喩である）」（七左）と述べられており、日月の精華を取り込むことは行われていない。

このほかにも内丹の錬成に当たって胆臓に気が蔵されるとしている点や、内丹を左脇や右脇などに巡らせる経路など、陳朴の内丹説、ひいては『修真九転丹道図』に見える功法と鍾呂派や南宗の功法との違いは大きい。結局、こうした差異はもともと鍾呂派や南宗とは異なる系統に属するものが、鍾呂派、そして鍾呂二仙の道統を標榜する南宗の勢力が拡大するに従って、宋から元にかけて次第に鍾呂派の系譜に関連付けられたことを示していると考えられる。その後、これが南宗の人々により伝授される中で明代頃までに現在の形となり、やがて日本に将来され、吉田神道へ伝えられたと考えられよう。なお下巻第八転図（図下⑧b）の下部の矩形の中に「ウス紫」というカタカナによる色指定があり、祖本にあった色が入手できなかったことを示していると思われる[5]（口絵二参照）。

注

（1）石田秀実「『太上老君説常清静経』本文校訂並びに日語訳注」（『八幡大学論集』第三十八巻第二号、八幡大学法経学会、一九八七）、三田村圭子「『太上老君説常清静経』について――杜光庭本の資料的検討」（道教文化研究会編『道教文化への展望』、平河出版社、一九九四）、麥谷邦夫「『太上老君説常清静経』考」（吉川忠夫編『唐代の宗教』、朋友書店、二〇〇〇）、前田繁樹「『清静経』」（増尾伸一郎・丸山宏編『道教の経典を読む』、大修館書店、二〇〇一）などを参照。

（2）石田秀実「陳朴内丹説資料覚書」（宮澤正順博士古稀記念論文集刊行会編『東洋――比較文化論集――宮澤正順博士古稀記念』、青史出版、二〇〇四）、四十八頁。

（3）石田秀実（二〇〇四）前掲論文を参照。

（4）陳朴の『内丹訣』の内丹説が、いわゆる鍾呂派の功法と異なるものであることについては、既に謝正強「『陳先生内丹訣』研究」（『宗教学研究』第四十八号第三期、四川大学道教与宗教文化研究所、二〇〇〇）や張広保『唐宋内丹道教』（上海文化出版社、二〇〇一）、一〇五～一〇七頁により指摘されている。その他、坂内栄夫「唐代の内丹思想――陰丹と内丹――」

（野口鐵郎他編『道教の生命観と身体論』［講座道教・第三巻］、雄山閣出版、二〇〇〇）、李顕光『混元仙派研究』（中国社会科学出版社、二〇〇七）、六十～六十七頁も陳朴について取り上げている。筆者もまた『内丹訣』の内丹説の構造を分析し、鍾呂派や全真教南宗の内丹説と異なること、しかしそれらが鍾呂派や南宗の人士たちにより重層的に伝授されてきたことを指摘した（本書第Ⅱ部第一章）。

（5）　石田秀実（二〇〇四）前掲論文、四十一頁参照。

書誌

・吉田四七－一九九　上巻、外題打付書『［太］上老君説常清浄経』、縦三五・五cm×幅六六三・六cm。下巻、外題打付書『［太］上老君常清浄経』、縦三五・五cm×幅六六三cm。上巻『清静経』の標題下辺および下巻巻頭に「吉田文庫」（長方朱印）あり。

・吉田四七－一五三　外題打付書『常清静経』、縦二八・一cm×横二〇・八cm、仮綴じ、墨付九丁・余紙三丁・墨付九丁。巻頭に「隠顕蔵」（八角朱印）・「吉田文庫」（長方朱印）・「雄」（方形朱印）あり。吉田四七－一九九の上巻に相当する部分は全て半丁十四行×二十四字。

なお前半の兼雄本は吉田四七－一九九の上巻に相当する部分のみ、また後半の無名氏本は全て訓点が振られている。また見返しには(4)『修真九転丹道図』の第五転行持口訣の末文三行、余紙第一丁裏には同じく第五転行持口訣の末文三行から始まって第七転行持口訣の題字まで（すなわち第五丁表に相当する部分）の書き損じが透けて見える。

凡例

一、底本は、天理大学附属天理図書館吉田文庫所蔵『清静経』（吉田四七一一九九）（巻子本）を用いた。

一、校合に当たっては、吉田文庫所蔵『清静経』（吉田四七一一五三）（兼雄本・無名氏本）を用いた。またこれと併せて、(1)『太上老君説常清静経』は『道蔵』所収の五代・杜光庭注『太上老君説常清静経註』（杜注本）の経文、(3)『入室趺坐』は元・陳沖素『陳虚白規中指南』巻下後序（以下『規中指南』と略記）、また(4)『修真九転丹道図』は『九転金丹秘訣』（『修真十書』巻十七『雑著捷径』所収 陳朴伝『翠虚篇』）のそれぞれの該当部分と対校した。

一、図についてはそれぞれ挿入されている箇所に記号を記し、また下巻**図下①b**～**⑧b**・**図下⑨b**～**f**の書き込みについては『九転金丹秘訣』を中心に関連すると思われる部分を注に挙げておいた。

一、読者の便を考え、適宜句読点を施した。ただしその際、兼雄本・無名氏本を参考にしたものの、全面的に従っているわけではない。

一、」は、改行を示す。

一、兼雄本・無名氏本には訓点が振られているが、ここでは省略した。

一、底本は異体字を混用するが、全て統一の上、活字の範囲内で字体は正字を用いることに努めた。また一部の例外については注記しておいた。

吉田文庫所蔵『太上老君説常清静経』（吉田四七―一九九）上・下巻

【上巻】

（図上①）

太上老君説常清靜經(1)

老君曰、大道無形、生育天地。大道無情、運行日月。大道無名、長」養萬物。吾不知其名、强名曰道。夫道者、有清有濁、有濁《動》有動《靜》。(2)」天清地濁、天動地靜、男清女濁、男動女靜。降本流末、而。《生》萬物。(3)」清者濁之源、動者靜之基。人能常清靜、天地悉皆歸。夫人神」好清而心擾之、人心好靜而慾牽之。(4)若能常遣其慾而心自」靜、澄其心而神自清、自然六慾不生、三毒消滅。所以不能者、爲」心未澄、慾未遣也。能遣之者、内觀其心、(6)ゝ無其心。外觀其形、」形無其形。遠觀其物、ゝ無其物。三者既悟、(7)惟見於空。觀空亦空、」空無所空。ゝゝ既無、ゝゝ亦無。ゝゝ既無、(8)湛然常寂。ゝ無所寂、欲豈」能生。欲既不生、即是眞靜。眞常應物、眞常得性。常應常靜、」常清靜矣。如此清靜、漸入眞道。

既入眞道、名爲得道。雖名得」道、實無所得。爲化衆生、名爲得道。能悟之者、可傳聖道。」

老君曰、上士無爭、下士好爭。上德不德、下德執德。執着(9)之者、不名」道德。衆生所以不得眞道者、爲有妄心。既有妄《忘》(10)心、卽驚其」神。既驚其神、卽着萬物。既着萬物、卽生貪求。既生貪求、」卽是煩惱。ゝゝ妄想、憂苦身心、便遭濁辱、流浪生死、常沈苦」海、永失眞道。眞常之道、悟者自得。ゝ悟道者、常清靜矣。」

仙人葛公(11)曰。吾得眞道、曾誦此經萬偏(12)。此經是天人所習、不傳下」士。吾昔授(13)之於東華帝君、〻〻〻〻授之於金闕帝君、〻〻〻〻」授之於西王方(14)、〻〻〻皆口〻相傳、不記文字。吾今於世、書」而錄之。上士悟之、昇爲天官。中士悟之、南宮列仙。下士得之、在」世長年(15)。遊行三界、昇入金門。左玄眞人曰。學道之士、持誦」此經者(16)、卽得十天善神擁護其身(17)、然後玉符保神(18)、金液錬」形。〻神倶妙、與道合眞。正一眞人曰。人家有此經、悟解之者、災」障不干、衆聖護門、神昇上界、朝拜高眞(19)。功滿德就、相」感帝君。誦持不退、身騰紫雲。

太上老君說常清靜經(20)

靜坐不動口訣

初下手之法如調琴絃一般、先且緩調中閒、方可用此二」力。若便緊急、恐不得中、不能入手。打坐之時、身體要四」肢不動、眼微開、久〻如常、要一念不生、不思一事、不着」一物。師云、不思善、不思惡、便見本來眞面目(21)。又云、須是坐」靜、若不坐靜、定力難全。坐至脚體痺、自覺眞氣如」雲霧、背脊入泥丸宮、自腦而下、要一心於下、〻十分靜」定如落潭中。其神隨意而住、精氣亦隨意交結、此意」此思想之意、乃眞定之媒合、眞氣神和合一處得意」住。便交姤時分、頓忘身體、不知頭面四肢、但見身如虛空」中、無有依倚、逍遙自在、只知有點子在其中。但不覺。〻則無」光。元氣散於四肢、出定醒了。此則名爲入得定境界。不」可便生勝心。未爲的當。更宜溫養。愈養妙愈磨愈」精做得工夫深久、精氣神全、充滿身中、自然有光現一」點子靈明的落在其中。玉蟾云、一粒如黍米(22)。正此謂也。」到此謂之煉氣成神。氣聚則神歸、神復則命固、陽光」遍體、子母相守、自生光彩、全體顯露、亦不可覺。纔覺」便無。又未有正驗。但只抱一眷戀、不相捨離、如鷄抱卵、」如龍養珠。久〻純熟、其神或入竝無。且五氣生光、心爲」赤霧、肝爲靑霧(23)、脾爲黃霧、肺爲白霧、腎爲黑霧。」然後超登仙品、脫殼離凡、去住。由我豈由天乎(24)。張子」陽(25)云、始。知(26)我命不

由天、此之謂也。(27)

（図上②）

入室趺坐

跏趺大坐調元氣、絶念忘形心不二、呼吸綿ゝ合自然、」包藏神居混沌裏、無形如石(28)墜鴻濛以意如石、鴻濛下」守一大意鴻濛一混沌、ゝゝ一、鴻濛。以此守玄牝。寂然内照無令昏、自然有」箇時節至、時節至意洋ゝ、自有天玄合地黄、孩」兒欲生景像別、如癡如醉春心芳、此時有心如無」心、常ゝ以意作隄防、熟景不得亂、爲者皆非也。(29)」但要知人身中、自有(30)一箇主張(31)造化底、且道只今(32)」何者爲我、若能知此、以靜爲本、以定爲基。一斡」旋頃(33)、天機自應(34)、不規中而自規中、不胎息而自胎」息、藥不求(35)生而自生、火不求(36)出而自出(37)、豈待乎」存想(38)持守、苦己勞形、心知之、意爲之、然後爲道哉。」究竟到此、可以無(39)言(40)矣。

（図上③）

脩眞九轉丹道圖(41)

第一轉行持口訣(42)一轉降丹(43)

行持下手之初、先須飲食以和五臟(44)、不可飢不可飽、心田安」靜、無憂無慮、乃可入道。凡於二更盡三更初、當洗漱定」神、入室燒香、盤膝而坐、閉目存神、候息出入調勻(45)、以舌先」倒捲、定舌根兩竅閉息、漸覺左右太陽經有兩道氣、大」

牙根衝上貫二太陽、次入頂門、覺二氣交合、卽爲一次。卻」開(46)眼良久、亦閉目、依前捲舌、候至泥丸宮止、如此每夜行」三次卽止。行至數夜或數日之閒、漸覺泥丸宮次流入」腦下重樓十二環、透夾脊、串尾閭、復次前衝心、貫膽」臍、胸中溫ゝ、微覺意思和暢、乃眞降也。如此後則數」夜、漸覺氣到心、次微覺溫ゝ(47)或心頭氣漸動、卻有溫氣從」心而上、過重樓、口覺微苦、是中黃氣自膽而出、陰陽大和、將」有降丹之象。如此之後、每夜行持之初、令一人在門外欄人進」入及猫狗等、恐忽然相驚。至每夜行三兩次時、於坐前橫」一几、忽然氣衝、覺身體漸大、精神騰ゝ、漸見屋舍人物」山河皆在我身之內、手足皆不知所在、次急以手按几閉目、」大覺心頭微一塊光明、團圓如日、忽然墜下丹田、此乃降」丹也。丹降之後、未得便開眼、且漸ゝ收捨《收拾》(48)精神、歸定四體」復舊、或手足覺痲痺、次候定醒、然後開(49)眼、次喫人」參湯、睡至來旦(50)喫粥食、將養一二日、如丹降也。丹降之」後百病消除、更無疾苦之厄也。

第二轉行持口訣 二轉交媾

丹降之後、一轉了畢。凡遇初九、十九、二十九日亭午時、靜」坐虛室中、盤足瞑目、端坐叩齒九通、神交氣通、然後閉」息。每一閉入九息爲一次、開眼良久。再閉息如前、九息爲」一初。《次》(51)初閉時、一次二次、行之漸熱、閉五次又極熱、用之九次、一」向行之、直候內之火候用足、與天地相應、不以遠近、或」前入息至九、心中溫熱四神和暢、心神(52)搖動、一道熱氣」下丹田、爲二轉功成。自此以後、不行九息之數。

第三轉行持口訣 三轉養陽

丹入左脇之後、功成三轉。凡每月初六、十六、二十六、三六之日夜半」子時、洗漱了、入淨室中、端坐盤膝、叩齒六通、凝神定氣、」閉目(53)入息、六次爲一候、如此六遍乃畢。其月內行至三六日、則」月中三遍俱足、至月盡(54)夜半子時、依前於淨室中閉目」盤足而坐、先以左手摩頂門、右手摩尾閭骨脊盡」頭、隨月轉七〻四十九轉。凡摩時、緊閉定息、至數足微」(55)歇、候氣定再摩。如此二(56)次、自覺心腎之氣、交於中膈、微」動丹氣、(57)寒於五臟、(58)覺五臟中其熱如火、乃行火之候也。或於」三六及月盡之時、忽覺丹在左脇之下搖動、微有一道熱」氣、過丹田直入脇下、其熱如火、搖動久而後定、乃成四」轉之功。自此之後、不行重天之數也。

第四轉行持口訣(59)四轉養陰

其丹入右脇之後、養成四轉之功。遇每月初六、十六、二十六」夜半子時、洗漱了、入靜室閉目盤足而坐、叩齒三十六」通、集神定氣、閉定鼻息、湛然不動、直候眞氣內」丹田氣貫。舌竅者、華池。津湧滿口、將欲溢出、然後款」〻嚥之歸心。其神水到心則激神火、五臟《臟》(60)覺熱、遍身汗出、四」體甦暢、爲一至三元之夜、如此行持三遍卽止、此爲神水神」火抱育元精。抱育之後、或於行持三(61)開內丹、自脇其聲」如雷、一道熱氣入於丹田、鼻中火光射出、於是內丹復」歸丹田、以成五轉、自此不行閉陽戶之法也。

第五轉行持口訣五轉換骨

內丹復入丹田、五轉之功成就。內之陰陽數足、當採外」之陰陽以成大道。凡遇每月初九、十九、二十九三九之日、」(62)當正午之時、面南盤足(63)閉目、對日而坐、候氣定、絕鼻」息、使氣無往來、(64)直陽不泄、充滿於內。其內眞(65)人交」通、自覺一身生(66)下通紅、光明滿室、一二刻後、漸」々丹田眞水一道冷氣、一直上貫於心、如水晶(67)丸浮在」心上。然後閉目開息、從鼻中吸之、吸氣九〻八十一」口、納之於心。其日光到心之後、漸覺心頭氣動、在丹」田如魚(68)湧躍、乃是陰陽大和、至八十一口而止。如此行持、」三年而畢。三載後、不採日精卻採月華也。

第六轉行持口訣　六轉換肉

丹成六轉、採月之華、毎遇月圓十五夜半子時、洗瀨《漱》(69)畢、」對月而坐、閉息合口、絕往來之息、使眞氣不泄於外、」內之
眞氣充塞於六腑。(70)腎之眞陰與太陽之精、內外」之眞氣、瑩若水晶、湛然明朗、一二刻間、腎之眞水感動」於心火、心
神之火一道熱氣降入丹田、如一火輪安在琉璃」盤內。然後款ゝ閉《開》目、(71)放息鼻中、對月吸月之氣、納於丹」田、吸八ゝ
六十四口而止。吸氣一半之後、其月華眞陰激動丹」田中眞火、水火相濟、如沸湯之狀、四體汗出、百脈甦暢、至」六
十四口而止。如此行持、三年了畢、其功入七轉之位也。

第七轉行持口訣　七轉換五臟六腑

丹成至七轉、當離塵世、入(72)得山之中或(73)岩(74)谷間。宴坐閉息、」精神口鼻絕往來之息、使眞陰眞陽交於腹、奪天地造」化
之功、歸於四體。十(75)日之後、五臟換盡胎氣變爲仙府、但覺」頂門竅開、出黑赤之氣、乃是胎氣發散。千日數足、頂」
門竅合、乃是胎氣出盡、七轉功滿也。自此之後、五臟結實、」不納煙火、若有時五臟丹火發、則入水中閉定鼻息、使
丹」珠神火從地戶而出、浮於水面、如牛弄黃、直候舌下神」水如泉、則丹火息、吸其丹珠復入地戶、直至八轉地帶」
成就、無火毒則不復浴也。

第八轉行持口訣　八轉育火

丹成八轉、地帶生於臍中。若遇丹火猶発《發イ》熱、(76)五臟熱燥、卽」閉目宴坐、以地帶接於華池之下、使息氣內通、流行周」
遍、運用之道、自閉息之後、丹田眞水日日漸長、至第」九日、神水直至重樓十二環、丹珠隱於神水之中、出去火」毒。

自此之後、更無發燥之患、至第九夜子時、閉息吸」神水、從泥丸宮過夾脊復丹田、以畢其功也。

第九轉飛昇(77)功行畢(78)

丹成九轉(79)、造化成就、道果圓成(80)、更積外行三千、外果圓」滿、方可飛昇。故許旌陽(81)丹成之後、除蛟龍之害、然」後上昇、孫思邈(82)丹成之後、救萬民之疾、然後上昇。」皆須立功成名(83)、方得上昇也。上昇之日、天樂來迎、」簫韶合奏、以過天闕、隨功行分職、列爲仙班、與天」地相爲長久也(84)。

【下巻】(85)

一轉之功似寶珠、」山河宇宙透靈軀。」江蓮(86)葉下藏丹穴、」赤水流通九候珠。」

(図下①a)

(図下①b)

坐忘其形、天地山河萬物、皆在我身內(87)　膽氣上升(88)」

左太陽(89)」

舌爲紅蓮(90)」

泥丸宮(91)

唯爲十二重樓(92)　丹田(93)」

舌下兩竅氣流通身(94)　初降丹如明珠(95)　尾閭(96)」

舌下各有二竅(97)」

右太陰(98)」

心爲絳宮」

（図下②ａ）

二轉陽成始終陰、(99)」腎光心液合丁壬。」神珠奔電歸東海、」時迸靈光照紫金。」

（図下②ｂ）

心腎通、火取南方丹鳳之髓(100)」

蓮池神水(101)」

玄珠降中宮(102)」

成水火既濟(103)」

心爲帝坐(104)」

丹如金團(105)」

水求北海黑龜之精(106)」

（図下③ａ）(107)

（図下③ｂ）

三轉功成、更無三尸魂也(108)」

坐息之閒舌如湧泉玉壺漿(109)」

丹成形如三四寸小兒、未甚分明(110)」

靈珠丹光如火輪[111]」

陽氣方足成乾[112]」

腎氣成火搖動[113]」

九竅天籟奏笙簧[114]」

（図下④a）

四轉行陰入右關、」聖胎靈運發朱顏。」圓光滿室神無碍、」皷樂嬉遊去復還。」

（図下④b）

五嶽精神與我內貌同[115]」

心氣下降[116]」

配合聖胎[117]」

丹如龜在水任意浮沈[118]」

腎氣上升[119]」

（図下⑤a）

五轉陰陽造化成、」嬰兒盈尺弄陽精。」寐遊四海寤知所、」去住無爲信步行。」

（図下⑤b）

火自水生燒丹田下陰山[120]鬼嶽[121]」

陽宮神庭建立[122]」

成嬰兒盈尺[123]」

玄珠火飛[124]」

氣在丹田如魚踴躍[125]」

（図下⑥ａ）

六轉丹田弄月華、」變胎魂魄影潛賒。」陽砂換骨陰消肉、」換盡眞如玉不瑕。」

（図下⑥ｂ）

心神之火如一火輪安在。璃《瑠》[126]盤[127]內」

北方腎水[128]」

陰粉[129]」

神龜時欽碧瑤精[130]」

眞人同爲[131]一體[132]」

陽砂[133]」

南方心火[134]

內外之氣瑩若水晶[135]」

（図下⑦ａ）

七轉飛身[136]四體[137]輕、」靈光閉息滿丹城。」千朝卻粒生成火、」坤戶施張浴海鯨。」

開地戸謂之月中取火(138)

月光如火輪(139)」

(図下⑦b)

五內換重新也(140)」

舌下水湧如泉(141)」

靈光閉息滿丹城(142)」

投身水中運丹珠弄水遊戯(143)」

八轉還元地帶垂、」周行胎息養嬰兒。」有時火發焼丹竈、」深入寒泉弄赤龜。」

(図下⑧a)

(図下⑧b)

丹成在神水中如龜戯(144)」

吸神水、従泥丸過夾脊復丹田、以畢其功也(145)」

火焼丹竈(146)」

心珠心家之猿孫也(147)」

眞水丹田泛漲、直(148)上十二重樓(149)」

寒泉弄赤龜(150)」

（図下⑨ａ）

九轉逍遙道果全、」三千功行作神仙。」[151]全書玉簡宣皇詔、」足躡祥雲謁九天。」

如孫思邈丹成之後、救萬民之疾[152]」

（図下⑨ｂ）

昔許旌陽丹成斬除蛟龍之害[153]」

（図下⑨ｃ）

功成道脩白日飛昇」

（図下⑨ｄ）

（図下⑨ｅ）

上昇之日、天樂來迎、過天闕　　列爲仙班、身與天地長久也[154]」

（図下⑨ｆ）

図上①

巻上表紙

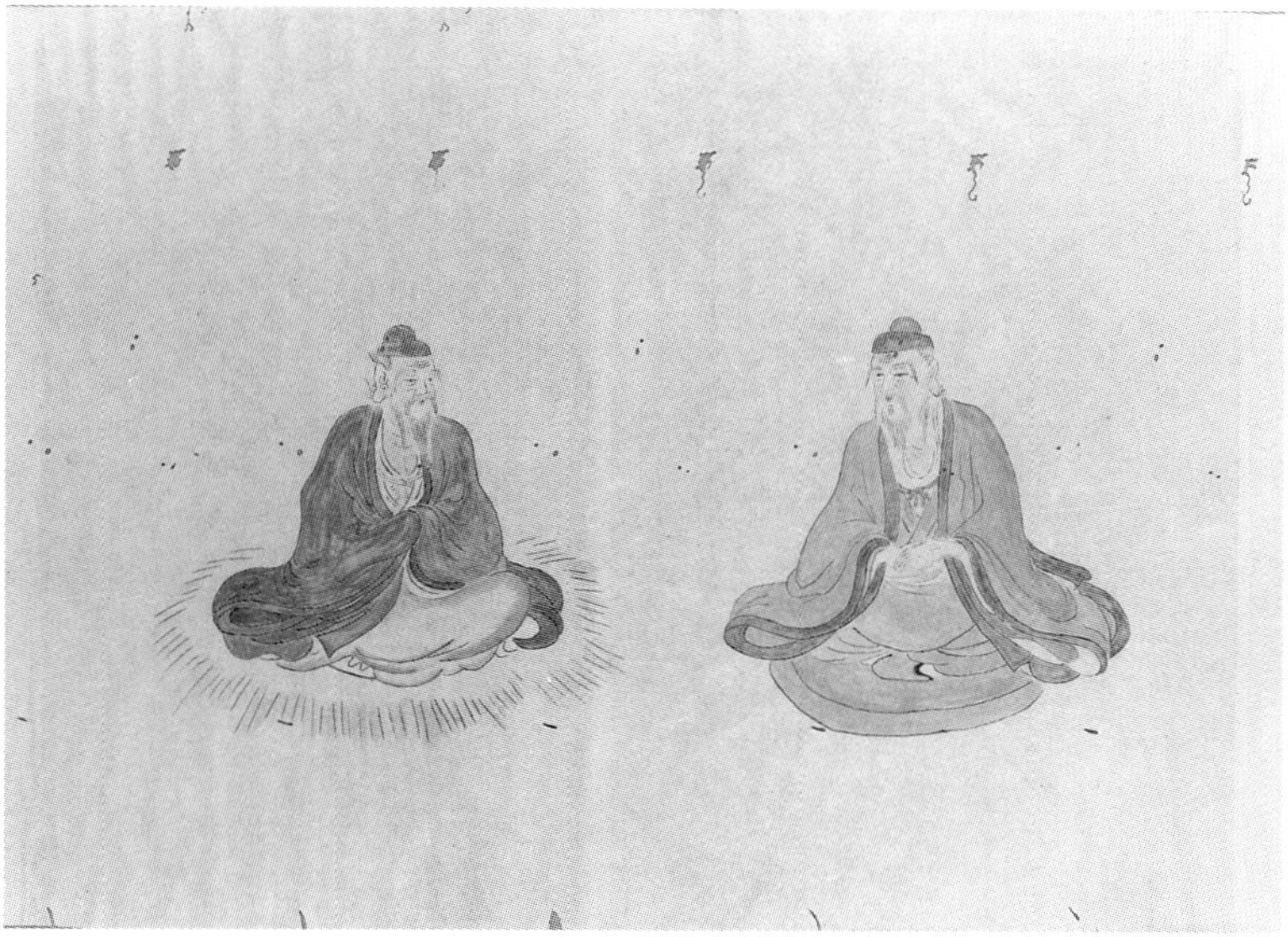

図上②

巻下表紙

図上③

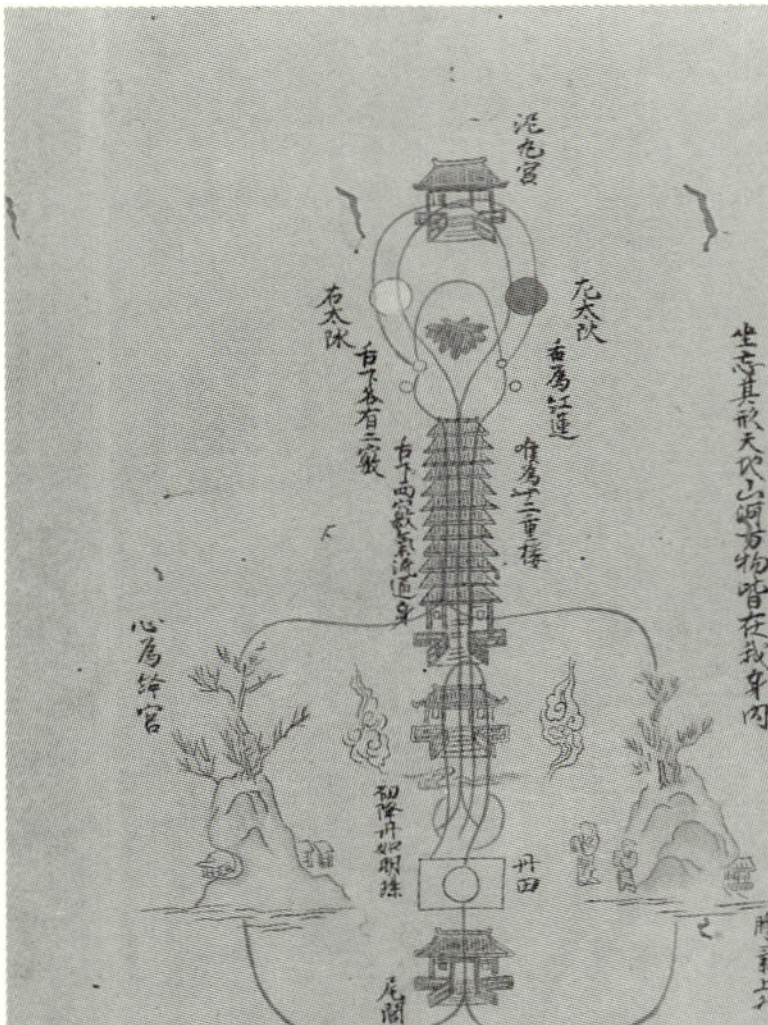

図下① b

図下① a

図下② b

図下② a

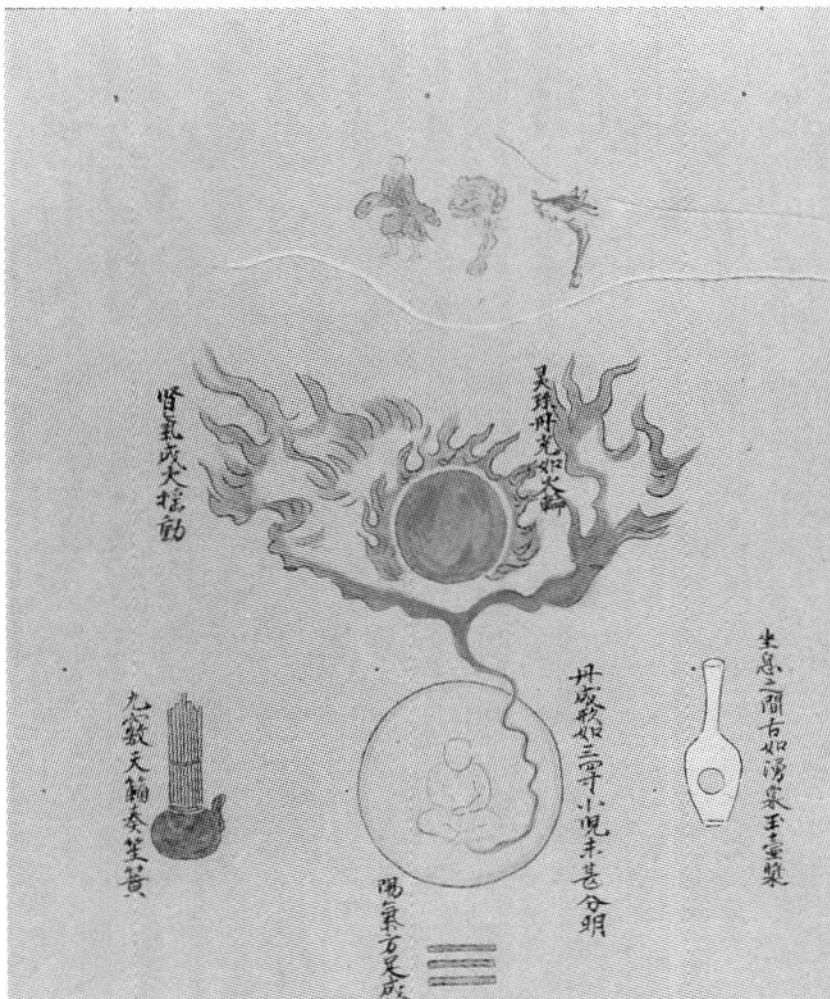

図下③ b

図下③ a

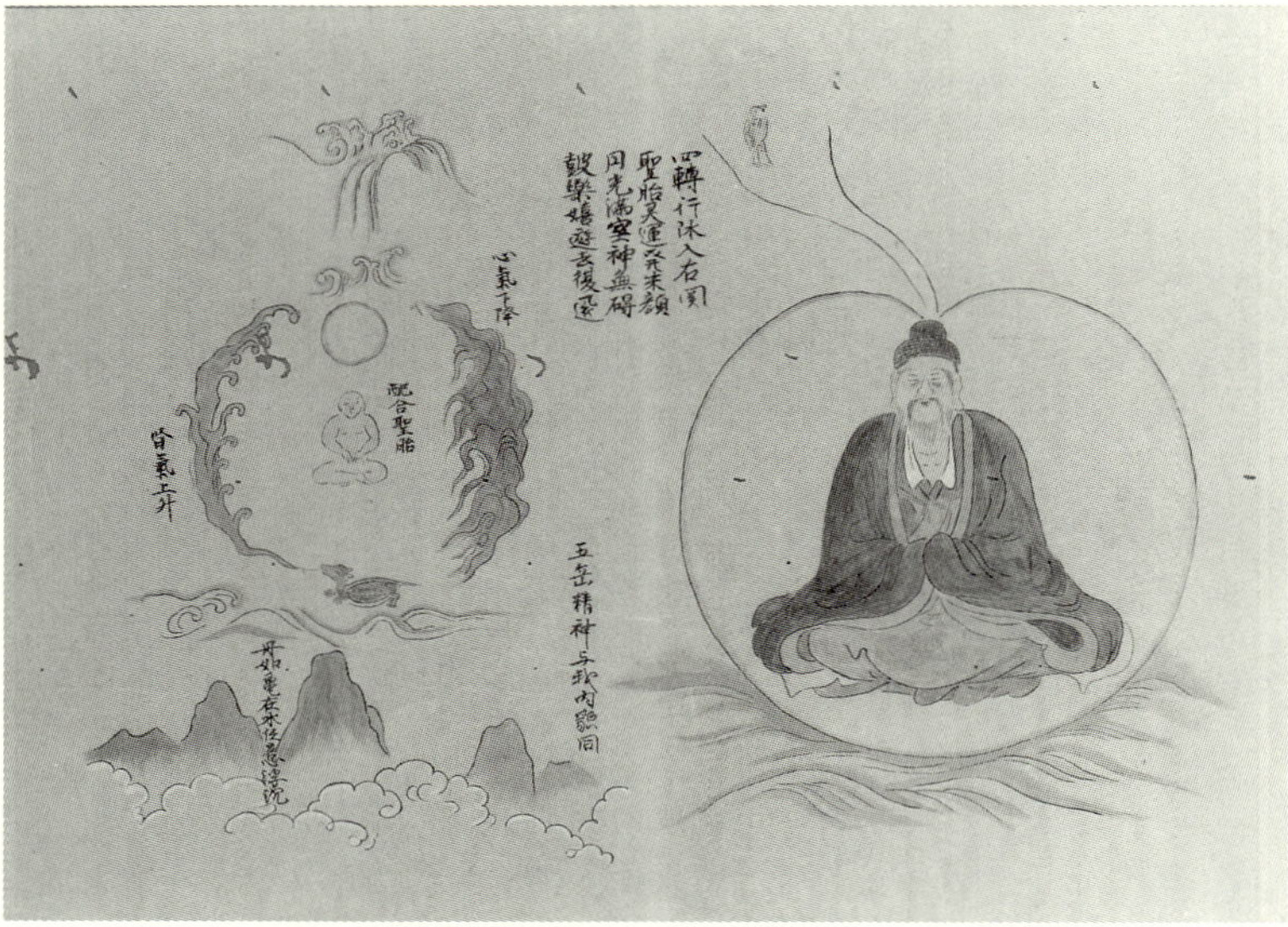

図下④b　　図下④a

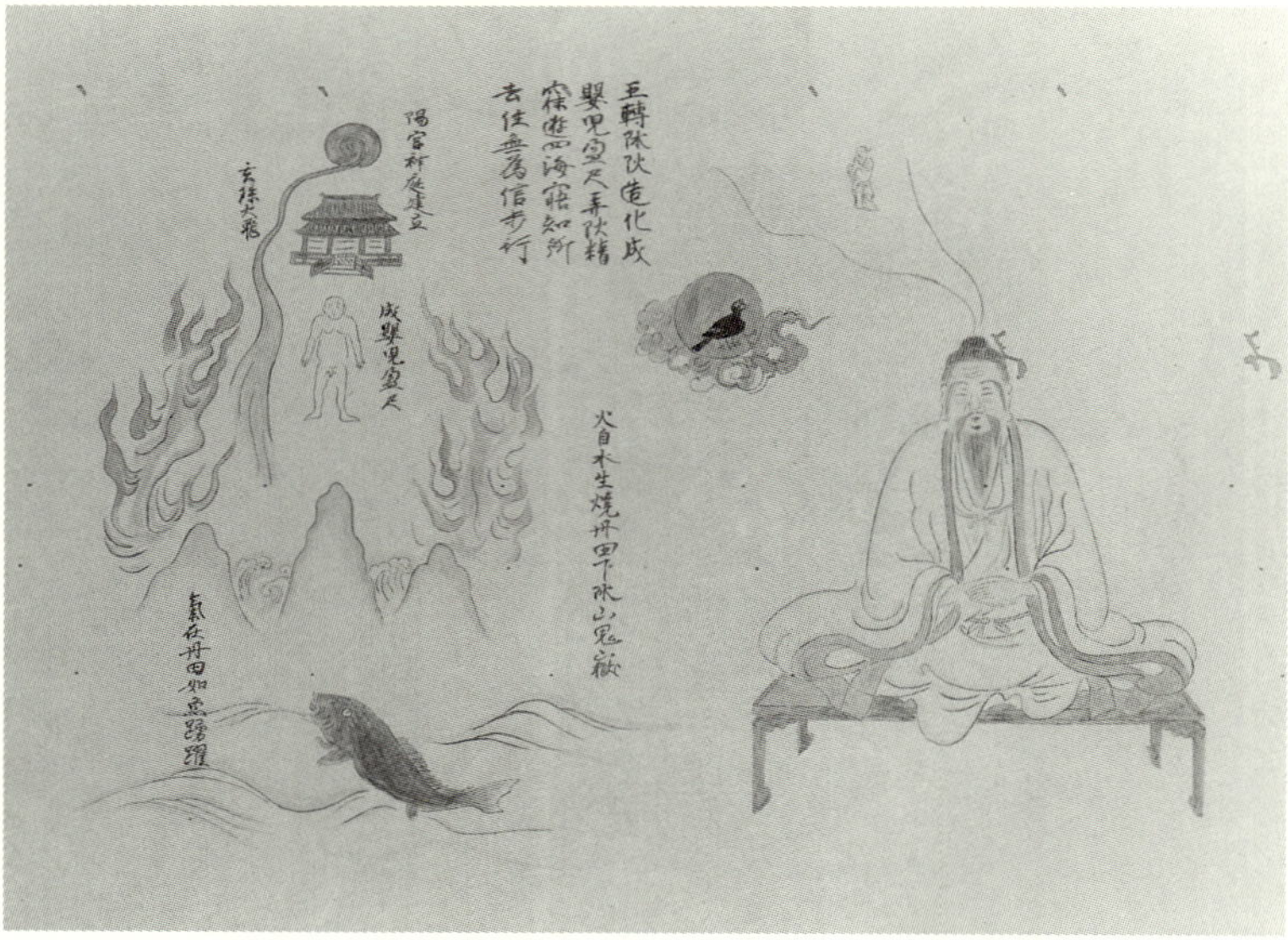

図下⑤b　　図下⑤a

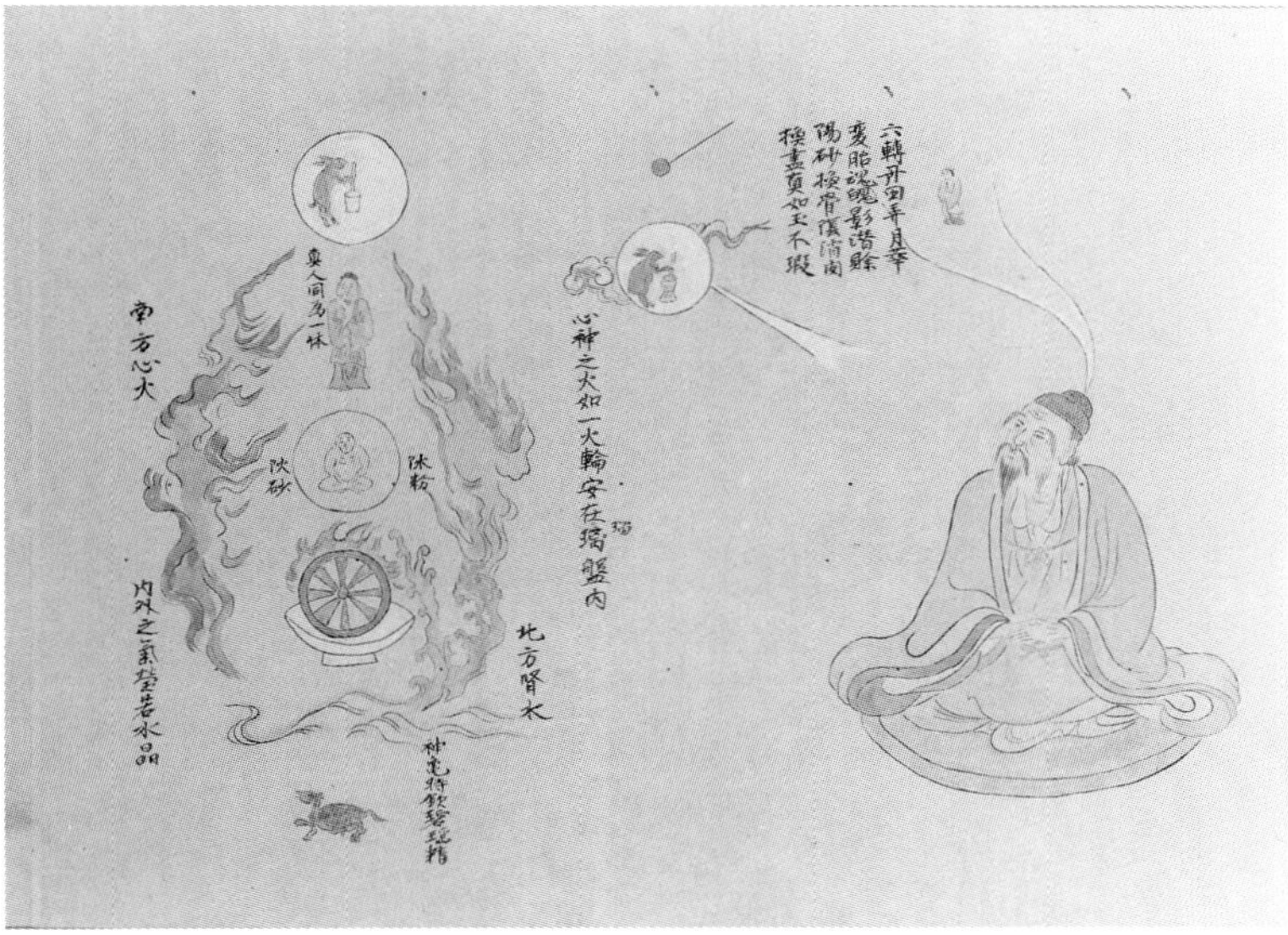

図下⑥ b　　図下⑥ a

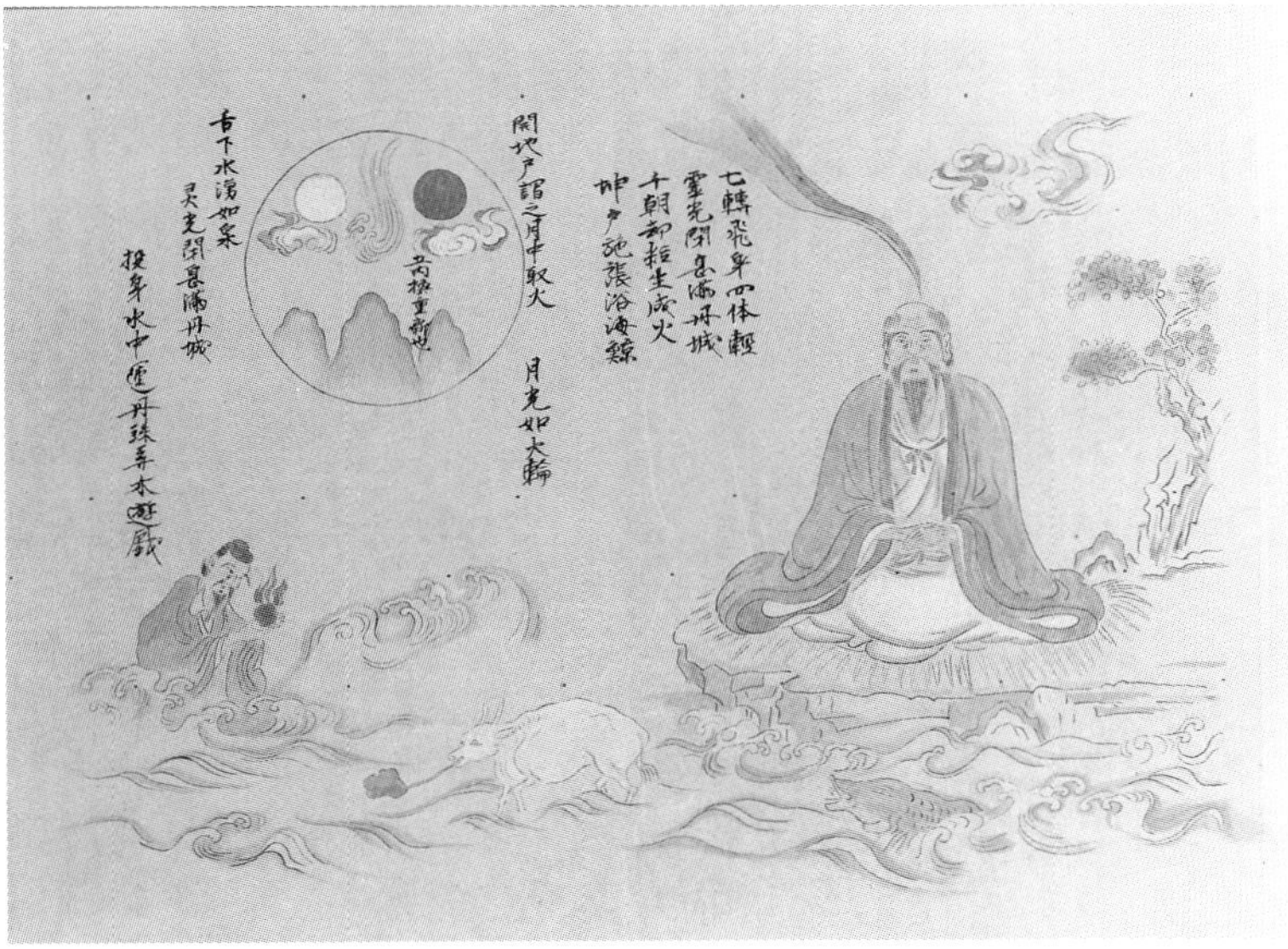

図下⑦ b　　図下⑦ a

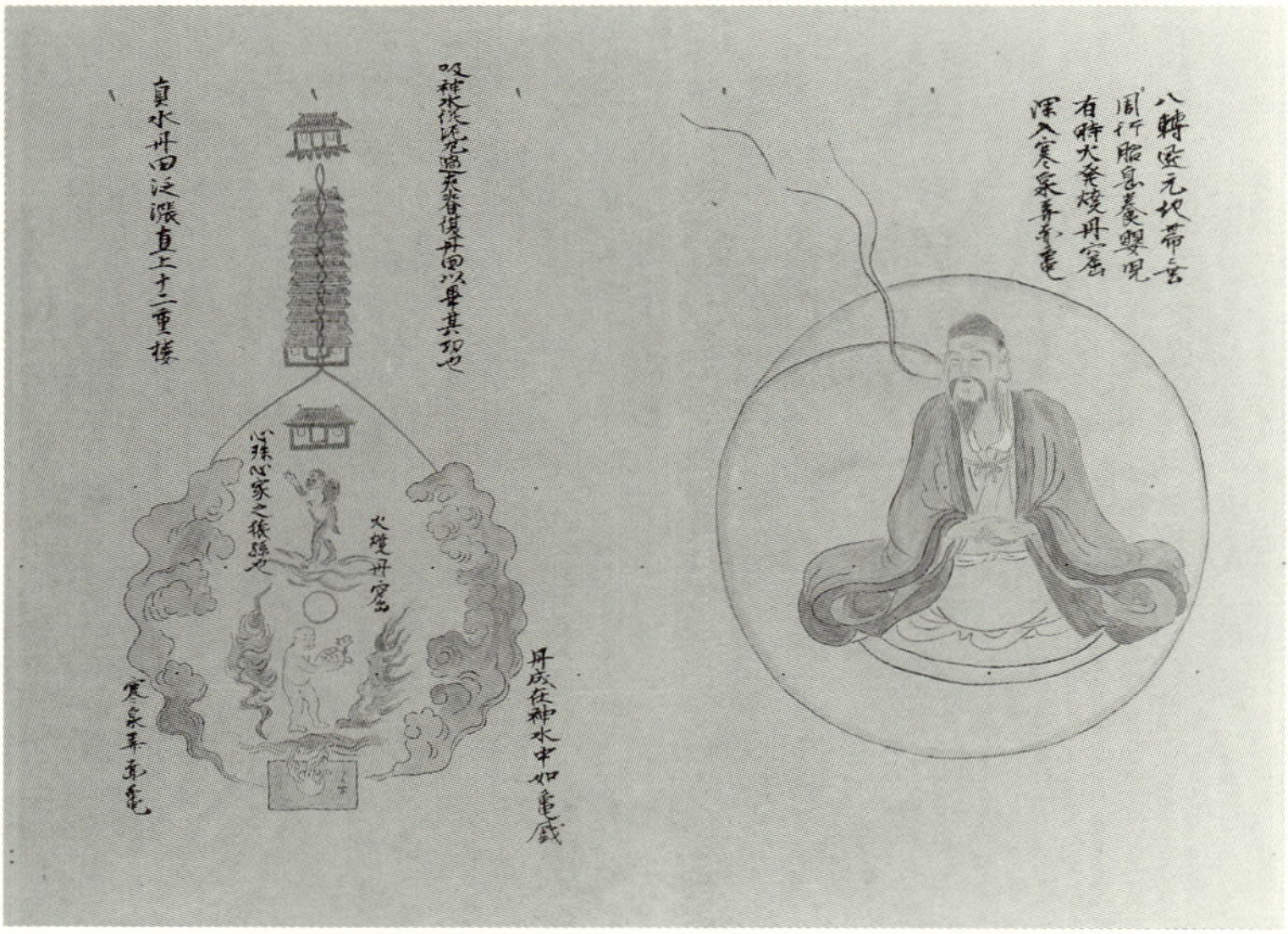

図下⑧b　　図下⑧a

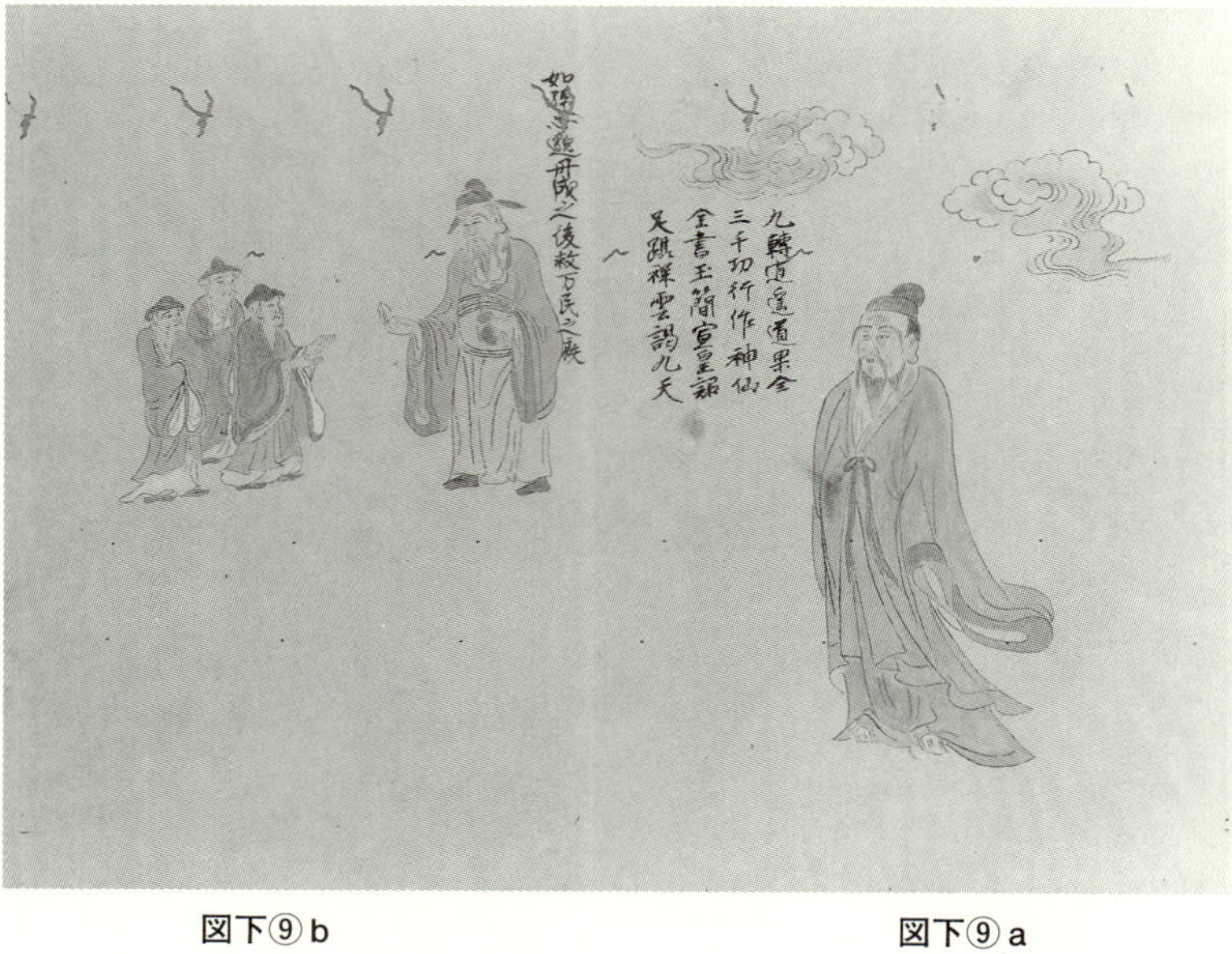

図下⑨b　　図下⑨a

図下⑨ d　　図下⑨ c

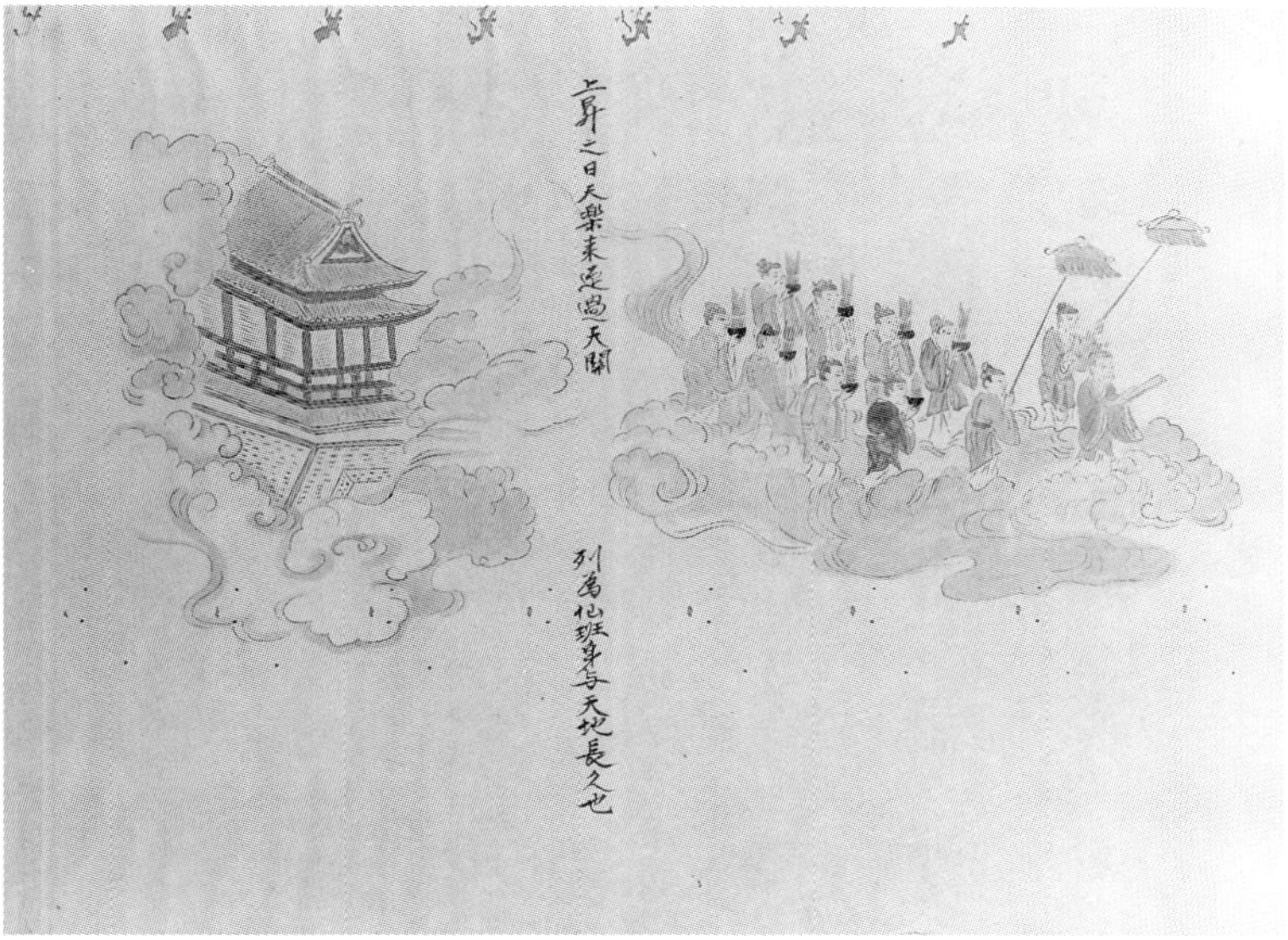

図下⑨ f　　図下⑨ e

注

（1）「静」、兼雄本・無名氏本は「淨」に作る。以下『清静経』の経文は、兼雄本・無名氏本のほかに杜光庭注『清静経』（杜注本）と対校する。

（2）「有濁有動」、兼雄本・無名氏本・杜注本は共に「有動有静」に作る。右の小字は伝写の際の誤写を訂正したものであろう。

（3）「而萬物」、兼雄本・無名氏本・杜注本は「而生萬物」に作る。「。」は伝写の脱落を示し、右の小字でそれを補ったものであろう。

（4）「慾」、杜注本は「欲」に作る。巻子本は「慾」と「欲」を混用するが、杜注本は全て「欲」字に作る。以下同じ。

（5）「若」、杜注本は「若」字なし。

（6）「ヽ」、兼雄本・無名氏本・杜注本は「心」に作る。巻子本には重複記号がまま用いられるが、兼雄本・無名氏本・杜注本はどれも基本的に重複記号を用いない。以下同じ。

（7）「惟」、杜注本は「唯」に作る。

（8）「無」、兼雄本は「。《無》」に作る。

（9）「着」、杜注本は「著」に作る。以下同じ。正しくは「著」であるが「着」と「著」は混用されることが多い。

（10）「妄《忘》」、兼雄本・無名氏本・杜注本は「妄」に作る。

（11）「葛公」、杜注本は「葛玄」に作る。

（12）「偏」、杜注本は「遍」に作る。

（13）「授」、杜注本は「受」に作る。以下同じ。

（14）「西王方」、杜注本は「西王母」に作る。

（15）「世」、兼雄本・無名氏本は共に「世」字なし。

（16）「者」、杜注本は「者」字なし。

（17）「身」、杜注本は「人」に作る。

(18)「保」、杜注本は「寶」に作る。

(19)「眞」、杜注本は「尊」に作る。

(20)「静」、無名氏本は「淨」に作る。

(21)「不思善、不思悪、便見本來眞面目」、『六祖大師法宝壇経』行由に「不思善、不思悪、正與麼時、那箇是明上座本來面目」(三四九中)とある。

(22)「玉蟾」、白玉蟾(一名葛長庚、一一九四〜一二二九?)のことであろう。後世、全真教南宗第五祖とされる。「快活歌」(『修真十書』巻三十九『上清集』および『海瓊伝道集』)に「一粒如黍然」(『上清集』七左、『海瓊伝道集』十七左)とある。

(23)「靑」、兼雄本は「黃」と誤写し、右に小字で「靑」と訂正する。

(24)「由」、兼雄本は「。《由》」に作る。

(25)「張子陽」、「子」は「紫」に作るべきであろう。張紫陽(九八七〜一〇八二)、一名伯端、または用成。後世、全真教南宗初祖とされる。

(26)「。《知》」、兼雄本・無名氏本は「知」に作る。

(27)『紫陽真人悟真篇註疏』巻四絶句第十二首に「藥逢氣類方成象、道在虛無合自然。一粒靈丹呑入腹、始知我命不由天」(十三左)とある。

(28)「隊」、兼雄本は「隊」の右に小字で「望」を記す。

(29)「爲者」以下、『規中指南』後序の後半部に相当する。以下、『静坐不動口訣』末文まで兼雄本・無名氏本のほかに『規中指南』と対校する。

(30)『規中指南』は「自有」の二字なし。

(31)「張」、『規中指南』は「宰」に作る。

(32)「只」、『規中指南』は「如」に作る。

(33)「頃」下、『規中指南』は「刻」字あり。

(34)「應」、『規中指南』は「動」に作る。

(35)『規中指南』は「生」字なし。

(36)『規中指南』は「出」字なし。

(37)「出」下、『規中指南』は「莫非自然妙用」六字あり。

(38)「想」、『規中指南』は「思」に作る。

(39)「無」、『規中指南』は「忘」に作る。

(40)「矣」下、『規中指南』は「明眼者以爲如何。武夷昇眞玄化洞天眞放道人虚白子陳沖素序」あり。

(41)以下、『修真九転丹道図』は兼雄本・無名氏本のほかに『九転金丹秘訣』の口訣の部分と対校する。ただし第九転には口訣がなく、第九転歌に付された解を用いる。

(42)「第一轉行持口訣」、『九転金丹秘訣』は「口訣」に作る。以下同じ。

(43)『九転金丹秘訣』の冒頭には、「一轉降丹・二轉交媾・三轉養陽・四轉養陰・五轉換骨・六轉換肉・七轉換五藏六府・八轉育火・九轉飛昇」と各転における功夫の内容が簡潔に記されている。「一轉降丹」という割注もここから取ったものだろう。以下、『修真九転丹道図』では各行持口訣の題字の下に、『九転金丹秘訣』冒頭の功夫の内容が記される。

(44)「臟」、『九転金丹秘訣』は「藏」に作る。以下同じ。

(45)「勻」、兼雄本は右に小字で「勾歟」と記す。無名氏本は「勾」に作る。

(46)「開」、『九転金丹秘訣』は「閉」に作る。

(47)「〻」、兼雄本・無名氏本は「之」に作る。

(48)「收捨《收拾》」、兼雄本・無名氏本・『九転金丹秘訣』は「收拾」に作る。

(49)「開」、兼雄本は「閉」に作る。

(50)「旦」、『九転金丹秘訣』は「早」に作る。

(51)「初《次》」、兼雄本・無名氏本・『九転金丹秘訣』は「次」に作る。

(52)「和暢、心神」、兼雄本は脱落を示す「。」の右に小字でこの四字を記す。
(53)「目」、『九転金丹秘訣』は「口」に作る。
(54)「盡」、兼雄本・無名氏本は「畫」に作る。
(55)「敭」、『九転金丹秘訣』は「歇」に作る。
(56)「二」、『九転金丹秘訣』は「三」に作る。
(57)「寒」、『九転金丹秘訣』は「塞」に作る。
(58)「五臟、覺」、兼雄本は脱落を示す「。」の右に小字でこの三字を記す。
(59)「口訣」の下に『九転金丹秘訣』は「鼻竅口竅」という割注あり。
(60)「臟」、巻子本はやや判読しづらく、右の小字は誤読を防ぐために再記したものであろう。
(61)「閅」、『九転金丹秘訣』は「關」に作る。
(62)「當」下、『九転金丹秘訣』は「日」字あり。
(63)「足」、『九転金丹秘訣』は「膝」に作る。
(64)「直」、『九転金丹秘訣』は「眞」に作る。
(65)「人」、『九転金丹秘訣』は「火」に作る。
(66)「生」、『九転金丹秘訣』は「上」に作る。
(67)「水晶」、『九転金丹秘訣』は「水精」に作る。以下同じ。
(68)「湧」、『九転金丹秘訣』は「踴」に作る。
(69)「瀨《漱》」、兼雄本・無名氏本・『九転金丹秘訣』は「漱」に作る。
(70)「腑」、『九転金丹秘訣』は「府」に作る。以下同じ。
(71)「閉《開》」、兼雄本・無名氏本・『九転金丹秘訣』は「開」に作る。
(72)「得」、『九転金丹秘訣』は「深」に作る。

(73)「岩」、『九転金丹秘訣』は「巖」に作る。

(74)「谷」、兼雄本は脱落を示す「。」の右に小字で同字を記す。

(75)「十」、『九転金丹秘訣』は「千」に作る。

(76)「発《發イ》」、略体の「発」を異本で正したものか。兼雄本は「羨《發イ》」、無名氏本・『九転金丹秘訣』は「發」に作る。

(77)『九転金丹秘訣』の冒頭に「九轉飛昇」あり。注(42)参照。以下『九転金丹秘訣』の第九転の解と対校する。

(78)「功行畢」、『九転金丹秘訣』第九転の標題「第九轉」の下に「功行畢」という割注あり。

(79)『九転金丹秘訣』は「丹成九轉」の上に「解曰」二字あり。

(80)「果」、兼雄本・無名氏本は共に「杲」に作る。以下同じ。

(81)「許旌陽」、晋の道士、許遜(二三九～三〇一)のこと。旌陽県(今、湖北省)令となり、大いに治績を上げ、許旌陽とも呼ばれる。後、浄明道の祖師とされた。

(82)「孫思邈」、唐代の医師、孫思邈(?～六八二)のこと。『孫真人備急千金要方』(道蔵第八〇〇―八二〇冊)『千金翼方』を著し、後、薬王として尊崇された。

(83)「名」、兼雄本・無名氏本は共に「各」に作る。

(84)兼雄本は次行に大字で以下のように記す。

「右祕中之祕本也。莫出宸外矣。

兼雄」(元本々神衜［八角朱印］)

(85)以下、下巻の対校には兼雄本・無名氏本のほかに『九転金丹秘訣』の内丹歌を用いる。また各図の書き込みについては、関連すると思われる部分を挙げておく。

(86)「江」、『九転金丹秘訣』は「紅」に作る。

(87)第一転歌の解に「坐忘其形、天地山河、六合萬物、皆在我身之内」あり。

(88)第一転の望江南詞解に「使膽中生氣、上行隨心膽之脈貫於舌竅」あり。

(89) 第一転の望江南詞解に「左邊之氣、貫於左太陽而入腦」あり。
(90) 第一転歌の解に「紅蓮者、舌是也」あり。
(91) 上巻の「第一転行持口訣」に「卻開眼良久、亦閉目、依前捲舌、候至泥丸宮止、……漸覺泥丸宮次流入腦下重樓十二環、透夾脊、串尾閭」あり。
(92) 注(91)を見よ。
(93) 上巻の「第一転行持口訣」に「忽然墜下丹田」あり。
(94) 第一転歌の解に「自兩竅通心、兩竅通液」あり。また「第一轉」下に細字双行で「舌下四竅、兩竅通心、兩竅通液」あり。
(95) 第一転歌の解に「初降之狀、如露一顆明珠」あり。
(96) 注(91)を見よ。
(97) 注(94)を見よ。
(98) 第一転の望江南詞解に「右邊之氣貫於右大陰而入腦」あり。
(99) 「終」、『九転金丹秘訣』は「結」に作る。
(100) 第二転歌の解に「呂曰、火取南方丹鳳髓、水求北海黑龜精」あり。なおこの句は『純陽真人渾成集』(道蔵第七二七冊)巻下七言律詩第二首に見える(一右)。
(101) 第二転の望江南詞解に「六六內陰數足、則下蓮池神水澆心絡以養丹氣」あり。
(102) 第二転の望江南詞に「玄珠降、丹窟在中宮」あり。
(103) 第二転の望江南詞解に「此眞水眞火以成既濟之功、陰陽既濟、眞丹氣足」あり。
(104) 第二転の望江南詞解に「帝坐、心也」あり。
(105) 第二転歌の解に「丹藏丹田之後、……如金團、乃月光而也」あり。
(106) 注(100)を見よ。
(107) 『修真九転丹道図』は『九転金丹秘訣』に見える第三転歌「三轉行陽入左宮、玄珠胎色漸鮮紅。神明育火分形像、天賴時催造化功」を欠く。

(108) 第三転歌の解に「三轉功成、自此更無三戸魂也」あり。

(109) 第三転の望江南詞に「晨昏時飲玉壺漿」、解に「坐息之間常見面目光彩、湧泉甘露之水常出」あり。

(110) 第三転の望江南詞解に「八轉動其形、如三四寸之小兒、見之未甚分明也」あり。

(111) 第三転歌の解に「及其丹光照見一顆明珠如火輪之狀」あり。

(112) 第三転の望江南詞解に「陽氣方足而未嘗育陰」あり。

(113) 上巻の「第三転行持口訣」に「微有一道熱氣、過丹田直入脇下、其熱如火、搖動久而後定」あり。

(114) 第三転歌の解に「三轉之後、九竅聽明、天籟之聲、晝夜常聞也」、望江南詞に「天籟奏笙簧」あり。

(115) 第四転歌の解に「丹之四轉、內之聖胎魂魄皆就其五嶽、精神與我內貌則同、此出神之眞身也」あり。

(116) 第四転の望江南詞解に「心氣下降、腎氣上騰」あり。

(117) 第四転の望江南詞解に「丁壬配合、聖胎陰陽數足」あり。

(118) 第四転の望江南詞解に「丹在右脇隨氣升降、如龜在水任意浮沈」あり。

(119) 注(116)を見よ。

(120) 「山」、兼雄本は「水」と誤写し、右に小字で「山」と訂正する。

(121) 第五転の望江南詞解に「故曰火自水中生。常人於丹田之下、積陰之氣、謂之鬼嶽」あり。

(122) 第五転の望江南詞解に「燒蕩陽宮、神庭建立」あり。

(123) 第五転歌に「嬰兒盈尺弄陽精」あり。

(124) 第五転の望江南詞解に「內丹玄珠、忽自右脇一道眞火飛入丹田」あり。

(125) 上巻の「第五転行持口訣」に「其日光到心之後、漸覺心頭氣動、在丹田如魚踴躍」あり。

(126) 「。《瑠》」、兼雄本・無名氏本は共に「瑠」に作る。

(127) 上巻の「第六転行持口訣」に「心神之火一道熱氣降入丹田、如一火輪安在琉璃盤內」あり。

(128) 第六転の望江南詞解に「運北方腎水交南方心火」あり。
(129) 第六転の望江南詞に「陽砂赤、陰粉色微青」、また第六転歌の解および望江南詞解にも「陽砂」「陰粉」あり。
(130) 第六転の望江南詞に「神龜時飲碧瑤精」あり。
(131) 「爲」、兼雄本は脱落を示す「。」の右に小字で同字を記す。
(132) 第六転歌の解に「眞人與内身一體」あり。
(133) 注(129)を見よ。
(134) 注(128)を見よ。
(135) 上巻の「第六転行持口訣」に「内外之眞氣、瑩若水晶」あり。
(136) 「飛身」、『九転金丹秘訣』は「身飛」に作る。
(137) 「體」、巻子本は略体の「体」を用いる。兼雄本・無名氏本は共に「休」に作る。
(138) 第七転の望江南詞解に「從地戶陰穴而出、故曰月中取火也」あり。
(139) 第七転の望江南詞解に「光明如火輪之狀」あり。
(140) 第七転の望江南詞に「五内換重新」、解に「故曰五内換重新也」あり。
(141) 上巻の「第七転行持口訣」に「直候舌下神水如泉」あり。
(142) 第七転歌に「靈光閉息滿丹城」あり。
(143) 第七転歌の解に「投身水中、運其丹珠、從坤戶而出、吸呼弄水、游戯自在」あり。
(144) 第八転歌の解に「丹珠在其神水之中、如龜之戯水」あり。
(145) 上巻の「第八転行持口訣」に「閉息吸神水、從泥丸宮過夾脊復丹田、以畢其功也」あり。
(146) 第八転歌に「有時火發燒丹竈」あり。
(147) 第八転の望江南の解に「心珠心家猴孫也」あり。
(148) 「直」、兼雄本・無名氏本は共に「眞」に作る。

(149) 第八転歌の解に「眞水自丹田如湧泉泛漲、直至重樓十二環」あり。
(150) 第八転歌に「深入寒泉弄赤龜」あり。
(151) 「全」、『九転金丹秘訣』は「金」に作る。
(152) 第九転歌の解に「孫思邈丹成之後、救萬民之疾、然後上昇」あり。
(153) 第九転歌の解に「許旌陽丹成之後、除蛟龍之害、然後上昇」あり。
(154) 第九転歌の解に「上昇之日、天樂來迎、簫韶合奏、以過天闕、隨功行分職、列爲仙班、與天地相爲長久也」あり。また兼雄本は次行に大字で以下のように記す。

「右一冊志道家之祕經奈利
一見之序加奥書了
卜部朝臣　花押」（元本々神衟［八角朱印］）

謝辞

天理大学附属天理図書館吉田文庫所蔵『太上老君説常清静経』の翻刻及び図版を掲載するにあたり、その使用を快く許可してくださった天理大学附属天理図書館に感謝申し上げる（天理大学附属天理図書館本翻刻第一二八〇号）。

全真教師承系譜図略

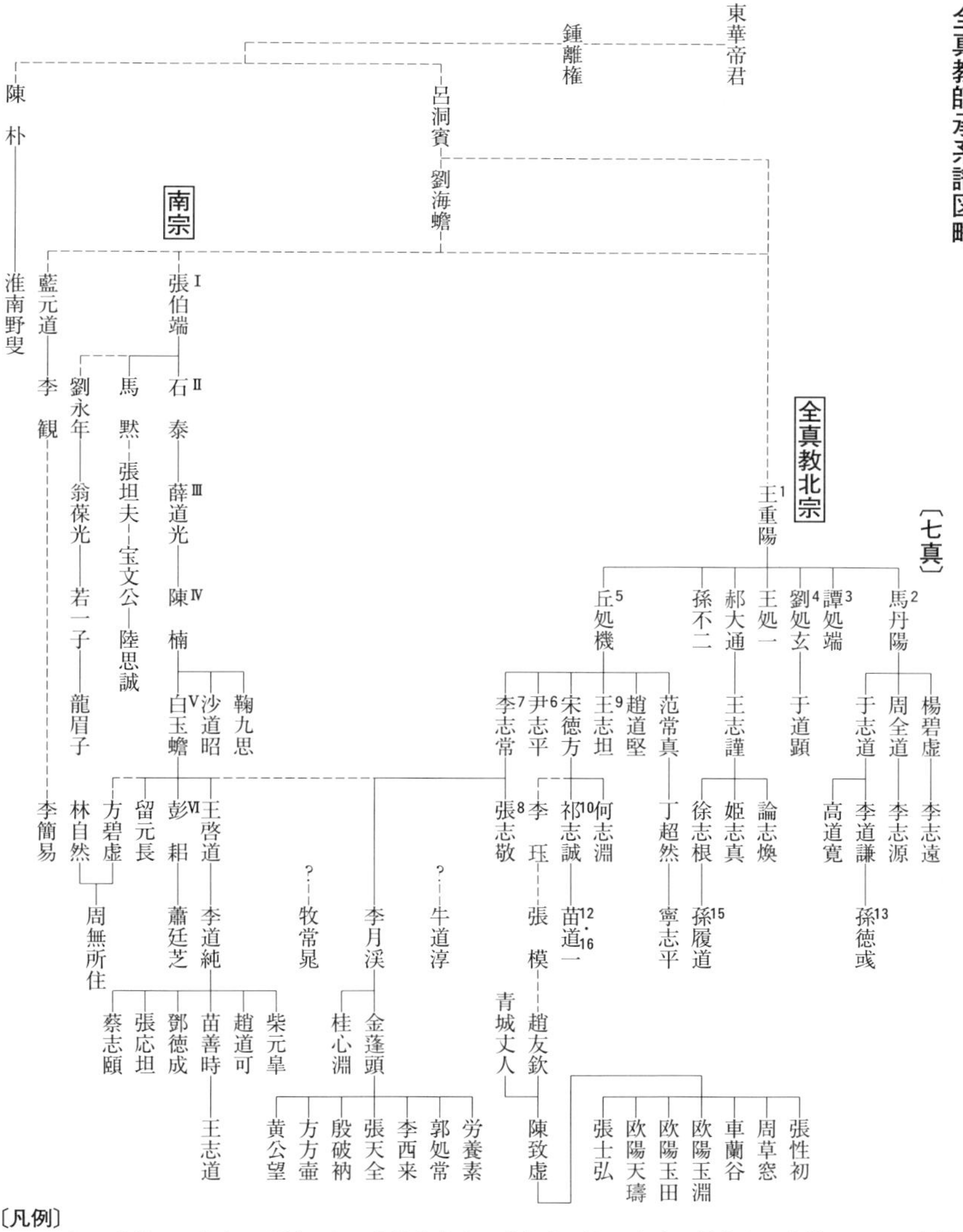

〔凡例〕

一、上の系譜は、本書に関係のある人物を中心に取り上げた。本書に見えない人物についても適宜取り上げているが、全ての師承関係を網羅したものではない。

一、実線はほぼ確実な系譜、破線は師承関係の疑わしいことを示す。

一、北宗の人名に付されたアラビア数字は全真教掌教の順番を表す。なお11代張志僊・14代藍道元・17代完顔徳明の系譜は不明である。南宗のローマ数字は、南宗の歴代祖師の順を指す。

一、本図の作成に当たっては、陳銘珪『長春道教源流』・陳垣『南宋初河北新道教考』(1962)・横手裕「全真教の変容」(1990) 等を参考にしている。

宋・金・元における全真教および関連人物生卒表

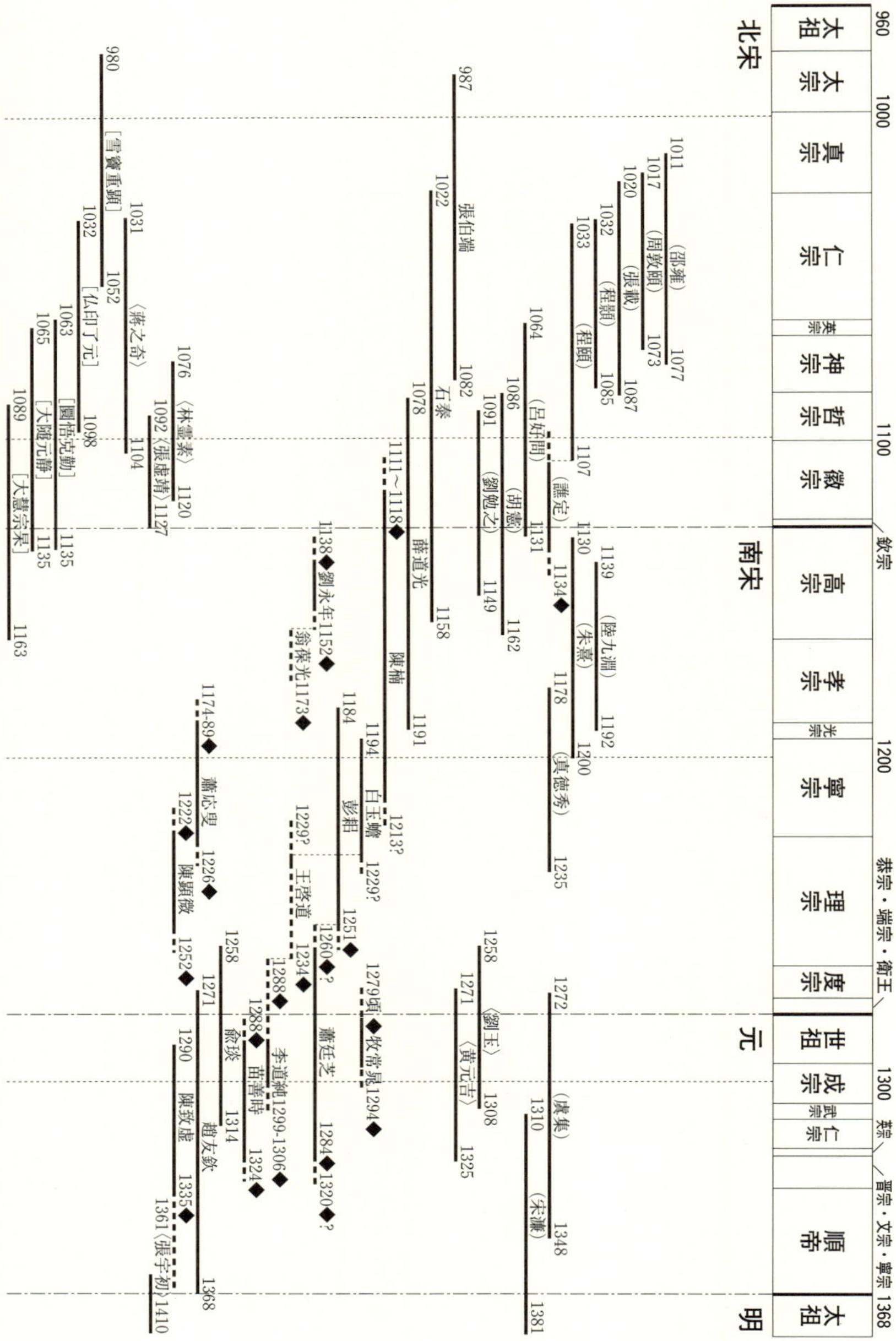

[凡例]
一、〈 〉は全真教南北宗以外の道教関係者、[ ]は禅宗関係者、( )は儒教関係者を表す。
一、◆は書物等によって確認される上限・下限の年を示す。
一、人物間の点線は師承関係による上限・下限の推測年代を表す。この場合、?を付しておいた。

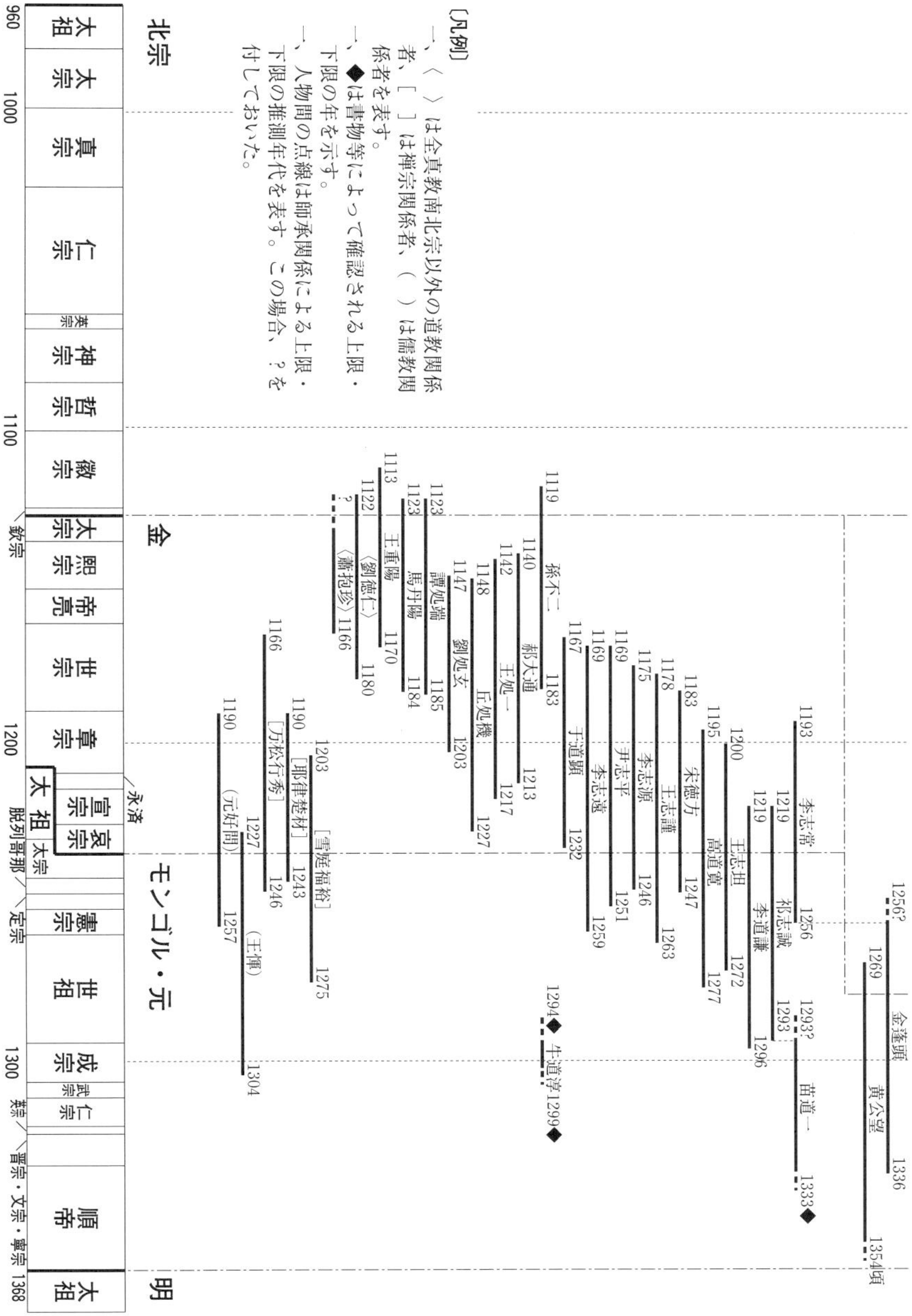

書　　誌

一次資料

・道教関係

『道蔵』　上海涵芬楼（商務印書館）、一九二四〜一九二六［明・正統本］
上海書店・文物出版社・天津古籍出版社、一九九四［明・正統本］

『蔵外道書』　巴蜀書社、一九九四

『中華続道蔵』　新文豊出版公司、一九九九

『中華道蔵』　華夏出版社、二〇〇四

『道蔵輯要』　新文豊出版公司、一九八六再版［成都二仙庵蔵重刊本］

『道蔵精華』　自由出版社、平装本

『道書全集』　中華書店、一九九〇

・仏教関係

『大正新脩大蔵経』　大正一切経刊行会

『新纂大日本続蔵経』　国書刊行会

・儒教関係

『朱子語類』〔理学叢書〕、黎靖徳編、中華書局、一九九四

・神道関係

『唯一神道名法要集』　大隈和雄編『中世神道論』、岩波書店、一九七七（天理大学附属天理図書館吉田文庫所蔵自筆本）

また以下の校注・訳注・影印本等を参考にした。

『雲笈七籤』張君房編、蔣力生等校注、華夏出版社、一九九六
『雲笈七籤』張君房編、李永晟点校、中華書局、二〇〇三
『化書』譚峭撰、丁禎彦・李似珍点校、中華書局、一九九六
『景徳伝灯録』釈道原編著、新文豊出版公司、一九九三
『景徳伝灯録』釈道原編著、張華釈訳、仏光山宗務委員会、一九九七
『景徳伝灯録』釈道原編著、妙音・文雄点校、成都古籍書店、二〇〇〇
『原人論』宗密撰、鎌田茂雄訳、中国古典新書、明徳出版社、一九七三
『悟真篇浅解』張伯端撰、王沐浅解、中華書局、一九九〇

『悟真篇三家注』張伯端撰、石明輯注、華夏出版社、一九八九
『伍柳仙宗』伍沖虚・柳華陽撰、河南人民出版社、一九八七
『周易参同契』魏伯陽撰、鈴木由次郎訳、中国古典新書、明徳出版社、一九七七
『従容録』万松行秀著、董群釈訳、仏光山宗務委員会、一九九七
『神道思想集』［日本の思想十四］、石田一良編、筑摩書房、一九七〇
『新訳悟真篇』張伯端撰、劉国樑・連遥注、台湾三民出版社、二〇〇五
『新訳長春真人西遊記』李志常撰、顧宝田・何静文、台湾三民出版社、二〇〇八
『真臘風土記校注・西遊録・異域志』［中外交通史籍叢刊四］耶律楚材等、向達等校注、中華書局、二〇〇〇
『席上腐談』兪琰撰、叢書集成初編、商務印書館、一九三六
『増修詩話総亀』阮閲編、四部叢刊初編、台湾商務印書館、一九六五
『宋濂全集』宋濂撰、羅月霞主編、浙江古籍出版社、一九九九
『全真七子伝記』林世田等編校、宗教文化出版社、一九九九
全真道文化叢書『王重陽集』王重陽著、白如祥輯校、斉魯書社、二〇〇五
全真道文化叢書『馬鈺集』馬鈺著、趙衛東輯校、斉魯書社、二〇〇五
全真道文化叢書『丘処機集』丘処機著、趙衛東輯校、斉魯書社、二〇〇五
全真道文化叢書『譚処端・劉処玄・王処一・郝大通・孫不二集』譚処端・劉処玄・王処一・郝大通・孫不二著、白如祥輯校、斉魯書社、二〇〇五
『禅学典籍叢刊』第二巻、柳田聖山・椎名宏雄編、臨川書店、一九九九

禅の語録1『達摩の語録』柳田聖山訳、筑摩書房、一九六九
禅の語録2『初期の禅史Ⅰ』柳田聖山訳、筑摩書房、一九七一
禅の語録3『初期の禅史Ⅱ』柳田聖山訳、筑摩書房、一九七六
禅の語録4『六祖壇経』中川孝訳、筑摩書房、一九七六
禅の語録6『頓悟要門』中川孝訳、筑摩書房、一九七〇
禅の語録7『龐居士語録』中川孝訳、筑摩書房、一九七三
禅の語録8『伝心法要・宛陵録』入矢義高訳、筑摩書房、一九六九
禅の語録9『禅源諸詮集都序』鎌田茂雄訳、筑摩書房、一九七一
禅の語録10『臨済録』秋月龍珉訳、筑摩書房、一九七二
禅の語録11『趙州録』秋月龍珉訳、筑摩書房、一九七二
禅の語録13『寒山詩』入矢仙介・松村昂訳、筑摩書房、一九七〇
禅の語録14『輔教編』荒木見悟訳、筑摩書房、一九八一
禅の語録15『雪竇頌古』入矢義高・梶谷宗忍・柳田聖山訳、筑摩書房、一九八一
禅の語録16『信心銘・証道歌・十牛図・坐禅儀』梶谷宗忍・柳田聖山・辻村公一訳、筑摩書房、一九七四
禅の語録17『大慧書』荒木見悟訳、筑摩書房、一九六九
禅の語録18『無門関』平田高士訳、筑摩書房、一九六九
禅の語録19『禅関策進』藤吉慈海訳、筑摩書房、一九七〇
『仙仏奇踪』洪応明編、江蘇広陵古籍刻印社、一九九五

『太平洋航海記・コロンブスの夢・長春真人西遊記・耶律楚材西遊録』キャプテン・クック他、世界ノンフィクション全集十九、筑摩書房、一九六一
『湛然居士文集』耶律楚材撰、中華書局、一九八六
『中国気功経典』宋朝部分（上・下）呂光栄主編・呉家駿副主編、人民体育出版社、一九九〇
『中国歴代書目叢刊』許逸民・常振国編、現代出版社、一九八七
『定本湛然居士文集訳』耶律楚材撰、飯田利行訳、国書刊行会、一九八五
『道家気功南宗丹訣釈義』浙江省気功科学研究会文献委員会編、浙江科学技術出版社、一九九一
『道家金石略』陳垣編、陳智超・曽慶瑛校補、文物出版社、一九八八
『道蔵精華録』上下、丁福保編、浙江古籍出版社、一九八九
『道蔵提要』［修訂本］、任継愈主編、中国社会科学院出版社、一九九五
東方修道文庫『金丹集成』徐兆仁主編、中国人民大学出版社、一九八八
東方修道文庫『全真秘要』徐兆仁主編、中国人民大学出版社、一九八八
東方修道文庫『天元丹法』徐兆仁主編、中国人民大学出版社、一九九〇
『敦煌変文校注』黄征・張涌泉編、中華書局、一九九七
『抱朴子内篇校釈』葛洪著、王明校釈、中華書局、一九八五
『抱朴子内篇』葛洪著、本田済訳注、東洋文庫五一二、平凡社、一九九〇
『列仙全伝』王世貞輯、偉文図書出版社、一九七七
The Encyclopedia of Taoism, Fabrizio Pregadio ed., London and New York: Routledge, 2008

The Taoist Canon; A Historical Companion to the Daozang 道藏通考, Kristofer Schipper and Franciscus Verellen, the University of Chicago press, 2004

参考文献

なお本書第Ⅰ部補論二「日本における全真教南宗研究の動向について」の「全真教南宗研究文献目録略」に掲載したものはここに採らなかった。

【日文】

秋岡英行「『金丹真伝』の内丹思想」（『東方宗教』第八十八号、日本道教学会、一九九六）

秋月観暎『中国近世道教の形成』、創文社、一九七八

「浄明道形成論考――中国における最近の研究成果を読んで――」（『東方宗教』第七十八号、日本道教学会、一九九一）

秋月龍珉編『禅の心・歴史』、平河出版社、一九八三

阿部肇一『中国禅宗史の研究』、誠信書房、一九六三

「万松行秀伝と『湛然居士集』――金代曹洞禅の発展――」（岡本敬二先生退官記念論集刊行会編『アジア諸民族における社会と文化――岡本敬二先生退官記念論集――』、国書刊行会、一九八四）

荒木見悟「思想家としての宋濂」（同『明代思想研究』、創文社、一九七二）

『仏教と儒教』［新版］、研文出版、一九九三［もと平楽寺書店、一九六三］
安津素彦「外国人の見た神道」（神道文化会編『明治維新　神道百年史』第二巻、神道文化会、一九六六）
飯田利行『大モンゴル禅人宰相　耶律楚材』、柏美術出版、一九九四
池田知久等編訳『占いの創造力――現代中国周易論文集――』、勉誠出版、二〇〇二
石井修道『宋代禅宗史の研究』、大東出版社、一九八七
石田秀実「『太上老君説常清静経』本文校訂並びに日語訳注」（『八幡大学論集』第三十八巻第二号、八幡大学法経学会、一九八七）
『からだのなかのタオ――道教の身体技法』、平川出版社、一九九七
「陳朴内丹説資料覚書」（宮澤正順博士古稀記念論文集刊行会編『東洋――比較文化論集――宮澤正順博士古稀記念』、青史出版、二〇〇四）
石田秀実編『東アジアの身体技法』［遊学叢書九］、勉誠出版、二〇〇〇
伊藤光遠『煉丹修養法』、谷口書店、一九七八［もと実業之日本社、一九二七。坂出祥伸解説］
井上　進『中国出版史』、名古屋大学出版会、二〇〇二
井上智勝『吉田神道の四百年――神と葵の近世史――』、講談社、二〇一三
今井宇三郎『宋代易学の研究』、明治図書出版、一九五八
入矢義高『求道と悦楽――中国の禅と詩――』、岩波書店、一九八三
『自己と超越』、岩波書店、一九八六
岩村　忍『耶律楚材』、生活社、一九四二

上田閑照・柳田聖山『十牛図――自己の現象学』、筑摩書房、一九九二
江上波夫編『東洋学の系譜』第二集、大修館書店、一九九四
尾崎正治「『歴世真仙体道通鑑』のテキストについて」(『東方宗教』第八十八号、日本道教学会、一九九六)
「金・玄都宝蔵私考」(中村璋八編『中国人と道教』、汲古書院、一九九八)
小野四平「呂洞賓伝説について」(『東方宗教』第三十二号、日本道教学会、一九五八)
小野沢精一・福永光司・山井湧編『気の思想』、東京大学出版会、一九七八
小柳司気太『道教概論』、世界文庫刊行会、一九二三
『老荘の思想と道教』、関書院、一九三五
『東洋思想の研究』、森北書店、一九四二
小柳司気太編『白雲観志――附東岳廟志』、国書刊行会、一九八六［もと東方文化学院東京研究所、一九三四］
垣内景子「朱熹「格物究理」再論――心から世界へ、世界から心へ」(福井文雅編『東方学の新視点』、五曜書店、二〇〇三)
『「心」と「理」をめぐる朱熹思想構造の研究』、汲古書院、二〇〇五
梶山雄一「牧牛図の西蔵版に就て」(『仏教史学』第七巻第三号、仏教史学会、一九五八)
加藤千恵『不老不死の身体――道教と「胎」の思想』［あじあブックス］、大修館書店、二〇〇二
鎌田茂雄「新道教の形成に及ぼした禅の影響」(『宗学研究』第二号、曹洞宗宗学研究所、一九六〇)
『宗密教学の思想的研究』、東京大学出版会、一九七五
神塚淑子『六朝道教思想の研究』、創文社、一九九九

『道教経典の形成と仏教』、名古屋大学出版会、二〇一七
川瀬一馬　『五山版の研究』、日本古書籍商協会、一九七〇
岸本美緒　「時代区分論」（樺山紘一他編『岩波講座世界歴史――世界史へのアプローチ』第一巻、岩波書店、一九九八）
楠本正継　『宋明時代儒学思想の研究』、広池学園出版部、一九六二
窪徳　忠　「金・元時代に於ける道教の概説」（『北亜細亜学報』第二輯、亜細亜文化研究所、一九四三）
『中国の宗教改革――全真教の成立』、法蔵館、一九六七
『道教史』、山川出版社、一九七七
『モンゴル朝の道教と仏教――二教の論争を中心に――』、平河出版社、一九九二
『道教の神々』、講談社学術文庫、一九九六［もと平河出版社、一九八五］
久保田量遠　『支那儒道仏交渉史』、大東出版社、一九四三
幸田露伴　「論仙」（同『露伴全集』第十六巻、岩波書店、一九七八）
「道教に就いて」（同『露伴全集』第十八巻、岩波書店、一九七九）
「道教思想」（同『露伴全集』第十八巻、岩波書店、一九七九）
「仙書参同契」（同『露伴全集』第十八巻、岩波書店、一九七九）
小島　毅　「朱熹の克己復礼解釈」（宋代史研究会編『宋代の規範と習俗』、汲古書院、一九九五）
『中国近世における礼の言説』、東京大学出版会、一九九六
「思想伝達媒体としての書物――朱子学の「文化の歴史学」序説――」（宋代史研究会編『宋代社会のネッ

トワーク』、汲古書院、一九九八）、
「朱子学の伝播・定着と書物」（『アジア遊学』第七号、勉誠出版、一九九九）
『宋学の形成と展開』、創文社、一九九九
『中国思想と宗教の奔流――宋朝』［中国の歴史七］、講談社、二〇〇五
古勝隆一　「血盟と師授――『抱朴子』内篇を中心として――」（麥谷邦夫編『江南道教の研究』、平成十五―十八年度科学研究費補助金・基盤研究（B）・研究成果報告書一、二〇〇七）
小林正美　『六朝道教史研究』、創文社、一九九〇
『中国の道教』、創文社、一九九八
『唐代の道教と天師道』、知泉書館、二〇〇三
酒井忠夫編　『道教の総合的研究』、国書刊行会、一九七七
酒井規史　「南宋時代の道士の称号――経籙の法位と「道法」の職名――」（『東洋の思想と宗教』第二十五号、早稲田大学東洋哲学会、二〇〇八）
坂内栄夫　「『鍾呂伝道集』と内丹思想」（『中国思想史研究』第七号、京都大学文学部中国哲学史研究会、一九八五）
「王棲霞とその時代――五代道教初探」（『東方宗教』第七十二号、日本道教学会、一九八八）
「「大道論」攷――唐代道教と洪州禅」（『中国思想史研究』第十九号、京都大学文学部中国哲学史研究会、一九九六）
「『元気論』攷――その内丹思想を中心に――」（『岐阜大学教育学部研究報告・人文科学』第四十六巻二号、岐阜大学教育学部、一九九八）

「唐代の内丹思想――陰丹と内丹――」（野口鐵郎他編『道教の生命観と身体論』〔講座道教・第三巻〕、雄山閣出版、二〇〇〇）
坂出祥伸『道教と養生思想』、ぺりかん社、一九九二
坂出祥伸・増尾伸一郎「中世日本の神道と道教――吉田神道における『太上玄霊北斗本命延生経』の受容――」（酒井忠夫・福井文雅・山田利明編『日本・中国の宗教文化の研究』、平河出版社、一九九一）
柴山全慶『十牛』、其中堂、一九六三
柴山全慶・直原玉青『禅の牧牛図』、創元社、一九七五
島尾永康『中国化学史』〔普及版〕、朝倉書店、二〇〇五
白石典之『チンギス・カン』、中公新書、二〇〇六
末木文美士編『碧巌録』上・中・下、岩波書店、二〇〇一・二〇〇二・二〇〇三
菅原信海「吉田兼倶と『北斗元霊経』」（牧尾良海博士喜寿記念論集刊行会編『儒・仏・道三教思想論攷――牧尾良海博士喜寿記念』、山喜房仏書林、一九九一
杉山正明『耶律楚材とその時代』〔中国歴史人物選八〕、白帝社、一九九六
『疾駆する草原の征服者――遼・西夏・金・元』〔中国の歴史八〕、講談社、二〇〇五
鈴木由次郎『漢易研究』〔増補改訂版〕、明徳出版社、一九六三
砂山稔「道教と隋唐の歴史・社会」（秋月観暎編『道教研究のすすめ』、平河出版社、一九八六）
『隋唐道教思想史研究』、平河出版社、一九九〇
高橋文治『モンゴル時代道教文書の研究』、汲古書院、二〇一一

陳垣・野口善敬訳『訳注　清初僧諍記――中国仏教の苦悩と士大夫たち――』、中国書店、一九八九
土田健次郎『道学の形成』、創文社、二〇〇二
土田健次郎編『近世儒学研究の方法と課題』、汲古書院、二〇〇三
出村勝明『吉田神道の基礎的研究』［神道史研究叢書十七］、臨川書店、一九九七
常盤大定・関野貞『支那文化史蹟』第一輯、法蔵館、一九三七
永井政之「万松行秀と耶律楚材」（『曹洞宗研究員研究生研究紀要』第九号、曹洞宗総務庁、一九七七）
「万松行秀の伝記をめぐる諸問題――資料・洪済寺・舎利塔」（飯田利行博士古稀記念論文集刊行会編『東洋学論叢――飯田利行博士古稀記念』、国書刊行会、一九八一）
中村　淳「モンゴル時代の「道仏論争」の実像――クビライの中国支配への道――」（『東洋学報』第七十五巻三・四号、東洋文庫、一九九四）
中村文峯『うしかい草』、山喜房仏書林、一九八五
西田長男『日本神道史研究』第五巻・中世編（下）、講談社、一九七九
忽滑谷快天『禅学思想史』、名著刊行会、一九七九［もと玄黄社、一九二五］
能仁正顕「シャル寺版チベット牧象図再考」（頼富本宏博士還暦記念論文集刊行会編『マンダラの諸相と文化――頼富本宏博士還暦記念論文集』下［胎蔵界の巻］、法蔵館、二〇〇五）
野上俊静『元史釈老伝の研究』、朋友書店、一九七八
野口善敬『元代禅宗史研究』、禅文化研究所、二〇〇五
野村英登「天尊受肉――宋代における『度人経』の秘教的解釈について――」（『東洋大学中国学会会報』第十集、

東洋大学中国学会、二〇〇三）

畑　忍「「道法」の浄明道的展開――元代浄明道の士 劉玉の「道法」観――」（『東方宗教』第九十五号、日本道教学会、二〇〇〇）

蜂屋邦夫『金代道教の研究――王重陽と馬丹陽――』、汲古書院、一九九二

『金元時代の道教――七真研究――』、汲古書院、一九九八

福井康順・山崎宏・木村英一・酒井忠夫監修『道教』全三巻、平河出版社、一九八三

増尾伸一郎・丸山宏編『道教の経典を読む』、大修館書店、二〇〇一

三浦國雄『不老不死という欲望――中国人の夢と実践』、人文書院、二〇〇〇

「『玉枢経』の形成と伝播」（『東方宗教』第一〇五号、二〇〇五）

「若杉家本『北斗本命延生経』について」（『東方宗教』第一二三号、日本道教学会、二〇一四）

「『北斗本命延生経』徐道齢注の諸問題」（吾妻重二編『文化交渉学のパースペクティブ――ICIS国際シンポジウム論文集』〔関西大学東西学術研究所研究叢刊五十二〕、関西大学出版部、二〇一六）

三田村圭子「『太上老君説常清静経』について――杜光庭本の資料的検討」（道教文化研究会編『道教文化への展望』、平河出版社、一九九四）

湊　信幸「黄公望略伝（上）」（『東京国立博物館紀要』第十九号、東京国立博物館、一九八四）

御牧克己「チベット仏教修行の一断面――所謂「チベット牧象図」について――」（『修行の研究――修行の目的・形態・意味についての学際的研究――』、平成八―十一年度科学研究費補助金・基盤研究（A）（2）〔研究課題番号：〇八四〇一〇〇三〕、研究代表者：長谷正当、二〇〇〇）

宮川敬之「近代佛学の起源」（『中国哲学研究』第十二号、東京大学中国哲学研究会、一九九八）
宮川尚志「宋の徽宗と道教」（『東海大学紀要』文学部第二十三輯、東海大学文学部、一九七五）
「林霊素と宋の道教」（『東海大学紀要』文学部第二十四輯、東海大学文学部、一九七五）
麥谷邦夫「『太上老君説常清静経』考」（吉川忠夫編『唐代の宗教』、朋友書店、二〇〇〇）
麥谷邦夫編『三教交渉論叢』、京都大学人文科学研究所、二〇〇五
『三教交渉論叢続編』、京都大学人文科学研究所、二〇一一
森三樹三郎『上古より漢代に至る性命観の展開』、創文社、一九七一
森由利亜「全真坐鉢――元明期の全真教儀礼を中心に」（福井文雅編『東方学の新視点』、五曜書店、二〇〇三）
諸橋轍次『儒学の目的と宋儒（慶曆至慶元百六十年間）の活動』、大修館、一九二九〔同『諸橋轍次著作集』（第一巻、一九七五）に所収〕
柳田聖山「看話禅における信と疑の問題」（日本仏教学会編『仏教における信の問題』、平楽寺書店、一九六三）
『初期禅宗史書の研究』、法蔵館、一九七二
『禅思想』、中公新書、一九七五
「無住と宗密――頓悟思想の形成をめぐって」（『花園大学研究紀要』第七号、花園大学文学部、一九七六）
横手　裕「看話と内丹――宋元時代における仏教・道教交渉の一側面」（『思想』第八一四号、岩波書店、一九九二）
「李涵虚初探」（鎌田繁・森秀樹編『超越と神秘』、大明堂、一九九四）
「宋元道教における『真誥』についての若干の考察」（吉川忠夫編『六朝道教の研究』、春秋社、一九九八）
「劉名瑞と趙避塵――近代北京の内丹家について――」（『東洋史研究』第六十一巻、東洋史研究会、二〇

〇一）
「道教における性説の諸相――唐から宋へ――」（堀池信夫・砂山稔編『道教研究の最先端』、大河書房、二〇〇六）
吉川忠夫『六朝精神史研究』、同朋舎、一九八四
「脇は席に至らず――全真教と禅をめぐって――」（『禅文化研究紀要』第十五号、禅文化研究所、一九八八）
吉川忠夫編『中国古道教史研究』、同朋舎、一九九二
山田慶兒『朱子の自然学』、岩波書店、一九七八
『本草と夢と錬金術と』、朝日新聞社、一九九七
山田　俊『唐初道教思想史研究――『太源真一本際経』の成立と思想』、平楽寺書店、一九九九
『宋代道家思想史研究』、汲古書院、二〇一二
山田利明『中国学の歩み――二十世紀のシノロジー』、大修館書店、一九九九
「露伴と道教」（『季刊日本思想史』第五十七号、ぺりかん社、二〇〇〇）
吉岡義豊『白雲観の道教』［東方民俗叢書二］、新民印書館、一九四五［同『吉岡義豊著作集』第一巻に「道教の研究」として所収］
『吉岡義豊著作集』、五月書房、一九八八九
ラーフラ，W.・片山一良「禅と牛飼い――禅・上座部比較研究試論――」（『駒沢大学仏教学部論集』第八号、一九七七）

渡辺健哉　「常盤大定と関野貞――『支那仏教史蹟』の出版をめぐって――」（平勢隆郎・塩沢裕仁編『関野貞大陸調査と現在』Ⅱ、東京大学東洋文化研究所、二〇一四）

【中文】

蔡栄婷　「『孟録』二七〇号牧牛詩残巻考釈」（『国立中正大学学報』人文分冊第七巻第一期、一九九六）
「宋代禅宗牧牛詩組初探」（『国立中正大学学報』人文分冊第八巻第一期、一九九七）
「唐湘山宗慧禅師「牧牛歌」析論」（『中正中文学術年刊』創刊号、一九九七）
「唐五代禅宗牧牛喩探析――以青原法系為考察中心」（『国立中正大学学報』人文分冊第十巻第一期、一九九九）
「大足石刻楊次公証道牧牛頌析論」（丁敏等『仏教与文学――仏教文学与芸術学研討会論文集（文学部份）』、法鼓文化、二〇〇一）

陳国符　『道蔵源流攷』、中華書局、一九六三
『道蔵源流続攷』、明文書局、一九八三

陳銘珪　『長春道教源流』（厳一萍編『道教研究資料』第二輯［芸文印書館、一九七四］所収。光緒五年［一八七九］序）

陳　垣　『明季滇黔仏教考』、中華書局、一九六二
『南宋初河北新道教考』、中華書局、一九六二
『清初僧諍記』、中華書局、一九六二

『陳垣史学論著選』、上海人民出版社、一九八一
『励耘書屋叢刻』、北京師範大学出版社、一九八二
『明季滇黔仏教考（外宗教史論著八種）』、河北教育出版社、二〇〇〇
丁鼎主編　『昆崳山与全真道』、宗教文化出版社、二〇〇六
戈国竜　「『大丹直指』非丘処機作品考」（劉鳳鳴主編『丘処機与全真道――丘処機与全真道国際学術研討会論文集』、中国文史出版社、二〇〇八）
傅勤家　『道教史概論』、商務印書館、一九三四
胡良学　「大足石刻禅宗「牧牛図」管見」（『仏学研究』、中国仏教文化研究所、一九九七）
胡昭曦　「譙定・張栻与朱熹的学術聯系」（『中国哲学』第十六輯、岳麓書社出版、一九九三）
侯外廬主編　『中国思想通史』、人民出版社、一九五七～一九六〇
侯外廬他主編　『宋明理学史』第二版、人民出版社、一九九七［初版は一九八四］
李　申　『易図考』、北京大学出版社、二〇〇一［もと『説話太極図――「易図明弁」補』、知識出版社、一九九二］
李顕光　『混元仙派研究』、中国社会科学出版社、二〇〇七
李遠国　『道教研究文集』、四川省社会科学院哲学研究所、一九八五［大平桂一・大平久代訳『道教と気功』、人文書院、一九九五］
「鍾呂金丹派丹理概述」（『上海道教』第一・二期、上海市道教協会文化研究室、一九九〇）
連暁鳴主編　『天台山曁浙江区域道教国際学術研討会論文集』、浙江古籍出版社、二〇〇八
劉鳳鳴主編　『丘処機与全真道――丘処機与全真道国際学術研討会論文集』、中国文史出版社、二〇〇八

劉乃知　『陳垣年譜　附陳垣評伝』、北京師範大学出版社、二〇〇二
劉師培　『読道蔵記』（丁福保編『道蔵精華録』上、浙江古籍出版社、一九八九）
竜　晦　「大足仏教石刻「牧牛図頌」跋」（『中華文化論壇』第四期、四川省社会科学院、一九九四）
馬済人　『道教与煉丹』、文津出版社、一九九七
馬暁宏　「呂洞賓神仙信仰溯源」（『世界宗教研究』第三期、中国社会科学院世界宗教研究所、一九八六）
牟鍾鑑・白奚・常大群・白如祥・趙衛東・叶桂桐　『全真七子与斉魯文化』（斉魯書社、二〇〇五）［全真道研究論著要目を末尾に付す］
牛潤珍　『陳垣学術思想評伝』、北京図書館出版社、一九九九
卿希泰編　『中国道教史』第一・二・三・四巻、四川人民出版社、一九八八・一九九二・一九九三・一九九五
任継愈編　『中国仏教史』第一・二・三巻、中国社会科学出版社、一九八五・一九八五・一九八八
　『中国道教史』、上海人民出版社、一九九〇
　『中国道教史』［増訂本］、中国社会科学出版社、二〇〇一
松下道信　「天理図書館所蔵吉田文庫的道教文献簡介」（『上海道教』第二期、上海市道教協会、二〇一三）
田浩（Hoyt Cleveland Tillman）編、楊立華・呉艶紅等訳　『宋代思想史論』、社会科学文献出版社、二〇〇三
王国維　『長春真人西遊記注』（厳一萍編『道教研究資料』第二輯［芸文印書館、一九七四］所収）
王宗昱　『金元全真教石刻新編』、北京大学出版社、二〇〇五
小柳司気太著・陳彬龢訳　『道教概説』、商務印書館、一九二六
謝正強　「『陳先生内丹訣』研究」（『宗教学研究』第四十八号第三期、四川大学道教与宗教文化研究所、二〇〇〇）

許地山　『道教史』上冊、商務印書館、一九三四
楊世文　「兪琰編年事輯」（四川大学古籍整理研究所・四川大学宋代文化研究所編『宋代文化研究』第九輯、巴蜀書社、二〇〇〇）
印　順　『中国禅宗史』、江西人民出版社、一九九九
張崇富　「『度人経内義』的性情説」（『西南民族学院学報』哲学社会科学版第五期、西南民族学院、二〇〇三）
張明遠　『太原竜山道教石窟芸術研究』、山西科学技術出版社、二〇〇二
朱伯崑　「従太極図看易学思惟的特徴」（『中華易学』第十六巻十一期、一九九六）
朱越利　「托名呂洞賓作詩造経小史」（鄭開編『水窮雲起集』、社会科学出版社、二〇〇九）
朱越利主編　『理論・視覚・方法——海外道教学研究』、斉魯書社、二〇一三

【欧文】

Berling, Judith A. "Channels of Connection in Sung Religion: The Case of Pai Yü-ch'an," in Patricia Buckley Ebrey and Peter N. Gregory eds., *Religion and society in T'ang and Sung China*, University of Hawaii Press, 1993
Cleary, Thomas *Vitality Energy Spirit; A Taoist Sourcebook*, Boston: Shambala, 1991
Awakening to the Tao, Boston: Shambala, 2006
De Bary, Wm. Theodore "The Uses of Neo-Confucianism: A Response to Professor Tillman," *Philosophy East & West* 43, no3, 1993

Despeux, Catherine　*Le Chemin de L'Eveil*, L'Asiathèque, 1981

Immortelles de la Chine Ancienne, Pardès Puiseaux, 1990［カトリーヌ・デスプ著・門田眞智子訳・三浦國雄監修『女のタオイズム』、人文書院、一九九六］

Josephson, Jason Ānanda　"When Buddhism Became a "Religion"; Religion and Superstition in the Writings of Inoue Enryō," *Japanese Journal of Religions Studies* 33, 2006

Kohn, Livia　*The Taoist Experience; an Anthology*, State University of New York Press, 1993

Daoism and Chinese Culture, Three Pines Press, 2001

Kohn, Livia ed.　*Daoism Handbook*, Leiden: Brill, 2000

Little, Stephen et al.　*Taoism and the Arts of China*, University of California Press, 2000

Suzuki Daisetz Teitaro　"The Ten Cow-Heading Pictures," *Essays in Zen Buddhism*, Luzac and company, 1927

Manual of Zen Buddhism, Eastern Buddhist Society, 1935

Tillman, Hoyt Cleveland　"A New Direction in Confucian Scholarship: Approaches to Examining the Differences between Neo-Confucianism and *Tao-hsüeh*," *Philosophy East & West* 42, no3, 1992

Van der Loon, Piet　*Taoist books in the libraries of the Sung period* 宋代收藏道書考, Oxford Oriental Institute Monographs, No.7, London: Ithaca Press, 1984

Waber, Max　*Gesammelte Aufsätze zur Religionssoziologie*, 3Bde., 1920-21

［邦訳は以下の通り。

・大塚久雄・生松敬三訳『宗教社会学論選』、みすず書房、一九七二（第一巻の序言、「世界宗教の経済倫理——比較宗教社会学試論」の序論、「儒教と道教」第八章「結論——儒教とピュウリタニズム」、「中間考察——宗教的現世拒否の段階と方向に関する理論」に相当）

・大塚久雄訳『プロテスタンティズムの倫理と資本主義の精神』、岩波書店、一九八九（第一巻の同題章に相当）

・中村貞二訳『プロテスタンティズムの教派と資本主義の精神』［世界の大思想Ⅱ・7］、岩波書店、一九八九（第一巻の同題章に相当）

・木全徳雄訳『儒教と道教』、創文社、一九七一（第一巻の「世界宗教の経済倫理——比較宗教社会学試論」の序論、および「儒教と道教」に相当）

・深沢宏訳『ヒンドゥー教と仏教』［世界諸宗教の経済倫理Ⅱ］、日貿出版社、一九八三（第二巻に相当）

・内田芳明訳『古代ユダヤ教』、みすず書房、一九八〇（第三巻に相当）］

“Zweiter Tiel, Kapitel V. Religionssoziologie,” *Wirtschaft und Gesellschaft: Grundriß der verstehenden Soziologie*, fünfte, revidierte Auflage, besorgt von Johannes Winckelmann（Studienausgabe）, 1972

［武藤一雄・薗田宗人・薗田坦訳『宗教社会学』「経済と社会」第二部・第五章、創文社、一九七六］

Yao Tao-chung　“Quanzhen—Complete Perfection,” in Livia Kohn ed., *Daoism Handbook*, Leiden: Brill, 2000

図表出典一覧

図1（一三二頁）「張伯端出神図」：王世貞輯『列仙全伝』、偉文図書出版社、一九七七

図2（一三三頁）「張紫陽」：洪応明編『仙仏奇踪』、江蘇広陵古籍刻印社、一九九五

図3（二〇一頁）「牧馬図」（円明『上乗修真三要』巻上）：『道蔵』上海書店・文物出版社・天津古籍出版社、一九九四

図4（二〇二頁）「入鄽垂手」（廓庵「十牛図」第十）：柳田聖山・椎名宏雄編『禅学典籍叢刊』第二巻、臨川書店、一九九九（天理大学附属天理図書館所蔵五山版『五味禅』）

図5（三二六頁）「道胎図」（柳華陽『慧命経』）：伍沖虚・柳華陽撰『伍柳仙宗』、河南人民出版社、一九八七

図6（三二六頁）「出胎図」（柳華陽『慧命経』）：伍沖虚・柳華陽撰『伍柳仙宗』、河南人民出版社、一九八七

図7（三二八頁）Johan Daniel Mylius, *Anatomia auri*: Klossowski de Rola, Stanislas, *The golden game: alchemical engravings of the seventeenth century*, New York: George Braziller, 1988

図8（四〇八頁）「北極五星四輔図」：『静坐不動口訣』［兼敬本『不動口訣』］（吉田四七―一五〇・天理大学附属天理図書館吉田文庫所蔵）

資料　巻上表紙・図上①〜③・巻下表紙・図下①a〜図下⑨f（四四九頁〜四五五頁）『太上老君説常清静経』（吉田四七―一九九・天理大学附属天理図書館吉田文庫所蔵）

表1（一五一頁）「宋金元明出版件数」（楊縄信編『中国版刻綜録』［陝西人民出版社、一九八七］に基づく。）

あとがき

本書は、第Ⅰ部が性命説を中心に宋から金、元へと至る内丹道と全真教の関係について、第Ⅱ部が吉田神道と内丹思想の関係について論じたものである。

第Ⅰ部では、いわゆる「新道教」という概念が近代的な背景を背負う言説であることを指摘し、思想面から全真教の位置付けを行った。そこで注目したのが、全真教を含む当時の内丹道の議論の中心となる性命説である。性と命という概念は、正に内丹書の象徴さながらに、頓と漸、禅と内丹、北宗と南宗、不立文字と聖教量、心授と口訣、利根と鈍根、精神と身体というように様々な含意を内包し、また読み替えられていた。本書は、性と命という概念の背後に働く力動に注視しつつ、その内実を読み解き、たどったものである。

こうした作業から分かるのは、全真教に先行して既に張伯端以下の内丹道において禅宗の性説が取り込まれ、頓悟と内丹の関係が議論されていたこと、また彼らが死という現実をめぐってあえて中下根（鈍根）的立場をとりつつ、内丹を実践していたということである。他方、従来指摘されるように、全真教でも禅宗の影響を大きく受け、性説を大幅に取り込んだ。その結果、全真教では、修行者が直接、道へと到達することを目指し、そうすることで金丹の完成を図るという上根（利根）的立場がとられた。すなわち両者は、頓漸あるいは上乗・三乗思想の中に整理し得るものであり、決して全真教が「新道教」としてこれまでの内丹道のあり方や思想を旧套として脱ぎ捨てたり、そこに隔絶があったりしたわけではなかったということである。

全真教と張伯端以下の内丹道はやがて内丹という共通の基盤に立って融合していくが、その融合は、鍾呂派の影響を受ける張天罡の一派や、独自の内丹説を説く陳朴の内丹説などを取り込みつつ、宋代から元代にかけて複雑な形で進行した。そこでは張伯端以下の内丹道が全真の名の下に活動していく一方で、全真教内部でも、その上根的教説に伴う身体性の撥無により、全真教自身の張伯端以下の内丹道への接近の余地が生じていた。また常盤大定により「堕落」とみなされた元の趙友欽と陳致虚の性命説を詳しく分析してみると、従来の頓悟漸修的あり方から更に強固な漸修的あり方へと回帰している。これは、世俗の教化を説く儒教、頓悟頓修的あり方をとる禅宗に対して、全真教の三教における宗教的な棲み分けや戦略を示唆していよう。

ところで、本書では、漏や習漏といった考え方を手掛かりとして南宗以来の頓悟漸修的あり方に、道者たちの、特に死という現実への反省を見て取ってきた。では趙友欽や陳致虚の説く、漸修というより力強いこの宗教的あり方への回帰は、その反省を更に推し進めるものであったのか。それともまた別の可能性を意味するのか。常盤大定の提唱した「新道教」の思想的枠組みを再検証する以上、本書において最後に趙友欽と陳致虚の性命説について検討することは必然であった。だが、趙友欽と陳致虚のいう「無漏」は精の不泄という身体的な意味へと変化しており、修行者の身に染みついた漏という考え方が変容していることを考え合わせるとき、彼らの思想をどう位置付けるべきかについては最後まで悩んだということをここで告白しておかねばならない。今後、趙友欽と陳致虚の位置付けを含め、融合期以降の全真教のあり方については、尹志平以降の全真教やまた明以降の道士たちの道書をひもとくことで新たにその方向が見えてくるかもしれない。あるいはいわゆる至元年間の仏道論争も改めてそれに光を投げかけよう。全真教南北宗融合期のあり方を踏まえ、さらに「停滞期」とされる明清期へ向けて全真教がどのように展開していくかについては今後の課題としたい。

なお一つ補足しておかねばならないのは、「新道教」という言説の解体は、即座に全真教の重要性を否定したり、その社会的な影響の大きさを否定したりするものではないということである。本書では、先行する張伯端以下の内丹道と全真教との関係のいわば修復に力点が置かれていた。このため余り強調できなかったものの、それでも全真教は思想史的にいえば、頓悟頓修的あり方を説く点において、性功を摂取した張伯端以下の内丹道から始まる大きな思潮の中の、一つの重要な局面として位置付けられるといえるであろう。また本書は社会的な側面については扱わなかったが、例えば元代、全真教団が当時の知識人達の「淵藪」となったことや、また旧南宋領の内丹道が最終的に全真の名の下に融合していったことから見て、やはり全真教の影響の大きさについては疑いを入れない。こうした全真教の社会的な影響力についてはまた別の角度から評価されなくてはならないように思われる。

最後に、近年、また全真教に対する陳垣の「新道教」的言説が復活してきていることについても一言触れておきたい。すなわち陳垣の「新道教」的な言説に我々が意味を見て取るということは、我々が、二十世紀の冷戦構造が崩壊し、マルクス主義的思潮が後退した後の、民族主義的あり方が復権してきている時代を生きていることを意味しているということであろう。本書がそうしたように、本書もいずれ後世の人々の審判を受けるのは避けられない。「新道教」を越えた先に何があるのだろうか。

第Ⅱ部では、吉田神道における内丹思想の受容を取り扱った。

本書では、吉田神道に伝わる『清静経』に収められる『修真九転丹道図』に注目した。この『修真九転丹道図』の基となった陳朴『陳先生内丹訣』は、修行者がその肉体そのままに昇仙するという、鍾呂派とも、張伯端以下の内丹道、いわゆる南宗とも異なる内丹説を説くものであった。

吉田神道における道教の『北斗経』の受容は、当時の密教系の北斗儀礼に対し、自らの独自性を主張するために行われたと考えられている。そこでは吉田家に伝わる『太上説北斗元霊本命延生妙経』が用いられたが、これは徐道齢による『太上玄霊北斗本命延生真経註』に基づくものであった。問題は、ここに内修的解釈が濃厚に見られることから、『北斗経』儀礼が吉田家で行われる以上、内丹説の理解や実践は不可欠なものと考えられたと推測されるということである。もっともそこで参照されたのは、兼倶以来、伝習された『修真九転丹道図』であり、このため吉田神道では、中国で主流であった全真教南宗系の内丹術とはおのずと異なる功法をとることになったのであった。

吉田神道に限らず、伊勢神道や国学などでは、儒教や仏教に対して、様々な形で道家・道教思想が利用されたことが知られる。ここではその一端として吉田神道と内丹思想の関係を取り上げたが、その位相を探ることは神道のその時々の問題関心を明らかにするために有用であろう。道教を通して彼らが示そうとした神道の姿、あるいは「日本」的なものとはどのようなものであったのか。この問題については今後も考え続けていきたい。

以上、本書では、性命説を中心に据えることで、これまで様々に論じられてきた全真教と張伯端以下の内丹道の議論に統一的な視点を与えるとともに、禅宗の興隆から朱子学、陽明学へと至る中国近世の思潮における道教の位置付けについてもいささかの答えを出すことができたのではないかと考える。また中国国内を越えて、内丹思想の日本への伝播や影響についてもその一端を示すことができた。無論、本書で論じたのは、そうした諸問題の中のごく僅かな部分にすぎないが、それでもこれは、最終的には日本と中国を含めた東アジア思想の全体像の理解につながってこよう。ただしこうした大きな議論は、全て細やかな一つ一つの実証主義的な検証を積み重ねていって初めて成り立つものである。そうした今後の更なる議論のためにも、今は静かに博雅の士の叱正を待つことにしたい。

○

ここで、本書の基となった論文の初出について記しておく。それぞれの論文の初出時の題目と掲載書・掲載誌および発行年月は以下のとおりである。

Ⅰ　宋・金・元代の内丹道および全真教における性命説

序　章「「新道教」再考——全真教研究の枠組みについての再検討」、『皇學館大学研究開発推進センター紀要』第二号、皇學館大学研究開発推進センター、二〇一六

第一篇　宋代の内丹道における性命説とその諸相

第一章「全真教南宗における性命説の展開」、『中国哲学研究』第十五号、東京大学中国哲学研究会、二〇〇〇

第二章「白玉蟾とその出版活動——全真教南宗における師授意識の克服——」、『東方宗教』第一〇四号、日本道教学会、二〇〇四

第二篇　金代の全真教における性命説とその諸相

第一章「牧牛図頌の全真教と道学への影響——円明老人『上乗修真三要』と譙定「牧牛図詩」を中心に——」、

『東方学』第一三一輯、東方学会、二〇一六

第二章　「全真教の性命説に見える機根の問題について――南宗との比較を中心に――」、麥谷邦夫編『三教交渉論叢続編』、京都大学人文科学研究所、二〇一一

第三章　「全真教における志・宿根・聖賢の提挈――内丹道における身体という場をめぐって――」、伊東貴之編『「心身／身心」と環境の哲学――東アジアの伝統思想を媒介に考える――』、汲古書院、二〇一六

第三篇　元代の全真教における性命説とその諸相

第一章　「『還丹秘訣養赤子神方』と『抱一函三秘訣』について――内丹諸流派と全真教の融合の一様相――」、『集刊東洋学』第一一〇号、中国文史哲研究会、二〇一四

第二章　「趙友欽・陳致虚の性命説について――「達磨西来の意は如何」――」、田中文雄、テリー・クリーマン編『道教と共生思想』、大河書房、二〇〇九

補論一　「内丹とカニバリズム――食人・嬰児・房中術――」、恩田裕正・横手裕企画編集『アジア遊学』第一一〇号「特集　アジアの心と身体」、勉誠出版、二〇〇八

補論二　「日本における全真教南宗研究の動向について――附：全真教南宗研究文献目録略」、『中国哲学研究』第二十二号、東京大学中国哲学研究会、二〇〇七

Ⅱ　**神道と内丹思想――吉田神道における内丹説の受容について――**

第一章　「『陳先生内丹訣』の伝授について」、『皇學館大学神道研究所所報』第七十八号、皇學館大学神道研究所、二〇一〇
第二章　「浅談道教対吉田神道的影響——以『北斗経』与内丹学説的関係為中心的考察」、『全真道研究』第四輯、斉魯書社、二〇一五
資料　「吉田文庫所蔵『太上老君説常清静経』」、『皇學館大学神道研究所紀要』第二十七輯、皇學館大学神道研究所、二〇一一

本書に収録するにあたって修正・補筆は論旨を大きく変更しない範囲にとどめるよう努めたが、全体の論旨の明確化と形式を調えるため、ある程度改変を加えている。特に第Ⅱ部第二章はもともと中国語で発表されたが、日本語に改めた。もっともできる限り全体の統一を図ったとはいえ、それでも残らざるを得なかった内容の重複や用語の揺れについては、そのままにした箇所もある。今後、拙論を引用や参照する場合は、本書によっていただけると幸いである。

また、第Ⅰ部の補論二の全真教南宗の研究動向と文献目録は、インターネットによる研究環境が進んだ現在、改訂すべきかどうか、また書誌との関係もあり、その扱いには苦慮した。だが、当時の研究状況を記録することには多少なりとも意味があると考え、そのままの形で掲載することとした。本書で参照した研究については可能な限り最新版を用いたが、このため補論二の書誌情報については二〇〇七年当時のものであることをお断りしておく。その他、敬称については一部を除いて全て省略した。巻末の英文要旨は、本学のクリストファー・メイヨー准教授の協力を得た。ただし誤りがある場合、全ての責は筆者にある。

なお第Ⅰ部序章は科学研究費助成事業（学術研究助成基金助成金）（基盤研究（Ｃ））研究課題「道教の成立およびその歴史的展開に関する総合的研究」（課題番号：二四五二〇〇四六、研究代表者：松下道信）の成果の一部である。また本書の刊行には、独立行政法人日本学術振興会の平成三十年度科学研究費補助金（研究成果公開促進費「学術図書」、課題番号：一八ＨＰ五〇一七）の助成を受けていることを付記しておく。

〇

最後に本書を終えるに当たり、少々私事を記しておきたい。

本書第Ⅰ部は、修士論文と博士論文を中心としている。博士論文の提出は、皇學館大学への着任時期と重なり、ほとんど準備ができない中で書き上げたため、大雑把な方向性を示した粗野な青写真にすぎないものであった。当時、審査をしていただいた各先生には満足の行くものを示せなかったことについて深く恥じ入るとともに、審査に心から感謝申し上げる。本書は、その時、審査していただいた先生方への遅い遅い宿題の提出でもある。

また学部時代以来、多くの先生方から数え切れないほどの学恩を受けた。ここではとりわけ学部時代以来の指導教官である蜂屋邦夫先生、丘山新先生、そして横手裕先生の三人への感謝の気持ちを記しておきたい。

まず蜂屋先生には、難解な道教文献に対する精緻な読解を教えていただいた。東京大学を退官される最終年度の演習の冒頭で、本年度何をするのか説明された際の先生のお言葉は忘れることができない。先生は、今年が最後の年だからといって何か特別なことをするのではなく、「十年一日のごとく、ただ正確に文献を読むだけです」と静かにほほえみながらおっしゃったのであった。この言葉は、そのお人柄とあいまって先生の文献への真摯な学問的態度についての深い印象を筆者に残している。また引き続いて指導していただいた丘山先生からは、仏教研究の手ほどきを受けた。学生に温かく語りかけるその言葉の中には、文献の背後に生きる修行者や信仰者からの実存的な視点が常にあった。横手先生とは研究分野と、そして蜂屋先生、丘山先生に比べ、年齢がやや近いこともあり、千葉大学にお勤めの頃から様々に指導していただき、筆者にとっては兄のような存在であった。もっとも、いささか甘えすぎて少なからず御迷惑をお掛けしてきたことについては自覚している。その他、全員のお名前を挙げることはできないが、教えを受けたどの先生に対しても感謝の念は尽きない。ここに三人の先生をはじめ、全ての先生方に改めて心より感謝とお礼を申し上げる。

第Ⅱ部は、皇學館大学着任以降に新たに着想を得て書き上げたものである。道教研究と併せて、かねてより神道に強い関心を持っていた筆者にとって、伊勢の地にある皇學館大学に着任し、神道研究の良好な環境に恵まれたのは一つの僥倖であった。

また第Ⅱ部では、天理大学附属天理図書館所蔵の吉田文庫『清静経』を中心としている。天下の孤本ともいえる本書を発見し、斯界に最初に報告したのは、本学漢文学の前任である故前田繁樹先生であった。筆者は図らずも前田先生の後を受ける形で本学の講座を担当することになったが、前田先生との御縁は、大学院生時代、前田先生の『初期道教経典の形成』（汲古書院、二〇〇四）の校正作業のお手伝いをしたことに遡る。また本書で利用した吉田文庫所蔵『清静経』の複製写真はもともと前田先生の所蔵品で、先生がお亡くなりになった後、本学の図書館に寄贈された蔵書の中から筆者がそれらの資料を見付けたことが一連の論考のきっかけであった。前田先生との不思議な学縁に思いをいたすとともにここに御冥福をお祈りしたい。またあわせて快くこれらの翻刻や図版の使用を許可していただいた天理大学附属天理図書館に感謝申し上げる。吉田文庫に残る大量の漢籍目録の調査のために、機嫌の悪い愛車のローバー・ミニで奈良の天理図書館まで何度も往復したのは懐かしい思い出である。

出版に当たっては、汲古書院の三井久人社長、編集者の飯塚美和子氏にひとかたならぬお世話になった。昨年来、身辺が慌ただしかったこともあり、作業は時に大幅に遅滞した。特に飯塚氏には、天理図書館をはじめとする手続きも含め、大いにお世話になった。ここにお二人に改めて感謝申し上げたい。

本格的に本書の出版作業に取りかかったこの二年間は、公私共々、正に多忙な日々であった。ほぼ毎月のように入る出張は、かけがえのない多くの知遇と経験を得ることとなった反面、これによる時間的な圧迫と疲労は小さくなかった。またこれに加え、何よりも大きかったのは、身近で起き、つぶさに目の当たりにすることとなった生と死である。ここにささやかながら記しておくことが許されるならば、この世を離れ、また新たな生をもたらしてくれた二人の女性に本書は捧げられている。

張載は、生死は一気の集散であるとした。だが気の集散という、その無機的とも思える機《からくり》の中に救いはあるのだろうか。そしてまた喜びは。張載と同時期の多くの道者たちは、生死の苦しみから解脱するために真理の獲得にその生涯を捧げた。そして本書はそうした彼らの宗教的営為を取り扱ったわけだが、ここで少しでもその苦悩や苦闘に近づくことはできただろうか。また本書を手にする人々にその一端を伝えることに成功しただろうか。本書を上梓するに当たって、校正のために毎夜遅くまで一文字一文字たどりつつ、最後まで胸の内に去来したのは、ただただその想いだけであった。

二〇一九年一月

伊勢　寓居火煉洞にて

松下道信

著者略歴

松下　道信（まつした　みちのぶ）

1994　関西学院大学文学部卒業
1997　東京大学文学部中国思想文化学科卒業
2006　東京大学大学院人文社会系博士課程単位取得満期退学
現在　皇學館大学文学部准教授、博士（文学）

［主要著作］
朱震亨著『格致餘論注釈』（共訳、医聖社、2014）
『丘処機『西遊記』を読む――チンギス・ハンと会った道士』
（皇學館大学講演叢書第163輯、皇學館大学出版部、2017）ほか。

宋金元道教内丹思想研究

平成三十一年二月二十八日　発行

著　者　松　下　道　信
発行者　三　井　久　人
整版印刷　富士リプロ㈱

発行所　汲　古　書　院
〒102-0072　東京都千代田区飯田橋二-五-四
電　話　〇三（三二六五）九七六四
FAX　〇三（三二二二）一八四五

ISBN978 - 4 - 7629 - 6626 - 2　C3014

Daoist Inner Alchemy Thought in the Song, Jin, and Yuan Eras

MATSUSHITA Michinobu

Contents

Preface

I The Theory of Inner Nature and Vital Force 性命説 in the Inner Alchemy School 内丹道 and the Quanzhen 全真 Sect of the Song 宋, Jin 金, and Yuan 元 Eras

Introduction
A Reconsideration of "Neo-Daoism": Re-examining the Framework for Research on the Quanzhen Sect

This chapter is a re-examination the framework used by research which has classified the Quanzhen sect (*quanzhen jiao* 全真教) as "Neo-Daoism" (*xindao jiao* 新道教).

The Quanzhen sect, alongside the Taiyi sect (*taiyi jiao* 太一教) and the Zhenda sect (*zhenda dao jiao* 真大道教), which were founded in the same period, has been considered as "Neo-Daoism." The first person who used the term "Neo-Daoism" was Tokiwa Daijō 常盤大定. He appreciated the Quanzhen sect as being detached from traditional superstition due to the effect of

Buddhism. But Tokiwa was a Buddhist researcher who had joined the Buddhist priesthood himself, and so his research had a perspective mainly shaped by Buddhism. In China, Chen Yuan 陳垣 designated the Quanzhen sect, the Taiyi sect, and the Zhenda sects as "Neo-Daoism," and he appreciated that they opposed the Jin as refugees of the northern Song 北宋. In his research, the experiences of the Second Sino-Japanese War are projected.

After World War Ⅱ, on the basis of preceding studies, Kubo Noritada 窪徳忠 insisted that the Quanzhen sect, the Taiyi sect, and the Zhenda sect were "Neo-Daoism" by using Max Weber's sociology of religion as a model. Although there are contradictions arising from the combination of both theories here, we can see that the designation of the Quanzhen sect as "Neo-Daoism" was accomplished at this point.

After a new government in China was established, the Quanzhen sect was negatively associated with Marxism. However, Chen Yuan's view has been revived again recently. In Japan, Miyakawa Hisayuki 宮川尚志 researched Lin Lingsu 林霊素 and the southern school of inner alchemy (*quanzhen jiao nanzong* 全真教南宗), which is regarded as "Old-Daoism", and Akizuki Kan'ei 秋月観暎 insisted on designating *jingming dao* 浄明道 as one of the "Neo-Daoist" sects. Meanwhile, at this time in Europe and United States, the term "Neo-Daoism" is not widely used.

We can point to the influence of modern history that has been reflected in the background of research history, which regards the Quanzhen sect as "Neo-Daoism" in Japan and China. However, the concept of "Neo-Daoism" risks prejudgment, or overemphasizing distinctions by evaluating some sects as "Neo-Daoism" and "Old-Daoism." For studies of the Quanzhen sect, we must be careful about being affected by the deeply ingrained thinking in each period.

1. The Theory of Inner Nature and Vital Force in the Inner Alchemy School of the Song Era and its Various Phases

1.1 The Development of the Theory of Inner Nature and Vital Force in the Southern School

This chapter examines the theory of inner nature and vital force in the southern school from Zhang Boduan 張伯端 to Bai Yuchan's 白玉蟾 lineage.

The first part deals with the thought of the three teachings in the *Wuzhen pian* 悟真篇 (Folios on Awakening to Perfection), a three-disciplinary arrangement that had Buddhism as inner nature, Daoism as vital force, and Confucianism responsible for the cultivating of secular life—Buddhism and Daoism took the complementary way focusing on inner nature and vital force. Although the thinking of inner alchemy and Chan Buddhism had ideological tension, *Wuzhen pian* made it possible to link inner alchemy and Chan Buddhism by adopting a position of sudden-enlightenment gradual-exercise 頓悟漸修. However, from the viewpoint of Daoism, others such as Chan Buddhism remained, and, as long as the southern school was developing under the teaching of *Wuzhen pian*, later Daoists had to deal with the challenge of how to confront it, and this led to the appearance of Bai Yuchan and Weng Baoguang 翁葆光.

The second part discusses aspects of inner nature in the southern school. Although it has been pointed out that heart (*xin* 心) is emphasized in Bai Yuchan's literature, this part suggests that it has a relationship with a problem inside the southern school in terms of how it would face Chan Buddhism. Bai solved that problem by doing such things as re-evaluating the thought of the third master of the southern school, Xue Daoguang 薛道光, and using "Wuji

tushuo" 無極図説 to adopt the concept of the "heart" from Buddhism into inner alchemy.

The third part discusses aspects of vital force in the southern school. It first outlines the development of Yang spirit (*yangshen* 陽神) with Weng Baoguang's *Ziyang zhenren wuzhen zhizhi xiangshuo sansheng miyao* 紫陽真人悟真直指詳説三乗秘要 (Straight forward Directions and Detailed Explanations on the Wuzhen pian and the Secret Essentials of the Three Vehicles), and in response to the criticism in the *Zhonglü chuandao ji* 鍾呂伝道集 (Anthology of Zhongli Quan's Transmission of the Dao to Lü Dongbin) that the Dharma 達磨 and Huineng 慧能 of Chan Buddhism could only grow Yin spirit (*yinshen* 陰神), Weng promoted what he called Dharma's training of vital force to grow *yangshen* in the Buddhist side. In addition, in the southern school, *xingshen jumiao* 形神倶妙 (the encompassing marvel of form and spirit) and *xingming shuangxiu* 性命双修 (the joint cultivation of inner nature and vital force) are handled synonymously, but in the literature of the Zhonglü school, *xingshen jumiao* is used in a context that criticizes Chan Buddhism while emphasizing *yangshen* and the exercise of vital force. In contrast, in the southern school, it was used in the context of emphasis on sudden enlightenment 頓悟, and this was an important difference.

In the fourth part, as an example of Daoists after Bai Yuchan, this part focuses on Zhou Wusuozhu 周無所住 and Li Jianyi 李簡易. While the differences between Daoism and Buddhism were becoming smaller due to the appearance of Bai Yuchan and Weng Baoguang, Zhou Wusuozhu insisted on equivalence between Chan Buddhism and inner alchemy by emphasizing the spirit (*shen* 神) and heart, while Li Jianyi returned to a position emphasizing vital force to breed *yangshen*.

1.2 Bai Yuchan and his Printing Activity: The Reformation of Initiation-Consciousness in the Southern School

Scholars accept that book printing became widespread in the Song Dynasty. Bai Yuchan, the fifth master of the southern school, used this new medium to print a number of books. However, with respect to the many books printed, Bai differed from preceding masters, so he had to overcome traditional ideas of printing in the southern school since the first master Zhang Boduan.

Zhang's *Wuzhen pian*, the most respectable book in the southern school, was originally not printed. It was given to disciples directly through strict initiation ceremonies. Because such books revealed the secret of heaven (*tianji* 天機) to ordinary people, people in the southern school thought that without the initiation ceremonies, heaven would become angry. Zhang himself gave recipes (*koujue* 口訣) of inner alchemy for persons thought unworthy to initiate, and reportedly encountered the anger of heaven (*tianqian* 天譴) three times. Therefore, when people in the southern school gave disciples *Wuzhen pian*, they frequently referred to the incident, selected disciples carefully, and did not open recipes capriciously. For these reasons, this initiation-consciousness constrained the transmission of their books.

In 1173, Weng Baoguang wrote a new commentary on the *Wuzhen pian*, in which he declared that he did not fear the anger of heaven and ventured to reveal the secret of heaven to save the people. But Weng's commentary seems to have spread through traditional initiation ceremonies, not through printing.

Bai Yuchan took Zhang's fabled incident up in "Xiuxian bianhuo lun" 修仙辨惑論, and asserted the importance of revealing the recipes of inner alchemy through printing books to save ordinary people. This reformation of the traditional initiation-consciousness enabled his thought to be transmitted in

public through printing books. Moreover, printing books might have transformed the form of teaching, which may have laid the basis for the first religious community (*jing* 靖) in the southern school. After Bai, people in the southern school used printing actively, often declaring their indifference to the anger of heaven.

2. The Theory of Inner Nature and Vital Force in the Quanzhen Sect of the Jin Era and its Various Phases

2.1 The Influence of the Ox-Herding Paintings and Poems on the Quanzhen Sect and Daoxue 道学: Yuanming's 円明 *Shangsheng Xiuzhen Sanyao* 上乘修真三要 and Qiao Ding's 譙定 "Ox-Herding Paintings and Poems"

This chapter examines the influence of Chan Buddhism's ox-herding paintings and poems on the Quanzhen sect and Daoxue. It focuses on the "Horse-Herding Paintings and Poems" in Yuanming's *Shangsheng xiuzhen sanyao* (Three Principles of the Cultivation of Perfection according to the Higher Vehicle), included in the Quanzhen Daoist canon, and Qiao Ding's "Ox-herding Paintings and Poems," which are connected with Daoxue.

In Zhang Boduan's southern school of inner alchemy, the ox-herding paintings and poems were seen as outside works. However, they were widely accepted in the subsequent Quanzhen sect. There was an intermingling of the "monkey mind" and "wild-horse will" in the ox-herding paintings and poems, and this suggests that Yuanming's work was composed against this background.

The "Horse-herding paintings and poems" is characterized by the replacement of an ox, symbolizing the Buddha nature, with an ascetic's wild

horse. After the ascetic domesticates the wild horse, we see its death. When he grasps his true nature, he forgets it. Additionally, the Yang spirit that inner alchemy values is said to appear at this point.

Meanwhile, Qiao Ding's work can be seen as a Confucian work based on the *Analects*. The intention is to illustrate the acquisition of one's inner nature and sincerity. Ultimately, the aim is to reconstruct the internal state of Confucius himself.

Thus, these works by Yuanming and Qiao Ding, composed at the time of the formation of the Quanzhen sect and Neo-Confucianism, claim an important place in history. While retaining their individual identities, they also vividly express their assimilation of Chan Buddhist thought.

2.2 Some Problems of Perseverance (*jigen* 機根) in the Theory of Inner Nature and Vital Force of the Quanzhen Sect: Focusing on a Comparison with the Southern School

This chapter examines differences in how the Quanzhen sect and the southern school viewed perseverance and practice in their theories of inner nature and vital force.

In the Quanzhen sect, we can see the words "Do not seek a dragon and a tiger" in Wang Chongyang and his disciples' literature, where they abandoned the art of inner alchemy and denied, in particular, various exercises of "expelling and ingesting" 吐納, "visualization" 存想, and so forth as methods of "artificial action and manner" 有為有作. Meanwhile, the practice such as regulation of breath that Ma Danyang 馬丹陽 and others were practicing was supposed to be done "devoid of action and creativity" 無為無作. Also, by accomplishment of inner nature practice, they thought that the three cinnabar fields (three regions of the body) would be consecutively condensed, and the

exercise of vital force would be complete, but at that time, ascetics were required to eliminate secular habits (*xi* 習, *xiqi* 習気) and to become free from all secular desires (*wulou* 無漏). In addition, in the words of Ma Danyang and Wang Zhiqin 王志謹, negative attitudes towards recitation of sacred scripts and paradoxical anecdotes (*gong'an* 公案) were noted, and training based only on the minds of the ascetics was requested. Besides "devoid of action and creativity," the Quanzhen sect did not supply any methods to the ascetic, and they had a very strict thought that the practice of vital force could not be accomplished without reaching the Dao directly, so it was a view of practice that demanded capable ascetics.

On the other hand, it was unthinkable to achieve *wulou* from the beginning in the southern school since Zhang Boduan, and the cultivation of inner alchemy was required to remove *xilou* 習漏. In addition, it has been confirmed that in the southern school, unlike the Quanzhen sect, cultivation of inner alchemy was recognized to be an artificial method to gradually improve. Comparing the two, it is possible to summarize the differences by stating that the view of practice in the southern school was based on lower religious capabilities whereas the Quanzhen sect required higher capabilities.

In addition, in line with the view on practice for those with higher capabilities that was adopted by the Quanzhen sect, because there was a reluctance to use inner alchemy as a method, they were probably concerned that it was causing the acsetic to realize a separation between the Dao and the acsetic themselves, and such realization likely brought about extreme tension, so it was expected that the acsetic who could not comply with the way of practice requiring higher religious capacity would inevitably move toward the technique of inner alchemy that brought gradual improvement. Moreover, behind the forged writings, which placed too much emphasis on the practice of vital force, such as *Chongyang zhenren jinguan yusuojue* 重陽真

人金関玉鎖訣 (Instructions on the Golden Chain and the Jade Lock) and *Dadan zhizhi* 大丹直指 (Clear Direction on the Great Elixir), compiled under the names of Wang Chongyang and Qiu Chuji 丘処機, it is possible that there was a latent desire for internal alchemy to be an artificial method for people who could not follow the way that required high religious capacity.

2.3 The Will, Karmic Destiny Due to Previous Lives, and the Help of Saints in the Quanzhen Sect: On the Place of the Body in the Inner Alchemy School

This chapter examines the expression "guidance of the sages and wisdom," often seen in the Quanzhen sect, by focusing attention on the physicality of inner alchemy.

Alchemy, irrespective of whether it was external or internal, took the position of self-help without reliance on a higher power, as can be seen in the idea "My life is in me, not in heaven" in *Baopu zi* 抱朴子. One of the inner alchemy schools started by Zhang Boduan in the Northern Song was also based on self-help, and no deity's assistance was ever requested there. That is because the bodies of the acsetics in the inner alchemy were functioning as a site where direct progress was made.

In order to stand in a position in which the acsetic had high aptitude, in the Quanzhen sect, which was also regarded as belonging to inner alchemy, the body of a acsetic was denied, and as an alternative to it, they relied on the mind, such as the will (*zhi* 志) and faith (*xin* 信). They tried to reach the Dao directly by these. However, as a result, they did not have something to be based on like the body, and the loss of the place of the body put an infinite distance between the acsetics and the Dao, leading to an emphasis on the karmatic destiny (*sugen* 宿根) by seeking the results of practice for this life

in a previous life. In particular, the references to the "guidance of sages and wisdom" repeated over and over around Qiu Chuji and Yin Zhiping 尹志平 approach something similar to the idea of gaining salvation by faith in something outside the acsetics, and it seems as if it was a manifestation of religious anxiety among acsetics.

3. The Theory of Inner Nature and Vital Force in the Quanzhen Sect of the Yuan Era and its Various Phases

3.1 The Relationship of *Huandan Mijue Yangchizi Shenfang* 還丹秘訣養赤子神方 and *Baoyi Hansan Mijue* 抱一函三秘訣: One Phase of the Fusion of Several Schools of Inner Alchemy and Quanzhen Sect

It is already known that the southern school, which preceded the Quanzhen sect, assimilated into the Quanzhen sect in the Yuan era. However, the rise and fall of other sects of inner alchemy has not been made clear. This chapter highlights similarities in the *Huandan mijue yangchizi shenfang* (Divine Recipes for Nourishing the Infant according to the Secret Process of Returned Cinnabar), written by Xu Mingdao 許明道 in the Southern Song era, and *Baoyi hansan mijue*, edited by Jin Yueyan 金月巖, a Daoist of the Quanzhen sect in the Yuan era, and points out that ideas in the *Yuanshi wuliang duren shangpin miaojing neiyi* 元始無量度人上品妙経内義 (Inner Meaning of the Wondrous Scripture of the Upper Chapters on Salvation) apparently played a role in the alteration of *Baoyi hansan mijue* (Secret Instructions on Holding the One and Encasing the Three). The chapter suggests that Zhang Tiangang's 張天罡 sect was influenced by the southern school first, then assimilated into the Quanzhen sect.

Zhang Tiangang's sect, in which Xu Mingdao was a member, seems to have been independent from the Inner Alchemy under the southern school, and the theory of inner alchemy found in *Huandan mijue yangchizi shenfang* was influenced by Zhonglü school 鍾呂派, with an aim to achieve the embryo of sainthood. The main changes from the *Huandan mijue yangchizi shenfang* to *Baoyi hansan mijue* were apparently carried out by Xiao Yingsao 蕭応叟, or persons around him. When Xiao wrote the *Durenjing neiyi*, he was already influenced by the theory of inner nature and vital force of the southern school. Therefore, we can find the same theory of inner nature and Xiao's original thought of *konqi jintai* 空炁金胎.

Jin Yueyan who is considered to be the same person as Jin Fengtou 金蓬頭, who described himself as an orthodox follower of the Quanzhen sect. Because he had been active in the old Song territory, he obtained an original version of the *Baoyi hansan mijue*, which might have been edited already, and which was quite different from the thought of the Quanzhen sect. We can see Zhang's inner alchemy sect disappeared through its contact with the southern school and Quanzhen sect.

3.2 Zhao Youqin 趙友欽 and Chen Zhixu's 陳致虚 Theory of Inner Nature and Vital Force: On "the Decadence of the Quanzhen sect"

This chapter is a study of Zhao Youqin and Chen Zhixu's theory of inner nature and vital force.

Zhao Youqin and Chen Zhixu insisted that they belonged to a lineage of Song Defang 宋徳方 in the northern school (*quanzhen jiao beizong* 全真教北宗). However, their teachings were fundamentally the same with that of the southern school. In particular, they were similar to the philosophy of Weng Baoguang, who was a disciple of the southern school.

Zhao and Chen considered that Buddhism, by nature, inquires not only about enlightenment, but also the practices of inner alchemy. Therefore in answer to the famous paradoxical anecdote in Chan Buddhism, which asked "Why did Bodhidharma come to China?," they said that it was to practice inner alchemy in China. Zhao and Chen's theories were basically the joint cultivation of inner nature and vital force. In fact, however, they emphasized vital force without mentioning inner nature. This was probably due to the prosperity of Buddhism in those days.

At that time, it was generally considered that the practice of vital force was gradual exercise 漸修 for persons of a low capacity 鈍根, whereas that of inner nature was sudden exercise 頓修 for persons of a high capacity 利根. But Chen Zhixu insisted that all the three teachings of Confucianism, Daoism and Buddhism contained inner nature and vital force, and these were given to disciples through *xinshou* 心授. He mentioned that it was achieved only by persons who have a high capacity. It means Chen rejected such an old relationship between inner nature and vital force, and he appreciated vital force positively. In addition, Chen frequently explained that inner alchemy was not a small art 小伎, but it was Dao 道 itself. This account attempted to address the fact that people had recognized the practice of vital force as that for persons of a low capacity.

Such emphases on the practice of vital force by Zhao and Chen obviously meant retrogression to gradual exercise in the Quanzhen sect. It may also suggest division of three teachings, which included the Quanzhen sect, Chanzong emphasizing sudden exercise, and Daoxue emphasizing social ethics.

Appendix 1

Inner Alchemy and Cannibalism: Anthropophagism, Embryo, and the Art of the Bedchamber

At the root of inner alchemy and external alchemy, there was an attempt to reproduce "the mechanism of creation" 造化之機 through a joining of Yin and Yang. Symbols such as "pregnancy" and "baby" were used when discussing the golden elixir (*jindan* 金丹), and in *Lao Tzu* 老子, a virtuous person was compared to a "baby." This article examines heretical doctrines (*bangmen waidao* 傍門外道), which is seen in the Yuan dynasty Daoist Li Daochun's 李道純 "touchstone" (*shijinshi* 試金石) from *Zhonghe ji* 中和集 (Anthology of Central Harmony), and demonstrates that the above metaphors were related to the popular art of the bedchamber. In addition, the article suggests the necessity of going beyond the traditional discourse about the Joint Cultivation of Yin-Yang branch (*yinyang shuangxiu pai* 陰陽双修派) and considering the thought behind it.

Appendix 2

Trends in Studies on the Southern School in Japan

This article examines studies about the southern school in Japan, summarizing trends and perspectives. It contains the following sections: 1) On Zhang Boduan's *Wuzhen pian*, 2) On Weng Baoguang, 3) On Bai Yuchan, 4) On Bai Yuchan's lineage, 5) *Zhouyi cantong qi* 周易参同契 (Token for the Agreement of the Three According to the Book of Chang) and "Taiji tushuo" 太極図説 (Explanations of the Diagram of the Supreme Ultimate), and Conclusions. At the end, a brief bibliography for the southern school is included.

II Shinto and Inner Alchemy Thought: On the Reception of the Theory of Inner Alchemy in Yoshida Shinto 吉田神道

1. The *Chen xiansheng neidan jue's* 陳先生内丹訣 Theory of Inner Alchemy and Its Transmission

This chapter examines the formation and transmission of the *Chen xiansheng neidan jue* using the *Chen xiansheng neidan jue* (Master Chen's Instructions on the Inner Elixir), *Cuixu pian* 翠虚篇 (Folios of the Master of Emerald Emptiness) included in the *Xiuzhen shishu* 修真十書 (Ten Books on the Cultivation of Perfection) and the *Xiuzhen jiuzhuan dandao tu* 修真九転丹道図 (Chart of the Way of the Elixir in Nine Cycles for the Cultivation of Perfection) attached to the *Qingjing jing* 清静経 (Scripture of Constant Purity and Tranquility) in the Yoshida Library 吉田文庫.

According to the preface of the *Chen xiansheng neidan jue*, Chen Pu 陳朴 studied under Zhongli Quan 鍾離権, was a fellow pupil with Lü Dongbin 呂洞賓, and he was considered to be a person belonging to the Zhonglü school. However, in examining of the inner alchemy theory in the *Chen xiansheng neidan jue*, the difference between the practices which can be seen in Chen Pu's inner alchemy theory, and the practices of the Zhonglü school and the southern school are mainly focused on ideas such as viewing *qi* 気 as being stored in the bile when breeding medicine, having the route for the inner elixir flow from the left side and the right side, and so forth. Moreover, the phrase of the encompassing marvel of Form and Spirit (*xingshen jumiao* 形神俱妙), which is common within the Zhonglü school and the southern school, is seen in the *Chen xiansheng neidan jue*, but while using the same phrase, the Zhonglü school criticized Chan Buddhism with these words, in contrast to the

southern school, which emphasized the importance of sudden enlightenment. And, in the doctrine of Chen Pu, the aim was to go to the heavenly world with the flesh. Using the same words, we can see the differences among the three.

In the end, the *Chen xiansheng neidan jue* belonged to a different line from the Zhonglü and southern school. Later, as the power of the Zhonglü school, and the southern school, which promoted the line of Zhonli Quan and Lü Dongbin, expanded, it gradually became associated with the line of the Zhonglü school in the Song-Yuan era. Later on, as this was transmitted to the southern school, it appeared in its present form by the time of the Ming Dynasty, after which it was brought to Japan, and transmitted within Yoshida Shinto.

2. The Influence of Daoism on Yoshida Shinto: With a Focus on the Relationship between *Beidou jing* 北斗経 and the Theory of Inner Alchemy

This chapter examines the influence of Daoism, especially the Quanzhen sect, on Yoshida Shinto.

Yoshida Shinto was founded by Yoshida Kanetomo 吉田兼倶, and is called Yuiitsu Shinto 唯一神道. Since its appearance, it had a great influence throughout the Edo period and beyond, with scholars showing that there was an influence from the *Beidou jing* (Scripture of the Northern Dipper) on its dogma. And the Yoshidas' understanding of *Beidou jing* is mainly based on Xu Daoling's 徐道齢 commentary, which is also based on the theory of inner alchemy as well as many Daoist books of talisman and registers (*fulu* 符籙) schools at that time. The Yoshida family had received not only the *Beidou jing*, but also one version of *Qingjing jing* already, which was a composite text of the scripture of inner alchemy *Xiuzhen jiuzhuan dandao tu*.

For example, Yoshida Kaneyuki 吉田兼敬, the head of the Yoshida family

in the middle of the Edo period, enthusiastically studied the *Beidou jing*, left several notes and memorandums on it, and his understanding is very close to Xu Daoling's commentary. He must have felt the need to understand the theory of inner alchemy. In fact, Kaneyuki made a copy of a part of the *Qingjing jing* held by the Yoshida family, which shows evidence that he studied the book deeply. Also on that cover, the five polestars in the north 北極五星 and four minor ones 四輔 are drawn large, so the relationship with the *Beidou jing* is a very close one. As it clearly appears in Kaneyuki's case, in the Yoshida family, the *Xiuzhen jiuzhuan dandao tu* can be considered to have been essential for supporting the *Beidou jing* ceremony, which was indispensable for Yoshida Shinto. However, the theory of inner alchemy in *Xiuzhen jiuzhuan dandao tu* is based on Chen Pu's *Chen xiansheng neidan jue*, which is quite different from those of Quanzhen sect or the southern school.

Examining the indexes of Chinese books remaining in the Yoshida Library, we can see that the Yoshida family was in contact with Daoism literature to a certain extent. However, as far as inner alchemy is concerned, there are many books of the so-called southern school, while literature of the Quanzhen sect is rare, meaning that the influence of the Quanzhen sect on Yoshida Shinto was very limited.

Materials

Taishang Laojun shuo chang Qingjing jing 太上老君説常清静経 (Scripture of Constant Purity and Tranquility, as Sporken by the Most High Lord Lao) in the Yoshida Library

索　　引

凡　　例

一、本索引は、本書における主要な人物・書名・事項について取り上げたものである。ただし全てを網羅したものではない。

一、索引の範囲は、はじめに・本論・補論・資料に限った。ただし補論二付載の「全真教南宗研究文献目録略」については取り上げていない。

一、近現代の研究者による研究書・論文については、基本的に論考中で取り上げたものに限った。

一、索引中の人名や事項が、書名索引で取り上げた書名・論文題目の中に含まれたり、重複したりする場合、人名・事項索引には取り上げなかった。

一、現代中国人研究者については、日本漢字音で配列した。なお人名・書名等で複数の読み方がある場合、一般に通行しているものを採用した。

人名索引

あ行

か行

さ行

た行

な行

は行

ま行

わ行

欧文

書　名　索　引

あ行

か行

さ行

た行

な行

は行

ま行

や行

ら行

わ行

欧文

事項索引

あ行

か行

さ行

た行

な行

は行

ま行

や行

ら行

欧文